中小企業診断士2次試験参考書　決定版 !!

2022年版

中小企業診断士2次試験

ふぞろいな合格答案

エピソード
episode

15

ふぞろいな合格答案プロジェクトチーム 編

同友館

● ● ● は じ め に ● ● ●

『ふぞろいな合格答案　エピソード15』は、中小企業診断士2次試験の合格を目指す受験生のために作成しています。本書はほかの書籍とは異なり、受験生の生の情報をもとにして作成された参考書であることが大きな特徴です。

受験された皆さまからいただいた膨大な再現答案の分析記事に加え、今回も多彩な企画記事をご用意しました。また購入者特典として執筆陣の得点開示結果付き再現答案を収録するなどの取り組みも行い、受験勉強の現場でより効果的に活用できる情報を掲載しています。ぜひお役立てください。

● ● ● 『ふぞろいな合格答案』の理念 ● ● ●

1．受験生第一主義

本書は、「受験生が求める、受験生に役立つ参考書づくりを通して、受験生に貢献していくこと」を目的としています。プロジェクトメンバーに令和4年度2次試験受験生も交え、できる限り受験生の目線に合わせて、有益で質の高いコンテンツを目指しています。

2．「実際の合格答案」へのこだわり

「実際に合格した答案には何が書かれていたのか？」、「合格を勝ち取った人は、どのような方法で合格答案を作成したのか？」など、受験生の疑問と悩みは尽きません。われわれは実際に十人十色の合格答案を数多く分析することで、実態のつかみにくい2次試験の輪郭をリアルに追求していきます。

3．不完全さの認識

採点方法や模範解答が公開されない中小企業診断士2次試験。しかし毎年1,000名を超える合格者は存在します。「合格者はどうやって2次試験を突破したのか？」、そのような疑問をプロジェクトメンバーが可能な限り収集したリソースのなかで、大胆に仮説・検証を試みます。採点方法や模範解答を完璧に想定することは不可能である、という事実を謙虚に受け止め、認識したうえで、本書の編集制作に取り組みます。

4．「受験生の受験生による受験生のための」参考書

『ふぞろいな合格答案』は、2次試験受験生からの再現答案やアンケートなどによって成り立っています。ご協力いただいた皆さまに心から感謝し、お預かりしたデータを最良の形にして、われわれの同胞である次の受験生の糧となる内容の作成を使命としています。

(一社)中小企業診断協会では、中小企業診断士試験にかかる個人情報の開示請求に基づき、申請者に対して得点の開示を行っています。『ふぞろいな合格答案』は、得点区分（合格、A、B、C、D）によって重みづけを行い、受験生の多くが解答したキーワードを加点要素として分析・採点しています。いただいた再現答案と実際の答案との差異や本試験との採点基準の相違などにより、ふぞろい流採点と得点開示請求による得点には差異が生じる場合があります。ご了承ください。

目　次

第1章　巻頭企画
巻頭企画①　2次試験の実像・本書の活用方法……………………………………… 3
巻頭企画②　"試験合格の先"と"さらに先"にあるもの …………………… 9

第2章　ふぞろいな答案分析
〜実際の答案を多面的に分析しました〜 ……………………………… 15
第1節　ふぞろいな答案分析……………………………………………………… 16
第2節　ヤメトーーク！！ …………………………………………………………… 133

第3章　合格者による、ふぞろいな再現答案
〜80分間のドキュメントと合格者再現答案〜 ………………………… 139
第1節　80分間のドキュメントと再現答案……………………………………… 141
第2節　君に決めた！　ふぞろい流タイプ分析＆ふぞメン図鑑……………… 250
第3節　合格ゲットだぜ！　ふぞメンたちの2次試験対策井戸端会議………… 254

第4章　合格者による、ふぞろいな特集記事
〜2次試験に臨む受験生に贈る勉強のヒント〜 ……………………… 263
第1節　B答案！　何が足りなかった？　〜合格基準に届くためには〜………… 264
第2節　過去問をどれくらい解く？　合格点者の過去問演習量………………… 266
第3節　2次試験受験戦略　〜ゼネラリスト？　スペシャリスト？
　　　　あなたの2次試験受験戦略はどっち？〜………………………………… 269
第4節　ふぞろい ON AIR　〜読者のお便りに答えます〜………………………… 273
第5節　受験生支援団体の情報まとめ…………………………………………… 277

『ふぞろいな合格答案　エピソード15』にご協力いただいた皆さま ………………… 278
ふぞろいな執筆メンバー紹介……………………………………………………………… 280
あとがき…………………………………………………………………………………… 283
令和4年度中小企業診断士第2次試験（筆記試験）再現答案ご提供のお願い……… 284

	巻頭企画①	
第1章	**2次試験の実像・本書の活用方法**	

　本書の目的は、令和3年度2次試験合格者の再現答案や合格者の生の声をもとにして、試験対策のヒントを提供することです。ここでは、中小企業診断士2次試験の実像、それに合わせた『ふぞろいな合格答案15』のコンテンツの見どころを簡単に紹介します。

1．2次試験の実像

　まず中小企業診断士の2次試験について、その実像をわかりやすく説明します。

(1) 中小企業診断士2次試験はどのような試験？

　2次試験では「筆記試験」と「口述試験」の2種類の試験が行われ、筆記試験の合格が最大の難所となります。本書では、特に断りのない限り「2次試験」は「筆記試験」を指すものとして用います。

　2次試験は、事例Ⅰから事例Ⅳまでの4つの事例で構成されています。それぞれの事例ごとに、ある中小企業の概要や抱える課題などが1,000文字から3,000文字程度の文章（これを「与件文」といいます）で提示され、そこから4～6問程度の問題（これを「設問文」といいます）が出題されます。ただし、事例Ⅳについては、与件文に加えて財務諸表も提示されており、計算問題もあるため問題数が多くなる傾向があります。

　試験時間はそれぞれ80分、そのなかで与件文を読み取り、設問文の題意に沿った解答をする必要があります。

中小企業の診断及び助言に関する実務の事例		時間	得点
事例Ⅰ	組織・人事	80分	100点
事例Ⅱ	マーケティング・流通	80分	100点
事例Ⅲ	生産・技術	80分	100点
事例Ⅳ	財務・会計	80分	100点

(2) 2次試験の合格基準は？

　2次試験に合格するためには以下の基準をどちらも満たす必要があります。

　　① 事例Ⅰから事例Ⅳの合計得点が240点以上であること

　　② 事例Ⅰから事例Ⅳの各点数が40点以上であること

　全体で60%以上、かつ1科目でも40%未満の点数がないこと、という条件は1次試験の合格基準と同様です。

　自身の得点は、（一社）中小企業診断協会に得点開示の請求をすることで知ることができます。なお、不合格者には得点率をもとに各事例についてA～Dのランクで示された結果

~合格に一番大切なこと~ ─────────
　　勉強を楽しむこと。合格後の姿に夢と希望を持つこと。

通知が送られてきます。そのランクは、Aランクが60％以上、Bランクが50％以上60％未満、Cランクが40％以上50％未満、Dランクが40％未満となっています。

　2次試験の合格率は近年20％前後を推移しており、おおよそ受験者の5人に1人が合格しています。受験者数は例年5,000人前後でしたが、令和3年度では受験者数8,757人と過去最多となり、そのうち筆記試験の合格者数は1,600人と発表されています。

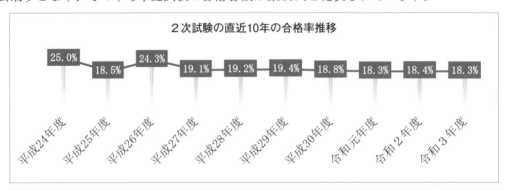

(3) 2次試験の対策として、何が難しい？

　それでは、2次試験の対策をするうえで何に困るのでしょう。それはズバリ、**2次試験の採点方法や模範解答が一切公表されていないこと**です。どの解答が正解か、誰もはっきりとわかりません。だからこそ、2次試験の勉強方法に悩むのです。

　『ふぞろいな合格答案』では、そのような受験生に対し、以下の2つの観点から導き出した有益な情報を数多く掲載しています。

　その①　再現答案を分析し、導き出した合格答案の特徴

　模範解答が一切公表されないからこそ、実際の合格者およびAランクの答案（以下、合格＋A答案）の特徴を知ることは非常に大切です。本書では膨大な再現答案を分析した結果を提供します。合格するためには、合格＋A答案にいかに近づけるかが重要です。

　その②　勉強方法や試験に使える合格者直伝のテクニック

　2次試験では、80分という時間のなかで設問文を読み、出題者の題意を汲み取ったうえで、与件文を読み事例企業の概要を把握・分析して、事例企業における課題やその対応策、事例企業に対する助言を解答することが求められます。そのための**勉強方法や、効率的な解法を自分なりに作り上げ、実践する必要があります**。

　『ふぞろいな合格答案』では、合格者の勉強方法・解法・テクニックを余すことなく提供しています。そのなかで自分に合った勉強方法を見つけ出し、試行錯誤を繰り返すことで自分に合った解法を導き出してください！

※紙面に書き切れなかった部分は公式ブログで更新中！　こちらもぜひご活用ください♪
　→中小企業診断士の受験対策　ふぞろいな合格答案　公式ブログ　https://fuzoroina.com

～合格に一番大切なこと～
　優先順位づけと取捨選択。

2．本書の活用法

ファーストステップ

どのように2次試験の解答を作ればよい？
・初学者で2次試験の解答作成方法がわからない人
・予備校の模範解答に違和感があり、他の視点での見解を知りたい人

→ 第2章をご覧ください

ふぞろいな答案分析
15ページから

■ふぞろい流採点による、解答ランキングと再現答案

再現答案を分析し、合格＋A答案に多く使われているキーワードをランキング化しました。

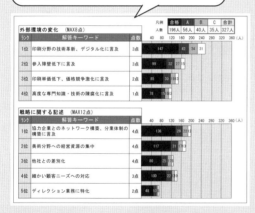

実際に受験生から提供していただいた再現答案を、ふぞろい流に採点します。

■各事例分析メンバーによる、事例ごとの特別企画

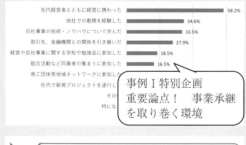

事例Ⅰ特別企画
重要論点！　事業承継を取り巻く環境

事例Ⅱ特別企画
「危機を乗り越える力」
～中小企業白書と事例の関係性～

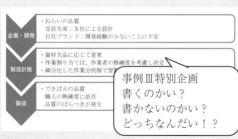

事例Ⅲ特別企画
書くのかい？
書かないのかい？
どっちなんだい！？

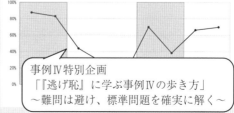

事例Ⅳ特別企画
「『逃げ恥』に学ぶ事例Ⅳの歩き方」
～難問は避け、標準問題を確実に解く～

～合格に一番大切なこと～
勉強を習慣化し、学ぶことを楽しむこと。

セカンドステップ

どのように2次試験の勉強を進める？ 入門編

・自分の特性（1年目／多年度、独学／予備校通学、など）と似た合格者の勉強方法を知りたい人
・試験当日のリアルな感情を追体験したい人

→ **第3章をご覧ください**

合格者による、ふぞろいな再現答案

139ページから

■ふぞろい合格者メンバーの勉強方法と合格年度の過ごし方

ふぞろい合格者メンバーと自分の属性を比較して、参考にするメンバーを探しましょう。

合格者がどのような1年を過ごして、合格にたどり着いたのかがわかります。

前年11月〜4月	課題：1次試験に向けた学習		取り組み事例数：0事例
	学習内容	1次試験のインプットに注力。通信教材を活用して学習を行う。途中、卒業済みの経営大学院の講座を3か月間受講しており、その期間中は中小企業診断士の学習からは離れる。	平均学習時間 平日：0時間 休日：0時間
5月〜8月下旬	課題：1次試験合格		取り組み事例数：0事例
	学習内容	1次試験のアウトプットに注力。2次試験の勉強は1次試験が終わってから着手するものと思い込み、特に焦りもなく、黙々と1次試験の学習を進める。	平均学習時間 平日：0時間 休日：0時間
		1次試験！	
8月下旬〜9月上旬	課題：2次試験の全体像の把握＆自分の実力チェック		取り組み事例数：4事例
	学習内容	1次試験終了後、2次試験の情報を通信教材やブログなどでチェック。まずは、過去問を1年分解く。『ふぞろい』のキーワード採点で点数が伸びないことに悩み、解答方法の方向性をキーワード重視に定める。	平均学習時間 平日：1時間 休日：1.5時間

■80分間のドキュメント

2．80分間のドキュメント
【手順0】開始前（〜0分）
　この資格試験独特の空気、非日常感がたまらない。特に緊張はせず、わくわくしかない。机の広さは十分。シャーペン2本、消しゴム2個、4色（黒、赤、青、緑）ボールペン2本、腕時計を机に置いて準備万端。赤は強み・機会などポジティブなこと、青は弱み・脅威などネガティブなこと、緑はポジにもネガにもつながる状況への線引きに使う。特に重要そうなキーワードは丸で囲むんだ！
【手順1】準備（〜1分）
　まず解答用紙に受験番号を書く。その後、問題用紙をパラパラめくる。文字数は例年どおりくらいかな。おそらく時間は大丈夫、頑張ろう！
【手順2】設問解釈（〜10分）
第1問　2代目経営者ってことは、何代かにわたるストーリーだな。この事例の業種は印刷業かな。ファブレス化とは思い切った戦略だなあ。キーワードは「専門化」と「コア業務に集中」とかかな。
第2問　聞かれているのは「なぜ3代目に部門の統括を任せたのか」。「経験のなかった」というのもポイントだ。3代目だから、「次期経営者としての教育」は目的としてありそ

80分間のドキュメントとともに、合格者の再現答案をチェックしましょう。

合格者が試験時間の80分間に何を考えて、解答作成したのかがわかる、リアルなドキュメントです。

■特別企画

君に決めた！　ふぞろい流タイプ分析＆ふぞメン図鑑
合格ゲットだぜ！　ふぞメンたちの2次試験対策井戸端会議

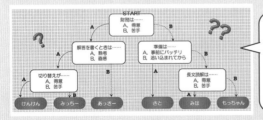

自分と得意・不得意や性格が似ている再現答案メンバーがわかるタイプ分析です。似ているメンバーの勉強方法や考え方は、より参考になるかもしれません。そのほか、井戸端会議として事例別攻略法やタブレット活用法、文房具へのこだわりなどを掲載。

〜合格に一番大切なこと〜
周りから診断士についてバカにされても、無視できるくらいの意思の強さ。

サードステップ

どのように2次試験の勉強を進める？　達人編
- 長い勉強期間でモチベーションを上げたい人
- 2次試験攻略の戦略／戦術を立案したい人

各章の企画をご覧ください
- "試験合格の先" と "さらに先" にあるもの
- ヤメトーーク！！
- 過去問をどれくらい解く？
- 2次試験受験戦略

■ "試験合格の先" と "さらに先" にあるもの（9ページ～）

2次試験の勉強から得られるものとは？　ふぞろい合格者メンバーにインタビュー！

手を伸ばせばそこにはほら
【ふぞろい14（令和2年度合格者）】イノシ
年齢：35　性別：男
業種：製造業　職種：営業

《試験合格後に起きた変化や得られたものなど》
　診断士試験に合格してから得られたものは、「たくさんの人との出会い」です。私は現在メーカーで営業に従事していますが、今の仕事のなかでは出会えないいろいろな価値観を持った人たちに出会えたことで、これまで自分がいかに凝り固まった価値観を持って生きてきたのかに気づくことができ、自分の人生を見つめ直すよいきっかけになりました。
　特にすでに独立している診断士先生のお話は非常に興味深く、合格前は考えもしていなかった「独立」も選択肢としてアリなのかなと思うようになりました。印象的だったのは「企業の数だけお困りごとはあるから、どこかに自分の強みが必ずハマる」という言葉であり、この言葉を聞いて自分も診断士として活躍できるかもしれないと思うようになりました。また「時間に縛られない多様な働き方ができる」ことも独立の魅力の1つだと思います。これまでは、1つの会社に身を捧げることが正しいと思っていましたが、いろいろな人に出会ってそれだけではないと知ることができました。今後この資格を生かしてどのような人生を送っていくかを考えるだけでもわくわくします。

「オンリーワン」へ。良き伴走者として。
【ふぞろい15（令和3年度合格者）】ただ
年齢：46　性別：男
業種：生命保険　職種：企画

《私が中小企業診断士を目指した理由》
　新卒で入った会社に勤めてはや20数年、さまざまな経験を通じて人から感謝していただけることが増えるようになりました。こうした経験を社内のみならず、人の役に立つことに活用できないかと考えたのがきっかけです。大企業が得意とする市場で海外勢の存在感が増すなか、「ナンバーワンよりオンリーワン」をモットーに中小企業をサポートすることで社会に恩返ししたく、この資格にチャレンジすることにしました。

《2次試験の勉強を通じて得られたもの》
　企業経営理論の人事・組織、経営情報システムの暗号化など、1次試験で習得する知識を仕事で発揮する場面が次々訪れ、まず現場レベルの改善企画が通るようになりました。2次試験の設問解釈・与件解釈を通じて、大量の情報から必要なものを抜きだし、因果関係を考慮しつつゴールから逆算して提案を整理する手順を学べ、資料作成やプレゼンが得意になり、経営層を説得することもあまり苦にならなくなりました。

試験合格後の1年で得られたものとは？　ふぞろいOB・OGメンバーにインタビュー！

■ ヤメトーーク！！（133ページ～）

　当企画は、過去の受験でさまざまな出来事に遭遇してしまった"元・受験生"たちが「同じような過ちを繰り返してほしくない」との願いを込め、テーマごとに括ってエピソードを紹介する「学べるエンターテイメント・コーナー」です。時にはクスリと笑いながら、時には明日は我が身とゾッとしながら、勉強の合間にお楽しみください。MCはお馴染み、ふぞ迫（以下、ふぞ）さんとろい原（以下、ろい）さんです。ではどうぞ！

【1．8月某日放送「元・スタート出遅れ受験生」】
《出演者》ちゃんみ（以下、ちゃ）・まさひろ（以下、まさ）・ゆーきち（以下、ゆー）
ふぞ：さぁ、やって参りました「ヤメトーーク！！」のお時間です。この番組では個性豊かな"元・受験生"による数々の残念エピソードを披露していただきます。今日のゲストはこちらの方々！ では皆さん、今日の括りは何ですか？
ゆー：私たちは、「元・スタート出遅れ受験生」です!!
ろい：これはまた強いやつが来たな……。まず最初のエピソードを披露してくれ

元・受験生の反省をテーマ別に括ってお伝えします。

■ 過去問をどれくらい解く？（266ページ～）

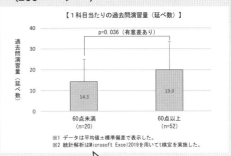

【1科目当たりの過去問演習量（延べ数）】
p=0.036（有意差あり）
60点未満（n=20）：14.3
60点以上（n=52）：19.9

※1 データは平均値±標準偏差で表示した。
※2 統計解析はMicrosoft Excel2019を用いて検定を実施した。

得点開示結果をもとに解析！　合格点に必要な過去問演習量はどれくらい？

■ 2次試験受験戦略（269ページ～）

【ゼネラリスト戦略を選択したメンバーの所感】
- 結果的には戦略どおりだったが、実際にはがむしゃらだった。とにかく60点を超えようと各事例がむしゃらにやっていたら運よくオールAに！
- 事例Ⅳは完全に克服した。やっぱり、方向性の正しい努力は裏切らない。
- 大きく失点した事例はなく、計画どおりゼネラリストな得点になったぞ。
- 事例Ⅲが極端に苦手で、対策にかなり時間がかかった。苦手を完全に克服することはできなかったが、ほかの事例にもよい影響があった。シナジー効果を実感！

ふぞろい15メンバーにアンケート！　2次試験の受験戦略をまとめてみました。

～合格に一番大切なこと～

切磋琢磨し合える仲間（オンラインでももちろんOK）。

付録

もっと勉強するためには？

・過去年次のふぞろいで勉強したい人
・セミナーに参加して勉強方法を合格者から聞いたり受験生仲間を作ったりしたい人

まだまだ学びの機会はたくさん！

・ふぞろい ON AIR
・受験生支援団体紹介
・過去年次の『合格答案』とふぞろいシリーズの紹介
・ふぞろいセミナー
・ふぞろいブログ

■ふぞろい ON AIR（273ページ〜）

ふぞろいにとって受験生の声は何よりの財産です。皆さまのご意見・お悩みにお答えします。

■受験生支援団体の情報まとめ（277ページ〜）

勉強方法や2次試験で使える知識など、受験に役立つ情報を発信する受験生支援団体の概要を紹介します。

■過去年次の『合格答案』とふぞろいシリーズについて

ふぞろい関連書籍は4種類。用途に応じてご使用ください。

書籍名	本体価格	コンテンツ	詳細
『ふぞろいな合格答案』（本書）	2,400	答案分析	直近の受験者から再現答案を提供していただき、得点につながった可能性の高いキーワードを分析したもの
		合格者による再現答案	合格者の試験当日の80分間の過ごし方と再現答案
		豊富な企画記事・コラム	事例研究や受験生活など、さまざまな企画・コラム
『ふぞろいな再現答案』	2,400	2〜3年分の「合格者による再現答案」をまとめたもの	
『ふぞろいな答案分析』	2,400	2〜3年分の「答案分析」をまとめたもの	
『ふぞろいな合格答案10年データブック』	4,500	H19〜H28の「答案分析」をまとめた総集編。特典として10年分の各設問の解答キーワードをまとめた「10年まとめ表」を掲載	

詳細は以下もご参照ください。
https://fuzoroina.com/?p=17407

■ふぞろい主催セミナーについて

ふぞろいプロジェクトでは、受験生支援を目的に、4月以降数回セミナーを開催する予定です。
2次試験の学習方法を中心にお伝えします。開催時期、場所など詳細はブログをご参照ください。

■ふぞろいブログについて

メンバーが持ち回りで投稿しています。勉強方法の話題からゆるわだ（緩い話題）まで、受験生の皆さまにお役に立てる情報を発信中！
左記セミナー開催情報や、本書に掲載しきれなかったアドバイスも掲載。ぜひチェックしてください。
https://fuzoroina.com

〜合格に一番大切なこと〜

言葉の意味や数字の定義を正確に押さえること。読解力やキーワードを連想する力の基礎になる。

巻頭企画②
"試験合格の先" と "さらに先" にあるもの

【令和３年度合格者５名が語る中小企業診断士を目指した理由、２次試験の勉強を通じて得られたもの】

　令和３年度合格のふぞろい15メンバーのうち、さまざまな属性を持つ５名が「私が中小企業診断士を目指した理由」、「２次試験の勉強を通じて得られたもの」について紹介します。

【このようなときに読むのがおすすめ】

・勉強に疲れて、ちょっと息抜きしたいとき
・勉強をしていて、診断士試験の勉強が何のためになるのか不安になったとき

「オンリーワン」へ。良き伴走者として。

【ふぞろい15（令和３年度合格者）】　　ただ

年齢：46　　　　　　　　　性別：男
業種：生命保険　　　　　　職種：企画

《私が中小企業診断士を目指した理由》

　新卒で入った会社に勤めてはや20数年。さまざまな経験を通じて人から感謝していただけることが増えるようになりました。こうした経験を社内のみならず、人の役に立つことに活用できないか、と考えたのがきっかけです。大企業が得意とする市場で海外勢の存在感が増すなか、「ナンバーワンよりオンリーワン」をモットーに中小企業をサポートすることで社会に恩返ししたく、この資格にチャレンジすることにしました。

《２次試験の勉強を通じて得られたもの》

　企業経営理論の人事・組織、経営情報システムの暗号化など、１次試験で習得する知識を仕事で発揮する場面が次々訪れ、まず現場レベルの改善企画が通るようになりました。２次試験の設問解釈・与件解釈を通じて、大量の情報から必要なものを抜きだし、因果関係を考慮しつつゴールから逆算して提案を整理する手順を学べ、資料作成やプレゼンが得意になり、経営層を説得することもあまり苦にならなくなりました。

～合格に一番大切なこと～

　割り切ること（完璧を目指さないこと）。

目指せ！ 医療と経営の専門家！

【ふぞろい15（令和3年度合格者）】　ゆーきち

年齢：32　　　　　　　　性別：男
業種：医療　　　　　　　職種：大学生

《私が中小企業診断士を目指した理由》
　2019年末に突如として出現し、瞬く間に蔓延した新型コロナウイルス感染症は、医療・経済界に大きな影響を及ぼしました。当時、医療現場の逼迫が大々的に報道されるなか、病院の倒産や赤字経営に関するニュースに驚愕したことを覚えています。医学生ながらに、良質な医療サービスを持続させるためには、医療だけでなく経営にも精通する必要性をまざまざと感じ、思い切って診断士試験に挑戦してみることにしました。

《2次試験の勉強を通じて得られたもの》
　診断士は企業のお医者さんにたとえられることがありますが、現状分析→課題抽出→改善提案→ニーズ対応、という一連のプロセスはまさに医療と相通じるところかと思います。診断士の勉強は、新しい視点や楽しい気づきをもたらし、経営支援はもとより医学部での学びにも好影響を与えてくれています。今後も日々の学習を継続し、日本の素晴らしい医療制度の維持・向上に貢献したいです。

多面的な視点により、経営をサポート！

【ふぞろい15（令和3年度合格者）】　ちゃんみ

年齢：32　　　　　　　　性別：女
業種：卸売業　　　　　　職種：事務

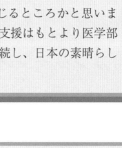

《私が中小企業診断士を目指した理由》
　家族が小規模な会社を経営しており、自然と会社の意思決定に関わる機会が増えてきました。話し合いをしていても身内なので、どうしても狭い選択肢のなかで経営判断をしがちでした。そのため、経営の知識を身につけ、より質の高いサポートをできるようになりたい！　また今後対応が必要になる事業継承や補助金などにも自分で対応できるようになりたい！　と考えたのが診断士を目指したきっかけです。

《2次試験の勉強を通じて得られたもの》
　企業を客観的に分析する癖がつき、社長や取引先にも診断士の知識やさまざまな指標を活用し、以前よりも多面的な提案をできるようになりました。さらに、周りの経営者や個人事業主に診断士の勉強をしていると伝えると、経営や補助金などに関するちょっとした質問や相談を受けることが増え、「相談してよかった！」と言ってもらえると自分の自信にもつながり、診断士の勉強をしてよかったと心から思えました。

～合格に一番大切なこと～
　素直であること。

大事なものは合格より先に……

【ふぞろい15（令和3年度合格者）】 けーし

年齢：37　　　　　　　　性別：男
業種：インフラ系メーカー　職種：営業

《私が中小企業診断士を目指した理由》

「家族との時間を大事にしたい」という思いから、出勤時間に縛られない独立開業を考え始めたことがきっかけです。新型コロナウイルスもあり、「とにかく家にいたい！」というのが当初大きな原動力になっていました。（笑）

《2次試験の勉強を通じて得られたもの》

①勉強する習慣、②勉強仲間、③「難しい試験に挑戦してる自分すごい」という自信を得ました。いずれも一生ものの宝です。勉強仲間と情報交換するうちに、自分の視野の狭さに気づけたのは大きかったです。独立のために始めた勉強でしたが、会社員のメリット・デメリットも整理でき、結局、転職して副業で診断士活動をすることに。そして、勉強仲間の多くは診断士同期となり、合否にかかわらず友人を超えた大切な存在になりました。ストレート合格という最高の形で受験生活を終えることができましたが、大事なものは道中ですでに手にしていました。

学び続ける習慣と知識で差別化！

【ふぞろい15（令和3年度合格者）】 しの

年齢：35　　　　　　性別：男
業種：エネルギー　　職種：営業

《私が中小企業診断士を目指した理由》

会社に入社以降、10年程度経過したなかで、漠然と「このまま年を重ねてよいのだろうか」、「仮に転職市場に出ざるを得なくなったとき、自分は何を強みとして訴求できるだろうか」ということを考えるようになりました。この不安を払拭し、人材としての希少価値を高めるため、中小企業診断士を目指しました。また、試験で学べる知識がさまざまな業務に直結する内容だったこともきっかけの1つです。

《2次試験の勉強を通じて得られたもの》

2次試験の過去問を繰り返し解くことで、因果関係を意識した文章を作成する能力が身につきました。また、毎日コツコツと学び続ける習慣が身についたことも大きな変化の1つです。加えて、2次試験で得られた知識や考え方は日々の業務でも活用できる場面が多く、財務諸表に関する知識も得られたため、所属している部門の課題だけでなく、会社全体の経営課題についても俯瞰的にとらえることができるようになりました。

～2次試験で学んだ人生哲学～

自ら動き出さないと知らない世界がたくさんあること。

第1章　巻頭企画

【試験合格後、診断士登録までの道のりと1年で起きた変化について】

　ふぞろい14メンバーの16名に、登録までに行った実務補習と実務従事の日数、および2次試験合格から1年あまり経過して起きた変化についてアンケートを行いました。その結果が以下のとおりです。

登録までの日数	人数
実務補習5日 実務従事10日	8
実務補習10日 実務従事5日	2
実務補習15日	2
実務従事15日	1
未登録	3

1年で起きた変化	人数
独立・転職	1
副業開始	0
独立・転職等を検討中	4
異動	2
変化なし	9
その他	0

　診断士試験に合格してから1年あまりで、さまざまな選択肢があることがうかがい知れます。そこで、試験合格後1年間で起きた変化や得られたものなどについて、ふぞろい14メンバーの5名から紹介します。いろいろな考え方を持って活動していますので、合格後のさらにその先をイメージして、診断士試験勉強の活力にしていただければ幸いです。

手を伸ばせばそこにはほら

【ふぞろい14（令和2年度合格者）】　イノシ

年齢：35　　　　　性別：男
業種：製造業　　　職種：営業

《試験合格後1年間で起きた変化や得られたものなど》
　診断士試験に合格してから得られたものは、「たくさんの人との出会い」です。私は現在メーカーで営業に従事していますが、今の仕事のなかでは出会えないいろいろな価値観を持った人たちに出会えたことで、これまで自分がいかに凝り固まった価値観を持って生きてきたのかに気づくことができ、自分の人生を見つめ直すよいきっかけになりました。
　特にすでに独立している診断士先生のお話は非常に興味深く、合格前は考えもしていなかった「独立」も選択肢としてアリなのかなと思うようになりました。印象的だったのは「企業の数だけお困りごとはあるから、どこかに自分の強みが必ずハマる」という言葉であり、この言葉を聞いて自分も診断士として活躍できるかもしれないと思うようになりました。また「時間に縛られない多様な働き方ができる」ことも独立する魅力の1つだと思います。これまでは、1つの会社に身を捧げることが正しいと思っていましたが、いろいろな人に出会ってそれだけではないと知ることができました。今後この資格を生かしてどのような人生を送っていくかを考えるだけでもわくわくします。

～2次試験で学んだ人生哲学～
悩みは論理で解決できる。

チームで活動する素晴らしさ

【ふぞろい14（令和２年度合格者）】　アヤカ
年齢：34　　　　　　　　　性別：女
業種：製造業　　　　　　　職種：研究開発

《試験合格後１年間で起きた変化や得られたものなど》
　受験生時代に、診断士業界は診断士同士が協力し合う業界と聞きました。当時は半信半疑でしたが、それは本当だと思います。合格後の１年間を振り返ると、チームでの活動が大半を占めています。チームのメンバーがそれぞれの観点から意見を出し、議論してまとめ上げると、１人では考えも及ばなかったものが完成します。チームでの活動の素晴らしさを知りました！
　チームでは議論を交わすので、お互いの人となりをよく知ることができます。気がつけば、「友人」ともまた違う「仲間」を得ていました。年や職業や居住地や専門などが違っていても、「診断士」という共通言語とチームでの活動で得た絆でつながっているのです。おそらく一生ものです。もっと品質の高い仕事がしたいと考えたときに、深い専門性が欲しくなりました。周りを見渡して比較的珍しくて私の強みを生かせそうな興味のある分野を選んで勉強を始めました。仲間たちもそれぞれの専門性を磨くために励んでいるようです。今後、専門性を磨いた私たちがどのようなチームを組んで、どのような案件に携わるのか、今からとても楽しみです。

おっさんは走り続ける

【ふぞろい14（令和２年度合格者）】　くろひょう
年齢：47　　　　　　　　　性別：男
業種：卸売業　　　　　　　職種：営業

《試験合格後１年間で起きた変化や得られたものなど》
　「息子の中学受験のタイミングで何か一緒に勉強しようかなあ」、「定年後も楽しみながら仕事をしたいなあ」という程度の漠然とした考えで試験勉強を開始したので、「40代後半のおっさんがいまさら診断士を取ってどうすんねん？」、「自分にできるのか？」とネガティブな気持ちが頭をよぎることも多かったのですが、合格後はそのようなことを考えている暇もない刺激的な１年を過ごしました。
　『ふぞろい』を始めとした診断士の各コミュニティに参加することで、業界も年齢もバラバラなたくさんの魅力的な人たちに引っ張られるように、いつの間にか走り始めている自分がいました。特に注力した「取材・執筆」は当初まったくイメージしていなかった活動でしたが、「会いたい人に会えるかも！」というミーハー心に火がついて取り組んだことです。合格後１年も経たない間に、会いたかった著名人たちに会って取材をしている状況は驚きしかありませんが、独占業務がない診断士だからこそ、想像できない仕事の幅や新しい出会いがあるのかもしれません。今後もオールドルーキーとして、新しい出会いや挑戦を楽しみながら走り続けます。

～２次試験で学んだ人生哲学～
　勝って偶然、負けて当然。うまくいかなかったことには理由がある。理由がわかれば対策がとれる。

診断士をきっかけに広がった世界

【ふぞろい14（令和2年度合格者）】 しょーた

年齢：26　　　　　　　　性別：男
業種：製造業　　　　　　職種：SE

《試験合格後1年間で起きた変化や得られたものなど》
　自己啓発を目的に受験した診断士試験でしたが、得られたことが大きく3つあります。①さまざまな「経験」をすることができました。『ふぞろい』の執筆、実務補習、研究会活動、補助金申請の補助など診断士試験合格前では考えられないような多くの経験をしました。②さまざまな経験を通して「人脈」が広がりました。業種、年齢、地域問わず多くの方とお話しする機会を得ました。診断士試験合格後に幅広い経験や人脈ができるのは、特定の業務に縛られない診断士ならではの魅力であると思います。③「自信」がつきました。診断士試験合格だけでなく、合格後の活動を通して自分でも力になれることがあると知ったことは大きな財産になったと思います。また、診断士をきっかけに広い世界を見たことで、キャリアを見つめ直した結果、転職することを決意しました。その際に、診断士試験合格による「自信」に後押しされ、転職も成功させることができました。診断士試験合格後、たった1年ですが大きな変化を感じています。診断士試験合格で得られた「経験」「人脈」「自信」を武器に今後もさまざまなことにチャレンジしながら、変化を楽しんでいきたいと思います。

チャレンジは面白い！

【ふぞろい14（令和2年度合格者）】 Nana

年齢：41　　　　　　　　性別：女
業種：製造業　　　　　　職種：技術

《試験合格後1年間で起きた変化や得られたものなど》
　実務補習15日コースを通して5月に登録して協会に入会、兼業診断士をスタートさせました。初めてやることばかりですが、診断士の先輩方は親切にさまざまなことを教えてくださる方が多く、研究会やプロコン塾などで勉強を続けながら活動をしています。研究会やプロコン塾に入ると、本当に多様なキャリアと経験、考えを持った診断士の先輩と話ができて刺激的です。「診断士」と一言でいってもそのスタイルは千差万別なのだと感じます。比較することはナンセンス、自分は自分、よしチャレンジしてみるか、という気持ちになれます。
　一方で、診断士としてご支援先に行けば「新人」なんて言葉は使えません。診断士としてプロの仕事が求められます。ご支援先が少しでもよくなるためにはどうあるべきか……。試行錯誤の毎日で、これがすごく楽しいです。新しいチャレンジは「自分にできるか？」と不安になりがちですが、インプットとアウトプットを繰り返すことで成長が実感でき、充実した毎日を過ごしながら診断士として活動ができています。診断士取ってよかった！

第 2 章

ふぞろいな答案分析
~実際の答案を多面的に分析しました~

　本章の第1節では、368名の令和3年度2次試験の受験生からご提供いただいた再現答案を、得点区分（合格、A、B、C、D）ごとに分類。受験生が実際に解答に盛り込んだキーワードを抽出し、集計・ランキング化しています。解答に盛り込んだキーワードによってどのように点差がついたのかを確認するために、本分析を活用してください。また、答案分析中に話題になった論点について、事例ごとに特別企画も併せて掲載しています。

　本章の第2節では、「ヤメトーーク！！」と題して受験生に役立つ情報もまとめています。第1節の分析に加えて活用することで、読者の皆さまそれぞれの「合格できる答案」を書くためのヒントを見つけてください。

今年も多くの受験生に協力いただきました。再現答案を多面的に分析して、合否を分けたポイントをじっくり見ていきましょう。受験生に役立つ情報満載でお届けします！

第1節 ふぞろいな答案分析

　本節では、全部で368名の令和３年度２次試験受験生にご協力いただき、収集した再現答案をもとに解答ランキングを作成し、分析を行いました。

　合格者に限らず不合格者を含めた答案を、読者の皆さまが分析しやすいように整理して、「解答ランキング」と「採点基準」を掲載しています。合格者および、不合格ながらも当該事例において60点以上を獲得した答案（以下、合格＋Ａ答案）が実際の本試験でどのように点数を積み重ねているのかを確認し、あなたの再現答案の採点に活用してください。

【解答ランキングとふぞろい流採点基準の見方】
・解答キーワードの加点基準を「点数」として記載しています。あなたの再現答案のなかに、記述されている「解答」と同じ、または同等のキーワードについて点数分を加算してください。
・右上の数は、提出いただいた再現答案のうち分析データとして採用した人数です。
・グラフ内の数字は、解答ランキングのキーワードを記述していた人数です。

●解答ランキングとふぞろい流採点基準

【解答ランキングと採点基準の掲載ルール】
　「解答ランキング」と「採点基準」は以下のルールに則って掲載しています。
（1）再現答案から、合格＋Ａ答案の解答数が多かったキーワード順、また合格＋Ａ答案の数が同じ場合は全体の数に対して合格＋Ａ答案の割合が高いほうを優先して解答ランキングを決定しています。
（2）原則、上記ランキングに基づいて解答の多い順に点数を付与します。
（3）解答に記述すべき要素をカテゴリーに分け、それぞれ「MAX点」を設定しています。各カテゴリーのなかに含まれる解答キーワードが多く盛り込まれていても、採点上はMAX点が上限となります。

【注意点】
（1）ふぞろい流の「採点基準」は本試験の採点基準とは異なります。また、論理性や読み

～診断士試験を受験してよかったこと～
　１次試験の勉強では幅広い知識を、２次試験の勉強では短時間で答えを出す判断力が身についた。

やすさは考慮しておりません。
（2）たとえ正解のキーワードであっても、合格＋Ａ答案で少数であるものや受験生全員が書けなかったものは、点数が低いまたは掲載されていない可能性があります。
（3）題意に答えていないキーワードなど、妥当性が低いと判断される場合は採点を調整していることがあります。また、加点対象外でも参考に掲載する場合があります。

【再現答案】
・再現答案の<u>**太字・下線**</u>は、点数が付与されたキーワードです。
・答案の右上に記載された上付きの数字は点数を表しています。ただし、MAX点を上限として採点しているため、右上の数字を足しても「点」と一致しない場合があります。
・「区」：一般社団法人中小企業診断協会より発表された「得点区分」を意味します。

●再現答案

区	再現答案	点	文字数
合	製品企画面の課題は、オンライン販売情報以外の小売店や雑誌からの**ニーズ収集**や**社員教育**による**新商品の企画開発力の強化**である。生産面の課題は①**需要予測精度向上**による**欠品や過剰在庫の改善**②**若手育成**による**熟練職人の技能承継**と**負荷軽減**である。	20	115

【難易度】
「解答ランキング」の解答の傾向に応じて、「難易度」を設定し、それぞれ「みんなができた（★☆☆）」、「勝負の分かれ目（★★☆）」、「難しすぎる（★★★）」と分類しています。

【登場人物紹介】（登場人物はすべてフィクションです。）
　令和４年度合格を目指す２人と診断士受験を指導する先生が、再現答案の統計処理、分析を行っています。

〈片山　隆二（かたやま　りゅうじ（43歳　男）〉（以下、先生）
　将来スポーツジムを経営するために中小企業診断士の資格を取得した講師兼ジムトレーナー。筋トレでは部位ごとにジムを替えるように、事例ごとにしっかりとした理念を持っており、的確なアドバイスが特徴。

〈有勝　結果（ありがち　ゆか）（28歳　女）〉（以下、有勝）
　性格は真面目で頑張り屋、人当たりがとても良いストレート受験生。とにかく飲み込みが早く要領がいいが、素直すぎてありがちなミスをしてしまうことが欠点。

〈多川　延行（たがわ　のぶゆき）（38歳　男）〉（以下、多川）
　長年の受験勉強により多くの知識とノウハウを豊富に蓄積している多年度受験生。自分の解答が一番という思い込みをしてしまい、ストレート受験生の解答についついツッコミを入れてしまう。

～診断士試験を受験してよかったこと～
　仕事で失った自信を取り戻せた。

18 第2章 ふぞろいな答案分析

▶事例Ⅰ（組織・人事）

令和3年度　中小企業の診断及び助言に関する実務の事例Ⅰ（組織・人事）

　A社は首都圏を拠点とする、資本金2,000万円、従業員15名の印刷・広告制作会社である。1960年に家族経営の印刷会社として創業し、1990年より長男が2代目として引き継ぎ、30年にわたって経営を担ってきたが、2020年より3代目が事業を承継している。

　創業時は事務用品の分野において、事務用品メーカーの印刷下請と特殊なビジネスフォームの印刷加工を主な業務としていた。当初は印刷工場を稼働しており、職人が手作業で活字を並べて文章にした版を作って塗料を塗る活版印刷が主流で、製版から印刷、加工までの各工程は、専門的な技能・技術によって支えられ、社内、社外の職人の分業によって行われてきた。

　しかしながら1970年代からオフセット印刷機が普及し始めると、専門化された複数の工程を社内、社外で分業する体制が崩れ始め、それまで印刷職人の手作業によって行われてきた工程が大幅に省略され、大量・安価に印刷が仕上げられるようになった。

　さらに2000年頃より情報通信技術の進化によって印刷のデジタル化が加速し、版の作成を必要としないオンデマンド機が普及することによって、オフィスや広告需要の多くが、より安価な小ロット印刷のサービスに置き換わっていった。とりわけ一般的な事務用印刷の分野においては、技術革新によって高度な専門的技術や知識が不要となったため、印刷業ではない他分野からの新規参入が容易になり、さらに印刷の単価が下がっていった。

　こうした一連の技術革新に伴う経営環境の変化に直面する中で、多くの印刷会社が新しい印刷機へと設備を刷新してきたのに対して、A社では、2代目が社長に就任すると、保有していた印刷機、印刷工場を順次売却し、印刷機を持たない事業へと転換した。制作物のデザイン、製版、印刷、製本までの工程を一括受注し、製版や印刷工程を、凸版、凹版、平版などの版式の違いに応じて専門特化された協力企業に依頼することで、外部にサプライチェーンのネットワークを構築し、顧客の細かいニーズに対応できるような分業体制を整えることに注力した。A社では、割り付けやデザインと紙やインク、印圧などの仕様を決定して、印刷、製本、加飾などの各工程において協力企業を手配して指示することが主な業務となっていった。当時、新しい技術に置き換わりつつあった事務用印刷などの事業を大幅に縮小し、多工程にわたり高品質、高精度な印刷を必要とする美術印刷の分野にのみ需要を絞ることで、高度で手間のかかる小ロットの印刷、出版における事業を幅広く展開できるようになった。その結果、イベントや展示に用いられる紙媒体の印刷物、見本や写真、図録、画集、アルバムなどの高精度な仕上がりが求められる分野において需要を獲得していった。

　1990年代から行われた事業の転換は、長期にわたって組織内部のあり方も大きく変えて

~診断士試験を受験してよかったこと~
経営全般の知識が身についたこと。

いった。印刷機を社内で保有していた時は、製版を専門とする職人を抱えていたが、定年を迎えるごとに版下制作工程、印刷工程を縮小し、それらの工程は協力企業に依頼することとなった。そして、図案の作成と顧客との接点となるコンサルティングの工程のみを社内に残し、顧客と版下職人、印刷工場を仲介し、印刷の段取りを決定して協力企業に対して指示を出し、各工程間の調整を専門に行うディレクション業務へと特化していった。

他方で2000年代に入ると、同社はデザインと印刷コンテンツのデジタル化に経営資源を投入し、とりわけ高精細画像のデータ化においてプログラミングの専門知識を持つ人材を採用し始めた。社内では、複数の事業案件に対してそれぞれプロジェクトチームを編成し、対応することとなった。具体的には、アートディレクターがプロジェクトを統括して事業の進捗を管理し、外部の協力企業を束ねる形で、制作工程を調整しディレクションする体制となった。

また、広告代理店に勤務していた3代目が加わると、2代目は図案制作の工程を版下制作から独立させて、新たにデザイン部門を社内に発足させ、3代目に部門の統括を任せた。3代目は、前職においてデザイナー、アーティストとの共同プロジェクトに参画していた人脈を生かし、ウェブデザイナーを2名採用した。こうした社内の人材の変化を受けて、紙媒体に依存しない分野にも事業を広げ、ウェブ制作、コンテンツ制作を通じて、地域内の中小企業が大半を占める既存の顧客に向けた広告制作へと業務を拡大した。しかしながら、新たな事業の案件を獲得していくことは難しかった。とりわけ、こうした新たな事業を既存の顧客に訴求するためには、新規の需要を創造していくことが求められた。また、中小企業向け広告制作の分野においては、既に数多くの競合他社が存在しているため、非常に厳しい競争環境であった。さらに新規の市場を開拓するための営業に資源を投入することも難しいために、印刷物を伴わない受注を増やしていくのに大いに苦労している。

新規のデザイン部門と既存の印刷部門はともに、サプライチェーンの管理を担当し、デザインの一部と、製版、印刷、加工に至る全ての工程におけるオペレーションは外部に依存している。必要に応じて外部のフォトグラファーやイラストレーター、コピーライター、製版業者、印刷職人との協力関係を構築することで、事業案件に合わせてプロジェクトチームが社内に形成されるようになった。

2代目経営者の事業変革によって、印刷部門5名とデザイン部門10名の2部門体制で事業を行うようになり、正社員は15名を保っている。3代目は特に営業活動を行わず、主に初代、2代目の経営者が開拓した地場的な市場を引き継ぎ、既存顧客からの紹介や口コミを通じて新たな顧客を取り込んできたが、売り上げにおいて目立った回復のないまま現在に至っている。

~診断士試験を受験してよかったこと~

会計が楽しくなった。

第1問 （配点20点）

２代目経営者は、なぜ印刷工場を持たないファブレス化を行ったと考えられるか、100字以内で述べよ。

第2問 （配点20点）

２代目経営者は、なぜＡ社での経験のなかった３代目にデザイン部門の統括を任せたと考えられるか、100字以内で述べよ。

第3問 （配点20点）

Ａ社は、現経営者である３代目が、印刷業から広告制作業へと事業ドメインを拡大させていった。これは、同社にどのような利点と欠点をもたらしたと考えられるか、100字以内で述べよ。

第4問 （配点20点）

２代目経営者は、プロジェクトごとに社内と外部の協力企業とが連携する形で事業を展開してきたが、３代目は、２代目が構築してきた外部企業との関係をいかに発展させていくことが求められるか、中小企業診断士として100字以内で助言せよ。

第5問 （配点20点）

新規事業であるデザイン部門を担う３代目が、印刷業を含めた全社の経営を引き継ぎ、これから事業を存続させていく上での長期的な課題とその解決策について100字以内で述べよ。

Column

２次試験の合否を分けるのは瞬時の判断力

　限られた時間のなかで合格の基準を満たすためには、点の取れる問題と取れない問題を見極めて優先順位をつけて解答を作成する必要があります。令和３年度の事例Ⅱは与件文が長く、事例Ⅳ第２問の設問文は難解でした。仮に第１問から順番に解いていたら、恐らく途中で心が折れて不合格だったと思います。得点の取れる問題を瞬時に判断し、点の取れる問題から優先的に解き、残された時間で諦めずに難解な問題に挑戦できたことが合否を分けたと思います。

　毎年必ず、これは解けなくてもよいよねという問題が出題されていると思います。第１問から順番に解いている方はぜひ、この優先順位を瞬時に見極める力を伸ばすことを意識して、過去問演習に取り組むことをおすすめします。　　　　　　　　　　　　（しの）

～診断士試験を受験してよかったこと～

普通に生きているだけで、１次試験で学んだ知識にぶち当たって生活が面白くなること。

第1問（配点20点）【難易度　★☆☆　みんなができた】

2代目経営者は、なぜ印刷工場を持たないファブレス化を行ったと考えられるか、100字以内で述べよ。

●出題の趣旨

ニッチ戦略、高付加価値分野への経営資源の再配分について、経営戦略の視点から分析する能力を問う問題である。

●解答ランキングとふぞろい流採点基準

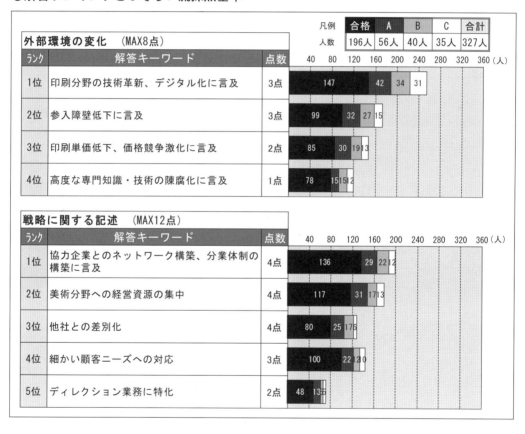

●再現答案

区	再現答案	点	文字数
合	理由は、技術革新により新規参入増加や低価格競争激化する中で、高精度な印刷を必要とする美術印刷分野に経営資源集中すると共に、顧客の細かいニーズに対応できるよう協力企業とのネットワーク構築し差別化図る為。	20	100
A	理由は①印刷のデジタル化で事務用印刷分野への新規参入が容易になり単価が下がったため。②高品質・高精度な印刷を必要とする美術印刷分野に経営資源を投入し高付加価値化、差別化で競争優位を確保するため。	16	97
A	理由は①デジタル化の加速でオフセットやオンデマンドの普及により高度な専門知識が不要で新規参入が多く価格競争が激化し②社外の協力企業との外部の連携で細かなニーズに対応でき③固定費の変動費化をするため。	15	99
B	理由は①技術革新により創業からの高度な技術が不要となった為②他分野からの新規参入が容易になり競争が激化した為③美術印刷の分野に需要を絞った為④定年を待って工程を縮小し士気低下を防止できた為、である。	11	99
C	理由は①印刷の技術革新による為、②熟練職人の定年が近づいていたことが考えられる。①は技術不要となり新規参入が増え、価格競争が激化したこと、②は定年と共に縮小していった生産工程が今はない為である。	8	97

●解答のポイント

> ファブレス化を行った理由を、外部環境の変化とA社が採るべき経営戦略の視点から多面的に解答できたかがポイントだった。

【A社を取り巻く外部環境の変化】

先生：さぁ、令和3年度最初の事例だ。元気よくいこう！　さて、第1問は2代目がA社をファブレス化した理由について問われているぞ。2人は試験最初の問題に落ち着いて対応できたかい？

有勝：私は、2代目が思い切ってファブレス化したことから、経営環境に何かしらの変化があるのではないかと考えました。与件文を読むと、技術革新による印刷業界の変化について書かれていたため、「これだ！」と思い、技術革新で他分野からの新規参入が増えたことを書きました。

多川：ワシも一緒じゃ！　しかし、それだけじゃ足らんのぉ。きっと、新規参入がしやすくなった結果、競争環境が厳しくなったから2代目は戦略を変更したんじゃ！

~資格以外に得られたこと~
同じ通信教材を選んだ仲間や、ふぞろいメンバーとの出会い。

先生：いいぞ！　この第1問では経営戦略の視点を求められている。まずはSWOTの観点で冷静に事業環境を分析しよう。2人が言うとおり、A社の事業環境が厳しくなり、何かしらの変化が必要になったのだろう。

【戦略の視点】

先生：事業環境の変化を受けて、2代目はファブレス化を選択したわけだが、ファブレス化した理由はなんだと思う？

多川：ワシは、「ファブレス化」というキーワードから1次試験の知識を用いて、協力企業と分業することで経営資源を高付加価値分野に集中させることをすぐに思いつきました。これで高得点間違いなしじゃ！

有勝：なるほど。「ファブレス化」というキーワードから解答の骨子を作られるところ、さすがです。でも、経営資源を集中させた結果は書かなくていいんですか？　ちなみに私は、分業体制を整えて、他社がやらない顧客の細かなニーズに対応することで、競合他社と差別化することができるんじゃないかと考えました。

多川：第1問から、そんな鋭いツッコミすなぁ！　ツッコミはワシの役目じゃ。でも、その指摘はごもっとも……。新規参入で価格競争が激しくなった事業環境でA社が生き抜くためには差別化することが大事なんだろう。1次試験の知識をそのまま使うのではなく、ちゃんと事例企業に合わせた解答にすることも意識しないとな。

有勝：多川さん、私たちもこの試験競争を生き抜いて、合格しましょう！

先生：いいぞ、2人とも、なかなかよいスタートだ！　実際の再現答案を見ると、この問題は、みんなができたと思われる。合格＋A答案とB答案の差はあまりなさそうだが、C答案とD答案は、解答要素が全体的に少ない印象だ。それに対して、合格＋A答案は「ファブレス化を選択する意図、期待する効果、採るべき戦略」を書けている答案が多かった。「他社との差別化」は協会の出題趣旨（経営戦略の視点）とも関係するため、加点された可能性が高い。試験最初の問題で心も筋肉も緊張したとは思うが、みんなができたと思われる問題は、大外ししないように要素を重ねて、確実に得点していくことが重要だ。さて、筋肉もほぐれてきたことだろう。第2問もこの調子で頑張ろう。パワー！！（笑顔）

多川：大外し……。気をつけます！

～資格以外に得られたこと～

継続する力。

第2問（配点20点）【難易度 ★☆☆ みんなができた】

2代目経営者は、なぜA社での経験のなかった3代目にデザイン部門の統括を任せたと考えられるか、100字以内で述べよ。

●出題の趣旨

先代経営者からの事業承継や後継経営者の新規事業の立ち上げに関して、経営組織の視点から分析する能力を問う問題である。

●解答ランキングとふぞろい流採点基準

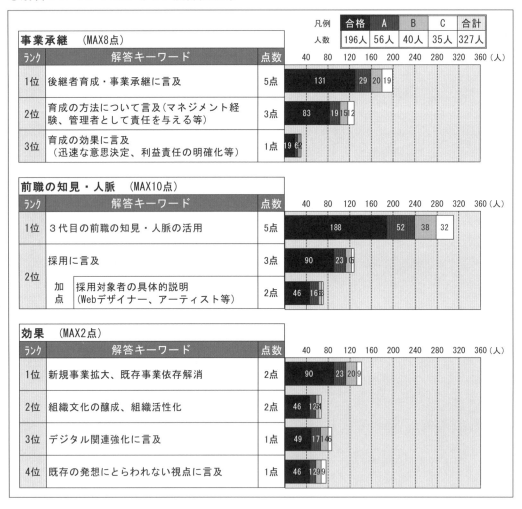

事例Ⅰ—第2問　25

●再現答案

区	再現答案	点	文字数
合	理由は①広告代理店勤務のノウハウ活用で相乗効果を生み出す②前職のデザイナー等との共同プロジェクト参画を活用して採用円滑化③部門統括を任せることで後継者として育成、等によりデザイン部門を成長させる為。	20	99
合	前職での共同プロジェクト経験によるデザイナーの採用やウェブ制作等で組織を活性化しデザイン部門を強化し、外部との連携による拡大を考えた為。次期社長としてのマネジメント経験の蓄積により育成を行う為。	20	97
A	理由は、①3代目の前職での人脈を活用したウェブデザイナーの採用、②3代目の経験を生かした既存顧客への広告制作への事業拡大、③3代目の管理者としての育成、④社内人材変化による組織活性化、である。	15	96
B	前職の広告代理店での経験と人脈を生かしたウェブ制作、コンテンツ制作を通じて、地域内の既存顧客に向けた広告制作事業を拡大するとともに、新たな発想を持って事業を牽引させる狙いがあったため。	7	92
C	理由は、1　2代目は、デザイン力の強化と印刷コンテンツのデジタル化に注力していたこと。2　3代目はデザイナーやアーチストとの共同プロジェクトに参画した経験があり、その人脈が生かせること。	6	93

●解答のポイント

> 　与件文から読み取れる、3代目の前職の知見・人脈だけでなく、知見を生かした効果や事業承継の観点も踏まえ多面的に記載することがポイントだった。

【与件文の内容を正確に拾えたか】

先生：さぁ、体も温まってきたところで、第2問いってみよう！　2人は第2問の設問趣旨をどう捉えたかな？

有勝：答えやすかったです！　ズバリ「3代目の前職での知見・人脈の活用」が設問趣旨だと考えました。与件文に書いてあったので、すぐに思い浮かびました。

多川：右に同じじゃ。この論点は全然クセがない！

先生：いいね！　「3代目の前職の知見・人脈の活用」は受験生の大半が書けている論点で、メジャーな論点だったと考えられる。筋肉でたとえるなら上腕二頭筋のようなものだね。でもそれだけじゃ足りないぞ、2人はさらに掘り下げて書けたかな？

多川：（たとえがわかりにくいんよ……。）えっ、さらに掘り下げる？

～資格以外に得られたこと～
40歳過ぎて新しいこと始めてもよいんだ！　と実感できたこと。

有勝：当然です！　知見・人脈の活用の具体例として「新規事業に有用な人材の採用」まで書けないと合格点は狙えないですよ！

先生：素晴らしい！　その解答、僕の広背筋が喜んでいるよ！　具体的な活用方法まで言及できた受験生はぐっと少なくなるが、合格＋Ａ答案にはここまで言及できた答案が多く、合否を分けたポイントだった可能性がある。「前職での知見・人脈の活用」に気づいただけで満足せず、丁寧に与件文を読み込むことが重要だったと考えられるぞ！

多川：全然気づかなかった。与件文に書いてあるワードに飛びついてしまって深掘りできなかったのぉ。

【与件文から論点を類推できたか】

先生：次に「事業承継」の論点はどうかな？

有勝：えっ？　事業承継？　そんなの書いてないですよ。だって与件文にそんなこと一言も書いてないじゃないですか。

多川：ワシは「事業承継」について書いたんじゃ。だって中小企業にとって事業承継は大事だし最近のトレンドです。

有勝：それってあなたの感想じゃないですか？　与件文に書いてないことを解答に書くなんて私のセオリーにありません！

先生：まあまあ、一旦２人とも落ち着こう。深呼吸して、ハッ！！（笑顔）。まず、データから見てみると、「事業承継」の論点は合格者の約７割が記載しているぞ。さらに、試験後に協会から発表された出題の趣旨も「先代経営者からの事業承継や後継経営者の新規事業の立ち上げに関して、経営組織の視点から分析する能力を問う問題である。」と記載されており、事業承継の論点は加点要素であったと考えるのが自然だ。一方、Ｂ～Ｄ答案での記載割合はぐっと下がり、この論点を書けるかどうかが合否の分かれ目になった可能性があるぞ！

有勝：でも、与件文に書いてないんだからあくまで解答者の想像であって、これが許されたらどんな解答も加点されちゃうんじゃないかしら……。

先生：なるほど、確かに与件文に「事業承継のために統括を任せた」とは書いていないね。では、キーワードが解答者の単なる想像か否かはどうやって区別すればよいかな？

多川：それはフィーリングです。おぼろげながら浮かんできたんじゃ、事業承継というキーワードが……。

先生：それでは根拠を持って解答できているとはいえないぞ。基本的な整理としては、①与件文に書いてあること、②与件文から当たり前に推測できること、③１次試験の知識、この３点は解答者の想像とは明確に異なるぞ。まず、Ａ社は家族経営を行っていると与件文に書いてあるね。そのうえで、親族外に承継を行うなどの大きな方針転換があったとは書いていない。社外にいた３代目が入社するとともに新部門を

～資格以外に得られたこと～
政策とか、行政とかの考えとかを読み込んだので、その知識も身につけた。

設け統括を任せていることからも、3代目は入社時から次期社長として期待されていたと推測されるぞ。つまり、3代目を次期経営者として育成することは当時のA社の経営課題であったと推測できるんだ。では経営層育成のために必要な施策はなんだろうか？

多川：マネジメント経験を持たせることです！　企業経営理論で勉強したのぉ。

先生：そうだね、1次試験の知識として、「マネジメント経験を持たせること」が「次期経営層としての育成」に有効だと思い出せれば、事業承継の論点が浮き彫りにならないかい？

多川：確かに、そう言われると、はっきりは書いていないが事業承継が論点なのは納得できます。与件文に書いてあることをそのまま解答欄に要約するだけだったら、ワシもストレート合格できたはずじゃからのぉ。

有勝：なるほど、納得しました。与件文から離れて自分の想像を解答欄に書いてしまうのが怖かったんですけど、何が想像になるのかきちんと整理できてなかったです。先生の言うように1次試験の内容が理解できていれば、根拠ある解答かをきちんと整理して、自信を持って解答ができそうです！　これからはよい意味で解答に幅が出て多面的に書けそうです！

【簡潔な記載で字数を制限し「効果」まで書けたか】

先生：素晴らしいぞ有勝さん！　筋肉もダメージを受けて回復するときに強くなるんだ。自分ができていなかった所に気づけたことで、君の事例Ⅰは成長しているぞ。まさに筋トレでパンプアップした僕の大胸筋のようだ！　では最後に、「効果」についてはどうだったかな？

多川：当然書いてないです。文字数も足りないし、効果まで書く余裕はなかったんじゃ。

先生：そうだね。ここまでの2つの論点を網羅していたらかなりの文字数を書いているだろうし、100字のなかに効果まで盛り込めた受験生はかなり少なかったぞ。80分という時間制約のなかで、「3代目の人脈・知見の活用」「事業承継」という論点を即座に読み取り、コンパクトな記載でまとめ、効果を記載する字数を残すのは至難の業といえるだろう。

有勝：効果まで記載できればパーフェクトだけど、まずは合格者の多くが書けていた論点を漏れなく丁寧に押さえられるようになることが重要ですね。

~資格以外に得られたこと~

戦友とも呼べる仲間を得た。

第3問（配点20点）【難易度 ★★☆ 勝負の分かれ目】

A社は、現経営者である3代目が、印刷業から広告制作業へと事業ドメインを拡大させていった。これは、同社にどのような利点と欠点をもたらしたと考えられるか、100字以内で述べよ。

●出題の趣旨

事例企業の競合との差別化や新規事業と既存事業とのシナジー効果について、事業戦略の視点から分析する能力を問う問題である。

●解答ランキングとふぞろい流採点基準

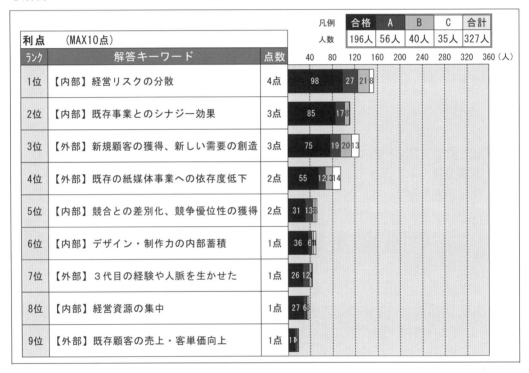

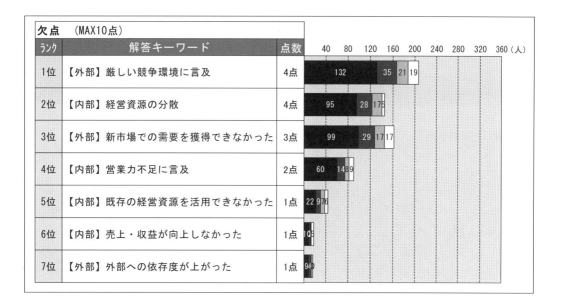

●再現答案

区	再現答案	点	文字数
合	利点は①紙事業への依存脱却により経営リスク分散②３代目の経験と人脈を活用可能③既存事業とのシナジーを発揮。欠点は①経営資源分散でノウハウ蓄積が困難②広告制作業は競争激化で、A社に新規顧客獲得力がない。	20	100
A	利点は、①地域中小企業顧客に印刷物以外の広告の提案②新事業開拓による経営リスクの分散である。欠点は、①競合他社が多く、競争が激しい中、②経営資源を投入できず、新規顧客の獲得が難しいことである。	17	96
B	利点は、①広告制作業による売上向上、②売上構成比が平準化しリスク分散が図れる事、欠点は、①営業に資源を投入できず、新たな案件獲得が困難な事、②経営資源分散による競争優位性の低下、③ノウハウがない事。	13	99
C	利点は広告制作業に注力することにより新たな収益獲得ができ、事業のリスク分散ができたこと、欠点は製版を専門とする職人が定年退職することとなり、印刷事業のノウハウがなくなってしまうこと。	8	91

～知識以外に自分に身についたこと～
　　やればできる精神（やらなきゃ受験生活から抜け出せない）。

●解答のポイント

> 利点・欠点について、それぞれ内部要因と外部要因を意識し多面的に解答すること
> がポイントだった。

【多面的な解答が肝】

多川：「利点」と「欠点」……あまり設問としては出てない言葉じゃのぉ。これまではあっ
　　　たとしても「メリット」と「デメリット」なんよぉ。

先生：そうだね。この題意が問われたことは過去にもほとんどない。言葉の意味としては
　　　難しいわけではないが、「メリット・デメリットとの意味の違いはあるのか？」と
　　　少し戸惑った人もいただろう。

有勝：改めて言葉の意味を確認すると、「利点」とは「有利な点、または好都合な点」、「欠
　　　点」は「不十分な点、落第点」とありますね。うーん……「SWOT 分析」で考え
　　　るといいんでしょうか？　Ｓ（強み）がＯ（機会）に生きた内容を「利点」として、
　　　Ｔ（脅威）のなかで出てきた Ｗ（弱み）を「欠点」と捉えれば、分析しやすいでしょ
　　　うか。

先生：いいね！　その考えは僕の上腕三頭筋のように骨太だ！　Ａ社の【内部的な要因】
　　　といえるＳとＷ、一方【外部的な要因】ともいえるＯとＴ。これらの要因をどち
　　　らも、多面的に盛り込めた解答が合格＋Ａ答案には多かったぞ。

多川：なるほど……。

先生：一方、内部・外部のいずれかにしか触れていない解答は点数が伸びなかった印象だ。
　　　筋肉と同じだ！　大胸筋のような外から見える筋肉だけ鍛えても意味がない。イン
　　　ナーマッスルを鍛えて強い体幹ができてこそ、本当のマッチョになれる！

有勝：……。Ａ社の「利点」については以下のように記載しました。強みは、ドメイン
　　　を拡大して事業開始した広告制作業と既存の印刷事業とのシナジー効果が生まれた
　　　ことだと考えました。これは【内部要因】ですよね。また、それに伴って広告制作
　　　業という新しい市場を開拓する機会を獲得できたことが利点。これは【外部要因】
　　　に当たることになりますよね。これらをつなげて書けば、よい説明になる気がしま
　　　す！

多川：解答のクセのなさがすごいんじゃ！　バランスがいいのぉ。コツはわかったので、
　　　「欠点」についてはワシに説明させてほしい。まずは、新たに参入した広告制作業
　　　はすでに多くの競合が存在しており、非常に厳しい競争環境の業界であることが与
　　　件文の第８段落にハッキリ書いてある。この業界で戦わざるを得ない、ということ
　　　は明らかに【外部要因】としての脅威だといえる。そして、そんな厳しい競争環境
　　　にあるにもかかわらず、市場を拡大するための営業に資源を投入することも難しい
　　　状況であることも書いてある。これも第８段落にガッツリ記載されている。この状

〜知識以外に自分に身についたこと〜

文字カウントしなくても、自分の書いた文章がおよそ何文字かわかるようになった。

況を説明する言葉としては、事例Ⅰ、企業経営理論としては定番中の定番、「経営資源の分散」で決まり。当然これは【内部要因】じゃ！

先生：もうバッチリだな！　その点をバランスよく書けていれば、高得点が狙えるだろう！　ハッ！！（笑顔）

【結局、A社の業績は順調？　順調じゃない？】

多川：いやでもちょっと待てぃ！　確かにその解答はバランスがいいのはわかるが、解答に一貫性がない気もしてきたぞ。利点の部分では売上が伸びたような表現で、欠点の部分では売上が取れていないような表現もある。結局どっちなんじゃ？

有勝：言われてみればそうかも……。試験中はとりあえず「これは多面的に答えないと」ということで頭がいっぱいになって、あまり解答の一貫性は意識しませんでした。とりあえず個々のパーツを組み合わせた解答になっていたかもしれないです。でも、よくわからないんですよね、今回のA社。そもそも「利点と欠点」という問い方自体、「いい面も悪い面も両方あった」ということだと思うんですけど、与件文を素直に読んでいくと結構混乱しました。

先生：それはいい指摘だね！　確かに、今回の事例Ⅰについては解釈が難しい部分があるね。A社は経営環境の変化に手を打ち、新規需要を取り込むためにドメイン拡大を行っている状況が第8段落に記載されているが、同時に受注獲得の様子に苦戦している状況も描かれている。さらに最終の第10段落も見てみよう。この段落の最後の一文から引用するぞ。「新たな顧客を取り込んできたが、売り上げにおいて目立った回復のないまま現在に至っている」と書かれている。ここでA社の姿を少しイメージできない人が多かったようだ。まさに「新たな顧客を取り込めたのかい？　取り込めてないのかい？　どっちなんだい！？」と言いたくなる気持ちだ！

多川：こんなタイミングで鉄板ギャグをすなぁ！　ただ、ワシが言いたかったのはそういうことじゃ。何度も与件文を見返し、わけがわからなくなってきて、思わぬ時間を食ってしまったからのぉ。

有勝：そこまでは深読みしてませんでした……。それを考えだすと確かに試験中にかなり混乱してしまいそうですよね。

先生：そうだね。利点は利点、欠点は欠点として記載しているが両者を合わせて確認すると多少整合性がないように感じる解答が合格＋A点にも一定数見られた。利点と欠点、それぞれの解答が的を射た内容であれば加点されていた可能性はある。あくまで、与件文にある各要因を抜き出して、利点・欠点それぞれに多面的に盛り込んで答える、ということが必要だった設問といえるだろう。

~知識以外に自分に身についたこと~

シンプルに、頭がよくなったと感じる。考えるプロセスを見える化してから、考えるようになった。

第4問（配点20点）【難易度 ★★★ 難しすぎる】

2代目経営者は、プロジェクトごとに社内と外部の協力企業とが連携する形で事業を展開してきたが、3代目は、2代目が構築してきた外部企業との関係をいかに発展させていくことが求められるか、中小企業診断士として100字以内で助言せよ。

●出題の趣旨

協力企業との関係とネットワークの構築について、助言する能力を問う問題である。

●解答ランキングとふぞろい流採点基準

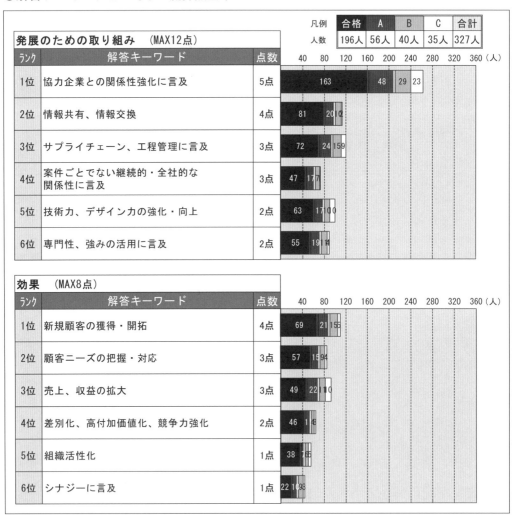

事例Ⅰ—第4問　33

●再現答案

区	再現答案	点	文字数
合	①<u>デザイン部門</u>と印刷部門の定例会議を開催して<u>サプライチェーン</u>の<u>情報を共有</u>し、②<u>新規市場開拓</u>のために<u>最適な外部企業</u>を選択し、③他社と<u>差別化</u>を図る。以上を助言し、<u>連携を促進</u>しデザイン部門の<u>売上伸長</u>を図る。	20	100
A	①<u>外部の協力会社と連携強化</u>し②<u>イノベーション</u>対応の<u>人材交流</u>と能力開発③<u>共同受注開発</u>で<u>印刷工程指示能力強化</u>④<u>顧客ニーズを把握</u>した新製品開発向上と既存顧客の提案力強化。<u>新市場開拓</u>と新規顧客増加で<u>売上拡大</u>。	20	100
B	<u>プロジェクト単位での連携を会社単位の組織的な連携とする</u>ことで、共同プロジェクトにより<u>関係性強化</u>する。<u>サプライチェーン</u>などの重複排除による効率化により、低コスト化。弱い営業力の外部販売チャネル活用。	11	98
C	施策は、①<u>デザイン部門</u>と印刷部門の<u>サプライチェーン管理</u>を統合して外注管理業務を効率化する。②<u>外部企業の情報を一元化してDB化し、全社で共有</u>すること。	9	74

●解答のポイント

> 協力会社との継続的な関係強化のための取り組みと、その効果について多面的に解答できたかがポイントだった。

【外部企業との関係発展のための取り組み】

有勝：第4問は与件文にヒントが少なく感じました。与件文の第9段落には「必要に応じて外部のフォトグラファーやイラストレーター、コピーライター、製版業者、印刷職人との協力関係を構築する」と書いてあり、すでに関係性を築けているように思えて、何を書いたらよいかわかりませんでした。なので、第4問は後回しにして、ほかの設問から解きました！　逃げるが勝ちですね！　ただ、結局第4問を解くころにはほとんど時間がなくなっていました……。

先生：設問が難しいと思ったら後回しにして、ほかの設問から解こうとしたのは素晴らしい判断だ！　大腿四頭筋に乳酸が溜まっている日は、無理をせず大胸筋を鍛えるようにするのと一緒だ！

多川：（たとえがまた筋トレじゃ……。）

先生：ただし、本当に与件文にヒントはなかったかな？　設問文もよく見てみるんだ！

多川：第9段落には「事業案件に合わせてプロジェクトチームが社内に形成される」と書いてあります！　ということは関係性をより発展させるには、事業案件ごとだけで

~診断士の魅力~
診断士ならではのコミュニティ。

34　第2章　ふぞろいな答案分析

はない継続的な関係性である、個別企業ではできないことを複数の企業や組織が連携して行う戦略的提携（アライアンス）を結ぶということじゃ！

有勝：設問文にも「2代目経営者は、プロジェクトごとに」協力企業と連携していたと書いてありますね。

先生：いいね！　第4問の出題の趣旨にも「協力企業との関係とネットワークの構築について、助言する能力を問う問題」とある。戦略的提携は、ネットワーク戦略と呼ばれることもある。協力会社と下請先としての関係性にとどまらず、戦略的提携（アライアンス）を結ぶことでより関係性を発展させる取り組みを行うことが求められていたんだ！

有勝：アライアンスは1次試験で勉強しましたが、2次試験では思いつきませんでした。

多川：ワシはアライアンスのことはわかっていたんだが、与件文にサプライチェーンとあったから、QCDを中心に書いてしまったんじゃ。

先生：出題の趣旨にあるようなアライアンスやネットワークなど、協力企業との継続的な関係性について言及した答案は、全体の2割程度、合格＋A答案でも3割弱しかなかった。80分という短い解答時間のなかで出題の趣旨で問われている点までたどり着いた受験生は少なかったと思われる。よって、そのことに触れられていなくても、関係性の発展のための取り組みを多面的に書ければ十分に得点はできただろう。ただし、このことに触れた答案の約9割が合格＋A答案だった。1次試験の知識に基づいて与件文を正確に読み取ることができれば、合格に近づくということだ！

【効果を書くか】

先生：ところで、2人は関係性を発展させることによる効果については書いたかい？

有勝：「いかに発展させていくことが求められるか」という設問だったので、協力企業との関係性を発展させる施策だけを書きました。

多川：助言問題がきたら効果を書くのが鉄板じゃ！　効果を伝えない助言は、「もうええわ！」のない漫才のようなもんなんよ！

有勝：（漫才って何のことだろう？）

先生：そうだ！　中小企業診断士として経営者にアドバイスをするとき、その施策の効果を一緒に伝えないと、経営者もなぜその施策をすればよいのかわからないだろう？

有勝：確かに！　こういうメリットがあるから、と説明しないと中小企業の社長さんもやる気になってくれませんね！

先生：多面的な答案という意味でも、効果のことに触れている答案も多かった！　中小企業診断士としてアドバイスをするという意味でも施策によってどのような効果があるのかを意識しながら取り組んでみるんだ！

～診断士の魅力～
将来が漠然と不安な人がとりあえず勉強するといろいろ自信がつく資格であること。

第5問（配点20点）【難易度 ★★☆ 勝負の分かれ目】

新規事業であるデザイン部門を担う3代目が、印刷業を含めた全社の経営を引き継ぎ、これから事業を存続させていく上での長期的な課題とその解決策について100字以内で述べよ。

●出題の趣旨

次世代経営者の事業戦略や経営組織の構築に関わる論点について、提言する能力を問う問題である。

●解答ランキングとふぞろい流採点基準

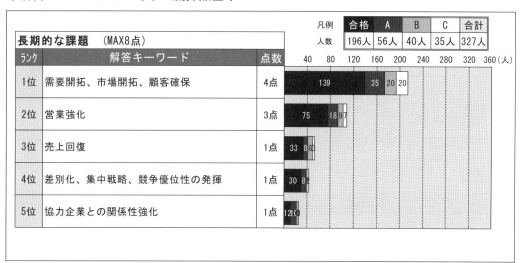

Column 「がんばれ！ 診断士ぃ！」

私は妻と息子（そうちゃん、3歳）の三人家族なのですが、2次試験直前は平日夜遅くまで、休日も一日中外で勉強していたため、1か月近く息子と十分に遊んであげることができませんでした。息子はパパっ子だったため、相当寂しい思いをしたようです。最初の頃は、勉強のために外出する際「診断士の勉強が終わったら遊ぼうね」と説明すると、泣きじゃくって身体にしがみつき、しばらく離してくれませんでした。ところが何度も説明するうちに「がんばれ！ 診断士ぃ！」と玄関まで見送ってくれるようになりました。3歳ながらにいろいろ我慢してくれていたことを思うと、胸がいっぱいになります。そうちゃん、ありがとね。これからはいっぱい遊ぼうね！ 試験が終わった今も、息子からは「診断士ぃ！」と呼ばれるようになってしまい、「パパ」と呼んでくれないのが最近の悩みです（泣）。

(ゆーきち)

~診断士の魅力~

ダイバーシティ。独占業務がないお陰で、本当に多種多様な人材がいます。

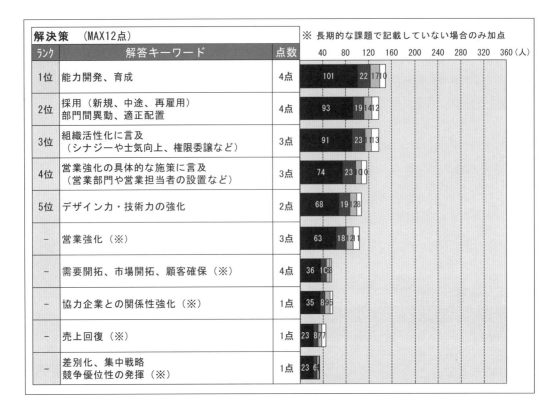

●再現答案

区	再現答案	点	文字数
合	課題は①<u>営業力の強化</u>[3]②広告・デザイン・印刷事業のシナジー発揮による<u>新規顧客獲得</u>[4]。対応策は①営業経験のある人材の<u>採用</u>[4]②配置転換と<u>研修</u>[4]の拡充③長期的な取り組みや連携の奨励。以上で<u>組織活性化と士気を向上</u>[3]。	18	99
A	課題は、①顧客獲得のための<u>営業力を強化する</u>[3]、②広告制作事業の<u>差別化を図る</u>[1]ことである。解決策は、①<u>営業部門を新設</u>[4]し<u>新規顧客開拓</u>[4]を行う、②<u>高精度</u>でデザイン性を有する広告に<u>特化</u>し差別化を図る。	13	93
B	①持続的に<u>売上をアップする</u>[1]課題に対して、<u>営業部門を新たに設置</u>[3]して<u>新規需要を創出</u>[2]する②印刷業のノウハウを蓄積し、高品質・高精度な印刷を必要とする美術分野に対して<u>差別化集中</u>[1]戦略を採用する。	11	92
C	長期的な課題は、２代目の経営者が開拓した地場的な市場以外の新たな<u>市場開拓</u>[4]である。解決策は、社長の人脈を活かし、外部企業や既存顧客より紹介してもらい、３代目が<u>営業を行う</u>[3]ことで、<u>売り上げの回復を図る</u>[1]。	8	98

~診断士の魅力~

合格前後の１週間で知り合いが60人くらい一気に増えた！

事例Ⅰ—第5問　　*37*

●**解答のポイント**

> 　長期にわたる戦略的な課題と課題達成のための具体的な組織・人事に関わる解決策を多面的に解答することがポイントだった。

【多面的な解答ができたか】

先生：さあ、事例Ⅰ最後の設問だ。最後の追い込み、頑張っていこう！　ヤー！！（笑顔）

多川：事例Ⅰでの解決策といえば、やはり人事施策、「幸の日も毛深い猫」じゃ！

有勝：それは何ですか？

多川：人事施策のフレームワークで、「採用・配置」「賃金・報酬」「能力開発」「評価」「モチベーション」「権限委譲」「部門」「階層」「ネットワーク」「コミュニケーション」の頭文字を取ると「幸の日も毛深い猫」になるんよぉ。

先生：さすがだ！　これまでの筋トレの成果が発揮されているな。与件文の最終段落からＡ社はどんな弱みを抱えていると読み取れるかな？

有勝：営業活動が不十分で、売上が確保できていないことだと思います。

先生：そのとおりだ。Ａ社の弱みを補い、目指す姿に向けた「新規需要の開拓」や「営業の強化」といった課題は多くの人が指摘できたが、解決策にはバラツキが見られた。合格＋Ａ答案の多くは、人事施策から多面的に要素を解答していたぞ。

有勝：人事施策のフレームワークを覚えていれば、要素を充実させられるんですね。

【課題と解決策の区別ができたか】

有勝：先生、正直、設問文に出てくる課題と解決策って違いがよくわからないんです。課題と解決策って明確に区別するんですか？

先生：さあ、筋肉よ、聞かれてますよ。課題と解決策、区別をするのかい？　しないのかい？　どっちなんだい！？　しーない！　パワー！！（笑顔）

多川：ちょっと待てぃ！　どういうことなんじゃ！

先生：合格＋Ａ答案のなかには、ふぞろい流採点では課題とした要素が解決策での要素として解答されている答案も一定数あったんだ。おそらく、明確な区別は求められておらず、論理的な説明ができていれば、加点されているものと考えられるぞ。ハッ！！（笑顔）

有勝：キーワードは重要ですが、兎にも角にも、論理的な文章が大切なんですね。

~診断士の魅力~
　さまざまなバックグラウンドを持つ方とつながりが持てること。

▶事例Ⅰ特別企画

重要論点！　事業承継を取り巻く環境

有勝：第2問で事業承継がテーマになっていたのは納得したんですけど、そもそも事業承継って重要な論点なんですか？　要は次の社長を決めて引き継ぐってことですよね？　そんなに難しいことなんですかね？

多川：（自分が第2問で事業承継の論点を書かなかったからって、まだ根に持ってる……。）

先生：有勝さん！　事業承継は、日本の中小企業が抱える大きな課題で、中小企業診断士試験においても重要論点であり今後も出題される可能性が十分あるぞ！　その証拠に、『2021年版中小企業白書』（以下、白書）でも丸々1章設けて丁寧に解説されているんだ！　よい機会なので具体的に見ていこう！

【休廃業・解散件数と事業承継の関係】

先生：図表1のグラフは、白書からの抜粋で、中小企業の休廃業・解散件数と経営者の平均年齢の推移を整理したものだ。休廃業・解散件数増加の背景には経営者の高齢化が一因としてあると考えられるぞ。

多川：白書にも載ってるんだから重要論点なのは決まりじゃ！

有勝：うーん、確かにそう読めなくもないですけど、単純に儲かってないから休廃業・解散しているってことはないんでしょうか？

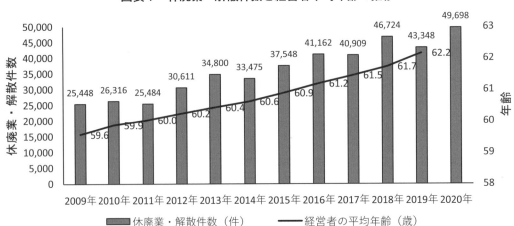

図表1　休廃業・解散件数と経営者平均年齢の推移

出典：『2021年版中小企業白書』第2-3-4図

～診断士の勉強が仕事に活かせた瞬間～
会社の補助金申請を2次試験の知識で対応できたこと。

先生：1つのデータだけ見て安易に納得せず多面的に考える姿勢が素晴らしいぞ、有勝さん！　ではもう1つグラフを見てほしい。こちらも白書からの抜粋だぞ。

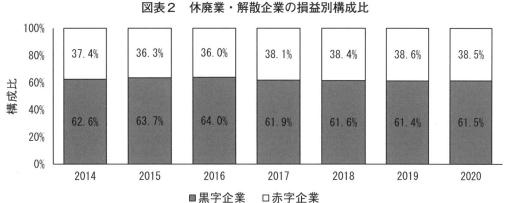

図表2　休廃業・解散企業の損益別構成比

出典：『2021年版中小企業白書』第2-3-6図

有勝：えっ、6割以上の企業が黒字なのに休廃業・解散してるんですか！
多川：もったいないのぉ。黒字ならワシが引き継いで経営したいんじゃ。
先生：そうだね、データで見てみると、休廃業・解散の主な原因は業績不振ではなさそうだね。さらに、2020年に中小企業庁が発表したデータによると、2020年から10年の間に、中小企業・小規模事業者の経営者約381万人のうち、70歳以上の経営者は約245万人になると予想されている。そして、この245万人のうち約半数の127万人が後継者未定とされているんだ。これらのデータから、一定数の企業に事業承継の課題があり、多川さんのような意欲ある次世代に事業を引き継ぐ取り組みの重要性が読み取れるね。

【事業承継に向けた具体的な取り組み】
有勝：事業承継が中小企業の重要論点であることは理解できました。でも、事業承継のためには具体的にどんな取り組みが必要になるんでしょう？
先生：いい質問だね！　実際に経営者が事業承継前5年程度で実施した取り組みが図表3だ。
多川：「先代とともに経営に携わる」が約6割じゃのぉ。経営者のOJTじゃ！
先生：そうだね！　経営者としてのノウハウを学ぶことは重要だな。それ以外にも、取引先や金融機関、そして何よりも自社従業員に次期社長として認められる必要もあるぞ！　A社は家族経営だったため後継者の育成が課題になっていたと考えられるが、親族外承継やM&Aを活用した事業承継もあるため、企業同士のマッチングやデューデリジェンスなど、診断士の活躍の場も多いぞ。
有勝：確かに経営戦略や組織体制とも関係してきて中小企業診断士の活躍の場がありそう

～診断士の勉強が仕事に活かせた瞬間～
お客様が「マーチャンダイジング」と言ったとき、知ったかぶりせずに済んだ。

ですね。具体的に中小企業診断士は事業承継にどのように関わってるでしょうか？

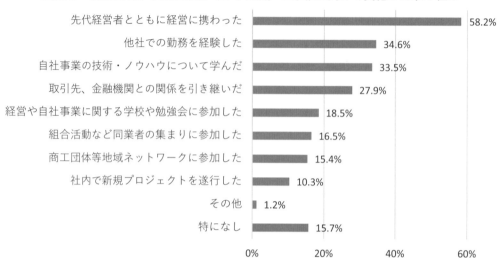

図表3　現経営者が事業承継前（5年程度）に承継に向けて実施した取り組み

- 先代経営者とともに経営に携わった　58.2%
- 他社での勤務を経験した　34.6%
- 自社事業の技術・ノウハウについて学んだ　33.5%
- 取引先、金融機関との関係を引き継いだ　27.9%
- 経営や自社事業に関する学校や勉強会に参加した　18.5%
- 組合活動など同業者の集まりに参加した　16.5%
- 商工団体等地域ネットワークに参加した　15.4%
- 社内で新規プロジェクトを遂行した　10.3%
- その他　1.2%
- 特になし　15.7%

出典：『2021年版中小企業白書』第2-3-34図

【事業承継と中小企業診断士との関わり】

先生：いい質問だね！　まずは、公的な組織との提携として、事業承継・引継ぎ支援センターの相談窓口対応や実際の事業承継支援業務を行うことがあるぞ。また、日々の診断業務のなかでも主要な課題として挙げられることが多いから、実務補習の課題で事業承継に取り組んだという合格者も多いぞ。

多川：なるほどのぉ。中小企業診断士試験で論点として出題されるのも納得なんじゃ。

【過去の出題状況と論点】

有勝：これまでの2次試験ではどれぐらい出題されてるんですか？

先生：受験生としてはそこが一番気になるかもしれないね。ご存じのとおり2次試験は模範解答が開示されないので明言はできないのだが、下の表の年度の設問は事業承継に関する出題だったと考えられるぞ！

多川：これまでは買収に関する設問が多いんじゃ。協会発表の設問の趣旨に事業承継とはっきり書かれたのは初めてかのぉ。

～資格を取ってやりたかったこと～

知人の会社の助言・サポート。

年度	事例	設問	設問	出題の趣旨
平成21	事例Ⅰ	第2問	金融機関の後押しがあったにもかかわらず、当初、Ａ社社長は、Ｆ社を傘下に収めることに対して、積極的、前向きではなかった。その理由として、どのようなことが考えられるか。Ｆ社が直面していた財務上の問題以外で考えられる点について、100字以内で述べよ。	**企業買収**の意思決定を行う上で、買収者がどういった事項を検討するのか、また買収後の課題をどのように想定すべきかに関して、財務上の問題以外で、中小企業診断士として必要となる**課題発見能力**を問う問題である。
平成22	事例Ⅰ	第2問	転廃業を迫られている地方の二次問屋に対してＡ社が積極的に進めている友好的買収に関連して、以下の設問に答えよ。	業界の大きな構造変化の中で転廃業を迫られている取引業者の**友好的買収**に関連して、中小企業診断士としての基本的理解力と分析能力、助言能力を問う問題である。
令和2	事例Ⅰ	第1問 (設問2)	Ａ社長の祖父がＡ社の買収に当たって、前の経営者と経営顧問契約を結んだり、ベテラン従業員を引き受けたりした理由は何か。100字以内で答えよ。	買収側企業の被買収側企業に対する**条件提示の意図**について、理解して分析する能力を問う問題である。
令和3	事例Ⅰ	第2問	２代目経営者は、なぜＡ社での経験のなかった３代目にデザイン部門の統括を任せたと考えられるか、100字以内で述べよ。	先代経営者からの**事業承継**や後継経営者の新規事業の立ち上げに関して、経営組織の視点から分析する能力を問う問題である。

【試験対策と心構えについて】

有勝：なるほど、令和４年度以降も事業承継を論点とした出題の可能性がありそうですね。試験対策としては何をすればいいんでしょう？

先生：そうだね。おすすめとしてはやはり白書に目を通しておくことだな！　白書には中小企業が抱える課題や具体的な取り組みが丁寧にまとめられているぞ。

多川：クセはないけど量がすごいのぉ。あんなの、２次試験の勉強しながら全部読んで覚えるのは無理じゃ。

先生：これは心構えにも近いが、試験のために白書を読んで一字一句覚えることにはあまり意味がないぞ。君たちのゴールは試験に合格することではなく、中小企業診断士になって中小企業の経営を支援することじゃないのかい？　全国の中小企業の社長たちがどんな課題を持っているのか把握しておくのはプロとして当然だぞ。

多川：受験生の段階でそこまで考えるのは難しいんじゃ。まずは試験に合格しないと。

先生：あえて厳しく言ったが、そんなに構える必要はないぞ。要は、中小企業が抱える課題や中小企業を取り巻く環境について興味を持って情報収集すればいいんだ。試験の合格は通過点にすぎない。その先に拡がる世界に目を向けることも重要だぞ。筋トレ後にプロテインを飲むのと同じだな！

有勝：なんだか最後は壮大なテーマになりましたね。でも、事業承継が大事なのはよくわかりました。合格後の活動も見据えて意識的に情報収集したいと思います。

先生：興味を持って接すれば記憶にも定着しやすいし、何より実務に直結する知識なので学んでおいて損はないぞ！　試験に向けて知識を整理しておこう！

～資格を取ってやりたかったこと～

　　自己実現！　包み隠さず言うと、「お金持ちになりたい！！」です。

42　第2章　ふぞろいな答案分析

ふぞろい流ベスト答案 ━━━━━━━━ 事例Ⅰ

第1問（配点20点）　　99字　　　　　　　　　　　　　　　　　　　【得点】20点

理	由	は	、	①	印	刷	分	野	の	技	術	革	新³	で	参	入	障	壁	が
下	が	り²	、	価	格	競	争	が	激	化³	し	た	た	め	②	社	外	の	協
力	企	業	と	分	業	体	制	を	構	築⁴	し	、	経	営	資	源	を	美	術
分	野	に	集	中⁴	さ	せ	て	細	か	な	顧	客	ニ	ー	ズ	に	対	応³	す
る	こ	と	で	、	他	社	と	の	差	別	化⁴	を	図	っ	た	た	め	。	

第2問（配点20点）　　99字　　　　　　　　　　　　　　　　　　　【得点】20点

理	由	は	①	3	代	目	の	前	職	の	人	脈⁵	を	生	か	し	、	デ	ザ
イ	ナ	ー²	を	採	用³	で	き	た	か	ら	②	部	門	統	括	を	任	せ	意
ネ	ジ	メ	ン	ト	経	験³	を	持	た	せ	る	こ	と	で	、	迅	速	な	意
思	決	定	を	可	能	に	し	経	営	者	と	し	て	育	成⁵	し	た	か	ら
③	新	た	な	組	織	文	化	の	醸	成²	を	目	指	し	た	か	ら	。	

第3問（配点20点）　　99字　　　　　　　　　　　　　　　　　　　【得点】20点

利	点	は	①	既	存	事	業	と	の	シ	ナ	ジ	ー⁴	効	果	が	発	揮	さ
れ	②	既	存	事	業	へ	の	依	存	度	が	低	下²	、	③	リ	ス	ク	の
分	散⁴	に	な	っ	た	こ	と	。	欠	点	は	①	経	営	資	源	が	分	散⁴
し	②	営	業	力	を	強	化	で	き	ず²	③	厳	し	い	競	争	環	境⁴	の
中	、	新	し	い	受	注	獲	得	が	出	来	な	か	っ	た³	こ	と	。	

第4問（配点20点）　　100字　　　　　　　　　　　　　　　　　　　【得点】20点

専	門	性	の	高	い²	協	力	企	業	と	の	間	で	定	期	的	な	情	報
共	有⁴	を	行	い	、	プ	ロ	ジ	ェ	ク	ト	ご	と	に	留	ま	ら	な	い
戦	略	的	提	携³	を	結	び	、	関	係	性	を	強	化⁵	す	る	。	提	携
に	よ	り	顧	客	ニ	ー	ズ	の	変	化	に	対	応⁴	し	、	差	別	化²	す
る	こ	と	で	、	新	規	顧	客	を	開	拓⁴	し	売	上	向	上³	を	図	る。

第5問（配点20点）　　98字　　　　　　　　　　　　　　　　　　　【得点】20点

長	期	的	な	課	題	は	①	営	業	力	強	化³	に	よ	る	新	規	需	要
の	開	拓⁴	、	②	協	力	企	業	と	の	関	係	性	強	化¹	。	解	決	策
は	①	営	業	人	材	の	新	規	採	用⁴	、	②	営	業	研	修	に	よ	る
営	業	人	材	の	育	成⁴	、	③	広	告	部	門	と	印	刷	部	門	間	の
シ	ナ	ジ	ー³	発	揮	で	、	デ	ザ	イ	ン	力	を	高	め	る²	。		

～資格を取ってやりたかったこと～
診断士として独立。

事例 I　43

ふぞろい流採点基準による採点

100点

第1問：A社を取り巻く事業環境の変化と、その変化に対してA社がどのような経営
　　　　戦略で環境に適応して他社と差別化したか、という流れを意識して記述しま
　　　　した。
第2問：3代目の前職の人脈を生かすことに加え、次期経営者としての育成の観点と取
　　　　り組みの効果を盛り込み、多面的に記述しました。
第3問：利点と欠点について、制限文字数のなかでそれぞれの要因をバランスよく、多
　　　　面的に解答することを意識し、また1次試験の知識を活用し記述しました。
第4問：協力企業との関係を発展させる取り組みと、その期待効果について、多面的に
　　　　記述しました。
第5問：次世代経営者が事業を存続するための施策を、戦略的観点および人事組織観点
　　　　から多面的に記述しました。

Column

悩んでいるであろう超多年度生へ

　私は2次試験を6年間受け続けました。よく諦めなかったなぁと改めて思います。よう
やく冷静に考えられるようになったので、自分の気づきを記したいと思います。
　〈ポイント1〉3年目の受験。再び1次試験からということで、ハードルの高さから再
受験するか悩んでいました。そのときに診断士Xさんから「セミナーをするから来てみた
ら？」とお誘いを受けて遠路はるばる名古屋へ。同じ受験生の方々が前向きにセミナーを
受講されている姿を見て、自分も頑張ってみようと受験を決意できました。【悩んだら周
りの方に相談してみよう】
　〈ポイント2〉自分は受験校Y→Z→Z→Yと元に戻しました。たとえば、事例Iの成
果報酬制度を受験校Yでは積極的に書かせますが、受験校Zでは消極的です。どちらがよ
い悪いという話ではなく、両方の選択肢が頭にあるので余計に悩むようになってしまいま
した。1つ目の受験校で成長できたなら、そのまま継続して深化させるという選択肢もあ
りますよ。【隣の芝生は青い】
　〈ポイント3〉受験校通信講座の弱点ですが、ほかの受験生を感じることはできず、ど
のような解答を書いているのか知るすべもありません。オンライン勉強会に参加したこと
で、他人の答案と比較でき、自分の癖を知ることができました。【積極的に参加しよう】
　そして何よりも大事なこと。受験仲間を見つけましょう。仲間の存在が、本当に大きな
支えとなりました。この場を借りて、ありがとう！　　　　　　　　　　　　（まさひろ）

～資格を取ってやりたかったこと～
実家の一般社団法人の診断。

44 第2章 ふぞろいな答案分析

▶事例Ⅱ（マーケティング・流通）◀

令和3年度 中小企業の診断及び助言に関する実務の事例Ⅱ（マーケティング・流通）

B社は資本金300万円、社長を含む従業者数15名の豆腐の製造販売業者である。B社は清流が流れる地方都市X市に所在する。この清流を水源とする地下水は良質な軟水で、滑らかな豆腐づくりに向く。

1953年（昭和28年）、現社長の祖父がX市の商店街にB社を創業した。地元産大豆、水にこだわった豆腐は評判となり、品評会でも度々表彰された。なお、X市は室町時代に戦火を避けて京都から移り住んだ人々の影響で、小京都の面影を残している。そのため、京文化への親近感が強く、同地の職人には京都の老舗で修行した者が多い。同地の繁盛店は、B社歴代社長、新しい素材を使った菓子で人気を博す和菓子店の店主、予約が取りにくいと評判の割烹の板前など京都で修行した職人が支えている。

1981年（昭和56年）、創業者の病をきっかけに、経営は息子の2代目に引き継がれた。その頃、X市でもスーパーマーケットなど量販店の出店が増加し、卸販売も行うようになった。従来の商店街の工場兼店舗が手狭になったため、良質な地下水を採取できる農村部の土地に工場を新設した。パートの雇用も増やし、生産量を拡大した。

2000年（平成12年）、創業者の孫にあたる現社長が、京都での修行を終えてB社を継承した。その頃、地場資本のスーパーマーケットからプライベート・ブランド（PB）の製造呼びかけがあった。国産大豆を使いながらも、価格を抑え、集客の目玉とするPBであった。地元産大豆にこだわった祖父と父のポリシーに反するが、事業拡大の好機と捉え、コンペ（企画競争型の業者選定会）に参加し、受注に成功した。そしてPB製造のための材料用倉庫と建屋も新築し、パートも増やした。その後、数度のコンペで受注契約を繰り返し、最盛期はB社売上比率の約半分がPBで占められた。しかし、2015年（平成27年）のコンペで大手メーカーに敗れ、契約終了となった。

PBの失注のタイミングで、X市の大手米穀店Y社からアプローチがあり、協議の結果、農村部の工場の余剰設備をY社へ売却し、整理人員もY社が雇用した。X市は豊富な水を活かした米の生産も盛んで、Y社は同地の米の全国向けECサイトに注力している。Y社社長は以前より在庫用倉庫と炊飯に向く良質な軟水を大量に採取できる井戸を探していた。Y社は建屋を改修し、B社の地下水を購入する形で、Y社サイトのお得意さまに限定販売するペットボトル入り水の製造を開始した。またY社は「X市の魅力を全国に」との思いからX市企業の佃煮、干物などもY社サイトでコラボ企画と称して販売している。近年、グルメ雑誌でY社サイトの新米、佃煮が紹介されたのをきっかけに、全国の食通を顧客として獲得し、サイトでの売上が拡大している。

B社社長はPB関連施設の整理のめどが立った頃、B社の将来について、残った従業員

～資格を取ってやりたかったこと～
世の中の役に立ちたい。中小企業を支え、日本を支えたい！

と会議を重ねた。その結果、各地で成功例のある冷蔵販売車を使った豆腐の移動販売の開始を決意した。売上の早期回復のために移動販売はフランチャイズ方式を採用した。先行事例を参考に、フランチャイジーは加盟時に登録料と冷蔵販売車を用意し、以降はB社から商品を仕入れるのみで、その他のフィーは不要とする方式とした。また、フランチャイジーは担当地域での販売に専念し、B社はその他のマーケティング活動、支援活動を担当する。結果、元商店経営者やB社の元社員などがフランチャイジーとして加盟した。

移動販売の開始と同時に原材料を全て地元産大豆に戻し、品揃えも大幅に見直した。手頃な価格の絹ごし豆腐、木綿豆腐の他、柚子豆腐、銀杏豆腐などの季節の変わり豆腐も月替わりの商品として加えた。新商品のグラム当たり単価はいずれもスーパーマーケットの高価格帯商品よりも高く設定した。

移動販売は戸別訪問の他に、豆腐の製造販売店がない商店街、遊戯施設、病院などの駐車場でも許可を得て販売している。駐車場での販売は高齢者が知り合いを電話で呼び、井戸端会議のきっかけとなることも多い。移動販売の開始後、顧客数は拡大したものの客単価は伸び悩んでいたが、フランチャイジーの1人がデモンストレーション販売をヒントに始めた販売方法が客単価を引き上げた。自身が抱える在庫をどうせ廃棄するならば、と小分けにし、使い捨て容器に盛り付け、豆腐に合った調味料をかけて試食を勧めながら、商品説明を積極的に行った結果、次第に高単価商品が売れ始めた。フランチャイジーと高齢者顧客とのやり取りは来店前の電話での通話が主体である。インスタント・メッセンジャー（IM）の利用を勧めた時もあったが敬遠されたため、電話がメインになっている。ただし若年層にはIMによるテキストでのやり取りの方が好まれ、自社の受注用サイトを作る計画もあったが、ノウハウもなく、投資に見合った利益が見込めないとの判断により、IMで十分という結論に達した。

移動販売の開始以降、毎年秋には農村部の工場に顧客リストの中から買い上げ額上位のお得意さまの家族を招いて、日頃のご愛顧への感謝を伝える収穫祭と称するイベントを実施してきた。これは昔ながらの方法で大豆の収穫を体験するイベントである。収穫の喜びを顧客と共有すると共に、B社の顧客は高齢者が多いため、一緒に昔を懐かしむ目的で始めた。しかし、食べ物が多くの人の努力を経て食卓に届くことを孫に教えたいという声が増え、年を追うごとに子連れの参加者が多くなった。収穫体験の後には食事会を開き、B社商品を使った肉豆腐や湯豆腐を振る舞う。ここで参加者が毎年楽しみにしているのは炊きたての新米に、出来たての温かい豆腐を乗せ、鰹節としょうゆ、薬味の葱少々をかけた豆腐丼であった。豆腐丼は祖父の時代からB社でまかないとして食べてきたものである。「豆腐に旅をさせるな」といわれるように出来たての豆腐の風味が最も良く、豆腐と同じ水で炊き上げた新米との相性も合って毎年好評を得ていた。同市の年齢分布を踏まえると主婦層の顧客が少ないという課題を抱えつつ、移動販売は高齢層への販売を伸ばし続けていた。

しかしながら、新型コロナウイルス感染症のまん延に伴い、以降、試食を自粛した。ま

～資格を取ってやりたかったこと～
執筆活動。まさか、さっそくふぞろい15に参画できるとは。

た、人的接触を避けるために、駐車場での販売から戸別販売への変更を希望したり、戸別訪問を断ったりする顧客が増えてきた。収穫祭では収穫体験のみを実施し、室内での食事会を中止した。その際に、豆腐丼を惜しむ声が複数顧客より寄せられた。B社社長が全国に多数展開される豆腐ECサイトを調べたところ、多くのサイトで豆乳とにがりをセットにした商品が販売されていることを知り「手作り豆腐セット」を開発し、移動販売を開始した。顧客が豆乳とにがりを混ぜ、蒸し器で仕上げる手間のかかる商品であるが、出来たての豆腐を味わえる。リモートワークの浸透を受け、自宅での食事にこだわりを持つ家庭が増え、お得意さま以外の主婦層にも人気を博している。この商品のヒットもあり、何とかもちこたえてきたものの、移動販売の売上は3割落ち込んだままである。そこで、人的接触を控えたい、自宅を不在にする日にも届けてほしいという高齢層や主婦層の声を踏まえ、生協を参考に冷蔵ボックスを使った置き配の開始も検討している。そして、危機こそ好機と捉え、豆腐やおからを材料とする菓子類による主婦層の獲得や、地元産大豆の魅力を伝える全国向けネット販売といった夢をこの機にかなえたいと考えている。しかし、具体的な打ち手に悩んだB社社長は2021年（令和3年）8月末に中小企業診断士に相談することとした。

第1問（配点20点）

　2021年（令和3年）8月末時点のB社の状況を、移動販売の拡大およびネット販売の立ち上げを目的としてSWOT分析によって整理せよ。①〜④の解答欄に、それぞれ30字以内で述べること。

第2問（配点25点）

　B社社長は社会全体のオンライン化の流れを踏まえ、ネット販売を通じ、地元産大豆の魅力を全国に伝えたいと考えている。そのためには、どの商品を、どのように販売すべきか。ターゲットを明確にした上で、中小企業診断士の立場から100字以内で助言せよ。

第3問（配点30点）

　B社のフランチャイズ方式の移動販売において、置き配を導入する場合に、それを利用する高齢者顧客に対して、どのような取り組みを実施すべきか。中小企業診断士の立場から（a）フランチャイザー、（b）フランチャイジーに対して、それぞれ50字以内で助言せよ。

第4問（配点25点）

　B社ではX市周辺の主婦層の顧客獲得をめざし、豆腐やおからを材料とする菓子類の新規開発、移動販売を検討している。製品戦略とコミュニケーション戦略について、中小企業診断士の立場から100字以内で助言せよ。

〜資格を取ってやりたかったこと〜
　まずは実務補習。経営診断のイロハを学ぶことができ楽しかった！

第1問（配点20点）【難易度 ★☆☆ みんなができた】

2021年（令和3年）8月末時点のB社の状況を、移動販売の拡大およびネット販売の立ち上げを目的としてSWOT分析によって整理せよ。①～④の解答欄に、それぞれ30字以内で述べること。

● 出題の趣旨

内外の経営環境を分析する能力を問う問題である。

● 解答ランキングとふぞろい流採点基準

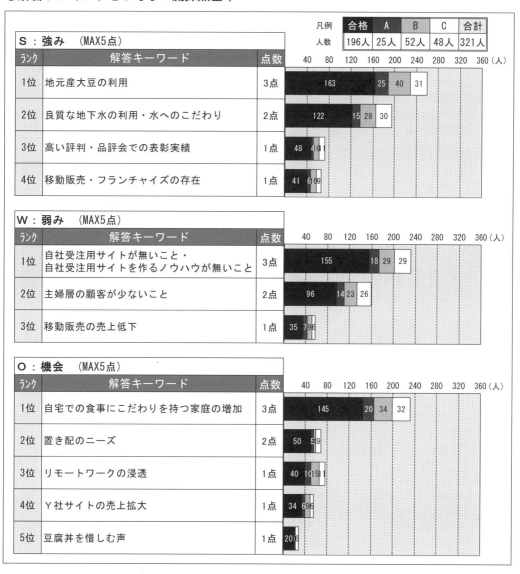

～2次試験とは○○である～

見えざる手。

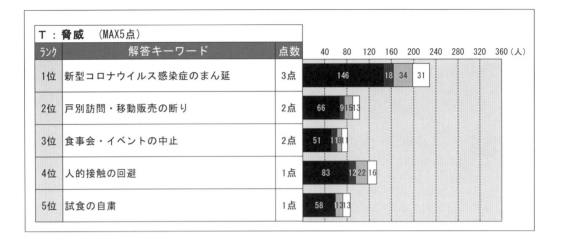

●再現答案

S:強み

区	再現答案	点	文字数
合	①地元産の大豆と水にこだわった豆腐作り②品評会での表彰実績	5	29
A	良質な水と地元産大豆にこだわった豆腐と移動販売フランチャイズ	5	30
B	地元産大豆にこだわり、季節の変わり豆腐など商品開発力がある。	3	30
C	良質な軟水で滑らかな豆腐。新製品開発力。井戸端会議の口コミ。	2	30

W:弱み

区	再現答案	点	文字数
合	自社の受注サイト作成のノウハウがない、主婦層の顧客が少ない。	5	30
A	移動販売の売上減少、自社HP運営能力不足、主婦層が少ない	5	28
B	自社用サイト制作のノウハウが無く、投資に及び腰である事。	3	28
C	①主婦層の顧客少ない、②収穫祭規模縮小。	2	20

～2次試験とは○○である～

パズル？

O：機会

区	再現答案	点	文字数
合	<u>自宅での食事にこだわりを持つ家庭の増加</u>[3]と<u>置き配ニーズ</u>[2]。	5	27
A	<u>食事に拘りを持つ家庭が増え</u>[3]、人的接触を控えた<u>置き配ニーズ増加</u>[2]	5	30
B	①近隣に職人がいること、②<u>自宅での食事でのこだわり増大</u>[3]。	3	28
C	①収穫祭で子連れ参加者増加、②自宅不在時の<u>置き配ニーズ高まり</u>[2]	2	30

T：脅威

区	再現答案	点	文字数
合	室内での<u>食事会の中止</u>[2]。<u>戸別販売を断る</u>[2]顧客の増加。<u>接触忌避</u>[1]。	5	29
A	<u>コロナ</u>[3]で、<u>イベント</u>[2]や<u>移動販売</u>[2]の<u>人的接触が敬遠</u>[1]されていること	5	29
B	<u>新型コロナウイルスの蔓延</u>[3]で外部環境が大きく変化していること	3	29
C	戸別販売への変更希望や<u>戸別訪問を断る</u>[2]顧客の増加。	2	24

Column

レア！？　夫婦受験

　私は夫と2人で中小企業診断士を受験しました。この話をすると、すごいね、と言われることも多いですが、勉強時間を確保するために気を遣わなくてよいし、相手が勉強していると刺激になるし、情報収集が効率的だし、テキスト代は浮くし、実はよいこと尽くしです。特に試験1か月前くらいからは、企業を特集しているテレビ番組を観ながら「この会社は差別化に成功しているね」「やっぱり中小企業は細かいニーズに応えることが大事だよね」などという、傍から見たら少し変わった会話をしていました。これも知識の定着に役立ったのではないかと思います。私の場合は家族でしたが、友だちでも同僚でも、身近に勉強仲間がいるのはきっと力になるはず。今はネット上で勉強仲間を探すこともできますし、私は参加しませんでしたが、そういうのもよいのかもしれないですね。　（みほ）

~2次試験とは○○である~

自己を内省し、絶えず自己修正できるかを問われる試験。

50　第2章　ふぞろいな答案分析

●解答のポイント

> 　B社の経営環境について、第2問以降との関連や時制も踏まえてキーワードの優先順位付けを行い、限られた文字数のなかで要点を過不足なく盛り込めるかがポイントだった。

【S：強み】

先生：オイ、オレの筋肉！　事例Ⅱをやるのかい？　やらないのかい？　どっちなんだい！？　やーる！

有勝：最初は恒例のSWOT分析ですね。いきなりですけど、B社は強みがありすぎますね！　候補がありすぎて、どれにするか迷っていたら時間がかかってしまいました。

多川：ワシは取り扱っている商品の質が高いことが強みと考えて、与件文にあった「地元産大豆にこだわった豆腐」と「品評会での表彰実績」を選びました。

先生：国産大豆を使っていた時期もあったが、原材料を全て地元産大豆に戻したという記載があるくらいだから、「地元産大豆の利用」はかなり優先度が高いと思うぞ。ちなみに豆腐は高タンパク食品なので筋肉をつけるにはもってこいだ！

【W：弱み】

先生：次に「弱み」だな。ここは何を書いたかな？

多川：ここはやっぱり「プライベートブランドの失注」じゃ！　与件文のなかでもプライベートブランドに関して結構な文量が書かれていたので重要だと考えました。

有勝：多川さん、ちょっと待ってください。プライベートブランドの失注をしたのは2015年のことですよね？　この問題では2021年8月末時点での弱みを解答する必要があると思います。

先生：有勝さん、そのとおりだ！　設問文にわざわざ書かれているくらいだから時制を意識する必要があるんだ。プライベートブランドに関する部分を弱みとする解答も一定数あったが、B答案以下に多く見られたぞ。設問文を一字一句丁寧に読み解くことは、筋トレ前のエネルギー補給くらい当たり前にしておくべきだ！

【O：機会】

先生：続いて「機会」だな。どんどん鍛えていくぞ！　パワー！！（笑顔）

有勝：ここは与件文からそのまま「自宅での食事にこだわりを持つ家庭の増加」を書くことができれば十分ではないでしょうか。B社の「強み」であるこだわりの豆腐の需要が増えそうなので、チャンスですよね！

多川：もったいないのぉ！　少し工夫すれば文字数的にももう1つ要素を加えられるはずじゃ。「置き配ニーズ」だけでも書いておくべきじゃ！

―――― ～2次試験とは○○である～ ――――――――――――――――――――
　高い壁である。登った先には見晴らしのよい景色が待っている。

先生：多川さん、その少しでも点数を取りにいく姿勢が素晴らしい！　筋トレと同じでどれだけギリギリまで攻められるかが大事だ。解答を見ていても「読点」や「丸囲み数字」を利用して複数の要素を詰め込んでいる解答が多かった。与件文ではひらがなで「こだわり」とあるが、漢字で「拘り」としている解答もあったので、的確に文字数を減らすトレーニングも大事だと思うぞ！

有勝：詰め込み力半端ないですね！　私も頑張ります！

【T：脅威】

先生：SWOT 分析の最後は「脅威」と「胸囲」のどちらなのか筋肉ルーレットに聞いてみましょう。右胸に止まれば「脅威」！　左胸に止まれば「胸囲」！　さぁどっちだ！　それではいきたいと思います！　筋肉ルーレットスタート！！　テ・テ・テ〜♪　さあ〜動き出していますよ！　トゥッ……トゥッ……。脅威……胸囲……。さぁどっちに止まるんだい！　トゥッ……。あーっ！　右胸です！　右胸ということは「脅威」！　それでは「脅威」の解説をしていきましょう！　「脅威」はSWOT 分析のほかと比べても、一番解答の筋立てがしやすかったと思うけど何を書いたんだい！

有勝：ここは迷わず「新型コロナウイルス感染症のまん延」と書きました！　事例Ⅱの全体を通して、新型コロナウイルス感染症（以下、新型コロナウイルス）のまん延という外部環境の変化にどのように対応するか、という観点で問題が作られているように感じました。

多川：ワシも同じじゃ！　そこからさらにB社に具体的にどのような影響が出ているのかを解答できればよいと思い、「戸別訪問の断り」と「食事会の中止」としました。

先生：2 人とも素晴らしい！　僕の広背筋が大喜びしているよ！　ほかにも「試食の自粛」や「人的接触の回避」などの解答も同様に得点につながったと思われるぞ。一方、「スーパーマーケットなどの競合」といった解答はB答案以下の割合が高かったぞ。設問文にも「移動販売の拡大およびネット販売の立ち上げを目的として SWOT 分析」と書かれているので、この目的に沿った解答を意識することが大事だ！

多川：それにしても新型コロナウイルスを考慮しなければならない問題が出てくるなんて、予想外でした。中小企業診断士試験は相変わらずクセがすごい！

先生：それには私も少し驚いた。しかし、自分が驚いたときには、周りの受験生だって驚いているんだ。慌てず、どのようなときも揺るがない強靭なメンタルを手に入れるために、勉強も筋トレも頑張っていこう！　パワー！！（笑顔）

〜2次試験とは○○である〜

情報戦。

第2章 ふぞろいな答案分析

第2問（配点25点）【難易度 ★★☆ 勝負の分かれ目】

B社社長は社会全体のオンライン化の流れを踏まえ、ネット販売を通じ、地元産大豆の魅力を全国に伝えたいと考えている。そのためには、どの商品を、どのように販売すべきか。ターゲットを明確にした上で、中小企業診断士の立場から100字以内で助言せよ。

●出題の趣旨

強み・機会を活かすことで、弱み・脅威を克服するための、ターゲティング戦略、商品戦略、流通戦略を提言する能力を問う問題である。

●解答ランキングとふぞろい流採点基準

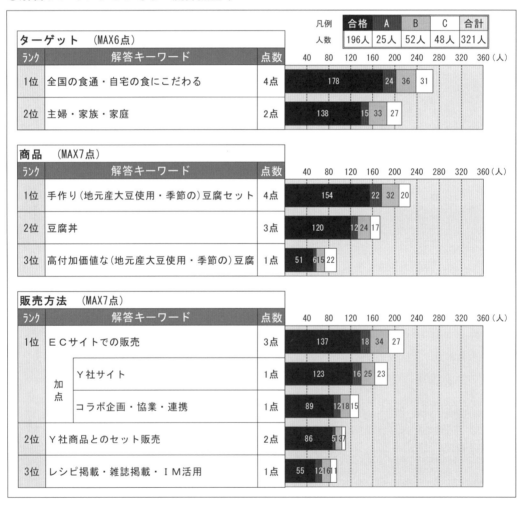

～2次試験とは○○である～

答えがない課題を考え抜くことへの耐性試験。

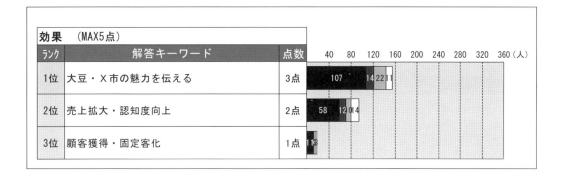

●再現答案

区	再現答案	点	文字数
合	助言は、自宅食事にこだわりある家庭や全国の食通に対し、手作り豆腐セットや豆腐丼セットを、Y社ECサイトから豆腐と相性の良い米とのコラボ企画で販売してもらい、地元産大豆の魅力を全国に伝え、売上向上を図る。	25	100
A	全国の自宅での食事にこだわりを持つ家庭に対し、出来立ての豆腐を味わえる手作り豆腐セットを、Y社とコラボを企画しY社のECサイト上で豆腐丼のレシピを掲載の上、Y社の新米とセットで販売する。	20	93
B	全国の食通をターゲットに、地元産大豆を使用した手作り豆腐セットを販売し、Y社の全国向けECサイトを活用してコラボ企画を行い、地元産大豆の魅力を訴求して、その魅力を全国に伝える。	16	88
C	標的は、こだわりの材料を使う食通とし、こだわりの素材で和菓子を開発し、京都で修業した職人がこだわりの製法で作ることを訴求し、Y社サイトで全国販売することで、地元産大豆の魅力を全国に伝える。	11	94

●解答のポイント

> 与件文に記載されているターゲットに対し、B社の強みを生かした商品、外部環境の活用により弱みを克服できる販売方法を明記することがポイントだった。

先生：次は、第2問だ！ 設問文に「ターゲットを明確にした上で、どの商品を、どのように販売すべきか」と記載があったね！ 2人はどのように解答したかな？

多川：ワシは、定番の「誰に、何を、どのように、効果」の「ダナドコ」フレームを使って解答しました。こんなのガターのないボウリングくらい簡単じゃ！

有勝：私も「ダナドコ」フレームをベースに第1問で挙げたSWOT分析の解答を意識し

～2次試験とは○○である～
60点を取るゲーム。

54 第2章 ふぞろいな答案分析

ながら解答を組み立てました。地元産大豆の魅力を全国に伝えるために、地元を超えていける助言がしたいですね！

先生：2人とも基本のフォームがしっかり身についているね！　では、まずはターゲットから見てみよう！　ヤー！！（笑顔）

【ターゲットについて】

有勝：私は「全国の食通」を提案しました。B社の既存顧客にはいない層ですし、与件文にも記載があったので、間違いないと思います。

多川：有勝さんはまだまだ甘いのぉ。ワシは「全国の食通」と「自宅での食事にこだわりを持つ主婦層」の2つを提案しました。「全国の食通」はB社と付き合いがあるY社の顧客でY社との連携によって今後獲得したい顧客層やし、「主婦層」は与件文にも主婦層の顧客が少ないことが課題として挙げられていたから、完璧じゃ！

先生：多川さん素晴らしいね！　その解答は僕の三角筋のように仕上がっているね！　ターゲットに関して、多川さんのように「全国の食通」や「主婦層」の解答率が高く、それ以外のキーワードはあまり書かれていなかったようだ！

【商品について】

先生：では、商品についてはどうだったかな？

多川：ワシは「豆腐を使った新商品の和菓子」を提案しました。地元産大豆の魅力を全国に伝えたいB社社長に響くいい提案ができたはずじゃ！

先生：うーん、その解答、僕のヒラメ筋は喜ばないな。有勝さんはどうかな？

有勝：私は、与件文の「豆腐に旅をさせるな」というキーワードが印象的だったので、自宅で楽しめる「手作り豆腐セット」と「豆腐丼」を提案しました。設問には「どの商品」という記載があったので、新商品開発ではなく既存商品の提案をすべきではないかと考えたのですが、小賢しいこと言ってしまったでしょうか……。

先生：いや、いい考えだね！　設問文に「どの商品」とあるので、与件文に記載があるB社の強みとなる既存商品を提案するのが最適だろう。実際に、全体的に「手作り豆腐セット」の解答数が多く、そのうえ、合格＋A答案には、「豆腐丼」や「高付加価値な豆腐」が併せて示されており、それがB答案以下との差になったようだ。さらに、解答するうえでのテクニックでいうと、第4問の設問文に「豆腐やおからを材料とする菓子類の新規開発」という文章があるから、そこと被らないような商品を選ぶという考えが浮かぶようになると解答も筋肉もパワーアップだな！　さらに先生おすすめのマグマ豆腐を紹介だ！　まずはB社の豆腐を買ってきてください。このままでも十分おいしい豆腐。粉チーズを用意していただけますか。ここからがマグマなんです！　ドゥンドゥン It's My Life ～♪　ヤー！！（笑顔）

有勝：……。

―――〜試験に持って行ってよかったもの〜
　　　いろんな厚さのインナーダウン。

多川：……。

【販売方法について】

多川：販売方法は設問文に「ネット販売を通じ」という文言があったので、ワシは与件文
　　　にあった「Y社サイトでの販売」を書きました。

有勝：私は「Y社ECサイト」を活用し、さらに「コラボ企画でY社の米とB社の豆腐
　　　のセット販売」という提案をしました。これで、「自社受注用サイトがない」とい
　　　うB社の弱みを、「Y社の全国向けECサイトの活用」という機会によって克服す
　　　ることができるので、第1問のSWOT分析を使ってよい助言ができたと思ってい
　　　ます。生かしましょう、機会！　克服しましょう、弱み！

先生：2人とも「Y社ECサイトでの販売」に着目した点は素晴らしい！　さらに有勝さ
　　　んのように、「Y社ECサイトでの販売」、「コラボ企画」を書けている答案は合格
　　　＋A答案の約45%を占めている。カロリーを制する者は体重を制するように、こ
　　　の設問で押さえておくべきポイントだったといえるね！

【効果について】

有勝：設問文で「地元産大豆の魅力を全国に伝えたい」という文言が入っていたので、こ
　　　れって効果じゃないのかなと思ったのですが、この場合はどのように解答したらよ
　　　かったのでしょうか？　「ダナドコ」には「誰に、何を、どのように、効果」で解
　　　答するので、効果を書かないと違和感がありますし……。

多川：ワシも迷った！　この場合は素直に「地元産大豆の魅力を伝える」は書いたけど、
　　　そのほかには何かありました？

先生：多川さんの言うように、全体の半数は「地元産大豆やX市の魅力を伝える」とい
　　　うキーワードや「売上向上」や「認知度向上」という効果を書いている解答であっ
　　　たが、そもそも今回の再現答案の3分の1は効果に言及していなかった。さらに、
　　　そのうち半数は合格＋A答案の解答だったため、今回に限っては効果を書かずと
　　　もあまり合格＋A答案とB答案以下の差がつかなかったようだ。第2問に関して
　　　は、設問の意図を読み取り、ターゲット・商品・販売方法について多面的に解答で
　　　きたかが鍵だったな！　ハッ！！（笑顔）

〜試験に持って行ってよかったもの〜
　　ドライフルーツ（休み時間リフレッシュ用）。

第3問（配点30点）【難易度 ★★★ 難しすぎる】

B社のフランチャイズ方式の移動販売において、置き配を導入する場合に、それを利用する高齢者顧客に対して、どのような取り組みを実施すべきか。中小企業診断士の立場から（a）フランチャイザー、（b）フランチャイジーに対して、それぞれ50字以内で助言せよ。

●出題の趣旨

フランチャイズ方式における役割分担を踏まえて、特定ターゲットへのニーズ対応方法を提言する能力を問う問題である。

●解答ランキングとふぞろい流採点基準（a）

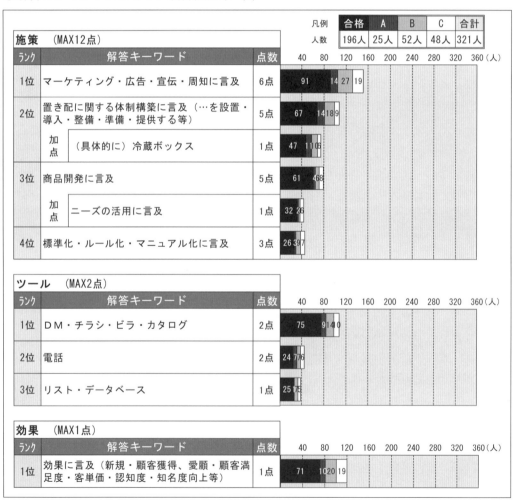

●再現答案

区	再現答案	点	文字数
合	①置き配希望顧客への**冷蔵ボックス**の**準備**②**DM**、収穫祭での**置き配開始周知**により、**置き配を拡大**する。	15	48
A	**チラシ**を作成して商店街等で配布して**置配サービスを周知**する。**保存に適した冷蔵ボックスを準備**する。	14	47
B	**DM**の配達や**チラシ**を商店街や病院に配布して、**置き配サービスを周知**し**利用客の増加につなげる**。	9	45
C	専用の**冷蔵ボックス**や**冷蔵パックを用意**し、回収し繰り返し使用することで**品質の保持とコスト低減を図る**。	7	49

●解答ランキングとふぞろい流採点基準 (b)

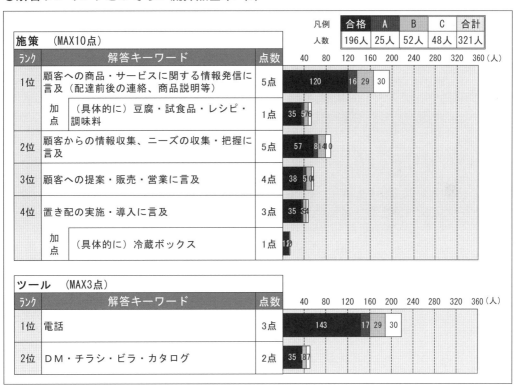

~試験に持って行ってよかったもの~

置き時計。各事例開始時に0時0分に合わせて使用していました。

効果　（MAX2点）

ランク	解答キーワード	点数	人数
1位	関係性・接点強化	2点	39　87　5
2位	愛顧・顧客満足度向上	2点	34　44
3位	売上・収入・単価向上	1点	26　55
4位	固定・リピート	1点	26　25
5位	客数増加・顧客獲得	1点	9

（横軸：40 80 120 160 200 240 280 320 360（人））

●再現答案

区	再現答案	点	文字数
合	<u>配送後電話連絡を行い</u>、商品提案、<u>ニーズ把握</u>の機会とすることで<u>顧客愛顧を高め</u>利用頻度向上を図る。	15	47
A	①<u>電話</u>を通して積極的なコミュニケーション、<u>ニーズ把握を行う</u>。②人的販売を通し<u>客単価を高める</u>。	13	46
B	置き配時に①<u>顧客の要望を聞き</u>ながら提案販売を行い、②Ｙ社と連携し佃煮・干物の配送サービスを行うこと。	9	50
C	顧客接点が無くなり顧客ニーズの収集が困難な為、置き配にアンケートを添えて<u>顧客ニーズを収集する</u>。	5	47

●解答のポイント

> 　フランチャイズ方式の特徴や役割分担を理解しつつ、特定のターゲットに向けたフランチャイザーとフランチャイジーの施策を提案することがポイントだった。

【フランチャイズ方式の特徴と役割とは？】

先生：では、続いては第３問だ！　事例Ⅱのなかでは一番配点が高い設問だったが、合格＋Ａ答案でも内容が多岐にわたっており、解答に苦労したと考えられる。これは鍛え上げた者だけが高得点を獲得できる設問といえるね。ちなみに「フランチャイズ方式」とは何か覚えているかな？

多川：もちろんです！　フランチャイザーとフランチャイジーが共同で事業を運営する契約を締結し、フランチャイザーは、自らの商標などをフランチャイジーに使用させ、

~試験に持って行ってよかったもの~
受験票を固定するセロハンテープ。

同一イメージの事業を実施する権利を付与するとともに、フランチャイジーに事業活動についての経営指導を行う。フランチャイジーは対価として、加盟料やフィー（本部への定期的な納入金）を支払う。これがフランチャイズ方式ですよね！　これくらいの知識は1次試験の範囲だから知ってて当然じゃ！

有勝：多川さん、さすがです！　でも、与件文には「フランチャイジーは加盟時に登録料と冷蔵販売車を用意し、以降はB社から商品を仕入れるのみで、その他のフィーは不要とする方式」とあるので、今回の事例ではフィーは不要ではないでしょうか。

多川：なにっ！

先生：有勝さんの言うとおりだ！　フィーは不要だね。ただし、フィー以外については多川さんの説明のとおりだ。それぞれの役割をしっかりと理解して、（a）と（b）の解答を書き分けることが、この設問のポイントだったといえるね！　ハッ！！（笑顔）

【フランチャイザーの施策について】

先生：それではフランチャイザーの施策からいってみよう！　ここでは何を書いたかな？

多川：やはりフランチャイザーはフランチャイジーの経営指導が基本なので、置き配導入にあたって、置き配が実施できる体制の構築や置き配サービスの手順の標準化が必要と考えました。

有勝：私は置き配のサービスが顧客に知られていないとフランチャイジーが困ってしまうので、広告や宣伝などで置き配サービスを広く普及させることが必要と考えました。

先生：2人とも、素晴らしい解答だ！　僕の大胸筋が大喜びしているよ！　2人の解答以外に合格＋A答案に多かったのは、顧客のニーズを調査、活用して、商品を開発するという施策だ。高齢者顧客のニーズに合わせた商品を開発することで、フランチャイジーの営業活動はより効果的になるんだ。筋トレ初心者が筋肉を効率的につけるためには、ジムトレーナーの知識が必要というように、「フランチャイジーの売上を上げるためにフランチャイザーとしてどのような施策が必要か」ということを考えることが重要だ！

【フランチャイジーの施策について】

先生：それではフランチャイジーの施策はどうかな？

有勝：これは与件文にヒントがありますよね！　「フランチャイジーと高齢者顧客とのやり取りは来店前の電話での通話が主体」と書いていたので、顧客に対して、電話を使った情報提供や営業活動が必要と考えました。電話で顧客からのニーズを収集するという施策も考えられますよね！

多川：有勝さん！　ちょっと待てぃ！　そもそも置き配は人的接触回避にも用いられるが、不在時に活用するというケースもあるはず。それであれば、置き配前後に電話連絡なんかしても電話に出る人なんておらんのじゃ！　よって、業務の効率性を考

~ファイナルペーパーに書いた一言~
迷ったら全部書く！

えたら電話ではなくIM（インスタント・メッセンジャー）を活用したほうがよい
に決まってるんじゃ！

有勝：でも、設問文では「高齢者顧客に対して」とありますし、与件文に寄り添った解答
にしたほうがよいのではないでしょうか。小賢しいこと言ってすみません……。

先生：多川さん、実際の経験則や知識だけの解答では僕の腹直筋は喜ばないな！　確かに
一般的な置き配ではメールやIMを用いるケースが多いが、これはあくまで中小企
業診断士の2次試験だ。設問文にターゲットは高齢者顧客とあり、やり取りの主体
が電話と書かれている以上、与件文に沿った解答を目指すべきだ。設問条件に合う
ようにキーワードを組み合わせて、答案を磨き上げよう！　そう、僕の大腿四頭筋
のように！

多川：たとえのクセがすごい……。

【ターゲットについて】

有勝：設問文に「高齢者顧客に対して」とターゲットが記載されてましたが、解答にも書
いたほうがよかったのでしょうか？

多川：そこは悩ましかった！　でも、事例Ⅱで施策の提案といえば「ダナドコ」が定番の
フレームワークじゃ。「誰に」というところも入れたほうがいいんじゃないかな。

先生：ここは難しいところだが、解答の文字数が50字と少なかったことや合格＋Ａ答案
ではターゲットについてほとんど記載していなかったということから推測すると、
施策の内容がしっかり書けていればターゲットの記載はなくても合格点が狙えただ
ろう。

【ツールについて】

多川：ツールについてはIMしか書けませんでした。ツールって本当に書かないといけな
いんでしょうか。電話やIMは与件文にありますが、そのほかのツールは与件文に
も出てこないんよ。IM以外思いつく奴なんておらんはずじゃ！

有勝：私は与件文に沿って、（a）と（b）のいずれの解答にも電話というキーワードを入
れました。

先生：2人とも1つ忘れてはいけないことがある。これは筋トレの前のストレッチくらい
重要なことだが、第3問は与件文のヒントが少なかったため、再現答案では本当に
さまざまな施策が書かれていたんだ！　そのなかで多く用いられていたツールをふ
ぞろい流採点の評価軸として設定しているが、実際の採点では異なる基準で採点さ
れている可能性も十分にある。キーワードだけでは実際の採点を表現できない可能
性があるということを認識することが重要なんだ！　ただし、フランチャイジーに
おいては「電話」というキーワードが、ほかのキーワードと比較して、合格＋Ａ
答案に多く含まれており、加えてターゲットに合致したキーワードであることか

〜ファイナルペーパーに書いた一言〜

社長に寄り添うこと、自分本位にならないこと。

ら、加点される可能性は高いといえるだろう。

多川：ちなみにワシが書いた IM は一切加点されないんですか？

先生：なかなか難しい質問だ。合格＋A 答案にはほとんど含まれていなかったため、ふ
ぞろい流採点上、加点はしなかった。ただし、少数ではあるが、合格＋A 答案の
なかにも、高齢者が IM を使えるように工夫するなどの記載もあったことから、設
問条件に沿った形で IM を使用していれば、一定程度の加点があった可能性もある
だろう。

多川：確かに実際の採点のクセを把握することは難しいですよね……。

先生：そのとおりだ！　ただし、「高齢者顧客に対して」と設問文にある以上、高齢者が
敬遠する IM を優先的に書く必要があるか、よくよく考えてみる必要があるね！

多川：勉強になりました！

【効果について】

多川：効果についてはどうですか？　施策を助言するにあたり、どのような効果があるか
示さないと社長に伝わらないため、いずれも効果について書いたのぉ。

有勝：私は（a）と（b）の解答欄がそれぞれ50字しかなかったので、施策の部分で書き
たいことが多すぎて、効果については省略しました。

先生：合格＋A 答案でも効果については多く記載されていた。また、（a）と（b）の解答
でそれぞれ比較すると（b）のほうが効果について多く記載されていたんだ。これ
は顧客との接点があるフランチャイジーの施策のほうが、効果について言及しやす
かったからと考えられるね！　多川さんのように効果を書ければよいが、有勝さん
のように効果が書けていなくても一定数の合格＋A 答案があったため、十分合格
に必要な点数は獲得できていた可能性がある。繰り返しになるが第3問は難問だ！
このような難問について悩みすぎて時間を浪費し、みんなが解ける設問に時間をか
けられなくなることは絶対に避けなければならない！

有勝：なるほど！　逃げるが勝ちということですね！

先生：そのとおり！　ただし、筋トレに関しては絶対に逃げてはいけない！　限界こそ最
大のチャンスだ！　これは受験勉強においても同じことがいえる。無理はしてはい
けないが、自分の限界まで過去問演習を積み重ねることで、みんなが書いている
キーワードを解答に盛り込めるようになるんだ！

多川：……あれ？　後半ほとんど効果の話、してないですよね……。

先生：……。ハッ！！（笑顔）

～ファイナルペーパーに書いた一言～

採点者も人間。判読できる字で、ストレスなく読める文章を提供する。

第4問（配点25点）【難易度 ★★★ 難しすぎる】

B社ではX市周辺の主婦層の顧客獲得をめざし、豆腐やおからを材料とする菓子類の新規開発、移動販売を検討している。製品戦略とコミュニケーション戦略について、中小企業診断士の立場から100字以内で助言せよ。

● 出題の趣旨

新しい市場への参入に際して必要となる、製品戦略、コミュニケーション戦略を提言する能力を問う問題である。

● 解答ランキングとふぞろい流採点基準

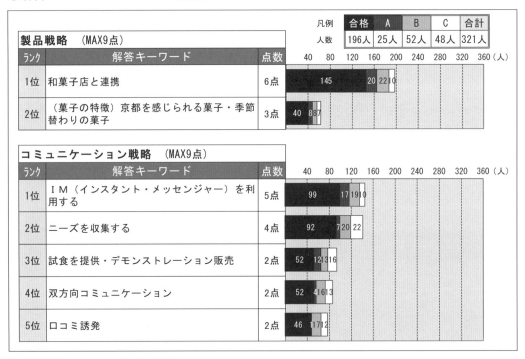

～ファイナルペーパーに書いた一言～
　そういやファイナルペーパー作ってなかった（笑）。

事例Ⅱ―第4問

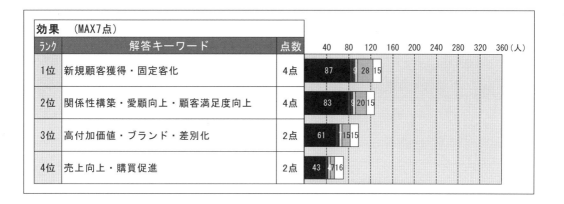

● 再現答案

区	再現答案	点	文字数
合	和菓子店の店主とコラボし、京文化を想起させるブランド名を付す。IMで双方向コミュニケーションを図り、要望や改善点を収集、製品開発や改良に生かし、新規顧客獲得、接点増加、愛顧向上、固定客化を図る。	25	97
A	製品は人気和菓子店の協力を得て、京文化のイメージで付加価値の高い菓子を作る。販売では御菓子を使ったスイーツのデモンストレーションと試食で主婦層の購買に繋げ、獲得した顧客にはIMで愛顧を促すことである。	23	100
B	製品戦略はこだわりの豆腐やおからを使い、地元の和菓子や割烹とのコラボ企画で製品を開発し、コミュニケーション戦略は、置き配の際にチラシや試食品を用意し商品のこだわりを訴求し口コミを高め顧客を開拓する。	14	99
C	製品戦略は、地元食材を原料に健康にもいいこだわり商品である点を訴求して、コミュニケーション戦略はSNSを用い、情報の発信と顧客からのニーズの収集を行い、双方向コミュニケーションと口コミで、顧客獲得する。	12	100

● 解答のポイント

> 与件文に沿った製品戦略とコミュニケーション戦略を立案し、効果まで示すことがポイントだった。

先生：さあ、事例Ⅱ最後の問題だ！
有勝：先生！　この問題では「ダナドコ」フレームを使うのでしょうか？　設問文に「主婦層」に「豆腐やおからを材料とする菓子類」を「移動販売」で、と書かれてい

～試験1週間前からの過ごし方～
普段と行動を変えず、勉強のリズムも変えず、リラックスして過ごしていました。

64 第2章　ふぞろいな答案分析

ので戸惑いました。

先生：いいところに気がついたね。設問文で書かれているそれらのワードは、加点要素にならなかった可能性が高い。「ダナドコ」を聞いているのではなく、菓子類の新規開発、移動販売を成功に導く具体的な戦略が求められているということだね。筋トレを成功に導くジムトレーナーのような効果的な助言をしよう！　ヤー！！（笑顔）

【製品戦略について】

先生：まずは製品戦略について、君たちはどう考えたんだい？

多川：豆腐はヘルシー食材ですよね。新規開発する菓子類も豆腐と同じように地元産大豆と水を使って、健康的かつ安心・安全なことをアピールしました。健康志向は最近のトレンドですから。流行乗っかり作戦じゃ！

有勝：そうでしょうか。確かに豆腐はヘルシーですが、与件文に健康に関する記述はありません。私は、京都で修行した職人がいる和菓子店と連携して、京文化をアピールできるようなお菓子にしました。

先生：現実には、多川さんの考えた戦略もよい戦略だね。健康的な食事は筋肉のためにも本当に大事なんだ！　しかし、試験で高得点を取るためには、与件文に沿った解答のほうがよりよいだろう。健康や安心・安全を訴求するという解答は、得点に結びつかなかったかもしれない。なお、合格＋Ａ答案の8割近くが「京都で修行した職人のいる（またはＸ市で人気の）和菓子店との連携」を解答していた。ところで、事例Ⅱは与件文が長く、和菓子店の存在を見落としてしまう可能性もあったんじゃないかな。有勝さんはよく見つけられたね。

有勝：私は、与件文を読む前に設問文をよく読むようにしています。そのため、与件文に和菓子店が出てきたときに、第4問の解答で使えるかも！　とピンときました。「新しい素材を使った菓子で人気を博す」ということで、Ｂ社の目指す「豆腐やおからを材料とする菓子類の新規開発」にぴったりです。

先生：そうだね！　Ｂ社にとって初めてとなる菓子類の開発で、他社のノウハウを活用できるというのは重要だ。京都での修行という共通点もあり、シナジー効果も発揮できる。和菓子店との連携は、第4問では大事なポイントだったといえるだろう！

【コミュニケーション戦略について】

先生：では次にコミュニケーション戦略について考えてみよう！

有勝：Ｂ社は毎年秋に収穫祭というイベントを実施しています。このような顧客との関係性を強化するイベントは中小企業にとって強みですから、収穫祭で試作品を配布して訴求するのはどうでしょうか。

多川：コロナ禍で収穫祭は縮小しているからのぉ。コミュニケーション戦略は、IMによる情報発信で口コミ誘発に決まりじゃ！　IMは若年層に使われているというのも

～試験1週間前からの過ごし方～
　1週間有休取得して、毎日全事例1回転。

意識しました。

先生：多川さんのように、コロナ禍という脅威やIMという強みを考慮した解答はとてもいいね！　受験生の答案では、IMの利用や移動販売での試食、収穫祭でのチラシ配布、雑誌掲載など、いろいろな解答が見られた。戦略は決まった正解があるものではないから、受験生の数だけ答えがあってもおかしくない。しかし、これは試験だから、より出題者が求めるものに絞り込みたい。そこで大切になるのが、「強みを機会に投入できているか」「弱みや脅威を克服できているか」という視点だ。

有勝：ここでもSWOT分析が生かされるのですか。SWOT分析は最強ですね！

先生：そのとおり！　解答を書く前に、考えた戦略をSWOT分析の視点で見直してみよう！　なお、合格＋A答案の5割以上はIMを記載していたため、IMを書けたかどうかは高得点を取るための分かれ目になったかもしれない。さて、この問題にはもう1つ大事なポイントがある。それはこの問題で「販促戦略」ではなく「コミュニケーション戦略」が問われていることにも関係しているんだ。わかるかな？

多川：コミュニケーションといえば双方向だから……顧客ニーズの収集かのぉ？

先生：正解だ！　一方的に宣伝をするのではなく、顧客のニーズを聞いて商品開発に生かす、双方向のコミュニケーションについても解答できるとよりよかっただろう。筋トレだって同じだ。ただ筋トレをするだけではなく、時には筋肉の声に耳を傾け、理想の体を手に入れよう！

【効果について】

先生：オイ、君たち！　効果は書くのかい？　書かないのかい？　どっちなんだい！？

有勝：書きます！　顧客との交流で愛顧を高めたいですね！　醸しましょう、特別感！

多川：ワシはシンプルに「製品の差別化による高付加価値化」じゃ！

先生：2人とも素晴らしいね！　第4問では、合格＋A答案の8割以上が何らかの効果を記載していた。なお、100字の解答の半分くらいを効果に割いている答案もあったが、施策部分とのバランスがよいとはいえないな。上半身ばかり鍛えても美しいボディは手に入らないだろう？　解答でも、バランスを意識しよう！

多川：わかりました！　それにしても、昼飯前の事例Ⅱでこんなおいしそうな豆腐の話をしてくるなんて、出題者もなかなかの鬼じゃ！　豆腐丼が食べたいのぉ！

先生：長丁場の中小企業診断士試験では、体力も求められるんだ！　豆腐のような高タンパク食品を食べて体を作りつつ、引き続き勉強も頑張ろう！　パワー！！（笑顔）

有勝：体力、自信ありません。毎週火曜日は豆腐の日にして、体づくりの大切さは忘れないようにしたいと思います！　それでは皆さん、おつかれ生です。

～試験1週間前からの過ごし方～

手洗い、うがい。いつも以上に健康管理に注意しました。

66　第2章　ふぞろいな答案分析

▶事例Ⅱ特別企画 ◀

「危機を乗り越える力」
～中小企業白書と事例の関係性～

【新型コロナウイルスの影響を受けた事例】

有勝：今回の事例Ⅱは驚きました。新型コロナウイルスの影響が表現されていました。

先生：そうだね、令和2年度の2次試験では冒頭に全事例で

> 【注意事項】
> 新型コロナウイルス感染症（COVID-19）とその影響は考慮する必要はない。

と記されていたが、令和3年度はその文言が外れてウィズコロナの時代に即した試験だったな。特に影響を受けたのは事例Ⅱだったと思うぞ。事例Ⅰは組織問題だが、組織のあり方が外部環境ですぐに変わるものではないし、事例Ⅲも同じく短期的に生産の本質が変わることはない。事例Ⅳの会計は、ウィズコロナだからといって会計基準が変わることもない。事例Ⅱの与件文を読んでみるとよくわかるが、ウィズコロナの時代に合わせたマーケティング手法が問われていて、予想していなかった人にとっては戸惑いを感じられたかもしれないぞ。

【事例と白書の関係】

先生：さて、ここで問題だ！「危機を乗り越える力」というフレーズはどこで使われているか、わかるかい？

有勝：どこかで見た気がします……。もしかして「2021年版中小企業白書」の表紙に書かれている言葉ですか？

先生：お、鋭いね！　素晴らしいぞ。その言葉のとおり、2021年版白書は新型コロナウイルスの影響を受けた中小企業が、いかにしてその壁を乗り越えていくのかを示した内容となっていた。

有勝：先生、事例Ⅰの特別企画に引き続き、また白書ですか……。

先生：今回の『ふぞろいな合格答案』は白書の話が多いけど気にする必要はない。なぜなら白書は中小企業庁が発行する貴重な資料だからね。1次試験だけではなく2次試験にも活用できるのだよ。過去の白書からいくつかピックアップしてみよう。図表4は中小企業の収益力向上に向けた方策を示した図だ。「(3) 優秀な人材の確保・育成」は事例Ⅰ、「(2) 需要開拓」は事例Ⅱ、そして「(4) 生産性の向上」は事例Ⅲのことを示しているように見えないかい？

多川：なんだか言われてみれば、見えないこともないような……。

～試験1週間前からの過ごし方～
ビハインドを背負っていると思っていたので、ラストスパート。

先生：では、事業展開の方向性を示した図表5はどこかで見たことのあるマトリックスではないかな？ 2017年版白書にも出てきている表現だよ。

多川：本当じゃ。アンゾフの「製品・市場マトリックス」は令和2年度の事例Ⅱに出ていました。これからは白書を見ていれば試験の予想ができるってことですね。

先生：ははっ。残念ながらそこまでは言い切れないね。でも、われわれが学ぶべき中小企業を取り巻く外部環境、それから世の中の中小企業がどのような取り組みをしているのか把握するのに白書はもってこいなんだ。一緒に詳しく見てみようか。1週間時間をあげるので、日々の筋トレに加えて、白書を熟読だ！

図表4　中小企業の収益力向上に向けた方策

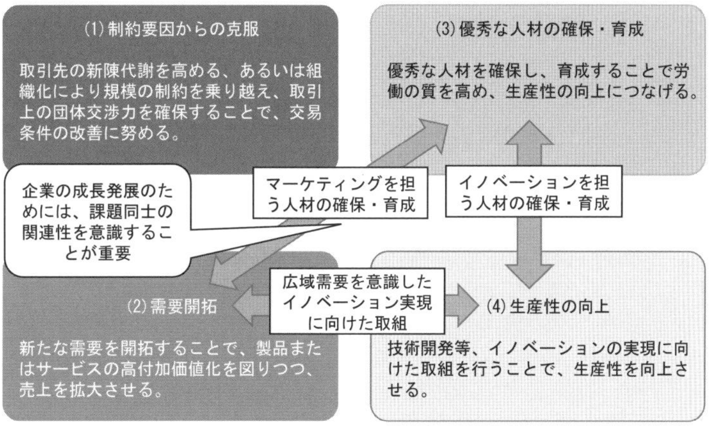

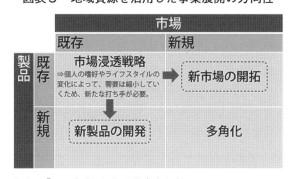

出典：『2015年版 中小企業白書』第1-3-16図、p.74

図表5　地域資源を活用した事業展開の方向性

	市場	
	既存	新規
製品 既存	市場浸透戦略 ⇒個人の嗜好やライフスタイルの変化によって、需要は縮小していくため、新たな打ち手が必要。	新市場の開拓
製品 新規	新製品の開発	多角化

出典：『2019年版 中小企業白書』第3-1-85図、p.384

【白書から読み解く、今後のテーマ】

先生：コロナ禍という特殊な環境下の2021年版白書では、1章分（132ページ）を「デジタル」に割り当てていることが大きな特徴だね。近年では2018年版白書にIT利活用という切り口で63ページ分掲載していたけど、その年の倍以上だ。企業のスタンスにも表れていて、企業の6割近くがデジタル化を事業方針上の「優先順位が高

～試験1週間前からの過ごし方～
ニュースを見ないようにした。事件や事故の報道でメンタルに影響を受けやすいため。

い」、もしくは「やや高い」と位置づけている。デジタル化のテーマのなかで興味を持てるテーマはあったかい？

有勝：私はECについて興味を持ちました。巣ごもり需要も相まって、今後も継続利用したいサービスのトップとしてネットショッピングが挙げられています。また、海外に販路を持つ企業の半分弱がすでに越境ECを利用しているということには驚きました。EC拡大を目指す企業には越境ECが必須となりそうですね。

多川：ワシは販売促進活動の変化かな。ITを活用した販促活動では、自社HPの活用、SNSの活用、ECサイトによる販売というトップ3に加えて、新型コロナウイルス流行後はオンラインでの商談・営業が増加している。コロナ禍が収まっても人々の生活様式や企業のスタンスは変わらないともいわれているから、この視点は外せないのぉ。

先生：そうだね。さらに販促活動に加えて、顧客との関係づくりのためにオンラインでのイベント実施も重要と考えている企業もあるようだ。デジタル関連以外の側面では、「クラウドファンディング」は知っているかい？

多川：はい、1次試験にも出たのぉ（令和元年度1次試験「企業経営理論」）。資金調達の目的はもとより、顧客獲得や試作品のテストマーケティングの手段としても活用されている。2017年度から毎年白書に出てくる言葉で、資金繰りなども勘案すると中小企業にはマッチしたマーケティング手法じゃ！

有勝：「SDGs」や「ESG」もホットトピックです。SDGsの広がりをきっかけに自社の強みを再定義したり、社会課題への対応により顧客からの信頼獲得にもつながりますね。

先生：そのほかに気がついたことはあるかい？

多川：図表6の感染症流行が自社の事業にプラスの影響を与えた要因を見たときに、今回の事例Ⅱを思い出しました。地域内消費の拡大、イエナカ消費の拡大、ネット通販の利用増加はまさに問われていた切り口じゃ。地域とのつながりが感染症流行時にも売上維持に貢献していたとのデータもあり、改めて地域活性化への取り組みに積極的であることが大事だと実感したのぉ。

図表6　感染症流行による顧客の意識・行動の変化のうち、自社の事業にプラスの影響をもたらしている変化

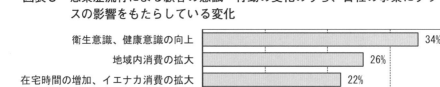

出典：『2021年版 小規模事業白書』第2-1-39図、p.39を参考に作成

～試験1週間前からの過ごし方～
過去問演習。

【おまけ】

多川：うちの社長に白書を読ませてみようかな。デジタル化に取り組む企業のほうが労働生産性も高いことが示されているし、デジタル化は経営トップが自ら主導していくことが必須であることもわかってくれるだろう。これでわが社も安泰じゃ。

有勝：白書の情報は2次試験対策にだけでなく、これから中小企業診断士としてお客さまに寄り添う際にも使えそうですね。

先生：そのとおりだ！　試験対策だけではなく、将来のことを見据えて読んでみることだな。最後にもう2つ図を紹介しよう！

図表7　既存市場開拓の売上目標未達成企業が抱える課題

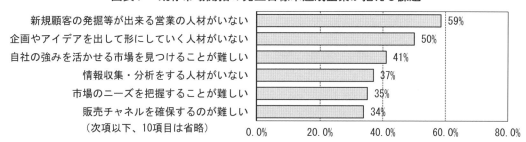

出典：『2015年版 中小企業白書』第2-1-30図、p.164を参考に作成

図表8　兼業・副業として働きたい人を受け入れるメリット

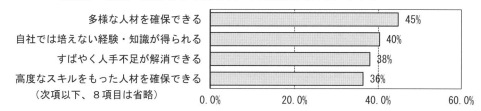

出典：『2021年版 中小企業白書』コラム1-1-4⑤図、p.74を参考に作成

先生：この2つの図は、売上が芳しくない企業が抱える課題と、兼業・副業として働きたい人を受け入れるメリットについて表している。この図を読み解くと、中小企業は受験生のことを待っているようにしか思えない。試験に合格したら、ぜひ地域の企業の皆さまとよい関係を築き、積極的に盛り上げていってほしいものだな。そのような未来に向かって筋トレと同じぐらい受験勉強に励もう！　ハッ！！（笑顔）

注）1次試験においては当年版ではなく、前年版の白書から出題されます。また白書は要点だけを取りまとめた概要版も発表されています。

～試験1週間前からの過ごし方～
　とにかく体調を崩す恐れのあるものは絶対に食べない。刺身などの生魚、激辛ものなど。

70　第2章　ふぞろいな答案分析

ふぞろい流ベスト答案　　　　　　　　　　　事例Ⅱ

第1問（配点20点）

①S　　　　　　28字　　　　　　　　　　　　　【得点】5点

地	元	産	の	大	豆³	と	水	に	こ	だ	わ	っ	た	豆	腐²	作	り	、	品
評	会	で	の	表	彰	実	績¹												

②W　　　　　　29字　　　　　　　　　　　　　【得点】5点

主	婦	層	の	顧	客	が	少	な	い²	、	販	売	用	自	社	サ	イ	ト	制
作	の	ノ	ウ	ハ	ウ	が	無	い³											

③O　　　　　　29字　　　　　　　　　　　　　【得点】5点

食	事	に	拘	り	を	持	つ	家	庭	の	増	加³	、	人	的	接	触	を	控
え	た	置	き	配	の	ニ	ー	ズ²											

④T　　　　　　30字　　　　　　　　　　　　　【得点】5点

コ	ロ	ナ	ウ	イ	ル	ス	感	染	症	の	蔓	延³	に	よ	る	戸	別	訪	問
の	断	り²	や	食	事	会	の	中	止²										

第2問（配点25点）　96字　　　　　　　　　　　　【得点】25点

全	国	の	食	通⁴	や	自	宅	で	の	食	に	こ	だ	わ	る	家	庭²	向	け
に	、	Y	社	と	協	業¹	し	、	手	作	り	豆	腐	セ	ッ	ト⁴	、	Y	社
の	米	や	水	を	セ	ッ	ト²	に	し	た	豆	腐	丼³	キ	ッ	ト	を	Y	社¹
EC	サ	イ	ト	で	販	売³	す	る	こ	と	で	、	地	元	産	大	豆	の	魅
力	を	全	国	に	伝	え³	、	売	上	拡	大²	を	図	る	。				

第3問（a）（配点15点）50字　　　　　　　　　　　【得点】15点

DM²	で	置	き	配	を	周	知⁶	し	つ	つ	、	高	齢	者	の	ニ	ー	ズ	に
あ	っ	た¹	商	品	開	発	を	行	い⁵	、	サ	ー	ビ	ス	の	認	知	度	向
上	・	品	質	向	上¹	を	図	る	。										

第3問（b）（配点15点）50字　　　　　　　　　　　【得点】15点

配	達	前	後	に	電	話³	で	ニ	ー	ズ	を	収	集⁵	し	、	好	み	の	商
品	や	季	節	の	変	わ	り	豆	腐¹	の	紹	介	を	行	い⁵	、	愛	顧	向
上²	・	客	単	価	向	上	を	図	る	。									

~試験1週間前からの過ごし方~
ひたすら勉強。食事はフードデリバリーで贅沢する。

第4問（配点25点）　　97字　　　　　　　　　　　　　　　　　**【得点】25点**

製品戦略は、人気の和菓子店と連携[6]して京文化を感じさせる[3]高付加価値[2]な商品を開発する。コミュニケーション戦略は、IM[5]による情報発信と顧客ニーズの収集[4]を行う。以上により顧客との関係性強化[4]と顧客獲得[4]を図る。

ふぞろい流採点基準による採点

100点

> 第1問：強み・弱み・機会・脅威について、第2問以降との関連や時制を考慮しながら優先順位付けを行い、重要度が高いと考えられる要素を記述しました。
>
> 第2問：ほかの設問とのつながりを考慮しながら、合格＋A答案に多かった、ターゲット・商品・販売方法を多面的に取り入れ、強み・機会を生かすことで、弱み・脅威を克服できる内容になるよう意識して記述しました。
>
> 第3問：フランチャイズ方式の特徴や役割分担を理解していることがわかるよう（a）と（b）の解答で書き分けつつ、高齢者顧客のニーズに対する施策をそれぞれ記述しました。
>
> 第4問：製品戦略、コミュニケーション戦略、効果の3つの文章に分けることで、キーワードを簡潔に盛り込みました。与件文に沿ってIMの活用や和菓子店との連携を意識しました。

Column

原点に返ることの大切さ

　2次試験は伸びない人は、本当に伸びません。私がそうでした。とてもつらいときですが、そのときは原点に返ることが大切です。私がやりたいことは診断士しかないと考えていたので、つらいときは診断士を志したときを振り返って、私がつらくても投げ出さない理由を探していました。原点に返って、別の資格を得ることがよいと判断することは逃げではないですし、英断だと思います。　　　　　　　　　　　　　　　　　　（マコト）

~試験前日の過ごし方~
22時に再度湯船につかって温まりながら暗記。

72　第2章　ふぞろいな答案分析

▶事例Ⅲ（生産・技術）

令和3年度　中小企業の診断及び助言に関する実務の事例Ⅲ（生産・技術）

【C社の概要】

　C社は、革製のメンズおよびレディースバッグを製造、販売する中小企業である。資本金は2,500万円、従業員は総務・経理部門5名、製品デザイン部門5名、製造部門40名の合計50名である。

　バッグを製造する他の中小企業同様、C社はバッグメーカーX社の縫製加工の一部を請け負う下請企業として創業した。そして徐々に加工工程の拡大と加工技術の向上を進め、X社が企画・デザインした製品の完成品までの一貫受託生産ができるようになり、X社の商品アイテム数の拡大も加わって生産量も増大した。しかしその後、X社がコストの削減策として東南アジアの企業に生産を委託したことから生産量が減少し、その対策として他のバッグメーカーとの取引を拡大することで生産量を確保してきた。現在バッグメーカー4社から計10アイテムの生産委託を受けており、受注量は多いものの低価格品が主となっている。

　C社では、バッグメーカーとの取引を拡大するとともに、製品デザイン部門を新設し、自社ブランド製品の企画・開発、販売を進めてきた。その自社ブランド製品が旅行雑誌で特集されて、手作り感のある高級仕様が注目された。高価格品であったが生産能力を上回る注文を受けた経験があり、自社ブランド化を推進する契機となった。さらに、その旅行雑誌を見たバッグ小売店数社からC社ブランド製品の引き合いがあり、販売数量は少ないものの小売店との取引も始められた。一方でC社独自のウェブサイトを立ち上げ、インターネットによるオンライン販売も開始し、今では自社ブランド製品販売の中心となっている。現在自社ブランド製品は25アイテム、C社売上高の20％程度ではあるが、収益に貢献している。

【自社ブランド製品と今後の事業戦略】

　C社の自社ブランド製品は、天然素材のなめし革を材料にして、熟練職人が縫製、仕上げ加工する高級品である。その企画・開発コンセプトは、「永く愛着を持って使えるバッグ」であり、そのため自社ブランド製品の修理も行っている。新製品は、インターネットのオンライン販売情報などを活用して企画している。

　C社社長は今後、大都市の百貨店や商業ビルに直営店を開設して、自社ブランド製品の販売を拡大しようと検討している。ただ、製品デザイン部門には新製品の企画・開発経験が少ないことに不安がある。また、製造部門の対応にも懸念を抱いている。

~試験前日の過ごし方~
さすがにちょっと早く寝たかな？

【生産の現状】

生産管理担当者は、バッグメーカーの他、小売店およびインターネットからの注文受付や自社ブランド製品の修理受付の窓口でもあり、それらの製造および修理の生産計画の立案、包装・出荷担当への出荷指示なども行っている。生産計画は月1回作成し、月末の生産会議で各工程のリーダーに伝達されるが、計画立案後の受注内容の変動や特急品の割込みによって月内でもその都度変更される。

生産は、バッグメーカーから受託する受注生産が主であり、1回の受注量は年々小ロット化している。生産管理担当者は、繰り返し受注を見越して、受注量よりも多いロットサイズで生産を計画し、納品量以外は在庫保有している。

バッグ小売店やインターネットで販売する自社ブランド製品は、生産管理担当者が受注予測を立てて生産計画を作成し、見込生産している。注文ごとに在庫から引き当てるものの、欠品や過剰在庫が生じることがある。

受注後の製造工程は、裁断、縫製、仕上げ、検品、包装・出荷の5工程である。

裁断工程では、材料の革をパーツごとに型で抜き取る作業を行っており、C社内の製造工程では一番機械化されている。その他に、材料や付属部品などの資材発注と在庫管理も裁断工程のリーダーが担当する。生産計画に基づき発注業務を行うが、発注から納品までの期間が1カ月を超える資材もあり、資材欠品が生じた場合、生産計画の変更が必要となる。

C社製造工程では一番多くの熟練職人6名が配置されている縫製工程は、裁断された革を組み立てて成形する作業を行う。通常はバッグメーカーからの受託生産品の縫製作業が中心で、裁断済みパーツの部分縫製とそれを組み合わせて製品形状にする全体縫製との作業に大きく分かれ、全体縫製では部分縫製よりも熟練を要する。自社ブランド製品の生産が計画されると、熟練職人は受託生産品の作業から自社ブランド製品の作業へ移る。自社ブランド製品は、部分縫製から立体的形状を要求される全体縫製のすべてを一人で製品ごとに熟練職人が担当し、そのほとんどの作業は丁寧な手縫い作業（手作業）で行われる。自社ブランド製品の縫製工程を担当した熟練職人は、引き続き仕上げ工程についても作業を行い、製品完成まで担当している。各作業者の作業割り当ては、縫製工程のリーダーが各作業者の熟練度を考慮して決めている。縫製工程は、自社ブランド製品の修理作業も担当しており、C社製造工程中最も負荷が大きく時間を要する工程となっている。

仕上げ工程は、縫製されたバッグメーカーからの受託生産品の裁断断面の処理、付属金物の取り付けなどを行う製造の最終工程を担当し、縫製工程同様手作業が多く、熟練を要する。

縫製、仕上げ両工程では、熟練職人の高齢化が進み、今後退職が予定されているため、若手職人の養成を行っている。その方法として、細分化した作業分担制で担当作業の習熟を図ろうとしているが、バッグを一人で製品化するために必要な製造全体の技術習熟が進んでいない。

~試験前日の過ごし方~

お酒を控える。

検品工程では製品の最終検査を行っているが、製品の出来栄えのばらつきが発生した場合、手直し作業も担当する。

包装・出荷工程は、完成した製品の包装、在庫管理、出荷業務を担当する。

第1問 （配点20点）

革製バッグ業界におけるC社の（a）強みと（b）弱みを、それぞれ40字以内で述べよ。

第2問 （配点30点）

バッグメーカーからの受託生産品の製造工程について、効率化を進める上で必要な（a）課題2つを20字以内で挙げ、それぞれの（b）対応策を80字以内で助言せよ。

第3問 （配点20点）

C社社長は、自社ブランド製品の開発強化を検討している。この計画を実現するための製品企画面と生産面の課題を120字以内で述べよ。

第4問 （配点30点）

C社社長は、直営店事業を展開する上で、自社ブランド製品を熟練職人の手作りで高級感を出すか、それとも若手職人も含めた分業化と標準化を進めて自社ブランド製品のアイテム数を増やすか、悩んでいる。

C社の経営資源を有効に活用し、最大の効果を得るためには、どちらを選び、どのように対応するべきか、中小企業診断士として140字以内で助言せよ。

Column

２次筆記試験に口述試験対策のススメ

２次試験の手ごたえがなかった私は合格発表の結果を見て慌てて口述試験の対策を行いました。ふぞろいの口述試験対策セミナーに参加したり、各予備校の想定問答集を集めて対策を進めたりしましたが、この口述試験対策が意外と筆記試験にも役立つのではないかと感じました。口述試験はその年の筆記試験の事例Ⅰ～Ⅳに関連する知識問題や助言問題が出題されます。さまざまな観点から出題されるため、各予備校・受験支援団体で1つの事例につき何十問もの想定問答を作っています。一般常識的な問題もありますが1つの事例を多くの切り口から分析しており、筆記試験対策としても十分に有益だと思います。口述を想定しているので文章の書き方や表現の仕方を学ぶというより、知識の整理やメリット・デメリットの比較が主眼になるのでスキマ時間の学習にもピッタリです。もちろん筆記試験合格後の口述試験の概要をつかむという意味でも有意義なので、過去問を何度か解いた段階で一度目を通してみるとよいと思います。　　　　　　　　（とも）

~試験前日の過ごし方~

いつもより早めにベッドに入る（普段の生活リズムが悪すぎて結局寝つけず）。

第1問（配点20点）【難易度 ★★☆ 勝負の分かれ目】

革製バッグ業界におけるC社の（a）強みと（b）弱みを、それぞれ40字以内で述べよ。

●出題の趣旨

C社の事業内容を把握し、革製バッグ業界におけるC社の強みと弱みを分析する能力を問う問題である。

●解答ランキングとふぞろい流採点基準

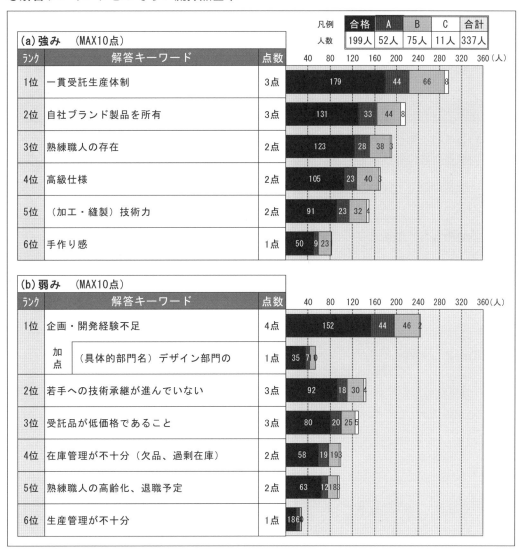

●再現答案

(a)

区	再現答案	点	文字数
合	①企画から製造・販売までの一貫体制[3]②熟練職人[2]の高い加工技術力[2]③自社ブランド[3]が好評。	10	40
A	強みは、高度な加工技術力[2]と製品の完成品迄の一貫受託生産体制[3]、自社ブランド[3]の商品力。	8	40
B	①一貫受注体制を有する[3]こと、②自社ブランド[3]が旅行雑誌に特集された実績があること	6	39
C	①高品質で利益率の高い自社ブランド製品[3]②オンライン販売での顧客ニーズを収集できる。	3	40

(b)

区	再現答案	点	文字数
合	新製品の企画・開発経験の低さ[4]。委託生産品の低い価格[3]。製造全体の技術習熟の低さ[3]。	10	39
A	①製品の企画・開発力が弱い[4]②欠品や過剰在庫[2]が生じている③熟練職人の高齢化[2]。	8	37
B	低価格な受託生産[3]依存で収益性が低く、熟練職人の高齢化[2]による退職予定。	5	34
C	東南アジア企業と比較し生産コストが高く、バッグメーカーとの取引は低価格品が主[3]。	3	39

●解答のポイント

> 「革製バッグ業界における」という設問要求に従い、業界内での競争力に関わる強み・弱みを抽出し、端的にまとめることがポイントだった。

【設問解釈】

先生：さぁ、後半戦の始まりだ！　この設問を読んで気になることはあるかな？

多川：前年と同じ質問ですね。強みや弱みとなるキーワードを端的に並べれば間違いないと思います。

有勝：ちょっと待って、「革製バッグ業界における」って書いてありますよ？　これは、解答するうえでの重要なポイントじゃないでしょうか？

~試験前日の過ごし方~

早く起きる。すると早く寝られる。

先生：よい着眼点だ！　実は前年の問題にはこのような指示はなかったんだ。今回は「革製バッグ業界での競争」を意識したうえでの強みと弱みを選択する必要があるんだ。

有勝：設問指示はたかが一言、されど一言。よく読む必要がありますね！

先生：プロテインの分量を間違えたら大変なのと同じだね！

【強み】

先生：まずはＣ社の強みについて、どのように考えたかな？

多川：「企画・デザインから完成品までの一貫受託生産」じゃ！　これは外せないのぉ！　一貫体制はここ数年毎年出題される重要キーワードなんじゃ！

先生：一貫（受託）生産については、９割近い受験生が解答していた絶対に外せないポイントだろう。有勝さんはどう考えたのかな？

有勝：Ｃ社の業界内での競争優位性の源泉となっているのは、「加工技術力」と「それを持つ熟練職人の存在」じゃないでしょうか。まさにプロフェッショナル！

先生：素晴らしい！　技術力（Skill）や人材（Staff）は筋肉と同じで一朝一夕では確保できない、競争優位性を構築する重要な強みなんだ。革製バッグ業界でも、差別化要因の実現に寄与している可能性が高い！　（加工）技術力は約４割、熟練職人は約６割の受験生が解答していた。ほかにはないかな？

多川：ワシは「自社ブランド品」について書いたのぉ！　高価格品にもかかわらず引き合いもあるし、Ｃ社の強みじゃ！

先生：よく読み解けている！　人気の「自社ブランド品」はＣ社の収益にも貢献する重要な強みだろう。

有勝：先生！　文字数が足りなかったので書けなかったのですが、「Ｃ社独自のウェブサイト」で「インターネットによるオンライン販売」が可能というのも強みではないでしょうか。

先生：「独自ウェブサイトの保有」などの表現で言及している受験生は確かにいた。しかし、解答率は10％台と低く、合格＋Ａ答案よりもＢ答案以下での解答が多かったんだ。「高価格な革製バッグ」は消費財としては買回品や専門品に該当するが、オンライン販売では商品の品質や質感を伝えるのは難しい。実際にＣ社社長の思惑としてはオンライン販売だけでなく、直営店の開設を検討しているため、強みの優先順位としては低かったといえるだろう。

【弱み】

先生：次はＣ社の弱みについてだ。どんな解答を書いたかな？

多川：「熟練職人の高齢化」と「技術承継が進んでいないこと」、そして「欠品や過剰在庫など在庫管理が不十分」！　これで決まりじゃ！

先生：よい観点だ！　いずれも多くの受験生が解答しており、加点されたポイントだと思

〜試験前日の過ごし方〜

ゆっくりとお風呂につかって寝た。

われる。ほかに重要なキーワードはないかな？

有勝：私は「革製バッグ業界」での競争という観点から、「新製品の企画・開発力不足」、「受託品が低価格」であることをキーワードとして使用しました。

先生：エクセレント！　「革製バッグ業界」という設問指示を考えると、両方とも重要なポイントだ。「受託品が低価格」であるということは、受託品については競争力が低く、他社と差別化できていないと考えられる。Ｃ社の大きな弱みといえるだろう。

多川：でも、「新製品の企画・開発力不足」は現時点では弱みではないと思います。むしろ、企画・開発ができることはＣ社の強みじゃないですか？

先生：Ｃ社社長は直営店の開設を通じて自社ブランド製品の販売拡大を検討しているだろう？　「新製品の企画・開発力不足」は、その販売拡大の実現に不安をもたらす弱みとなっているんだ。実際に、合格＋Ａ答案では約８割が弱みとして解答したポイントだったんだ。一方、Ｂ答案以下でこの観点を解答した割合は５割程度と解答率にかなりの差があった。このポイントに気づけたかどうかが、勝負の分かれ目だったといっても過言ではないだろう。

Column 実務補習との比較で見えてくる２次試験の与件文の読み取り方

　私が２次試験で意識していたことは「与件文の要素を各設問にいかにバランスよく対応させて解答できるか」のみでした。なぜこれが重要なのかを２次試験と実務補習の比較を通じて説明します。

　２次試験に合格すると多くの人が参加することとなる実務補習では、実際に企業に訪問して課題を洗い出したのち解決策を提言します。この実務補習の最初の作業は、企業の情報をできるだけ多く収集する作業であり、ここでどれだけの情報を収集できるかでその後の提言の幅が大きく変わってきます。この作業はよく「２次試験の与件文を作成するようなもの」と表現されますが、この作業によって収集された情報と、２次試験の与件文は少し違いがあると思っています。実務補習では、収集した情報から自分なりに課題を見つけて自分なりに提言を行い、この「自分なり」の部分が各診断士の腕の見せ所となります。

　一方、２次試験では出題者は採点するための基準をあらかじめ準備する必要があり、受験者の解答の一定数をその基準に沿った形に導く必要があります。つまり、受験生の解答の方向性がある程度の範囲に収束するように与件文と設問が作成されているということになります。そう考えると、設問ごとに対応する与件文の要素が決まっており、これを意識した解答をする必要があることが納得いただけると思います。設問ごと単体で解答を考えるのではなく、設問を横並びで俯瞰してみてはいかがでしょうか。　　　　　　　　　（けんと）

~試験前日の過ごし方~
　会場への行き方や入室開始時間、持ち物を最終確認。あとは問題集で軽く計算練習をしました。

第2問（配点30点）【難易度 ★☆☆ みんなができた】

バッグメーカーからの受託生産品の製造工程について、効率化を進める上で必要な（a）課題2つを20字以内で挙げ、それぞれの（b）対応策を80字以内で助言せよ。

●出題の趣旨

C社の受託製品の受注生産工程について、効率化を進める上で必要な課題を整理し、その対応策を助言する能力を問う問題である。

●解答ランキングとふぞろい流採点基準（a）

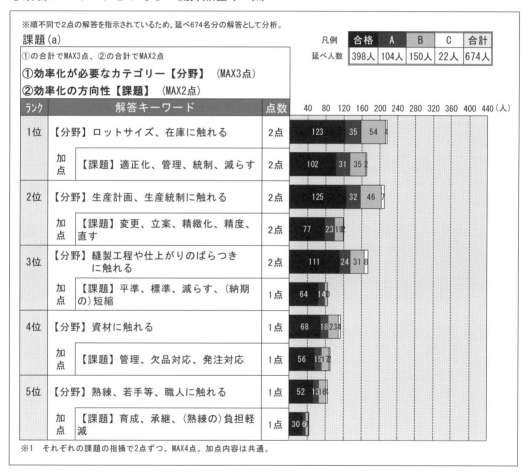

●再現答案（a）

区	再現答案	点	文字数
合	生産計画を改善し、在庫を最適化すること	5	19

~試験前日の過ごし方~

令和2年度の過去問を、本番と同じ時間設定で解いていた。

合	縫製工程負荷の平準化と熟練職人の技術継承	5	20
B	生産計画を短サイクル化し、精度を向上する	4	20
B	縫製工程の多大な負荷を軽減すること	3	17
C	資材の欠品等で生産計画が度々変更される。	3	20
C	縫製工程に技術が必要で最も負荷が大きい。	2	17

● 解答ランキングとふぞろい流採点基準（b）

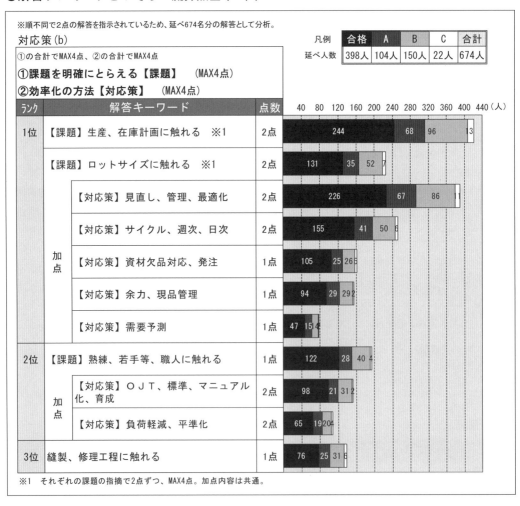

~試験の朝の過ごし方~

当日食べるパンやお菓子の割り当てをする。

事例Ⅲ—第2問

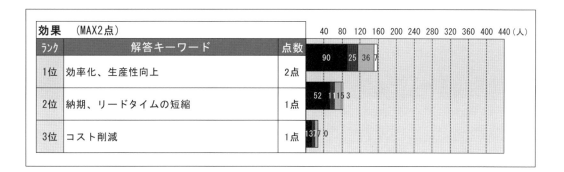

●再現答案（b）

区	再現答案	点	文字数
合	①バッグメーカーの生産計画を大中小日程で入手し短サイクルで計画を見直し生産統制に注力し、②受注量に合わせてロットサイズを変更して生産し在庫を削減して効率化する。	10	80
合	工程ごとの人員配置の見直しや修理作業の別工程化による作業負荷の平準化を行う。また、OJTや教育実施による若手職人の養成強化や作業内容の標準化により効率化を図る。	8	80
B	対応策は、①特急品等を含めた計画立案サイクルの週次化、②受注量を優先した生産ロットサイズの適正化や受注予測の精緻化、③発注期間を考慮した仕入れ・在庫管理を行う。	8	80
B	熟練作業者の縫製作業を標準化・マニュアル化・OJTを行う。又、若手職人に修理を任せ全体工程を学ばせ検品工程の手直し作業も任せ、リードタイムの短縮を図る。	5	76
C	対応策は、精度の高い生産計画に基づき資材を調達する。一方、調達納期が1カ月など納期を要するものは中期計画で見込み調達する。安全在庫も設定し欠品を防ぐことである。	3	80
C	工程の平準化を図るため、技術をマニュアル化し、若手職人がその技術を習得しやすい体制をとる。また、その技術をデータベース化し、技術者が共有できるようにしておく。	3	79

●解答のポイント

> C社が効率化を進めるうえで必要な課題を整理し、その対応策を多面的に指摘できるかがポイントだった。

～試験の朝の過ごし方～
お気に入りの音楽を聴きながら、復習。

82　第2章　ふぞろいな答案分析

【解答の方向性とは？】

先生：さて、第2問は（a）課題2つ、（b）対応策2つを答える問題だ。2人はなんて書いたかい？

多川：事例Ⅲで課題といったら、「DRINK（D：データベース／R：リアルタイム／I：一元管理／N：ネットワーク／K：共有化)」じゃ！　【生産の現状】段落を見てください、バッグメーカーからの受注生産では欠品や過剰在庫の発生頻度が高く、さらに自社ブランド製品の製造工程も作業員の負荷が大きい。課題はこの2つで決まり！　対応策はDBを活用した一元管理でリアルタイムな情報共有じゃ！

有勝：なるほど！　与件文に丁寧に書かれていますし、フレームワークにきれいに当てはまりますね。ただ、私の場合、別のフレームワークを使っていました！　私の場合は、「かざって豆腐」というフレームワークでした！　えっと、確か、加工のムダと……。

先生：ハッ（中途半端な知識を使うことへの声なき怒り）！　加工のムダ、在庫のムダ、つくり過ぎのムダ、手待ちのムダ、動作のムダ、運搬のムダ、不良のムダを一言でまとめたフレームワークだね！　有勝さん、中途半端な知識を使うことは、知らないトレーニング器具の使い方を、トレーナーに教えてもらわないで、使うのと同じくらい危険な行為だよ！　最悪ケガするからね！

有勝：すみません、ちゃんと知識を身につけてから使うようにします！

先生：注意はダンベルの隣に置いといて。2人とも解答ありがとう。だがその解答だと、残念ながら僕の腹直筋は喜ばないな。C社社長はそんなことはすでに知っている！　まずは（a）課題から。第1問で弱みの分析をしただろう。それを活用しない手はないな。昔の人も言っていただろう？　故きを温めて筋肉を知るって。

多川：謎の故事成語を開発すなぁ！

有勝：弱みは、開発力、営業力がないこと、受託品が低価格であること、技術承継が進んでいないこと、欠品の発生、職人の高齢化、ですね。

先生：ふむ、よくわかっているね。ではそのなかで設問にある「受託生産品の製造工程の効率化」に結びつくものは？

有勝：受託品が低価格であること、技術承継が進んでいないこと、欠品の発生でしょうか。

多川：なにぃ！　作業員の製造工程の負荷が大きい点はなぜ入らないんじゃ！

有勝：そうですね。製造工程の負荷は技術承継に包括できるのではないでしょうか。ほら、作業には「熟練を要する」とありますし。

先生：いい指摘だね。あとは、設問要求に合わせて解答するんだ。設問要求は「課題を挙げろ」となっているね。さあもう一息。パワー！！（笑顔）

多川：課題！？　「受託品が低価格であること」は課題ではないんですか？

先生：課題とは、単に問題点を指摘するだけではなく、それを改善する方向性を示すことなんだ。

～試験の朝の過ごし方～

いつもと同じ。試験中リラックスできるようにゆったりとした服を選びました。

有勝：設問の解釈って、奥が深いんですね。逃げるわけにはいかないですね、トレーニングと同じで！

先生：ハッ！！（笑顔）

【対応策とは何か】

先生：次は（b）対応策についてだ！　さあ、多川さん、与件文に出ていないDB活用という解答から離れよう！　ヒントは与件文にある！　筋肉をフル回転させて考えるんだ！

多川：いきなりワシの解答が全否定されたんじゃ！

有勝：多川さんの解答も悪くないと思うのですが。なぜですか？　DBの活用は生産工程の効率化につながるのではないでしょうか。

先生：間違いではない。でもC社に寄り添っていない。

多川：寄り添っていない？　どんな解答が寄り添った解答になるんですか？

有勝：先生、ロットサイズの抑制や、生産計画の立案という観点はどうでしょう。ああ、また小賢しいこと言ってしまったでしょうか。

先生：素晴らしい！　わかってきたね！　それは僕の大腿四頭筋みたいに素晴らしいよ！

多川：それはちょっと視点が高過ぎないですか？　ワシは具体的に、欠品に対しては資材の使用量と発注後の納期から安全在庫量を計算することが対応策になると思っていました。1次試験対策でも勉強したんじゃ！

有勝：確かにとても具体的ですね。私も1次試験対策で勉強しましたよ。先生、どちらがよいのでしょうか？

先生：多川さんは、「助言」という設問に対して、素直に取り組めている。基礎ができているね。だが2次試験も筋肉と同じで基礎だけでなく、応用も効かせる必要がある。君の解答だけで「受託生産の効率化」になっているかな？　プロテインを飲むだけで筋肉は育つのかな？

多川：トレーニングと休息も含めた総合的な筋肉育成が……。いかん、ワシまで筋肉に頭を……！！

有勝：わかりやすいたとえですね。受験生の傾向としても同じことがいえるのでしょうか？

先生：B答案以下では、現状の把握で半分近くの字数を使っていたり、具体性を追求するあまり、近視眼的な指摘になっているものも多かったんだ。C社には生産管理者もいるし、実行レベルの具体的な対応策については生産管理者の範疇となるだろう。社長への助言としては、有勝さんのレベル感で対応すべき内容を多面的に挙げることが題意に沿っていた、といえるだろう！

～試験の朝の過ごし方～
ファイナルペーパー読み込み。

【技術承継の観点】

有勝：先生、技術承継についてはどうでしょう。Ｃ社は、若手職人の育成に積極的だと思うのですが。

多川：職人不足じゃ！　この課題には、標準化によるマニュアル作成にOJT、加えて負荷の平準化と決まっている。

有勝：さっきも同じノリで先生に「Ｃ社に寄り添っていない」と指摘されてましたよね……。でも過去事例の観点からも、間違っていない気がします。多川さんの意見は、悔しいことに毎回納得できます。

先生：技術承継について指摘していた人は割と少なかった。その少ないなかでも、合格＋Ａ答案には比較的多く含まれていたよ。解答の方向性としても、標準化やOJTでOKさ。ただし、単に手法だけじゃなく、その結果、工程の負荷分散につながるところまでがセットになる。トレーニングで腕の筋肉を鍛える運動と足を鍛える運動をセットにするのに似ているね。

有勝：こっちは定番のフレームワークの使用でOKなのですね。なんだか難しいです……。

先生：どちらも考え方は同じだ。実施すべき施策と、その結果に何が起こるかを書くんだ。さらに効果として、効率化やコスト削減まで触れていれば、OKだ！

Column

優れた人材がいないなら、自分がそれになればよい。

　会社から一歩でたら普通の人。このまま年を重ねてよいのだろうか。そのような思いが根底にありました。当時の私は、とあるプロジェクトに少数のメンバーとともに従事していました。なかでも刺激を受けたのは30代のＡさんで、大手会計事務所系コンサル会社出身で知識が豊富、ちょっと性格にクセがあるものの尊敬に値する人物でした。そのようななか、プロジェクトに暗雲が立ち込め、見切りをつけたＡさんは自ら社内公募で他部署に異動、私の下を去ることになりました。残された私はＡさんが抜けた穴を埋めようと欠員補充に奔走しますがよい人材が見つかりません。困った私はふと、以前Ａさんと話したことを思い出しました。「Ａさんて物知りで頼もしいけど、どうしたらあなたみたくなれるのかな？」「そうですね。中小企業診断士とか受けてみたらどうですか。ひととおりビジネスに必要な知識を学習するから役に立つと思いますよ」。思い返してみるとあの一言が転機になりました。「そうか、Ａさんの代わりがいないなら、あの豊富な知識を私自身が身につければよいんだ！」。そこから猛勉強を始めてはや３年。試験勉強を通じてだんだんと診断士の知識を身につけていった私はプロジェクトを成功させ、希望部署に異動。経営層を説得するのも苦にならなくなり、さらなる展望も描ける立場になりました。合格を果たした今、他社で活躍するＡさんに、久しぶりに近況と、お礼の言葉を伝えようと思っています。

（ただ）

〜会場で緊張をほぐす方法〜
合格を確信できている奴なんていない。

第3問（配点20点）【難易度 ★★☆ 勝負の分かれ目】

C社社長は、自社ブランド製品の開発強化を検討している。この計画を実現するための製品企画面と生産面の課題を120字以内で述べよ。

●出題の趣旨

C社自社ブランド製品の開発強化の計画を実現するために必要となる製品企画面と生産面の課題について、助言する能力を問う問題である。

●解答ランキングとふぞろい流採点基準

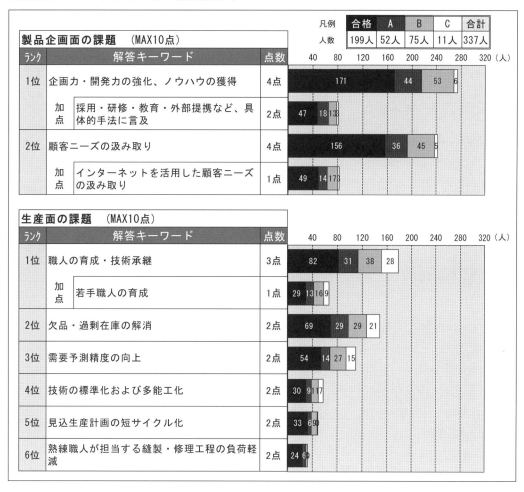

●再現答案

区	再現答案	点	文字数
合	製品企画面の課題は、オンライン販売情報以外の小売店や雑誌からのニーズ収集[4]や社員教育[2]による新商品の企画開発力の強化[4]である。生産面の課題は①需要予測精度向上[1]による欠品や過剰在庫の改善[2]②若手育成[1]による熟練職人の技能承継[3]と負荷軽減[2]である。	20	115
合	製品企画面は①バッグ小売店の販売店情報・自社サイト調査[1]で最終消費者ニーズ収集力強化[4]②X社やバッグメーカーと共同開発しノウハウ獲得[4]が課題。生産面は①自社ブランド受注予測の精度向上[1]で欠品や過剰在庫防止[2]②技術力向上[2]で対応力向上し生産性向上が課題。	17	120
A	課題は、製品企画面で①製品デザイン部門を強化し新製品企画を強化[4]②営業部門を新設し営業力強化しニーズ収集[4]し製品改良実施、生産面で①縫製仕上げ工程を標準化[1]しOJTを行い若手職人[1]のスキル向上[3]し工程の負荷低減[2]②生産能力向上を図り生産量増大すること。	16	120
A	製品企画面での課題はオンラインや直営店での高級仕様を顧客に訴求し、差別化、ニーズ収集[4]により製品開発を行う営業力、開発力の強化[4]。生産面での課題は受注予測精度向上[2]、生産計画短サイクル化[2]による生産統制強化、資材管理、在庫欠品・在庫過剰を防止[2]。	14	118
B	製品企画面の課題は、製品デザイン部門にて、新製品の企画・開発の経験を積み、能力を向上させる[4]事。生産面の課題は、受注予測の精度を向上させ欠品や過剰在庫発生を防止[2]する事と、若手職人[1]への技術移転を促進[3]する事である。	12	104
C	製品企画面では、製品デザイン部門に製品開発経験のある人材を採用[4]し即戦力となってもらう。また商品の営業力を強化し販売拡大を強化する。生産面では、受注生産を小ロット化し、自社ブランド製品の生産に注力するような生産体制をとる。	6	110

●解答のポイント

> 自社ブランドを強化するうえでの課題を企画面と生産面に切り分け、両方について具体的に指摘することがポイントだった。

【目指す姿をイメージしよう】

有勝：「課題を答えよ」っていう設問は、答え方に注意が必要ですね。問題点の指摘だけでなく、「どうすればよいのか」を答えないといけないんですよね！

先生：そのとおり！　「どうすればよいのか」を答えるには、設問文を丁寧に読み解いて、C社が目指す姿をイメージする必要がある。目指す姿を実現するために、現状の問

〜会場で緊張をほぐす方法〜
ケータイで音楽を聴く。

題点をどのように改善するかを考えよう。

多川：基本的な、設問解釈とSWOT分析を徹底するんじゃのぉ。

先生：そうだね！　では、C社の目指す姿とはなんだろう？

有勝：設問文には、「自社ブランド製品の開発強化を検討している」と書かれています。ブランドを自社で企画したりデザインしたりできるようになりたい、ということでしょうか。たとえば、鱗の質感までリアルなヒョウモントカゲモドキ形のミニバッグを企画してくれたら買いたいです！

多川：デザインのクセがすごい！　作れる職人がおらんのじゃ！

先生：うん、職人が実際に作れるかという視点も大事だ。どんなに理想のボディを思い描いても、実際にトレーニングできなければ絵に描いた筋肉だからね！

有勝：自社でブランドを企画して生産できる体制を持つのが、目指す姿ですね！

先生：僕のトレーニング後の筋肉のようにキレてるよ！　目指す姿が見えてきたら、あとはその実現を阻害しそうな問題点を与件文から探し、課題を指摘しよう。

【製品企画面】

先生：自社ブランドを企画するために克服すべき、C社の弱みはなんだろう。

多川：与件文にそのまんま、「新製品の企画・開発経験が少ない」って書いてあるじゃないですか。

先生：そうだね！　多面的に答えるために、もう少し掘り下げてみよう。企画・開発経験が少ないのは、C社がどんな製品を主に生産しているからかな？

有勝：C社の生産は、「バッグメーカーから受託する受託生産が主」だと書かれています。自社ブランド製品は「売上高の20％程度」です。

多川：受託生産が主ということは、すでに製品コンセプトやデザイン、寸法なんかが指定された状態で生産することが多いわけか。それで、C社はバッグの企画やデザインを一から作った経験が乏しいんじゃのぉ。

有勝：すると、課題は「製品のデザインや設計なども含めた、企画力の強化」ですね。

多川：具体的な方法も書くといいかな。「研修や教育を実施」とかどうじゃ？

先生：いいね！　企画力を高める具体的な方法として、研修や教育、経験者採用などに触れた答案は合格＋A答案に多かった。さあ、この調子でほかの視点も考えよう。

有勝：ニーズの収集、という視点はどうでしょうか。受託生産の場合、自社で顧客に販売するわけではないので、顧客の反響や販売情報が入りにくいと思います。

先生：鋭い視点だね！　受託生産が多いというC社の現状から、ニーズ収集が不足しているという弱みを類推した答案が多かったよ。

多川：つまり、「顧客のニーズを収集して企画に生かす」ということか。

先生：オンライン販売の実績に着目して、インターネットで顧客ニーズを調査する、と答えた答案もあった。このような具体的な方法の提示も加点されたと考えられるよ。

～会場で緊張をほぐす方法～

人間観察。走る。

【生産面】

先生：さあ次は生産面だ。Ｃ社が現状で抱えている問題を挙げてごらん。

有勝：まず思いつくのは、若手職人の育成が進んでいないことですね。熟練職人が高齢化しているので、若手の習熟を進めないと、そもそもバッグを生産できなくなってしまうかもしれません。

多川：現に、縫製工程の負荷が大きくなっとるのぉ。熟練職人がいくつも工程を掛け持ちしていると、自社ブランドの生産が滞ってしまうんじゃ。

先生：２人ともよい視点だ。職人の手作業による高品質な縫製は、Ｃ社の持続的競争優位。これを継承していかないといけないね。さらに、縫製を任せられる職人が増えれば、一部の熟練職人に負荷が集中するのを緩和できるだろう。

有勝：では、課題は「若手職人の育成」ですね。

多川：職人の育成は作業標準化、マニュアル整備、ＯＪＴで決まりじゃ！　付け足すなら「熟練者が担当している縫製工程の負荷軽減」。若手が育てば分担できるのぉ。

先生：素晴らしい！　でも与件文を読むと、まだまだ切り口はあるよ。さあ僕の腹直筋をもっと喜ばせてくれ！　パワー！！（笑顔）

有勝：ぱわー！！（笑顔）

多川：有勝さんまで先生みたいにならなくていいんじゃ！　……あ、自社ブランド品で「在庫の過剰や欠品」が発生してるって書いてある。

有勝：受注量より多めに生産しているから、在庫が増えてしまうんですね。

先生：よく気づいたね。今後自社ブランドの開発を強化していくのなら、自社ブランド品の受注量を予測して、ロットサイズや在庫を最適化しないといけないね。

有勝：つまり、「受注予測の精度を上げ、在庫の過剰・欠品を防ぐ」のが課題ですね！

多川：受注予測の精度を上げるには、生産計画のサイクルを短くしたり、販売データを生かしたりするのが有効じゃのぉ。

先生：いいね！　僕の腹直筋も喜んでいるよ！　生産面の課題は、若手職人の育成に関する切り口と、受注予測精度向上による在庫最適化の切り口で書かれた答案が多かった。両方に触れていたものは、合格＋Ａ答案によく見られたよ。

有勝：多面的に答えることが得点につながるってことですね。

先生：そうだね。単一の視点だけでなく、多面的にＣ社の現状を見ることが大切だ。筋肉をさまざまな角度から鑑賞するのとまったく同じだね！ハッ！！（笑顔）

多川：サイドチェストしとらんと次進んでください。

～会場で緊張をほぐす方法～
　　人間は緊張時のほうが高いパフォーマンスを発揮できると思い込むこと。

第4問（配点30点）【難易度 ★★☆ 勝負の分かれ目】

　C社社長は、直営店事業を展開する上で、自社ブランド製品を熟練職人の手作りで高級感を出すか、それとも若手職人も含めた分業化と標準化を進めて自社ブランド製品のアイテム数を増やすか、悩んでいる。

　C社の経営資源を有効に活用し、最大の効果を得るためには、どちらを選び、どのように対応するべきか、中小企業診断士として140字以内で助言せよ。

●出題の趣旨

　直営店事業を計画しているC社が、経営資源を有効に活用し、最大の効果を得るための自社ブランド製品戦略とそのための社内対応について、助言する能力を問う問題である。

●解答ランキングとふぞろい流採点基準

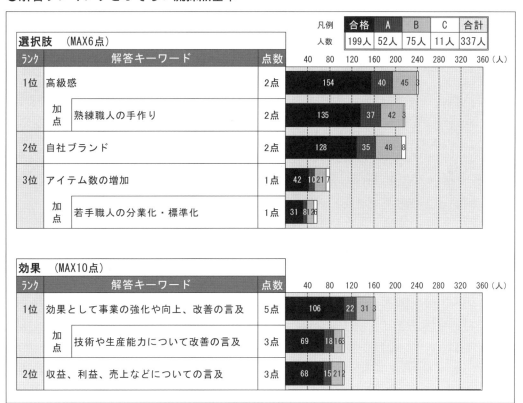

～試験の休憩時間の過ごし方～
　お菓子を食べながら、過去問題で間違えた観点を復習。

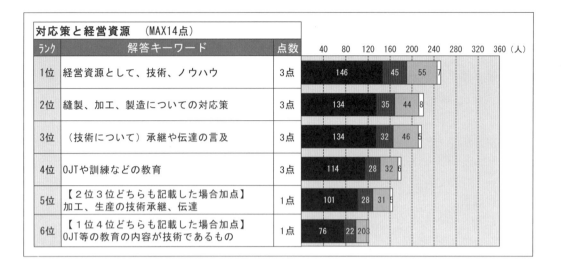

●再現答案

区	再現答案	点	文字数
合	手作り感のあるブランド力や熟練職人の縫製技術力を活かすため、自社ブランド製品を熟練職人の手作りで高級感を出すべき。対応策としては、①熟練職人の縫製技術力を教育やOJTにより若手職人に継承し、②多能工化を進めることで、生産性向上による利益拡大に繋げていく。	30	127
A	現在の手作り感のある高級仕様のバッグというブランド性を維持・拡大するため熟練職人の手作りで高級感を出すべきである。熟練職人に縫製工程、仕上工程のマニュアルを作成させ、若手職人にOJTを行って技術移転を行うとともに熟練職人の継続雇用も考慮して生産力を高め、品質と売上の向上に繋げる。	27	140
B	若手職人も含めた分業化と標準化を進めて自社ブランド製品のアイテム数を増やす。理由は、熟練職人の高齢化が進み退職が予定されるためである。熟練職人の技術やノウハウを標準化・形式知化し、若手職人に引継ぎ、育成を図る。それにより、若手職人の意欲向上を図り、組織活性化につなげる。	15	135
C	熟練職人と若手職人を含めて自社ブランド製品のアイテム数を増やす。熟練職人の高齢化が進み、今後退職が予定され、熟練職人から若手職人へのOJTを実施し、知識・ノウハウを吸収し、バッグ製造全体の技術習熟度を有効活用し、最大の効果を得る。	12	115

～試験の休憩時間の過ごし方～
水分補給、糖分補給、トイレ。

事例Ⅲ—第4問　91

●解答のポイント

> C社の経営資源を把握し、直営店展開で発揮される最大の効果の定義を行ったうえで、意思決定が行えるのかがポイントだった。

事例Ⅲ

【どっちの選択肢がよいのか？】

先生：さて、最後の設問だ。30点と配点の比重が大きいので油断せずにいこう。設問としては選択肢・経営資源・対応策を踏まえて助言を求められているね。僕の大胸筋に聞いて選択肢を選ぶのもよいと思うが、やはりここは2人に聞いてみたいな。

有勝：私は高級品を選択しました。受注製品が低収益って与件文に書いてあったので、その課題解決として妥当だと思いました。

多川：ワシはアイテム数を増やす、です。自社ブランドと冠が付いているから、与件文にある収益率が高いのは自明じゃ。だから、アイテム数を増やして需要を広く捉えるようにしたほうがええと思うな。

先生：2人とも、うまく解答を作り出せているね！　選択肢を適切に解答できているという時点で一定量の加点がされていると思うから、君たちはその点では素晴らしいね。実際、合格＋A答案だけでなくほぼすべての答案で選択肢を解答できていたよ。僕の大胸筋も、選択肢はどちらもC社が直面している直営店経営の課題について、収益向上に資する行為であると判断しているから、どちらもよい選択肢であるといっているよ。事例Ⅱで言うならば、顧客単価を上げるか購入数を上げるのか。どちらを重視するのかの違いだね。

有勝：なるほど、では選択肢で大きく点数は変わらないのでしょうか？

先生：明確に違いが出ていた。合格者は圧倒的に高級感を選択していた。僕としては筋肉に貴賤がないように選択肢で点数の違いを出したくはない。だが、「ふぞろい流の分析」としてはアイテム数の増加については手作りの高級感よりも点数を下げるしかなかった。この選択のために、僕は三日三晩筋トレができなかったよ。

多川：先生がトレーニングしないとか夏に雪が降るレベルじゃ……。

先生：ところで経営資源は第3問で話しているので割愛するが、対応策はどうだい？

有勝：対応策としては熟練職人の知識のマニュアルブックを作ると書きました！　たかが、マニュアル！　されどマニュアル！

多川：ワシは熟練職人と若手が、2人一組で作業をすると書きました。ここら辺は選択肢がないから、クセのある解答とかもありそうじゃ。

先生：鋭い指摘だね！　確かに対応策で何をやるかは多様だが、何のためにするかは共通していたよ。

多川：言われてみれば有勝さんとワシの解答も、暗黙知と形式知の違いはあるけど、若手

~試験の休憩時間の過ごし方~
音楽を聴く。とにかく集中のテンポを乱さない。

職人の技術強化ってとこは同じじゃ。

先生：そのとおり！　アイテム数を増やすにしても、高級品志向にするにしても同様に熟練職人の稼働上限があるからね。熟練職人の余力を増やすために、技術を若手に承継するという経営資源＋対応策の結論は、実は選択肢が違っていても同じだ！　ここも合格＋Ａ答案以外で多くが解答できていた！　だが、教育内容を書いていない解答や、承継内容を書かない対応策があった！　そのため解答ランキングでは教育を行うこと、教育内容を記載することが分離され、どちらも記載していたら、1点加点されるという形になった！

【合否を分けたのは何？】

多川：選択肢、経営資源、対応策の目的をみんなが解答してるなら、何が合否を分けたんじゃ？

先生：その指摘は、筋トレの何分後にプロテインを飲むのか？　と同じくらい本質を突いているよ！　結論から言うと、これらを踏まえたうえで、Ｃ社にどんな効果があるのかを記述しているかが、合否の分かれ目だったといえるだろう！

有勝：効果ですか！？　そんな設問文にない要素に加点だなんて、ずるいです！

先生：確かに設問文に効果なんて書いてないね。でもこれは、助言の問題なんだ。僕もトレーナーだから、そのトレーニングは何の効果があるのですかってよく聞かれるんだ。筋肉を鍛えること＝対策について説明ができても、目的にどんな影響＝効果を与えるのかについて言及するのは大切だ！　効果はWHYの裏返しだから、助言を問われる問題ならば書くのは大前提だと思うな。

多川：なるほど！　設問文の裏まで読むのが大切な問題だったわけじゃな！

先生：合格＋Ａ答案には、この効果に関する記載が詳しくあった。収益の改善や、事業展開の強化とかだね。詳しい分析については、解答ランキングとふぞろい流採点基準を見てほしいな。

【まとめ】

先生：結論としては設問の解答は、選択肢＋経営資源＋対応策＋効果の4つによって構成されていた。このなかで合格＋Ａ答案はそれぞれの要素の記載があり、Ｂ答案以下は選択肢、経営資源、対応策の記載があるが、効果を書けていても十分ではなかった。

多川：140字という分量の割にかなり盛り込む要素があったんじゃな……。クセがすごい問題じゃな。

先生：こればかりは筋肉と同じで、継続的なトレーニングをこなすしかない。筋肉と学問に王道なしという格言もあるくらいだ。勉強方法によっては、過去のふぞろい本を買ってでもトレーニングをする必要があるかもしれないね。

~試験の休憩時間の過ごし方~

記憶が新鮮なうちに、再現答案を問題冊子の空きスペースに書いた。

事例Ⅲ—第4問　93

有勝：まさに、2次試験のブートキャンプですね！　筋肉を超えていきましょう！
先生：有勝さんも筋肉がわかってきたようだね。あとで一緒にブルガリアンスクワットを
　　　しよう！
多川：筋肉より先に、2次試験の勉強じゃ！

事例Ⅲ

Column
自分のモチベーションの源泉を知る

　2次試験の勉強期間が長かったため、モチベーションが落ちてしまうことが多々ありました。診断士試験の勉強がなければ、遊びや旅行など好きなことができ、休日も気兼ねなくゆっくりしてられるのにな、と思うこともありました。そのようなときは、診断士受験生のSNSでの発信を見たり、受験支援団体のブログを読むこと、不合格になった年の得点開示を見ることなどで、危機感を強制的に自分に感じさせるようにし、学習を継続してきました。おそらく私のモチベーションは「負けたくない」という向上心、競争心にあったように思います。診断士受験を決意した当初の理由（中小企業者の役に立ちたい）とは、乖離してしまう自分勝手な理由になるかもしれませんが、最終的に何かを目指すにあたっての理由に「他者」だけでなく、「自分自身」に帰結する思いもあれば、最後まで諦めずにやり続けることができると思います。
（さと）

Column
モチベーションは下がるもの。

　受験勉強を続けていると、モチベーションの下がる時期が誰しも訪れます。そのようなとき、「自分は意思が弱いのだ」と気落ちしたり、無理に力んだりしないでください。むしろ「モチベーションは下がるもの」と想定して、モチベーションが低くても続けられる学習メニューをあらかじめ用意してはいかがでしょう。おすすめの目安は、「普段の30%くらいのエネルギーでできて、多少は試験と関係があること」です。
　私も8～9月頃、あまり机に向かって勉強する気が起きなかったので、代わりに以下のようなことを実践していました。
　①工場で何か製品を作っている動画を眺めるだけ。
　②寝転がりながら、最近覚えたワードを思い出す。そしてそのまま寝る。
　③趣味で株をやっているので、証券会社のサイトで四季報を眺めて「この会社の強みと
　　弱みはなんだろう」と考える。
　気持ちの浮き沈みは、天気の移り変わりみたいなもの。雨が降ったら雨の日でもできる楽しみを見つけるように、モチベーションが下がったら、モチベーションが低いなりにできることを実践する。いずれ吹くであろう追い風に乗れるように、ゆっくり歩み続ければよいと思います。
（みっちー）

～試験の休憩時間の過ごし方～
　コンディション調整（水分・食料補給、ストレッチ、お手洗い、目薬、昼寝、散歩）。

▶事例Ⅲ特別企画

「書くのかい？　書かないのかい？　どっちなんだい！？」

【事例Ⅲはわかりにくい！】

多川：ふー、毎年ながら事例Ⅲはいろいろ複雑で大変じゃのぉ。

有勝：そうでしょうか。問題点がはっきりと書かれていて私としては考えやすい印象です。

多川：確かに書かれてはいる。だが自社ブランド製品だったり、バッグメーカーからの受託生産だったりとややこしいんじゃ。じっくり読めばなんてことなくとも、試験時間内に整理するのが難儀やのぉ。

先生：そんなとき君たち、書くのかい？　書かないのかい？　どっちなんだい。

有勝：何をでしょうか、先生。

先生：よし、有勝さん。下の図を見てほしい。

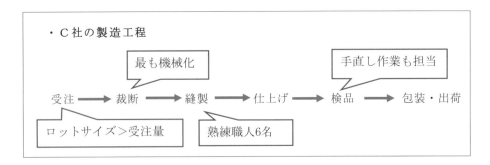

先生：単純だが、このように工程を図示してしまうと、流れが捉えやすい。複数製品を扱っている場合の整理にも役立つだろう。僕のジムの診断士トレーナーたちも半数ほどは、工程を図示してから問題点などを書き込んでいると聞いたよ。

多川：ほう、工程のどの段階で問題やロスが発生しているかわかりやすいです。

先生：そうだね、工程のどの段階で問題を抱えているかの理解は非常に重要だ。全身を鍛えていく過程において、トレーニングが不足しているのは上半身なのか、下半身なのか、そしてどこの部位なのか、これが重要だ。おっと、話がそれたかな。事例Ⅲでは強みと弱み、課題などがシンプルに問われるケースが多い。少ない文字数で、まとめることが求められたりもする。そんなときに、よりボトルネック解消に近いのは何なのか、試験時間内に判断しきることがパフォーマンスの向上につながるね。

有勝：判断が早まれば解答作成や見直しなどほかのことに時間が使えます。解法プロセス、システムの再構築です！

【この要素書く？】

先生：これで全体の流れをイメージしやすくなったね。いいだろう。さあ、ほかにも困っ

～試験の休憩時間の過ごし方～
　太陽を浴びに中庭へ。

事例Ⅲ　95

ていることはあるかな？　どんな悩みに対しても、僕がしっかりと支えになるよ。

有勝：はい！　私あります。この課題は第2問に書くべきか、それとも第3問に書くべきなのか、どっちなんだろうっていつも迷ってしまうんです。どうしたらこのどっちに書こうスパイラルから解放されるのでしょう。

多川：ワシは迷ったらもうどちらにも書いてしまうことにしとる。両方に書いてしまえば、裏目を引いてどっちも点数なし、は避けられるからな。

有勝：そんなのおかしくないでしょうか？　試験である以上、同じ解答が2か所もあるなんて変ですよ。

先生：「どっちに書こうか問題」だね。トレーニング頻度や、どちらのプロテインが有効か、のごとく永遠のテーマだ。

有勝：たとえば令和3年度の問題だと「熟練職人の高齢化」などはどの設問でも書けてしまう気がしてどうしたらよいのかとても悩みました。

先生：確かに。「熟練職人の高齢化」はC社にとってとても重要な意味を持っている。まるで筋繊維が……。

多川：また筋肉じゃ。ワシはどうしたらよいか早く知りたいんじゃ。

先生：結論から言うと令和3年度の事例Ⅲで、「熟練職人の高齢化」は複数の設問における解答で、書かれていたキーワードだ。合格＋A答案においてもその傾向はあったことから、複数の設問において得点があったのではないかと思われる。ただ、弱みとしてや、課題としてなど設問文の要求に合わせて、解答の仕方には注意が必要なので、もう一度第2問での話など振り返っておいてほしい。

有勝：そうか。設問ごとにきれいに解答キーワードを書き分けたいというのは贅沢なんでしょうか……。

先生：お、非常にいい所をついているね。僕の広背筋が反応しているよ。書き分けたい、と考えた場合ほかのキーワードを探して解答することになるね。そうなったときに、ほかのキーワードがどれくらいピックアップできるかは、本番に向けたトレーニングのなかで磨き上げていくとよいかもしれない。いわゆる多面的な解答というものにつながるからね。

多川：複数の設問でキーワードが重複している場合、ほかのキーワードを見落としている場合があるということやな。見落としがないかのチェックに「DRINK（D：データベース／R：リアルタイム／I：一元管理／N：ネットワーク／K：共有化）」などのフレームワークが役立ちそうです。

先生：そうだね。問題を解いていくと、よく見落としてしまう切り口に気づくことも多くなる。思考のクセ、とでも言うべきかな。本番で同じミスをしないために、クセを矯正していく。そして、クセを矯正するためにフレームワークを活用していく。筋肉の連動性だ！

多川：たとえのクセも強い！

~当日、試験終了後の過ごし方~
　一緒に試験を受けた仲間と居酒屋でお疲れ会。

有勝：フレームワークの活用法がわかった気がします。ほかにポイントはありますか？

先生：基本的なことだが、設問文をしっかり読むことだね。これで合否が分かれることだってある。第2問だと「受託生産品の製造工程について、効率化を進める上で必要な〜」という条件になっているね。指摘した課題が、自社ブランド製品に関するものになっていないか注意が必要だ。自社ブランド製品は見込生産をしているので課題となる部分は変わってくるだろう。さらに助言した対応策によって効率化が図られているのか、ということも決して忘れてはいけないポイントだ。

有勝：解答に迷ったら別のキーワードを探して戻って、いつだってまた設問解釈から始めよう、そういうことですね、先生！

先生：よし、うまくまとめられたね。次にいこうか、ハッ！！（笑顔）

【自社ブランドは必要？】

先生：さて、ほかにもC社には受験生を悩ませるポイントがあったね。

有勝：C社はどうしてバッグメーカーからの受託だけでなく、自社ブランド製品の製造を行っているのでしょう。2つも手を出すから在庫管理に苦労したり、生産計画の変更に追われたりするのではないでしょうか。

多川：有勝さんはまだまだじゃ。第4問を思い出してみるとよい。自社ブランドは高級品、収益性が高いんじゃ。差別化を図る高級路線で収益性を確保する、これは2次試験ではお決まりのパターンじゃ。

有勝：では、自社ブランドの収益性が高いのはなぜなのでしょうか？

多川：うっ……。（定番だから当たり前に考えとった）

先生：よし、重要なポイントに気づいてくれた。では、最後に自社ブランドについて考えていこう。C社が自社ブランド製品で力を入れてきたことは何だったかな？

有勝：はい、第3段落目に「企画・開発、販売を進めてきた」とあります。

多川：その結果「手作り感のある高級仕様が注目された」んだのう。

先生：よく読めている。つまり生産を司るQCDのうち（Q：品質）の部分だ。そして品質はさらに2つに分けられたね。

多川：「ねらいの品質」と「できばえの品質」とがあったのぉ。知識はしっかり頭に入っとる。

先生：そうだ。「ねらいの品質」は設計品質とも呼ばれ、それをどれだけ満たしているかが「できばえの品質」だ。こちらは製造品質などと呼ばれるね。自社で企画・開発を進めることで「ねらいの品質」を上げていくことが可能になる。一方で受託生産だと「ねらいの品質」は依頼を受ける時点で、他社の企画・デザインに依存することになる。収益性が高く、高価格でも売れるために必要なのはどちらの品質が求められると思う？

有勝：お客さまの手元に届く際は「できばえの品質」になりますよね。

〜当日、試験終了後の過ごし方〜
一緒に受験していた後輩と食事。

先生：そうだ。そして「ねらいの品質」＝「できばえの品質」とできるかが技術力の見せ所だね。下の図を見てほしい。Ｃ社の例で企画〜製造までの流れを図示してみた。スタートである「ねらいの品質」が低いと、完成品である「できばえの品質」へ高い技術力を活かすことが難しい。だから企画・開発を進めて「ねらいの品質」を高めていくことも必要になってくるわけだ。

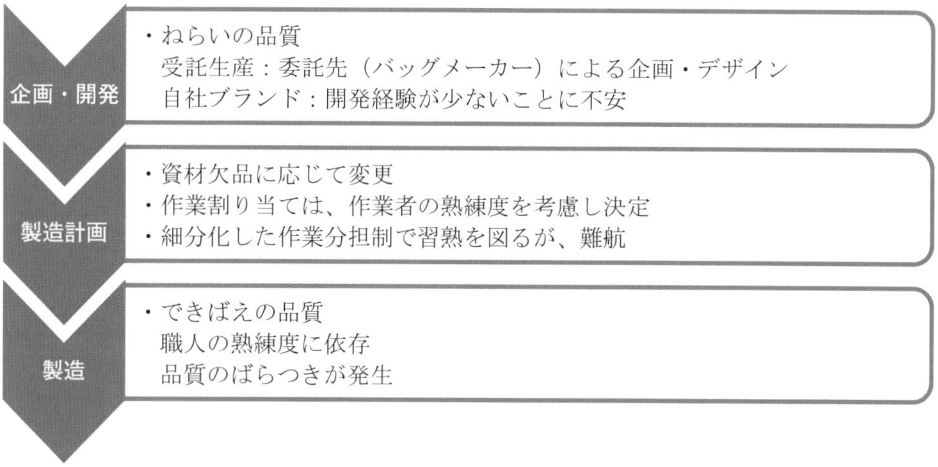

企画・開発	・ねらいの品質 　受託生産：委託先（バッグメーカー）による企画・デザイン 　自社ブランド：開発経験が少ないことに不安
製造計画	・資材欠品に応じて変更 ・作業割り当ては、作業者の熟練度を考慮し決定 ・細分化した作業分担制で習熟を図るが、難航
製造	・できばえの品質 　職人の熟練度に依存 　品質のばらつきが発生

多川：企画・開発力と技術力、双方バランスよく高めていくことが必要なんですね。

【まとめ】

先生：さて、事例Ⅲという切り口でＣ社について話してきたが理解は深まったかな。

有勝：はい、迷っていた部分が少し晴れた気がします。

多川：事前の準備のおかげで本番は困らず済みそうじゃ。

先生：いいところに気がついてくれた。２次試験も生産管理と一緒。80分間という定められた納期で、事前の勉強時間というコストを払い、いかに得点という質を高めていくことが求められる。試験で問われているのもまさに中小企業診断士としての能力というわけだ。今、解けない、うまく書けない問題に対しても準備を重ねていくことで必ずベスト答案が書けるようになるさ！

有勝：試験勉強のときから中小企業診断士としての資質が測られているんですね。自分を超えていきましょう！

先生：よく言った有勝さん。よし、みんなで気を失うまで全力のバーピージャンプだ！いくぞ！

多川：『ふぞろい』を書店のスポーツコーナーに並べたいんか！　受験生が見つけられないんじゃ！

～当日、試験終了後の過ごし方～

会場最寄り駅の老舗ケーキ屋でケーキを買って帰り、妻に感謝の意を伝えました。

98　第2章　ふぞろいな答案分析

ふぞろい流ベスト答案 ──────── 事例Ⅲ

第1問 （配点20点）

(a) 強み　　　　　　　40字　　　　　　　　　　　　　【得点】10点

企	画	か	ら	の	一	貫	受	託	生	産	体	制³	、	熟	練	職	人²	の	加
工	技	術	力²	、	高	級	な²	自	社	ブ	ラ	ン	ド	製	品³	の	商	品	力。

(b) 弱み　　　　　　　40字　　　　　　　　　　　　　【得点】10点

新	製	品	の	企	画	・	開	発	経	験	不	足⁴	、	若	手	の	技	術	習
熟	不	足³	、	受	託	品	が	低	価	格³	で	競	争	力	に	乏	し	い	。

第2問 （配点30点）

(a)　　　　　　　　　20字　　　　　　　　　　　　　【得点】5点

生	産	計	画²	の	精	度	向	上²	と	ロ	ッ	ト	サ	イ	ズ²	の	適	正	化²

(b)　　　　　　　　　80字　　　　　　　　　　　　　【得点】10点

①	生	産	計	画²	の	短	サ	イ	ク	ル	化²	、	②	生	産	管	理	の	強
化¹	で	精	度	向	上²	し	、	③	受	注	量	に	合	わ	せ	た	ロ	ッ	ト
サ	イ	ズ²	へ	の	見	直	し²	、	④	資	材	発	注	精	度	の	向	上	で
欠	品	を	防	止¹	。	以	上	で	生	産	工	程	の	効	率	化²	を	実	現。

(a)　　　　　　　　　20字　　　　　　　　　　　　　【得点】5点

縫	製	工	程²	の	負	荷	平	準	化¹	と	熟	練	職	人¹	の	技	術	承	継¹

(b)　　　　　　　　　80字　　　　　　　　　　　　　【得点】10点

生	産	管	理²	を	強	化	し	、	①	縫	製	工	程¹	の	作	業	を	標	準
化	、	OJ	T²	等	で	若	手¹	を	育	成²	。	②	検	品	工	程	に	お	け
る	出	来	栄	え	の	ば	ら	つ	き	を	防	止	し	、	作	業	負	荷	軽
減²	を	実	現	す	る	。	以	上	で	納	期	短	縮¹	し	効	率	化²	。	

第3問 （配点20点）　120字　　　　　　　　　　　　【得点】20点

企	画	面	で	は	①	研	修	や	経	験	者	採	用²	に	よ	っ	て	企	画
力	を	強	化	す	る⁴	。	②	直	営	店	や	自	社	サ	イ	ト¹	で	顧	客
ニ	ー	ズ	を	収	集⁴	し	、	デ	ザ	イ	ン	に	生	か	す	。	生	産	面
で	は	①	縫	製	・	修	理	工	程	を	担	当	で	き	る	若	手	職	人¹
を	育	成³	し	て	、	熟	練	職	人	の	負	荷	を	減	ら	す²	。	②	需
要	予	測	精	度	を	高	め	て²	欠	品	・	過	剰	在	庫	を	防	ぐ²	。

～当日、試験終了後の過ごし方～
豆腐丼を食べにレストランへGo！

第4問（配点30点）　138字　　　　　　　　　　　　　　　　　　　【得点】30点

熟練職人による手作り²の高級感²の自社ブランド²を選択する。C社の経営資源である加工技術³をマニュアル化し、これを教育³に使用¹する事で、若手職人へ熟練職人の持つ生産技術³の継承³を図る¹。その結果、C社の若手職人の生産技術³を向上⁵させ、生産数を増加させ、直営店の販売に貢献、収益性を改善³させる。

ふぞろい流採点基準による採点

100点

第1問：C社の強みと弱みについて、「革製バッグ業界における」という設問指示を意識しながら、重要度の高いと考えられる要素を絞り込んで記述しました。

第2問：生産統制と生産技術、2つの観点を課題とし、具体的な対応策を記述しました。

第3問：自社ブランドの製品企画面は「企画力強化」と「ニーズ収集」の観点で、生産面は「若手の育成」と「欠品・過剰在庫の予防」の観点で記述しました。

第4問：選択肢、経営資源、対応策、効果の流れで記述しました。選択肢は設問内容をほぼそのまま書くことで、字数を減らす代わりに、対応策、効果の部分を詳細に記載することで、選択した結果どのような利益をもたらすのかという点を詳しく記述しました。

～当日、試験終了後の過ごし方～
家の近くのイタリアンでかんぱーい！！

100　第2章　ふぞろいな答案分析

▶ 事例Ⅳ（財務・会計）━━━━━━━━━━━━━━━━━━━━━━◀

令和3年度　中小企業の診断及び助言に関する実務の事例Ⅳ
（財務・会計）

　D社は地方都市に本社を置き、食品スーパーマーケット事業を中核として展開する企業である。D社の資本金は4,500万円、従業員数1,200名（パート、アルバイト含む）で、本社のある地方都市を中心に15店舗のチェーン展開を行っている。D社は創業90年以上の歴史の中で、常に地元産の商品にこだわり、地元密着をセールスポイントとして経営を行ってきた。またこうした経営スタイルによって、D社は本社を置く地方都市の住民を中心に一定数の固定客を取り込み、経営状況も安定していた。ところが2000年代に入ってからは地元住民の高齢化や人口減少に加え、コンビニエンスストアの増加、郊外型ショッピングセンターの進出のほか、大手資本と提携した同業他社による低価格・大量販売の影響によって顧客獲得競争に苦戦を強いられ、徐々に収益性も圧迫されてきている。

　こうした中でD社は、レジ待ち時間の解消による顧客サービスの向上と業務効率化による人件費削減のため、さらには昨今の新型コロナウイルス感染症の影響による非接触型レジに対する要望の高まりから、代金支払いのみを顧客が行うセミセルフレジについて、2022年度期首にフルセルフレジへ更新することを検討している。しかし、セミセルフレジの耐用年数が残っていることもあり、更新のタイミングについて慎重に判断したいと考えている。なお、D社は現在、全店舗合計で150台のレジを保有しており、その内訳は有人レジが30台、セミセルフレジが100台、フルセルフレジが20台である。

　さらにD社は、地元への地域貢献と自社ブランドによる商品開発を兼ねた新事業に着手している。この事業はD社が本社を置く自治体との共同事業として、廃校となった旧小学校の校舎をリノベーションして魚種Xの陸上養殖を行うものである。D社では、この新規事業の収益性について検討を重ねている。

　また、D社は現在、主な事業であるスーパーマーケット事業のほか、外食事業、ネット通販事業、移動販売事業という3つの事業を行っている。これらの事業は、主な事業との親和性やシナジー効果などを勘案して展開されてきたものであるが、移動販売事業は期待された成果が出せず現状として不採算事業となっている。当該事業は、D社が事業活動を行っている地方都市において高齢化が進行していることから、自身で買い物に出かけることができない高齢者に対する小型トラックによる移動販売を行うものである。販売される商品は日常生活に必要な食品および日用品で、トラックのキャパシティから品目を絞っており、また販売用のトラックはすべてD社が保有する車両である。さらに、移動販売事業は高齢化が進んでいるエリアを担当する店舗の従業員が運転および販売業務を担っている。こうした状況から、D社では当該事業への対処も重要な経営課題となっている。

　D社と同業他社の2020年度の財務諸表は以下のとおりである。

～私の周りのツワモノぶりエピソード～
　朝会場がひんやり気味なのに半袖で受験（北国です）。

事例Ⅳ　101

貸借対照表
（2021年2月28日現在）

（単位：万円）

	D 社	同業他社		D 社	同業他社
〈資産の部〉			〈負債の部〉		
流動資産	221,600	424,720	流動負債	172,500	258,210
現金預金	46,900	43,250	仕入債務	86,300	108,450
売掛金	61,600	34,080	短期借入金	10,000	0
有価証券	4,400	0	その他の流動負債	76,200	149,760
商品	64,200	112,120	固定負債	376,700	109,990
その他の流動資産	44,500	235,270	長期借入金	353,500	0
固定資産	463,600	1,002,950	その他の固定負債	23,200	109,990
有形固定資産	363,200	646,770	負債合計	549,200	368,200
無形固定資産	17,700	8,780	〈純資産の部〉		
投資その他の資産	82,700	347,400	資本金	4,500	74,150
			利益剰余金	131,000	625,100
			その他の純資産	500	360,220
			純資産合計	136,000	1,059,470
資産合計	685,200	1,427,670	負債・純資産合計	685,200	1,427,670

損益計算書
自2020年3月1日
至2021年2月28日

（単位：万円）

	D 社	同業他社
売上高	1,655,500	2,358,740
売上原価	1,195,600	1,751,140
売上総利益	459,900	607,600
販売費及び一般管理費	454,600	560,100
営業利益	5,300	47,500
営業外収益	4,900	1,610
営業外費用	2,000	1,420
経常利益	8,200	47,690
特別損失	1,700	7,820
税引前当期純利益	6,500	39,870
法人税等	1,900	11,960
当期純利益	4,600	27,910

（以下、設問省略）

～私の周りのツワモノぶりエピソード～

隣の受験生はどの事例も試験開始60分後には解き終わっていた。事例Ⅳもだよ。すごい。

第1問（配点30点）
（設問1）【難易度 ★☆☆ みんなができた】

D社と同業他社の財務諸表を用いて経営分析を行い、同業他社と比較してD社が優れていると考えられる財務指標とD社の課題を示すと考えられる財務指標を2つずつ取り上げ、それぞれについて、名称を（a）欄に、その値を（b）欄に記入せよ。なお、優れていると考えられる指標を①、②の欄に、課題を示すと考えられる指標を③、④の欄に記入し、(b)欄の値については、小数点第3位を四捨五入し、単位をカッコ内に明記すること。

●出題の趣旨

財務諸表を利用して、診断及び助言の基礎となる財務比率を算出する能力を問う問題である。

●解答ランキングとふぞろい流採点基準

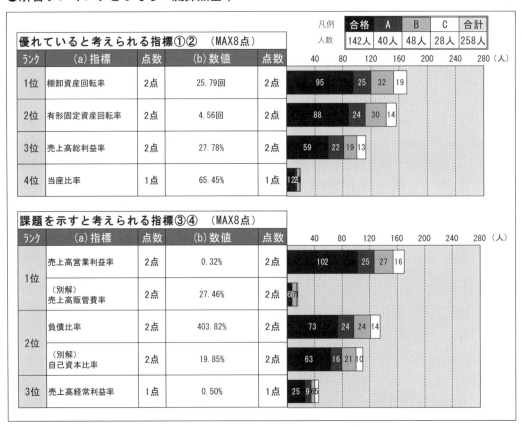

~試験当日のアクシデント~

席が大学の長机の右端。いつもメモ用の用紙を右手の横に置いていたので、当日配置を変えてやり辛かった。

【思いもよらぬ「指標を２つずつ取り上げよ」】

先生：さぁお待ちかね！　事例Ⅳのスタートだ！　みんな、よいスタートは切れたかい？

多川：切れるわけないんじゃ！　ずっと過去問では指標３つだったんですから。

先生：そう、どんなに「定番」といわれる問題でも変化球が来る可能性もあるんだ。いつもと違う球が来ても、確実に打ち返せる筋力と胆力をつけておくといいね！　ところで２人はどう対応したかな？

多川：ワシはこんなにクセが強い問題にはまともに取り合わんと、とにかく同業他社より優れている指標に関してはパッと見て数値の高い棚卸資産回転率と有形固定資産回転率を選びました。

有勝：私は優れている指標に売上高総利益率を選び、課題を示すと考えられる指標に売上高営業利益率を選びました。もしかしたらこの問題の意図は、粗利益の段階では同業他社よりも優れているのに、営業利益の段階では劣っている……そこに課題があることを気づかせたかったんじゃないでしょうか。

先生：有勝さん、さすがだね！　実際には多川さんのように単に数値の高い指標を挙げた人も多かった。今回は解答数の多さから見て、多川さんの解答も加点対象になったと考えられるが、数値だけの比較で正解だと飛びつくのもベストとはいえないな。今回は（設問２）で「Ｄ社の財務的特徴と課題について」述べる必要がある。Ｄ社はどこから利益を生み、何が不足しているのか、社長が一番知りたいことを的確に伝えられる指標は何だろうかと、一歩踏み込んで考えてみよう。

多川：単に数値だけを見て解答するのは、まだまだ考えが浅いってことやな……。

有勝：私は課題を示すと考えられる指標に自己資本比率を選んだんですが、これも間違いではないですよね？

先生：負債比率と自己資本比率は安全性を表す指標としては同じだが、「課題」を問われたら「自己資本を増やす」よりも「借入金を減らす」というほうがしっくりこないかい？　その場合は負債比率を選んだほうが、より適切な解答だと思うな。

有勝：なるほど！　同じようなことをいっている指標でも、何を問われているか、財務諸表のどの項目に着目するかによって、指摘する指標を変えたほうがいいんですね！

先生：そのとおり！　スリム体形を目指してトレーニングをしている人に、筋肉量ばかり指摘しても、素早い解決にはならないからね！　どんな身体にしたいかが問題だ。

多川：それは問題じゃないんよ！

〜試験当日のアクシデント〜

シナジーと組織活性化を忘れがちなので強く意識したら、シナジーを３回書いてしまった。

（設問２）【難易度 ★☆☆ みんなができた】

D社の財務的特徴と課題について、同業他社と比較しながら財務指標から読み取れる点を80字以内で述べよ。

●出題の趣旨

財務比率を基に、事例企業の財務的特徴とリスク要素を分析する能力を問う問題である。

●解答ランキングとふぞろい流採点基準

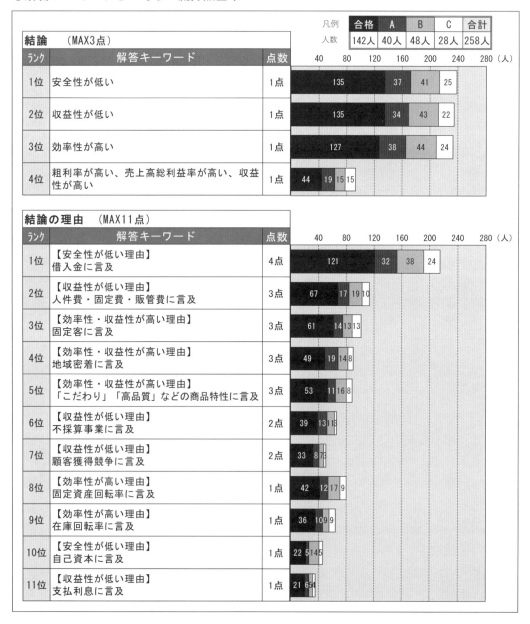

～試験当日のアクシデント～

事例Ⅰでパニックになり、涙が出てきそうになった。一番後ろの席だったし、そのまま帰ろうと本気で思った。

●再現答案

区	再現答案	点	文字数
合	地元密着型[3]の営業で固定客がおり効率性と粗利益率は高い[1]が、競争激化[2]と借入金の増加[4]による利息負担[1]増で全体の収益性[1]と安全性[1]が低いため、販管費や固定費の削減が課題である。	14	80
合	地元産のこだわりの商品[3]や店舗等の固定資産[2]が収益貢献し効率性[3]が高いことが特徴。長期借入金の早期返済[4]で利息負担[1]を軽減し、不採算事業の廃止[2]で安全性と収益性の改善[1]が課題。	14	80
A	地元密着[3]のこだわりの品揃え[3]で効率性が高く[1]、短期的な安全性も高いが、資金調達を負債に依存[2]した資本構造の安全性向上[1]と不採算事業の改善[2]による収益性の改善[1]が課題である。	14	80
B	D社は①地域密着戦略[1]により総利益[3]の収益性は高い[1]が、②人件費等[3]の増加で営業利益の収益性が低く[1]、③レジ等の有形固定資産[3]の効率性は高く[1]、④資本構成が悪く安全性が低い[1]。	11	80
C	D社は、①総利益段階での収益性が高く[1]、②レジやトラックなどの資産投資効率が高い[1]一方で、③売掛金の回収効率が悪く[1]、④借入依存[4]で資本バランスが悪く、安全性が低い[1]。	8	79

●解答のポイント

> 　与件文から読み取ったD社の特徴と財務諸表を照らし合わせて適した指標を選択し、財務的特徴と課題について制限文字数のなかで簡潔に説明することがポイントだった。

【「財務」推しだった今回の設問への分析】

先生：さぁどんどんいこう。（設問2）は「財務的特徴」「財務指標」と2度も「財務」という単語が出てきていることがやや珍しかったけれど、どうだったかな？

有勝：あ！　ほんとだ！　私気づかなかったです。

多川：ワシは何年も受けてきたから「これはいつもと違う」と感じたのですが、だからこそ悩んだんじゃ。

先生：ほう、どんなことで悩んだのかな？　教えてくれ！

多川：今回は「財務指標から読み取れる点」と問われているから、与件文よりも財務指標だけに注目すべきなんじゃろうか……と。

先生：すごいな、多川さん！　細部にまで気を配って鍛錬を積むことはよいことだ。ただ、今回、再現答案を分析したところ、与件文から財務分析の根拠を拾ってきた人も多かった。合格＋A答案でも同じだ。

有勝：なんで今回はわざわざ「財務」を強調させたんでしょうか。

~試験当日のアクシデント~

　前泊したホテルの隣室が子供連れで、夜通しうるさくて眠れなかったこと。

先生：出題者の意図は正確にはわからないが、予想としてはこうだ。与件文はＤ社に起こった、またはＤ社が起こした「事実」であり、その「結果」が財務指標に表れている。さらにそこから主に「安全性・収益性・効率性」の観点で「分析」をしてＤ社の特徴や課題を読み取っていく。今回はよりその「結果」や「分析」のほうに力を置いて解答してほしいという意図があったのかもしれない。しかし、「結果」や「分析」の財務的考察は必須であるけれど、その根拠となる「事実」を加えることで、より説得力のある解答になっていることも見逃せない。数値としての体脂肪率が減ったのは、トレーニングという行為があってこそのものだ。実際、解答を見ていても、唐突に「財務指標が○○だから△△性が〜」というものよりも、「与件文の状況＋財務指標から言えること（在庫の回転率がよい、など）＋△△性が〜」という並びのほうが論理的な印象だった。もちろん、財務指標からしか拾えない論点もあり、それはこの限りではない！

多川：財務指標の数値は与件文に書いてある「事実」を反映しているという解釈なんか。

【「特徴」と「課題」の切り分け】

有勝：先生、今回の問題で迷ったところがもう１つあって、それが「財務的特徴」と「課題」の切り分けなんです。どう対応したらよかったのでしょう……。

先生：ありがとう、有勝さん！　僕も解説したいと思っていたところだ。これも悩ましい問題ではあるが、たくさんの再現答案を見ても、正確な答えになりそうなものは導き出せなかった。というのも、多くの合格＋Ａ答案でも、特徴と課題を書き分けていない解答が多数あったんだ。

多川：それなら、そこで悩んでいる時間が無駄やったんじゃな……。

先生：今回は切り分けがないからといって点数が入らなかったというわけでもなさそうだったが、やはりできるだけ設問に沿った解答をするというのは大原則だ。きちんと切り分けていた人の解答としては、①財務分析の結果をすべて「特徴」として羅列し、それに対する具体的対応策を「課題」とする、②財務分析の結果のすべてまたは一部を「特徴」として羅列し、課題を示す指標について「△△性を改善する」など具体性を持たせずに「課題」として挙げる、③優れていた指標のみを「特徴」として挙げ、課題を示すと考えられる指標を「課題」として具体的対応策とともに挙げる、といった対応が見られた。少ない文字数のなかでも対応できるように、いろいろな答案を見て、解答構成のストックも増やしておくとよいだろう。

有勝：なるほど、日頃の積み重ねによって当日、いつもの自分を超えていけるんですね！

先生：そのとおり！　どういったトレーニングをすればどんな風に身体が変わっていくかを観察するように、Ｄ社のアクションがどう数字に影響するか意識しながら過去問を回していったら最終的には僕のような肉体に……。

~試験当日の失敗・反省~
ギリギリまで自宅で復習していて予定の電車に乗れず、次の電車に乗って会場まで全力疾走した。

第2問（配点30点）

　D社はこれまで、各店舗のレジを法定耐用年数に従って5年ごとに更新してきたが、現在保有しているセミセルフレジ100台を2022年度期首にフルセルフレジへと取り替えることを検討している。またD社は、この検討において取替投資を行わないという結論に至った場合には、現在使用しているセミセルフレジと取得原価および耐用期間が等しいセミセルフレジへ2023年度期首に更新する予定である。

　現在使用中のセミセルフレジは、2018年度期首に1台につき100万円で購入し有人レジから更新したもので、定額法で減価償却（耐用年数5年、残存価額0円）されており、2022年度期首に取り替える場合には耐用年数を1年残すことになる。一方、更新を検討しているフルセルフレジは付随費用込みで1台当たり210万円の価格であるが、耐用期間が6年と既存レジの耐用年数より1年長く使用できる。D社はフルセルフレジに更新した場合、減価償却においては法定耐用年数にかかわらず耐用期間に合わせて耐用年数6年、残存価額0円の定額法で処理する予定である。また、レジ更新に際して現在保有しているセミセルフレジは1台当たり8万円で下取りされ、フルセルフレジの代価から差し引かれることになっている。

　D社ではフルセルフレジへと更新することにより、D社全体で人件費が毎年2,500万円削減されると見込んでいる。なお、D社の全社的利益（課税所得）は今後も黒字であることが予測されており、利益に対する税率は30％である。

（設問1）【難易度　★★★　難しすぎる】

　D社が2023年度期首でのセミセルフレジの更新ではなく、2022年度期首にフルセルフレジへと取替投資を行った場合の、初期投資額を除いた2022年度中のキャッシュフローを計算し、（a）欄に答えよ（単位：円）。なお、（b）欄には計算過程を示すこと。ただし、レジの取替は2022年度期首に全店舗一斉更新を予定している。また、初期投資額は期首に支出し、それ以外のキャッシュフローは年度末に一括して生じるものとする。

●出題の趣旨

　設備更新投資において、耐用年数を残した旧設備を売却し新設備へと更新を行う場合における財務面での変化を整理し、初年度の差額キャッシュフローを算出する能力を問う問題である。

~試験当日の失敗・反省~
　明らかに試験慣れしていなかった。タイムマネジメントも、最後の見直しも、雑だった。

108　第2章　ふぞろいな答案分析

●解答ランキングとふぞろい流採点基準

凡例	合格	A	B	C	合計
人数	142人	40人	48人	28人	258人

初年度のキャッシュフロー（a）（MAX4点）

ランク	解答キーワード	点数
－	2,560万円	4点
－	3,160万円	0点
－	2,200万円	0点

計算過程（b）（MAX6点）

ランク	解答キーワード	点数
－	【税引前利益導出過程】人件費削減額＝2,500万円	3点
－	【利益導出過程】差額減価償却費＝1,500万円	2点
－	【税引前利益導出過程】有形固定資産売却損＝1,200万円	2点
－	(a)の正解者に対する得点補正（正しい計算過程を経たものとみなして加点）	6点

●再現答案

区	再現答案	点	文字数
合	人件費の削減額 25,000,000円[3]　減価償却費の増加分 15,000,000円[2] セルフレジの売却損　12,000,000円[2]　営業損失△2,000,000円 税金の節税分200万円×30％＝△60万円 キャッシュフロー25,000,000円＋600,000円＝25,600,000円	6	－
A	投資増加額21,000－10,000－800＝10,200万円 セミセルフレジの減価償却費2,000万円 フルセルフレジの減価償却費3,500万円 セミセルフレジの売却損 1,200万円[2] 減価償却費の増加額3,500－2,000＝1,500万円[2] 営業利益の増加額＝人件費の削減額－減価償却費増加額＝2,500[3]－1,500＝1,000万円　故に、取替投資によるキャッシュフロー増加額は営業利益増加額×（1－税率）＋減価償却費増加額＋売却損×税率＝1,000×0.7＋1,500＋360＝2,560万円	6	－

―――― ～試験当日の失敗・反省～ ――――

　事例ⅠからⅢまで、青い蛍光ペンで線を引いていたが、青のペンだと文字が見にくかった。

事例Ⅳ─第2問　*109*

●解答のポイント

> 非現金支出費用として減価償却費と有形固定資産売却損の2つに気づき、減価償却費は新旧設備の差額を計算できたか、有形固定資産売却損は帳簿価格と売却価格との差額を計算できたか、税引前利益がマイナスになり税金負担の軽減によりプラスのキャッシュフロー（以下、CF）が生じることを加味したかがポイントだった。

【差額非現金費用の認識がカギ】

先生：第2問はNPVだ。2人は何に注意したかな？

有勝：文章がたくさん書いてあって嫌だったので後回しにしました。

多川：ワシはNPVでいつもミスするので最後に解くことにしましたわ。

先生：NPVは難問が多いから2人の判断はいいね。今回も難易度が高かったし、（設問1）ですら正答率は2割ほどだったよ。特にポイントになったのは非現金支出費用を正しく計算できたかどうかだった。2人はわかったかな？

多川：セミセルフレジを下取りで売却しとるから、まず帳簿価格をだして、下取り価格との差額を売却損として計算しました。

有勝：今回は取替投資なので、セミセルフレジとフルセルフレジで減価償却費がどう変わるか計算して、差額減価償却費をだしました！

先生：2人ともよく気づいたね。売却損を加味してなかったり、差額減価償却費で計算するところをフルセルフレジの減価償却費で計算したりすると間違う設問になっていた。実は実際の答案で多かった誤答の1位と2位は、そのいずれかで間違ったものだったんだ。スポーツも試験も、勝負の分かれ目は細かい所までいかに神経を尖らせ、得点にできることが大切だ！

多川：CFを出すときと差額CFを出すときで計算が変わるから、気をつけんとなあ。

有勝：同じ要素で間違った人が多いということは、裏を返すと出題者が、きっとそこで間違うよね、と狙っていた、ということかもしれませんね。

先生：過去にもCFと差額CFの違いがわかっているかを問う問題が出ているし、受験生にそこを鍛えておいてというメッセージなのかもしれないね。この問題ではこの2つの非現金費用を加味して計算すると利益がマイナスになるので、税金が少なくなる分をプラスのCFとして計算することもポイントだったといえるね！

〜試験中に起きた面白エピソード〜

近くの席の人が1事例終わるごとにバナナを1本食べていた。

110 第2章 ふぞろいな答案分析

（設問2）【難易度 ★★★ 難しすぎる】

　当該取替投資案の採否を現在価値法に従って判定せよ。計算過程も示して、計算結果とともに判定結果を答えよ。なお、割引率は6％であり、以下の現価係数を使用して計算すること。

	1年	2年	3年	4年	5年	6年
現価係数	0.943	0.890	0.840	0.792	0.747	0.705

●出題の趣旨

　設備更新投資における毎期の差額キャッシュフローを計算し、正味現在価値を算出する能力を問う問題である。

●解答ランキングとふぞろい流採点基準

凡例	合格	A	B	C	合計
人数	142人	40人	48人	28人	258人

計算結果 （MAX5点）

ランク	解答キーワード	点数
－	【正味現在価値の最終計算結果】 3,868,800円	5点
－	正味現在価値が正になる	3点

判定結果 （MAX2点）

ランク	解答キーワード	点数
－	【結論】 取替投資する（あるいは同義の表現）	2点

計算過程 （MAX3点）

ランク	解答キーワード	点数
－	2023-2027年各期末の差額ＣＦの考慮（現価係数）	3点
－	2022期末/2023期首の差額ＣＦの考慮（現価係数×金額）	3点
－	2022期首の差額投資ＣＦの考慮（金額）	3点

～試験中に起きた面白エピソード～

監督員の「ウェアラブル」の滑舌がどんどんよくなっていく。

●再現答案

区	再現答案	点	文字数
合	初期投資額（210－8）×100＝20,200万円 2年目以降のCF（2,500－1,500）×（0.7）＋1,500＝2,200万円 セミセルフレジを更新していた場合の10,000万円は取替により発生しないため、プラスのCFとなる正味現在価値は <u>(2,560＋10,000) ×</u> <u>0.943</u>[3]<u>＋2,200×3.974</u>[3]<u>－20,200</u>[5]<u>＝386.88万円</u>＝3,868,800円 よって<u>正味現在価値が正</u>[3]のため、<u>当該取替投資案を採用</u>[2]する。	10	－
A	2023年度以降のCFは人件費の削減額と減価償却費の差額のみを考慮すればよいため、税引前利益＝2,500－（35－20）×100＝1,000万円 差額CF＝1,000（1－0.3）＋1,500＝2,200万円 よって正味現在価値（NPV）は、NPV＝<u>2,560×0.943</u>[3]<u>＋2,200（0.890＋</u> <u>0.840＋0.792＋0.747＋0.705）</u>[3]<u>－100×100万円＝1,156.88万円</u> NPVが<u>正となる</u>[3]ため<u>投資案を採用する</u>[2]。	8	－

●解答のポイント

> 計算結果は正解確率が低いと想定し、設問要求の「判断結果」を明確に記述する、「計算過程」に数字以外にも計算方法や費目を記述する、など部分点を得やすい対応ができたかがポイントだった。

【設問要求と部分点】

先生：さて第2問は（設問2）からがマグマなんです！

多川：よくわかりませんが、とにかくヤバイということやな。

先生：毎年のCF計算、現価係数を使って正確な割引計算を行い、取替投資案の採用によって不要となる既存設備の更新投資をキャッシュインフローとして計算する必要もあり、さらに（設問1）も正解している必要があるという構造なんだ。

有勝：私は正解できないと思って計算過程だけ書いておきました。

先生：それが大事だ！　合格者でも計算結果の正解率は1割弱だったんだ。ところで設問要求はどうなっていたか覚えているかな？

有勝：取替投資の採否の判定結果、計算過程、計算結果を答えよ、となっていました。

先生：ということは計算結果以外に計算過程と判定結果が加点要素になりそうだね。「取替投資する」とか「正味現在価値がプラスになる」とか、事前に想定できる言葉でも、合格答案ほど多く書かれている傾向があるんだ。これは偶然ではないよね。

多川：ワシも計算結果は間違ったけど計算過程は細かく書きました。

先生：単に数字だけでなく、計算式を書くとか、計算要素を言葉で書くとか、答えの出し方はわかっていますよ、と採点者にアピールできる要素を書けていれば部分点が得

~試験中に起きた面白エピソード~
試験官が、そんなに見る！？　ってほど、顔を覗きこんできた。

112　第2章　ふぞろいな答案分析

られた可能性があるね！

有勝：難問でも諦めずに点をもぎ取りにいく姿勢が大事ですね！

先生：まったくそのとおり、それこそが合格をつかむパワーだ！　日頃の勉強の成果を採点者にできる限りアピールする。そう、磨き上げた筋肉を、思い切り見せつけるんだ！

（設問3）【難易度　★★★　難しすぎる】

　当該取替投資案を検討する中で、D社の主要顧客が高齢化していることやレジが有人であることのメリットなどが話題となり、フルセルフレジの普及を待って更新を行うべきとの意見があがった。今回購入予定のフルセルフレジを1年延期した場合の影響について調べたところ、使用期間が1年短くなってしまうものの基本的な性能に大きな陳腐化はなく、人件費の削減も同等の2,500万円が見込まれることが分かった。また、フルセルフレジの導入を遅らせることについて業者と交渉を行った結果、更新を1年遅らせた場合には現在保有するセミセルフレジの下取り価格が0円となるものの、フルセルフレジを値引きしてくれることになった。

　取替投資を1年延期し2023年度期首に更新する場合、フルセルフレジが1台当たりいくら（付随費用込み）で購入できれば1年延期しない場合より有利になるか計算し、(a) 欄に答えよ（単位：円）。なお、(b) 欄には計算過程を示すこと。ただし、更新されるフルセルフレジは耐用年数5年、残存価額0円、定額法で減価償却する予定である。また、最終的な解答では小数点以下を切り捨てすること。

●出題の趣旨

　設備更新投資において、更新時期を遅らせるという代替案が正味現在価値上有利となるための条件を求める能力を問う問題である。

Column

勉強時間の記録のススメ

　これは好みによると思いますが、私は勉強時間をスマホで日々記録していました。当然時間をかければ合格できるかというとそうではないのですが、記録してよかったと思うことを3点紹介します。

　1つ目は、過去問演習の得点と費やした時間の比率により、自分の得意科目と不得意科目を把握することができます。2つ目は、得意科目と不得意科目を認識したうえで、勉強の計画を立てることで効率的な勉強ができます。3つ目は、総勉強時間を確認することで自信につながります。2次試験は自分がどの位置にいるのか把握しづらい試験なので、定量的なデータの記録をおすすめします。　　　　　　　　　　　　　　　　　（しの）

　～試験中に起きた面白エピソード～
　『ふぞろい14』の読みすぎで、キャラクターが話しかけてくる「よし！　多面的に書けているな！」。

事例Ⅳ—第2問　113

●解答ランキングとふぞろい流採点基準

※計算結果と計算過程で合計10点がMAX

凡例	合格	A	B	C	合計
人数	142人	40人	48人	28人	258人

計算結果（a）　　（MAX10点）

ランク	解答キーワード	点数	40	80	120	160	200	240	280 (人)
－	1,932,159円	10点	確認対象答案に該当なし						

計算過程（b）　　（MAX9点）

ランク	解答キーワード	点数	40	80	120	160	200	240	280 (人)
－	2023-2027各期の差額減価償却費の考慮（新設備の減価償却費）	5点	1352						
－	2023-2027各期の差額営業ＣＦの考慮（現価係数）	5点	18 4 6						
－	2023期首の差額投資ＣＦの考慮（金額）	5点	1434						

●再現答案

区	再現答案	点	文字数
合	差額CF（単位：万円） 2023 年度期首に購入した場合の１台当たり価格をＸと置くと、減価償却費は、（100Ｘ－100×100）÷5＝20Ｘ－2,000 2022 年期末増減なし 2023 年期首の CF（Ｘ－100）×100＝100Ｘ－10,000 2023 年～2027 年期末 {2,500－（20Ｘ－2,000）}×（1－0.3）＋20Ｘ－2,000＝1,150＋6Ｘ よって 0.943×（10,000－100Ｘ）＋（0.890＋0.840＋0.792＋0.747＋0.705）×（1,150＋6Ｘ）＝9,430－94.3Ｘ＋4,570.1＋23.844Ｘ ＝14,000.1－70.456Ｘ≧386.88	9	－

●解答のポイント

　計算上、（設問2）を正答することが正しい計算結果を導く前提になる。CF 計算や、割引率など計算ミスが起きる要素が多く、時間内の正答が難しいと見極め、ほかの問題を優先するタイムマネジメントができたか、この設問に着手するなら計算過程で部分点を狙える工夫ができたか（数字や数式の記述にとどめるのではなく、費目や計算プロセス自体への説明を言葉で記述するなど）がポイントだった。

~試験中に起きた面白エピソード~

　1次試験中に火災ベルが鳴ったこと。びっくりして周りを見回したけれど、みんな黙々と解いていて、それも怖かった。

114　第2章　ふぞろいな答案分析

【白紙答案は不正解。しかしときには最適解】

先生：この（設問3）では大事件が起きているんだ。なんと（a）の計算結果については再現答案のなかでの正答者がゼロという結果だった！

多川：いやあ、ありえんじゃろ、そんな問題むりや〜。

有勝：「逃げるが勝ち」と思って白紙で出しました。後回しにしてよかった！

多川：白紙で出したんか。それは極端じゃのぉ。

先生：実際の合格者の答案のうち3割ほどがこの設問は白紙で提出したものだったんだ。つまり、合格するうえで、この設問へ解答することは必須ではなかったということだね。彼らはほかの設問に時間をかけ、取れる問題で点を取ろうとした、ということだと思う。2人は（設問3）を解き始めたのは何時だったかな？

有勝：ほかの問題の検算をしていたので、この問題にあたる時間がなかったです。

多川：たしか試験終了まで10分切っていました。急いでとにかく計算過程だけ書きまくったのぉ。

先生：試験終了20分前を過ぎたら新しい設問に手を付けるのはちょっと危険だ！　2次試験の最後の時間、疲労がピークになっているなかで難問に手を出すと、普段なら考えられないようなミスもするんだ。それで結局正解できずに時間を失い、きちんとチェックすればできるはずの簡単な問題でのケアレスミスで失点して、残念な結果になる受験生が後を絶たない。

多川：それと似たようなこと、確かにやりましたわ……。

先生：設問自体の正解や模範解答と、合格するためにその設問にどう向き合うべきかは別のことなんだ。（設問3）はあえて時間をかけずに白紙答案で出し、残った時間を取れる設問の検算にまわすといった対応が、実は合格を引き寄せるパワーになったのかもしれないね！　そしてこういった難問に当日うまく対応するには……？

有勝：日頃のトレーニング、ですね！

先生：いいね！　そのとおりだ！　では次の設問だ。

> ## Column
> ### 時間があるうちに家族サービスを！
>
> 　中小企業診断士は1年に1回しか受験機会がなく、さらに難関資格です。どうしても長期的な戦いになりますよね。そのなかでも試験直前は特に焦りが生まれ、心に余裕がなくなることもあると思います。そのような繁忙期に家族のサポートをしっかりと受けられるよう、私は試験日の1か月前までにしっかりと家族サービスをしておくことを心がけていました。家族サービスといっても、ちょっとした機会にケーキを買って帰ったり、土日は可能な限り子供と外に遊びに出たり……という小さなことの積み重ねが大事だと思っています。心に余裕のあるうちに家族の信頼残高を増やしつつ、事前に「試験前の1か月間はちょっと時間が取れないかもしれない」と素直に伝えましょう。そうすれば、試験当日まで家族のサポートをしっかりと得ることができると思いますよ！　　　　　　　　（あっきー）

〜休憩中に食べたおすすめのおやつ・ドリンク剤〜

チョコパン。

第3問（配点20点）

　D社は現在、新規事業として検討している魚種Xの養殖事業について短期の利益計画を策定している。

　当該事業では、自治体からの補助金が活用されるため、事業を実施することによるD社の費用は、水槽等の設備や水道光熱費、人件費のほか、稚魚の購入および餌代、薬剤などに限定される。D社は当面スタートアップ期間として最大年間養殖量が50,000kgである水槽を設置することを計画しており、当該水槽で魚種Xを50,000kg生産した場合の総経費は3,000万円である。また、この総経費に占める変動費の割合は60％、固定費の割合は40％と見積もられている。D社がわが国における魚種Xの販売実績を調査したところ、1kg当たり平均1,200円で販売されていることが分かった。

（設問1）【難易度　★★☆　勝負の分かれ目】

　D社は、当該事業をスタートするに当たり、年間1,500万円の利益を達成したいと考えている。この目標利益を達成するための年間販売数量を求めよ（単位：kg）。なお、魚種Xの1kg当たり販売単価は1,200円とし、小数点以下を切り上げて解答すること。

●出題の趣旨

　短期利益計画の策定に利用する損益分岐点分析において、与えられた情報を用いて目標利益を達成する販売量を算出する能力を問う問題である。

●解答ランキングとふぞろい流採点基準

凡例	合格	A	B	C	合計
人数	142人	40人	48人	28人	258人

年間販売数量　（MAX10点）

ランク	解答キーワード	点数	
1位	32,143kg	10点	117　　33　27　8
2位	56,250kg	0点	47　9
3位	32,142kg	0点	

～休憩中に食べたおすすめのおやつ・ドリンク剤～
ドライフルーツ（キウイ）。

●解答のポイント

> 設問文から1kgあたりの変動費や固定費を整理し、CVP分析の計算を正しく行えたかどうかがポイントだった。

【計算に必要な要素をしっかり整理】

先生：第3問（設問1）はCVPの問題だ。基本的な考え方は「売上高－変動費－固定費＝利益」だが、2人はできたかな？

有勝：はい、少し時間がかかってしまいましたが解答できました。最初1kgあたりの変動費を「販売単価1,200円の60％で720円」と勘違いして計算し、56,250kgと解答してしまいました。でも設問文に「最大年間養殖量が50,000kg」とあったので、これはおかしいと思い計算し直しました。

多川：そもそも最大年間養殖量を超えとるし、50,000kgを生産した場合の利益が3,000万円で、56,250kg生産した場合の利益が1,500万円になるのは本当ですかって話じゃな。

有勝：そうなんです。問題文を改めて読むと50,000kg生産したときの総経費が3,000万円で、その60％が変動費と書いてあったので変動費は1,800万円、1kgあたりの変動費に直すと「1,800万円÷50,000kgで0.036万円」になるはずです。

先生：そのとおりだ、有勝さん！　よく気がついた！　本番では緊張や疲労から普段やらないような勘違いや計算ミスをしがちだ。簡単だと思った問題でも設問文をしっかり読み、計算プロセスに間違いがないか確認しながら進めることが重要だ。続きはどのように計算したのかな？

有勝：はい、同じように固定費も1,200万円と算出し、慎重に計算したら正しい解答にたどり着きました。

先生：多川さんはどうかな？

多川：ワシも同じ結果になったぞ。

先生：2人とも、よくやった！　この設問は計算結果のみを解答する問題だから、解答が合わなければ0点だ！

多川：数字1つ間違っただけで0点とは無情じゃのぉ。

先生：みんなが取れる問題を落とさないのが鉄則だ。間違いを犯さないよう普段からトレーニングを積むことも重要だが、解答後にしっかり検算することも意識しよう。

2人：はい！

〜休憩中に食べたおすすめのおやつ・ドリンク剤〜

クルミ（ブレインフードと呼ばれるほど、脳によいらしい）。

（設問２）【難易度　★★★　難しすぎる】

　D社は最適な養殖量を検討するため、D社の顧客層に対して魚種Xの購買行動に関するマーケティングリサーチを行った。その結果、魚種Xの味については好評を得たものの魚種Xがわが国においてあまりなじみのないことから、それが必ずしも購買行動につながらないことが分かった。そこでD社は魚種Xの販売に当たり、D社の商圏においては販売数量に応じた適切な価格設定が重要であると判断し、下表のように目標販売数量に応じた魚種Xの1kg当たり販売単価を設定することにした。

　この販売計画のもとで、年間1,500万円の利益を達成するための年間販売数量を計算し、（a）欄に答えよ（単位：kg）。また、（b）欄には計算過程を示すこと。なお、最終的な解答では小数点以下を切り上げすること。

表　魚種Xの販売計画

目標販売数量	販売単価
0kg～20,000kg以下	販売数量すべてを1kg当たり1,400円で販売
20,000kg超～30,000kg以下	販売数量すべてを1kg当たり1,240円で販売
30,000kg超～40,000kg以下	販売数量すべてを1kg当たり1,060円で販売
40,000kg超～50,000kg以下	販売数量すべてを1kg当たり860円で販売

注）たとえば目標販売数量が25,000kgである場合、25,000kgすべてが1kg当たり1,240円で販売される。

●出題の趣旨

　目標販売量に応じて販売単価の設定が異なる場合において、与えられた条件に基づいて目標利益を達成するための販売量を算出する能力を問う問題である。

Column

試験前日の過ごし方

　自分は寝不足になると極端にパフォーマンスが落ちるタイプなので、２次試験の最初の関門は「前日にちゃんと寝られるか」だった。試験当日は５時起きと決めていたので、前日21時には寝て８時間睡眠を確保したい。普通に過ごしていたら緊張で寝られないのが明白だったので、以下３つの対策を実施。①前日の朝は４時起きにして、前日に寝不足な状況を作る、②80kmロードバイクに乗ってその後筋トレ、HIITトレーニングもやって体力を使い切る、③好きなものを好きなだけ食べ、腹をいっぱいにする。これだけやれば21時どころか19時ぐらいに寝てしまうのではないかと考えていたが、結果、やはり緊張で22時まで寝られず。逆に起床は４時で若干寝不足だった。やはり１年に１回の試験、緊張感は半端ではなかった……。

（けーし）

～休憩中に食べたおすすめのおやつ・ドリンク剤～

前日泊したホテルの向かいにあった、ベトナム食材店のチアシードドリンク。食感に依存性があります。

●解答ランキングとふぞろい流採点基準

凡例	合格	A	B	C	合計
人数	142人	40人	48人	28人	258人

年間販売数量（a）　（MAX6点）

ランク	解答キーワード	点数	（人数分布）
1位	38,572kg	6点	60 / 20
2位	36,389kg	0点	11 / 9
3位	38,571kg	0点	10 / 5

計算過程（b）　（MAX4点）

ランク	解答キーワード	点数	（人数分布）
－	(a)の正解者に対する得点補正 （正しい計算過程を経たものとみなして加点）	4点	60 / 20
－	固定費・目標利益の代わりに限界利益に言及	2点	65
－	適切な販売単価1,060円に言及	1点	52 / 15 / 12
－	目標利益に言及	1点	51 / 14 / 13 / 7
－	1kgあたりの変動費を正しく算出	1点	45 / 12 / 7 / 8
－	固定費を正しく算出	1点	45 / 10 / 10 / 6
－	販売単価1,060円の代わりに 1kgあたりの限界利益に言及	1点	23 / 11 / 8

Column

困っている社長に愛の手を！

　中小企業診断士は、一般的に難関資格の部類といわれます。目安の勉強時間は1,000時間。これを会社の勤務時間に換算すると、1日8時間、1か月の稼働が20日と仮定し、6か月ちょっとです。もちろん受験生には社会人が多いので、実際の勉強期間としては2倍、3倍必要になるのが普通だと思います。私たちは、正味6か月超の期間を、または6か月分の労働力を投入し、この試験に向き合っています。

　受験を始める動機は、仕事に役立てたい、誰かに負けたくない、などいろいろあるかもしれません。でも、そこまで自分の時間を割いて頑張り続けられるのは、そのなかに「誰かを助けたい」「誰かの役に立ちたい」という、誰かに対する優しい気持ちがあるのでは、と私は思っています。2次試験は、中小企業診断士として事例企業に助言する試験です。困っている社長の話に耳を傾け、1次試験で得た知識を活用すれば、あなたの力で「あるべき姿」へ導くことができるはずです。誰かを思う気持ちを大切に、ぜひやり切ってください！（事例Ⅲとか困りすぎていておもしろい）　　　　　　　　　　（うめりー）

~使ったペンの種類・本数~
シャーペンと赤ペンだけ。

事例IV—第3問　119

●再現答案

区	再現答案	点	文字数
合	<u>固定費：1,200 万円</u>　<u>変動費：1,800 万円／50,000kg＝360 円／kg</u> 販売数量 20,000kg の場合の利益：1,400×20,000－12,000,000－360×20,000＝880 万円 販売数量 30,000kg の場合の利益：1,240×30,000－12,000,000－360×30,000＝1,440 万円 販売数量 40,000kg の場合の利益： 1,060×40,000－12,000,000－360×40,000＝1,600 万円 したがって、求める年間販売数量は 30,000kg と 40,000kg の間。 <u>年間 1,500 万円の利益</u>を達成する年間販売数量：(1,200＋1,500) ／1－ (360／1,060) ／1,060＝38,571.4…	4	—
A	目標販売数量を X とすると、 販売単価×X＝変動費＋<u>固定費 12 百万円</u>＋<u>利益 15 百万円</u>であるから、 <u>変動費単価 360円</u>より 販売単価×X＝360×X＋12＋15 30,000kg＜X≦40,000kg の場合、<u>1,060円</u>×X＝360×X＋12＋15 700 X＝27 百万円　X≒38,571.428 X＝38,572kg	4	—
A	売上高－変動費－固定費＝利益 <u>販売単価：1,060円</u>　販売数量を X とする 売上高 1,060 X －変動費 1,060 X×0.3－<u>固定費 12,000,000</u>＝<u>15,000,000</u> X＝36,388.14 損益分岐点売上高 3,857.14 万円	3	—
B	<u>固定費 1,200 万円</u>＋<u>目標利益 1,500 万円</u>＝27,000,000 円……① ①÷0.7（限界利益率）＝38,571,429 円……② ②÷860 円＝44,851kg	2	—
C	<u>1,500 万円目標利益</u> 1kg 経費 600 円 利益＝売上－経費 1kg 売上 1,400 円より　利益＝1,400－600＝800 円 1：800＝X：1,500 万円 X＝18,750kg	1	—

～使ったペンの種類・本数～

シャーペン 1 本、マーカー 4 本、赤ボールペン、青ボールペン。

●解答のポイント

> 目標販売数量に応じて販売単価が異なる場合において、販売数量ごとに目標利益達成可否を確認し、適切な単価・数量を求められるかがポイントだった。

【変化球に惑わされるな】

先生：（設問2）はひねり問題だ！ 正答した人は全体の3割ほどしかいなかった。日頃からしなやかな筋肉を鍛えられていた人はこの問題で大きなアドバンテージを得られたであろう。2人はきちんと対応できたかな。

有勝：私は（設問1）で時間を使ってしまい、この設問は複雑そうだったので捨てようかと思いました。でも少し考えたら販売パターンごとに場合分けをすればいいのかなと思い、部分点狙いの気持ちで取り組みました。

多川：ひょえー、おぬしどんな筋肉しとるんじゃ。長年やってきたワシでさえこの設問は少し悩んだぞ。

先生：有勝さん、よい心意気だ。複雑そうな問題でも落ち着いて考えれば解決の糸口をつかめる場合もある。万が一わからない場合でも計算方針や計算プロセスを書くことで部分点を狙うのが定石だ。多川さんも長年の経験が生かされているようだな。その後、どのように解答したのかな。

多川：まず1kgの変動費や固定費、目標利益と情報を整理し、販売数量ごとに利益を達成できるか確認しました。20,000kg販売した場合は「$20,000 \times 1,400 - 20,000 \times 360 - 12,000,000 = 8,800,000$」で目標利益1,500万円に届かず、30,000kg販売した場合は……と計算していくと30,000kg超〜40,000kg以下、販売単価1,060円のときに目標利益1,500万円を達成できるんじゃ。

先生：いいぞ、その調子だ！ 販売単価ごとに販売数量を達成できるか確認している解答もあったが、どちらでも同じ答えになるはずだ。こちらの方法はふぞろい流ベスト答案に掲載した。最終解答はどうだ？

多川：年間販売数量は38,571.42kgじゃから、最終解答は38,571kgです！

有勝：多川さん、小数点以下切り上げじゃないですか。

多川：あちゃ〜、四捨五入と早とちりしてもうた。

先生：多川さん、もったいないぞ！ 再現答案のなかにも同じようなミスをした人がいたが、1点を争う本試験では絶対に犯してはならない過ちだ。

有勝：設問文をきちんと読まないとですね。

先生：失敗したときは次に同じことを繰り返さないよう、解答前に小数点処理を再度確認するなど対策を考えることが大事だ。PDCAサイクルを回してミスを犯さない独自のノウハウを身につけよう。どのようなノウハウがあるかは特別企画を用意したのでぜひ読んでくれ、ハッ！！（笑顔）

~使ったペンの種類・本数~
シャーペン1本。解答によっては重複する根拠もあるから、色は使わなかった。

第4問（配点20点）

D社は現在不採算事業となっている移動販売事業への対処として、当該事業を廃止しネット通販事業に一本化することを検討している。

（設問1）【難易度 ★☆☆ みんなができた】

移動販売事業をネット通販事業に一本化することによる短期的なメリットについて、財務指標をあげながら40字以内で述べよ。

● 出題の趣旨

不採算事業の状況を把握するとともに不採算となる要因を分析し、それを踏まえて対処法である業務統合が与える財務指標への短期的効果について適切に助言する能力を問う問題である。

● 解答ランキングとふぞろい流採点基準

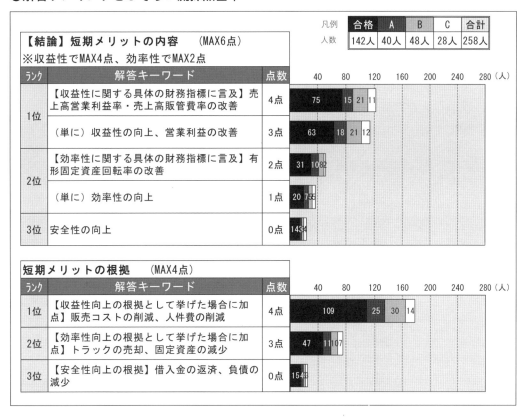

~こだわりの試験テクニック~

接続詞は省略か極力コンパクトにして、キーワードを1つでも多く書く。

●再現答案

区	再現答案	点	文字数
合	車両削減[3]により有形固定資産回転率[2]、人件費削減[4]により売上高営業利益率[4]が向上[4]する。	10	39
A	移動販売事業の人件費削減[4]で売上高営業利益率が改善[4]。車両売却[3]で効率性が改善[2]。	9	37
B	移動販売用のトラックを売却[3]することにより有形固定資産回転率が向上[2]することである。	5	40
C	売上高販管費率[4]と固定比率が改善し、収益性[3]と安全性が向上する。	4	30

●解答のポイント

> D社の財務状態を踏まえ、不採算事業の廃止による短期的な効果について多面的に分析し、適切な財務指標を挙げながら、その要因・根拠を的確に示すことがポイントだった。

【与件文や設問要求に忠実に】

有勝：不採算事業ですか……。経営資源の限られる中小企業にとっては、とても悩ましい問題ですね。多川さんはどう答えたんですか？

多川：これは楽勝じゃ！　なぜD社の移動販売事業が不採算の状態になってるのかってところがポイントなんよ。「自社の保有トラックを使って店舗の従業員が販売を行う」とあるから、おそらく、移動販売の手間に見合うような売上が上がってないってことじゃないかな。人件費などの販売コストで、事業単体の営業利益は相当圧迫されているはずだから、この廃止によって収益性が改善するってことで決まりじゃ。

有勝：ちょっと待ってください。設問文をよく見ると、「財務指標をあげながら答えよ」とありますよ。収益性の向上に言及するだけで十分なのでしょうか。

先生：そう。大事なところに気がついたね！　多川さんの答えた「収益性の向上」だけでは設問要求を満たしているとはいえず、ここで得点に差がついた可能性がある。

多川：え、あ、ほんとや！　あちゃ〜、ここへきてやってしもうた。

先生：疲労がピークのときこそ、こうした設問要求の見落としに気をつけたいところだね！　では、有勝さん。ここではどんな財務指標を挙げればよいか、わかるかな？

有勝：私は売上高営業利益率を選びました。収益性を圧迫している要因として、多川さんが指摘した販売コストの増大は正しい視点だと思います。とすると、それによって改善するのは営業利益になるので、答えはこれしかないと思います。

〜こだわりの試験テクニック〜

消しゴムで消す際に他の行まで消えないように、問題用紙で他の行を覆って消していました。

多川：ワ、ワシの解答を踏み台にすなぁ！

有勝：してませんよ〜。それと、今回は助言系の設問ですから、結論と要因を結びつけて解答する必要があると思います。施策の内容と効果について、D社の社長さんにしっかり納得してもらうことが大事ですからね。

先生：そのとおり！　だいぶ中小企業診断士らしくなってきたじゃないか。ところで多川さん、収益性以外で、ほかには何か考えられないかな？　効果を問う設問には、多面的に解答するのが有効だったはずだ。

多川：移動販売の廃止でトラックを使わなくなれば帳簿からは除却……そうか！　固定資産が減少することで、効率性が向上する可能性があるんじゃ。

先生：よく気がついたね！　効率性の財務指標については、有形固定資産回転率を挙げる解答者が多かったぞ。また、トラックを売却して得た現金で借入れを返済して、安全性を向上させると答えた人も何人かいたぞ。

有勝：え！？　でも、先生。借入れの返済には少し違和感があります。事業で使用しないからといって、固定資産をすぐに現金化できるとは限らないのではないでしょうか。

多川：そうそう、ワシも最初はそう思った。だけど過去の例を見ると、第1問で挙げた財務面の課題を後段の問いで改善するような、一貫性のある解答が加点につながったケースもあったから、ここはどう解答するべきが、かなり迷ったんじゃ。

先生：うん、よい気づきだ！　第1問で解答したように、D社は確かに、同業他社と比べて借入れが多く、安全性に懸念がある。だから、資本バランスの改善施策に触れたい気持ちは、僕もよくわかる。しかし、それをトラックの売却だけで改善できると言い切れるだろうか。事例IVであっても、与件文からはっきり読み取れないことに踏み込みすぎると、得点を逃す可能性があるから注意したいな。実際、安全性の向上や借入れの返済を挙げた解答者は合格＋A答案で少なく、配点も0点という分析結果となったぞ。

有勝：なるほど。与件文と設問要求に忠実に解答していくことが大事なのですね。

先生：それともう1つ。そもそも、移動販売事業の廃止はD社にとって本当によい戦略と言い切れるのかな？　その答えは次の（設問2）で考えてみよう。ヤー！！（笑顔）

（設問2）【難易度　★★☆　勝負の分かれ目】
　D社の経営者は移動販売事業を継続することが必ずしも企業価値を低下させるとは考えていない。その理由を推測して40字以内で述べよ。

●出題の趣旨

　不採算事業の特徴を理解し、その継続による企業価値への影響を長期的観点から適切に助言する能力を問う問題である。

〜こだわりの試験テクニック〜

定番だけれど、マーカー4本でSWOT分析。

●解答ランキングとふぞろい流採点基準

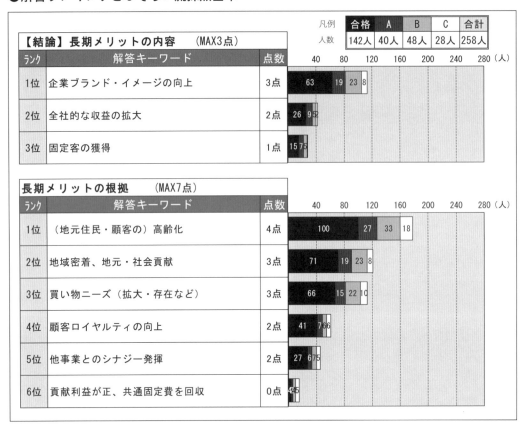

●再現答案

区	再現答案	点	文字数
合	地元住民の高齢化が進んでいるため、地域貢献で企業イメージが向上し収益化につながる	10	40
合	地元の高齢者のニーズに応えることで、地域密着企業としての認知度が向上するため。	10	39
A	移動販売事業を継続することで、顧客関係性が強化され固定客化し、ブランドが向上する。	5	40
C	貢献利益がプラスで固定費の回収に寄与、シナジー効果による売上拡大が期待出来るから。	4	40

～事例Ⅰのポイント・攻略法～
　人事だけではなく、経営戦略の論点を意識する。

事例IV—第4問　**125**

●解答のポイント

> 　D社が対象とする市場の長期展望を踏まえて、移動販売事業の継続により期待できる長期的効果とその根拠について、多面的に解答することがポイントだった。

【企業の価値はさまざまな角度から評価しよう】

先生：いよいよ令和3年度第2次試験のラスト問題だ！　不採算事業の継続が企業価値を損なわせず、長期的にはむしろ高める、というような書きぶりが気になるところだ。

有勝：事業単体では収益性が悪いけど、企業全体で見ればよい面もあるってことですね。D社の経営環境をもう一度おさらいしてみるのがよいかもしれません。

多川：高齢化が進む地元住民に寄り添うこの事業って、地域密着の経営スタイルを掲げるD社にとって、すごく相性がよいはずなんよ。社会的な課題解決に向かう姿勢に好感を持つ人は多いはずだから、長期的なメリットがあるとしたら……、そうか！

2人：企業ブランドの向上！

先生：2人とも、だいぶ仕上がってきているじゃないか！　お互いに刺激し合うことで、とてもよい相乗効果を生んでいるぞ。

有勝：（え、先生、いま相乗効果って言った？）……あっ！　本業とのシナジーも期待できませんか？　移動販売で地域のニーズに応えたり、顧客との接点も増えることで関係性が強化されていくから、D社のスーパーに好んで買い物に行く人が増えそうです。そうすると、顧客の固定化が進みそうですね。

多川：なるほどね。もともと固定客の獲得で効率のよい経営をしてきたから、それをより強化できれば、本業であるスーパーのほうで利益を回収できる可能性が出てくる。さらに言うと、これから高齢化が加速すれば、移動販売事業だってどんどんニーズが拡大してくるはず。つまり、事業全体の収益向上も期待できるってことじゃ。

先生：パーフェクト！　ちなみに、「貢献利益が正であるため廃止しない」と答えた人も僅かにいたんだ。合格＋A答案の解答割合が少なく、ふぞろい流の採点基準では0点としたけれど、不採算であってもそのような状態にある可能性は否定できないから、実際には加点要素となった可能性もあるぞ。

多川：企業価値というものは、奥が深いんじゃなあ。

先生：そうだ！　短期・長期、定量的・定性的と、幅広い視点で評価していくことが必要だ。限られたパーツだけでなく、全体的にバランスのよい身体づくりが重要になるのは、筋トレに通じるところがあるぞ。そうした意味でこの第4問は、中小企業診断士を目指す受験生にとって、多くの気づきを得られる素晴らしい問題だったね！

有勝：あとは、要因と結論をしっかり整理して解答を作成すれば大丈夫そうですね！

先生：2人とも、すっかり頼もしくなったな。今日のところはここまでにして、先生はジムに行くとしよう。では、また！　ハッ！！（笑顔）

～事例Iのポイント・攻略法～
　幸の日も毛深い猫。

▶ 事例Ⅳ特別企画

「『逃げ恥』に学ぶ事例Ⅳの歩き方」
～難問は避け、標準問題を確実に解く～

【逃げるは恥だが役に立つ！？】

先生：オイ、オレの筋肉！！　令和３年度事例Ⅳの振り返りをやるのかい？　やらないのかい？　どっちなんだい！？　やーる！！　勢いがついたところで下図を見てくれ。

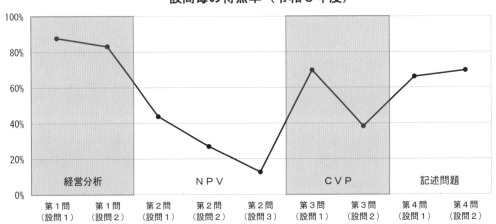

先生：ふぞろい流で採点した各設問の得点率の平均値を示しているぞ。ボディービルダーの筋肉のように、モリモリと起伏が激しいのがわかるかい？
多川：グラフを擬人化すなぁ！　けど確かに、えらいでこぼこしておるのぉ。
先生：「経営分析」「記述問題」は難易度が低く、「NPV」は難易度が高かったからね。特に、第２問（設問３）は難問で、合格＋Ａ答案でレジの価格を正答した者は０名だった。
２人：ゼロ！？
先生：そう、ゼロ。第２問（設問２）についても、合格＋Ａ答案で正味現在価値を正しく算出した者はわずか９名だった。合格＋Ａ答案のほとんどが正答していないことを考えると、第２問については部分点狙いに留め、できる限り時間をかけないことが得策だっただろう。
有勝：そのほかの標準的な難易度の問題でしっかり得点できるかどうかが重要だったのですね。
先生：そのとおり！　難しいことにチャレンジする精神は素晴らしいが、試験本番ではチャレンジ精神をグッと堪え、難問は避けて標準問題を確実に解くことが重要だ。難問と標準問題を見極める筋肉を普段からしっかり鍛えておこうね！　ハッ！！（笑顔）

事例Ⅳ　127

【ミスなしと言う勿れ】

有勝：難問は避けて標準問題を確実に解くことの重要性、よくわかりました！　けど、「経営分析」や「記述問題」はみんなができて差がつかないのではないでしょうか？

多川：ワシもその２問は自信しかないわ。特に「経営分析」は完璧じゃ。

先生：おっと！　油断は禁物だ！　実際、Ｂ＋Ｃ答案を筆頭に単純なミスが散見されたぞ。ここでは第１問（設問１）を例に、実際にあった単純ミスを紹介しよう。

実際にあった単純ミス（1）計算式の誤り

【誤】有形固定資産回転率　3.57（回）　【正】有形固定資産回転率　4.56（回）

【誤】当座比率　62.90（％）　　　　　【正】当座比率　65.45（％）

実際にあった単純ミス（2）四捨五入の誤り

【誤】有形固定資産回転率　4.55（回）　【正】有形固定資産回転率　4.56（回）

【誤】当座比率　65.44（％）　　　　　【正】当座比率　65.45（％）

実際にあった単純ミス（3）有効数字の誤り

【誤】有形固定資産回転率　4.558（回）【正】有形固定資産回転率　4.56（回）

【誤】負債比率　403.823（％）　　　　【正】負債比率　403.82（％）

実際にあった単純ミス（4）単位の誤り

【誤】有形固定資産回転率　4.56（％）　【正】有形固定資産回転率　4.56（回）

【誤】有形固定資産回転率　4.56（倍）　【正】有形固定資産回転率　4.56（回）

多川：のぉ！　言われてみればワシも同じミスをやっとる！！！

先生：ミスの存在を認識してもらえたら大成功だ！　僕の腹筋が大喜びしているよ！

有勝：ありがちなミスを認識して初めて対策が打てるようになりますもんね。

先生：そのとおり！　再現答案の掲載を快諾していただいた皆さんに改めて感謝だ！

【単純ミスにさよならバイバイ！】

先生：さて、２人は単純ミスを撃退するために何か工夫をしていたことはあるかな？

有勝：私はミスをすることを前提に見直しの時間を長めに取るようにしていました。

多川：逆にワシは見直し不要で済むよう、最初からゆっくり丁寧に進めていたのぉ。

有勝：単純ミスを削減するためには、多川さんのようにあらかじめミスをしない対策を講じることと、私のように一度したミスを修正することの２点が重要そうですね。

先生：そのとおり！　どちらも重要だが、ここではあらかじめミスをしないための対策について考えよう。再現答案を見て、何か気づいたことはないかな？

～事例Ⅱのポイント・攻略法～

地域貢献の論点を忘れがちなので留意する。

多川：計算問題じゃから計算式の誤りはあると思っとったんじゃけど、端数処理や単位など、計算結果の表し方に関する誤りも多いのぉ。

先生：そうなんだ。計算問題というと、つい計算自体に意識が傾いてしまいがちだが、計算結果を解答欄に記載するまで注意が必要だ。問題を解く工程を細分化し、各工程で注意すべきポイントを整理しておくとよいだろう。

有勝：工程を細分化……。計算問題では、①問われていることと制約条件の確認、②公式の想起、③計算、④端数処理、⑤単位の記載、といった感じでしょうか？

先生：そうだね。有勝さんが列挙してくれた例をもとに、各工程のミス防止策を考えてみよう。まずは、①や②について何か案がある人はいるかな？

多川：ワシは何を計算するのか忘れないように「売上高総利益率＝○○÷△△×100」とか、まず名称と公式を紙に書き出すようにしました。転記元の箇所と転記した紙の両方にチェック印をつけて、転記したことを確認してから計算を始めるんよ。

有勝：私は、たとえば第3問（設問1）なら「目標利益を達成するための年間販売数量」のところを四角で囲んだりしました。計算していて、そもそも何を問われていたかわからなくなることがあるので、あらかじめ印をつけておこうと。

先生：2人ともよい心掛けだ。計算前の準備作業は、筋トレ前のストレッチと同じくらい重要だからね！　次に、③についてはどうかな？

多川：計算は電卓に任せるで決まりじゃ！　暗算はミスしてつまらん！

有勝：電卓といえば……私は、右手で鉛筆を持ち左手で電卓を叩くスタイルなのですが、左手で叩いた後に再度右手でも叩いて検算をしていました。

多川：事例Ⅲでいう熟練職人の域！　ワシを見てみぃ。右手人差し指1本じゃ。

先生：いろいろなスタイルがあってよいだろう！　最後に、④や⑤についてはどうかな？

多川：端数処理や単位はトラップの火薬庫じゃのぉ。油断したら大事故じゃ！

有勝：私は設問文を読む際、端数処理や単位に関する指示にチェックを入れていました。問題を解く前に必ず、最終的なアウトプットの形を余白に図示していましたよ。

多川：アウトプットの形ぃ？

有勝：たとえば、設問文に「小数点第3位を四捨五入」と記載されていたら「．○○○
↑↓」のように図示して設問要求を明示するようにしていました。

多川：ちょっと待てい！　隠し玉すぎる！　図示することで見直しにも生きそうじゃ！

先生：素晴らしい！　2人ともいろいろなアイディアが出てきたね。今回のように、問題を解く工程を細分化し、各工程における注意点を整理していけば自ずと単純ミスを防止できるようになるぞ。本番は極度の緊張や疲労で注意力が低下しがちだが、訓練しておけば自動的に筋肉が働いてくれるはずさ。パワー！！（笑顔）

2人：……（2人で顔を見合わせる）。ハッ！！（笑顔）

～事例Ⅱのポイント・攻略法～
アイデア勝負の試験ではないということを、よくも悪くも理解する。

事例Ⅳ　129

ふぞろい流ベスト答案　　　事例Ⅳ

第1問（配点30点）
（設問1）　　　　　　　　　　　　　　　　　　　　　　　　　　【得点】16点

	(a)	(b)
①	棚卸資産回転率[2]	25.79（回）[2]
②	売上高総利益率[2]	27.78（%）[2]
③	負債比率[2]	403.82（%）[2]
④	売上高営業利益率[2]	0.32（%）[2]

（設問2）　　　　　　80字　　　　　　　　　　　　　　　　　　【得点】14点

地元密着経営[3]やこだわりの商品[3]で固定客が多く[3]、効率性[1]や粗利率が高い[1]一方、競争激化[2]や不採算事業[2]で収益性が低く[1]、販管費の削減[3]や借入金の返済[4]による安全性の向上[1]が課題。

第2問（配点30点）
（設問1）　　　　　　　　　　　　　　　　　　　　　　　　　　【得点】10点

(a)	25,600,000[4]（円）
(b)	①人件費削減額2,500[3]　　　　　　　　　　　　　　　（単位：万円） ②有形固定資産売却損＝セミセルフレジの簿価2,000－下取り価格800＝1,200[2] ③減価償却費増加額＝フルセルフレジの減価償却費3,500－セミセルフレジの減価償却費2,000＝1,500[2] ④2022年度の税引前利益＝①－②－③＝△200 ⑤2022年度のキャッシュフロー＝④×（1－税率）+②+③＝2,560

（設問2）　　　　　　　　　　　　　　　　　　　　　　　　　　【得点】10点

A：2023 ～ 2027年度各期末の差額営業CF　　　　　　　　　（単位：万円）
①各期の差額営業利益＝人件費削減額2,500－減価償却費増加額1,500＝1,000
②各期の差額営業CF＝①×（1－税率0.3）+減価償却費増加額1,500＝2,200
③現在価値＝②×（0.890+0.840+0792+0.747+0.705[3]）＝8,742.8
B：2022年度期末の差額営業CF
①差額営業CF2,560
②現在価値＝①×0.943[3]＝2,414.08

~事例Ⅱのポイント・攻略法~

　最近は変化がテーマ。これまでのターゲットをマークして、それと違うものを探すと、今後のターゲットが見える。

130 第2章 ふぞろいな答案分析

C：2023年度期首の差額投資CF
①当初投資予定額10,000 ②現在価値＝①×0.943^3＝9,430
D：2022年度期首の差額投資CF
①単価＝フルセルフレジ210－下取り価格8＝202
②数量100台
③現在価値＝①×②＝$20,200^3$
投資案の正味現在価値＝A＋B＋C－D＝386.88
結論：**386.88万円**[5]と正味現在価値が正の値になる[3]ため、**取替投資を実行する**[2]。

（設問3） 【得点】10点

(a)	1,932,159 （円）[10]
(b)	求めるフルセルフレジを1台X万円と置く ①セミセルフレジ減価償却費100万円×100台÷5年＝2,000万円 ②フルセルフレジ減価償却費X万円×100台÷5年＝20X万円 ③減価償却費増加額＝②－①＝**20X万円－2,000万円**[5] A：2023～2027各期末の差額営業CF ①各期の営業利益差額＝人件費削減額2,500万円－減価償却費増加額（X万円×100台÷5－2,000万円）＝－20X万円＋4,500万円 ②各期の差額営業CF＝①×（1－税率0.3）＋減価償却費増加額（X万円×100台÷5－2,000万円）＝6X万円＋1,150万円 ③現在価値＝②×（0.890＋0.840＋0.792＋0.747＋0.705^5）＝23.844X万円＋4,570.1万円 B：2023期首の差額投資CF ①当初投資予定額10,000万円 ②今回投資額＝X万円×100台＝100X万円 ③現在価値＝（①－②）×0.943^5＝9,430万円－94.3X万円 **差額CF＞386.88万円となるXを求める（A＋B＞386.88万円）** 23.844X＋4,570.1＋9,430－94.3X＞386.88万円 ∴X＝1,932,159.078円 よってXは1,932,159円（単位：円、最終的な解答で小数点以下を切り捨て）

第3問（配点20点）

（設問1） 【得点】10点

32,143[10] （kg）

～事例Ⅲのポイント・攻略法～
与件文に散りばめられたC社の問題点を丁寧に拾う。

事例Ⅳ　131

（設問2）　　　　　　　　　　　　　　　　　　　　　　　　　　　【得点】10点

（a）	38,572[6]　（kg）
（b）	年間販売数量をQ（kg）と置くと、売上高－変動費－固定費＝利益が成り立つ 　1kg当たりの変動費3,000万円×0.6/50,000kg＝0.036万円[1] 　固定費3,000万円×0.4＝1,200万円[1] ①0≦Q≦20,000：0.14Q－0.036Q－1,200＝1,500　∴Q＝25,962kgとなり不適 ②20,000＜Q≦30,000：0.124Q－0.036Q－1,200＝1,500　∴Q＝30,682kgとなり不適 ③30,000＜Q≦40,000：0.106[1]Q－0.036Q－1,200＝1,500[1]　∴Q＝38,572kgとなり適当 ④40,000＜Q≦50,000：0.086Q－0.036Q－1,200＝1,500　∴Q＝54,000kgとなり不適 よってQは38,572kg

第4問（配点20点）

（設問1）　　　　　　40字　　　　　　　　　　　　　　　　　　　　【得点】10点

販	売	に	係	る	人	件	費[4]	と	車	両	資	産	の	削	減[3]	で	、	売	上
高	営	業	利	益	率[4]	と	有	形	固	定	資	産	回	転	率[2]	が	改	善	。

（設問2）　　　　　　40字　　　　　　　　　　　　　　　　　　　　【得点】10点

高	齢	化[4]	進	む	地	域	に	密	着[3]	し	た	事	業	で	、	企	業	イ	メ
ー	ジ	の	向	上[3]	や	固	定	客	獲	得[1]	が	期	待	で	き	る	た	め	。

Column

家族の応援

　私は当初、令和2年度の試験を受験予定でした。しかし、新型コロナウイルスの蔓延によりその年の受験を断念したタイミングで病気が発覚し闘病することになりました。

　数か月の治療を終え、自宅療養に切り替えるタイミングで「やっぱり診断士の勉強をしたい！」と思い、令和3年度試験受験に向け、以前購入していたテキストを引っ張り出して勉強を始めました。自分なりに勉強が順調に進んでいた矢先、8月に入りコロナの再拡大で緊急事態宣言が出され、病気や仕事のことで直前まで受験しようか悩んでいました。

　こればかりは自分の気持ちだけでは決められないと、家族に相談したら、「今年逃して来年受けられる保証は誰にもないよ。今まで頑張ったんだし受けに行きな！」と後押ししてくれました。この後押しのおかげで無事受験でき、合格することができました。ずっと応援してくれた家族には感謝しかありません！

（ちゃんみ）

～事例Ⅲのポイント・攻略法～

　因果関係で知識を紐づけて整理しておく（情報共有→マニュアル作成→標準化→多能工化→工程間応援化）。

132　第2章　ふぞろいな答案分析

ふぞろい流採点基準による採点

100点

第1問（設問1）：与件文および財務諸表から得られる情報に基づいて指標を選択しました。

第1問（設問2）：（設問1）で指摘した指標からD社の財務的特徴と課題を分析し、まとめました。

第2問（設問1）：非現金支出費用（差額減価償却費と有形固定資産売却損）を加味して利益を求め、税額軽減分を計算してCFを算出しました。

第2問（設問2）：各期の差額CFを求めて投資案の正味現在価値を算出し、設問要求である取替投資案の採否判定結果を明記しました。

第2問（設問3）：フルセルフレジを1台X万円とする一次方程式を作り、「取替投資を1年延期しない場合」（設問2の結果）より有利になる金額を算出しました。

第3問（設問1）：1kgあたりの変動費、固定費を求め、目標利益を達成するための年間販売数量を算出しました。

第3問（設問2）：4つの販売単価毎に目標販売利益を達成する年間販売数量を計算し、目標販売数量の上限下限に収まらないものを除外して正解を導きました。

第4問（設問1）：D社の財務状態や移動販売事業の特徴を踏まえ、事業統合が財務指標に与える短期的な改善効果について、多面的に解答しました。

第4問（設問2）：移動販売事業の継続が企業価値に与える長期的メリットについて、D社の経営環境や長期展望を踏まえて多面的に解答しました。

～事例Ⅲのポイント・攻略法～
製造工程を簡単な図に描いて、ボトルネックを赤ペンで強調する。

ヤメトーーク！！
～合格した今だから話せる失敗談、「こんなことはやめておけ！」事例集～

　当企画は、過去の受験でさまざまな出来事に遭遇してしまった"元・受験生"たちが「同じような過ちを繰り返してほしくない」との願いを込め、テーマごとに括ってエピソードを紹介する「学べるエンターテイメント・コーナー」です。時にはクスリと笑いながら、時には明日は我が身とゾッとしながら、勉強の合間にお楽しみください。MCはお馴染み、ふぞ迫（以下、ふぞ）さんとろい原（以下、ろい）さんです。ではどうぞ！

【1．8月某日放送「元・スタート出遅れ受験生」】
《出演者》ちゃんみ（以下、ちゃ）・まさひろ（以下、まさ）・ゆーきち（以下、ゆー）

ふぞ：さぁ、やって参りました「ヤメトーーク！！」のお時間です。この番組では個性豊かな"元・受験生"による数々の残念エピソードを披露していただきます。今日のゲストはこちらの方々！　では皆さん、今日の括りは何ですか？

ゆー：私たちは、「元・スタート出遅れ受験生」です！！

ろい：これはまた癖の強いやつが来よったな……。まず最初のエピソードを披露してくれるのは誰？

まさ：じゃ、僕からいきまーす。僕は、ズバリ「冬眠」ですね！！

ふぞ：え、いやいやそんなドヤ顔で言われても、いきなり意味わからんのやけど（笑）。睡眠学習ばかりしてたいう意味？

まさ：全然ドヤ顔してないですよ（笑）！　僕の3年目は、1次試験から再受験組だったんですけど、<u>どうしてもモチベーションが上がらなくて、そもそも受験自体どうしようか悩んでました。気づいたら4月になっていましたね。</u>

ろい：マジで！？　多年度受験生あるあるなんかね。特に1次試験からの再受験となると、余計にモチベーションの維持には苦労しそうやなぁ。んで、どうやって勉強再開に本腰を入れることができたん？

まさ：オンラインで知り合った仲間の頑張る姿にすごく刺激されて……。今までの自分が恥ずかしくなって、それで目が覚めて、「やったるぞ！」って気持ちになりました。ここで言えないことも多いので詳細は割愛します（笑）。

ふぞ：割愛した中身が一番気になるねんけど、敢えて触れんとくわ。<u>受験仲間を作り、切磋琢磨しながらモチベーションを保つということが、特に多年度受験生にとっては重要</u>なんやね！　ありがとう！　じゃあ次は誰が話してくれる？

ちゃ：はーい、次は私ね！　私は過去問の取り組み方に最初躓いたかなー。

ろい：お！！　王道の過去問のテーマやね。

ちゃ：私は<u>古すぎる過去問に手を出してしまって時間をロス</u>したかなーって。平成26年度

～事例Ⅲのポイント・攻略法～
QCDの改善。

を分岐点に出題傾向が変わっていて、軌道修正するのに苦労したんだよね。

ふぞ：そうなん？

ゆー：そうなん？

まさ：（僕も知らんかった）（心の声）。

ちゃ：うん、変化に気づいてからすぐに平成26年度以降の過去問に集中したことが結果的によかったと思ってるよー。社会人は時間がないからね！

ろい：なるほど！　ここは議論が分かれるところやけど、時間がないなかでは古すぎる過去問をやっても効率がよくないってことかな？

ちゃ：うん、特に1次試験後から2次試験の勉強を始める場合は直近5～7年程度に絞ったほうが効率いいと思うなー。

ふぞ：ありがとう！　多忙な社会人にとって参考になる話やね。じゃあ最後は大学生のゆーきち、お願いします！

ゆー：OK！　待ちくたびれたよ！　僕はね、「ASAP 過去問に着手！」。これに尽きる！

ろい：……ん？　「ASAP」？　何それ？　何て読むん？　アサップ？？

ゆー：いやいや、「エーエスエーピー」。As Soon As Possible の略だよ！　「できる限り早く過去問に着手しよう！」っていう意味ね。

ふぞ：昔流行った曲のタイトルかと思たわ（笑）。どういうことなん？

ゆー：僕は1次試験後から2次試験の勉強に着手したんだけどね、最初の2～3週間を1次知識の再整理に使ってしまったんだよね。もっと早く2次試験の過去問に取り組めばよかったなぁ。結局時間がなくなってしまい、夢のなかにも事例企業が登場するくらい焦ってたよ（笑）。

ちゃ：わかるわ〜。夢には出てこないけど（笑）。

ゆー：さらに言うなら、1次試験の勉強と並行して2次試験の勉強を進めることが理想だよね。もう一度受験するなら、同友館の通称『全知全ノウ』などを活用して1次試験の勉強時から2次試験で必要な知識を意識してインプットするかな。

ろい：なるほどね。これは特にストレート合格を目指す受験生にとって参考になるかもね。そして宣伝までありがとう（笑）。

ゆー：うん、僕は放課後の時間を使えたからまだよかったけど、まとまった時間が取れない人は勇気を出して1次試験と2次試験の並行学習をおすすめします！

ふぞ：なるほど。みんなありがとう！　そのようななかでもしっかり合格している皆は素晴らしいね！　多年度受験生、ストレート受験生、両方の生の声は受験生にも参考になったんじゃないかな？　読者の皆さんはふぞろいを読んだらすぐに勉強を開始するんやで。それではまた次回お会いしましょう！

〜事例Ⅲのポイント・攻略法〜
解答要素の切り分けに迷ったら、どっちにもぶち込め！

第2節　ヤメトーーク！！　135

【2.　9月某日放送「元・迷えた子羊受験生」】
《出演者》けーし（以下、けし）・けんけん（以下、けん）・さと（以下、さと）・ただ（以下、
　　ただ）・みっちー（以下、みち）

ふぞ：さぁ、いつもどおりいってみましょう。今日の括りは何ですか？

けし：僕たち、私たちは「元・迷えた子羊受験生」です！

ろい：まぁ、そりゃいろいろ迷ったり悩んだりするやろな。現在進行形で受験生の皆さん
　　　も共感できると思うわ。まずは誰からいく？

けし：じゃまず僕のエピソードから。僕はですね、独学で勉強してたんですけど、やっぱ
　　　ね、独りで勉強を続けるって、すごいしんどかったですね。

ふぞ：あー、そうやろなぁ。精神力強くならんとな。

けし：それもそうだし、何より<u>せっかく問題を解いても、独りだと採点や論点のチェック
　　　がやりにくいっていう難しさがある</u>んですよ。独りでボケて独りでツッコむみたい
　　　になってしまって。だから2次試験の本質に気づくまでにかなり時間がかかりまし
　　　たね。

ろい：それは独学受験生あるあるやろうね。ほかにも独学で後悔したこととか、ある？

けん：僕もあります！　僕は2回目の受験で合格したんだけど、最初の年はどうやって勉
　　　強したらいいかわからず、最小限の努力で受からないかなとちょっと背伸びして、
　　　効率的にやれないかってことばっかり考えてしまってました。

けし：独学だと周りがどれだけやってるのかわからないからね。

ふぞ：競走馬あってこそのレースなんかもしれんな。逆に予備校生とかどうなんかな？

さと：私はちょっと予備校の罠にはまりかけましたね。

ろい：罠……？　何それ？

さと：<u>予備校に通ってると、そこの2次対策カリキュラムをこなすことに集中しすぎて、
　　　結果的に過去問研究に割く時間が少なくなってしまった</u>んです。それって予備校生
　　　の落とし穴かもしれないですね。

けん：へぇー、予備校通ってても気をつけないといけないところはあるんだね。

ふぞ：ここまで勉強スタイルについての話が多かったけど、何かほかに受験生時代、予想
　　　外の展開になったこととか、ある？

みち：はい。また別の話になるんですけれども。何かこの資格って「転職に有利な資格」っ
　　　ていうイメージあるじゃないですか。だから職場の人に知られたら「こいつ転職す
　　　る気じゃ」って誤解されそうだなと思ってこっそり勉強してたんですよ。

ふぞ：そういう人も多いやろな。

みち：でも1次試験直前に、どうしても公表しないといけない瞬間があって。それで<u>思い
　　　切って言ってみたら、意外とみんな応援してくれて</u>ですね。何か、隠す必要なかっ
　　　たなと。

ろい：それは周りの人もみんないい人やったんやろな。みっちーの日頃の態度もよかった

～事例Ⅳのポイント・攻略法～
　計算過程を書かせる問題は、単なる計算メモではない。

んやろうし。

ただ：あ、でも僕の場合は逆ですね。

ふぞ：逆？　周りに言った？

ただ：僕ですね、正直、受かると思ってたんですよ。1次試験の結果も模試も滅茶苦茶よくて。だから周りに受験宣言しちゃってたんですよね。

ふぞ：めっちゃ強気やん！　そんだけ自信あったんやなぁ。

ただ：……からの2次試験敗退ですよ。この空気、想像できます？

さと：それ、怖いなぁ（笑）。

ろい：でもそのくらい<u>自分を追い込んで結果出す人もいる</u>からね。何が正解かはわからんな。それにしても、みんないろいろ持ってるねぇ。

ふぞ：じゃあそのような迷える子羊だったあの頃の自分に、何か一言声かけてやって。

けし：あの頃のけーし！　現代のテクノロジーを使え！　今は Zoom も Twitter もある。そこで<u>早く勉強仲間を見つけて、相互採点をしたり勉強会を開催したり、工夫して独学の孤独から抜け出すんだ！</u>　そして自分の解答に客観的な視点を入れろ！

ただ：確かに、今の時代は離れてても切磋琢磨する相手を見つけることが可能になってるからね。

けん：僕もあの頃の自分に言いたい！　<u>小賢しく構えないで、泥臭く努力しろ！</u>　うまくやり切ろうとばかりせず、<u>この試験に慣れるために量をこなすことも必要</u>だぞ！

ふぞ：みんな熱いなー。さとは？

さと：あの頃の私！　予備校の問題ばっかりに頼らず、過去問から逃げずに真剣に向き合って、研究して！　<u>解答も解法も、誰かから教えてもらうのを待つだけじゃなくて、自分なりのスタイルを探すのよ！</u>

けし：それホント大事だよね。この試験は能動的になることで開ける試験だと感じるよ。

みち：僕は冷静に言いますね。もっと早く<u>「社員がこの資格を取得するメリット」</u>や<u>「受験にかかる期間やコスト」</u>などを職場に伝えてほしい。そしたら人事考課や自己啓発支援の対象に入れてもらえたかもしれない。

ろい：これは真剣な助言やな。

みち：まぁでも、最終的には周囲の理解者に恵まれたから、いいんですけどね。

ふぞ：よし、じゃあただ、最後トリで！

ただ：ただ！　妻に「保育園のママさん会で夫の受験のことは言わないで」と言っておけ！　<u>言う必要がある相手かどうか、しっかりと見極めるんだ！</u>

ろい：最後に力入ったな！　でも本当に今まさに頑張っている受験生に響く言葉たちやったと思うわ。皆さんも迷い道で長居しないように気をつけて。ではまた次回お会いしましょう！

～事例Ⅳのポイント・攻略法～

設問の汚し方が肝。単位、年数、制約など、マーカーして見落とさないようにする。

【3．10月某日放送「元・あの日に戻れたら受験生」】

《出演者》もっちゃん（以下、もつ）・マコト（以下、マコ）・がき（以下、がき）

ふぞ：さぁ、いよいよこの日がやって参りました。本日は試験直前スペシャル！「ヤメトーーク！！」の日でございます。皆さんの合格を祈って元気よくいってみましょう。今日の括りは何ですか？

もつ：僕たちは「元・あの日に戻れたら受験生」です！

ろい：満を持してふぞろった奴らが来たね。これ、どういうこと？

もつ：僕らはですね、早い話が受験日当日にやらかした奴らです。

ろい：それはもう、合否に直結やん。それで、何があったん？

もつ：余裕こいて試験会場にギリギリに到着するスケジュールで家を出てしまったんです……。電車が遅延したり、道に迷ったりしたら「遅刻」してしまうということに、家を出た後に気づきあたふたしてしまいました。

ふぞ：これはあかーーん！　こんなん平常心で試験受けられへんやん。

もつ：しかも、ようやく会場に着いたら、自分の席に別の人が座っていて……。「えっ？　あれ？」って感じでもうパニックでした。しかも、声かけてもなぜかどいてくれなくて（泣）。

ろい：何それ怖すぎやろ！　えっ、何かの妖怪なん？？

もつ：早く家を出て余裕を持って会場に到着すれば、あの人よりも先に席に座れただろうし、事例Ｉを平常心で受けられたと思います……。

ふぞ：なるほどなー、焼肉屋のオープンと**試験会場への到着は早さが大事！**

ろい：ちょっと何言ってるかわからんけど……マコトは何があったん？？

マコ：自分は難問にこだわってしまい、時間を大きくロスしてしまいました……。

ふぞ：あー、これは２次試験あるあるやな！　ズバリ事例Ⅳやろ！

マコ：そうです。令和２年度の事例Ⅳで【難しすぎる★★★】のNPVにムキになって取り組んでしまい、時間を浪費しました。時間がなくなって見直しが甘くなり経営分析も失敗、結果「Ｃ」判定で令和２年度は不合格となりました……。

ろい：これは悔しいな。**時間配分と取れる問題の見極めは大事**やな。その反省は令和３年度に生かせた？

マコ：はい！　令和３年度はNPVの問題を見た瞬間に後回しにして、記述とCVPに全精力を注ぎました！　解答を書いて、見直しまでしてから最後にNPVに取り組みましたが、（設問１）に少し数式書いた程度です。それでも点数は「79点」で大躍進でした！

ろい：これは凄いな。リベンジおめでとう！　じゃあ、次。がきは何があったん？？

がき：自分はシャーペンを多く持ちすぎてました……。

ふぞ：いやいや、どういうこと？　二刀流みたいなこと？

がき：自分すごく心配性で、「もし試験中にシャーペンが壊れたらどうしよう」って考え

~事例Ⅳのポイント・攻略法~

あきらめずに部分点狙い。

たら心配で心配で……。気がついたら0.5mm×2本、0.3mm×2本を握りしめてました。試験の最中も、うまく解答が書けないとシャーペンをとっかえひっかえして、筆圧も解答欄によって微妙に違うし、そもそもシャーペンを替えることと解答の内容は全然関係ないのに……。

ろい：**試験中は考えないといけないことが多いから、どっちのシャーペンを使うかで悩む時間はもったいない**なー。

がき：事例Ⅱで「まずアイテムの絞り込みを行い……」みたいな解答書いてるのに、自分はシャーペンを絞り込めずとっかえひっかえしていました……。

ふぞ：うまいこと言わんでええねん（笑）。

ろい：まぁいろいろあったけど、ホンマ皆、受かってよかったな。最後に受験生だったあの頃の自分に向けてメッセージをどうぞ。

もつ：**1時間前に会場に到着しろ！**　家でコーヒー飲んでる場合じゃないぞ！

マコ：**悩む時間は無駄だ！　難問はみんな解けない、解ける問題から進めるんだ！**

がき：**試験前にシャーペンは決めておけ！**　ちなみに、解答欄は思ってるより小さいから0.3mmの細さは強みになるぞ！　いや、でも0.5mmの力強さも捨てがたい。うーん、設問によって使い分けるのが……。

ふぞ：がき、あかーーん！　まだ絞り込めてないやんけ！

ろい：まあまあ、**とにかく試験前の準備が大事**ということやね。これからはふぞろいな診断士として頑張っていってください。そして現役受験生の皆さんには、当日こういった"元・受験生"のようにならないよう、**体調と精神を整えて受験に臨んでください**。皆さんの合格を心より祈っております。

それでは皆さん、また来年〜！

Column

「最後まで諦めない」ことの大切さに気づいた合格年

「やってしまった…」。事例Ⅲ終了時に心のなかで思わずつぶやいた一言です。2020年、2次試験を初めて受けたとき、本番の緊張感と解答の整理がうまくいかなかったことから、事例Ⅲの解答記入残り20分頃から手が震えだして字が書けなくなりました。人生で初めての経験です。その後1年間、模試や演習では手の震えが起きることはありませんでした。

そして2021年の2次試験。本書を読んでいただけるとわかるかと思いますが事例Ⅲはかなりの難問。何度も解答を逡巡し、書き直すうちに、再び手の震えが始まりました。事前に「手が震えたら左手で利き手を押さえ固定すれば、なんとか字は書ける」と対応策を準備していたので、ギリギリ読める範囲の字を書くことができました。それでも震えた字ですし、最終問は少し余白を残してしまいました。もう事例Ⅳは考える気力もないし、適当にやって終わらせようかと思いましたが、自分自身の1年を否定するような気がして気力を絞りだしました。結果、合格。「とにかく最後まで諦めない」ことの大事さを学んだ気がします。あと「字は読めれば問題ない」ということもわかりました（笑）。　　　　（がき）

〜事例Ⅳのポイント・攻略法〜

タイムマネジメント。わからない問題は後回し。できるところを正確に解く。

第3章

合格者による、ふぞろいな再現答案
～80分間のドキュメントと合格者再現答案～

　得点は開示されても、模範解答は相変わらず公表されない2次試験。
　何に向かってどう努力すればよいのか、ふぞろいメンバーたちも雲をつかむような思いでもがいてきました。
　第3章では、さまざまな属性やバックグラウンドを持つ6名のふぞろい合格者メンバーによる再現答案を掲載します。自分なりに確立してきた、「80分という時間の制約のなかで、得点を最大化するための方法」はそれぞれどのようなものだったのか。また彼らはどのような1年を過ごして2次試験を迎え、試験当日にはどのような心情だったのかなど、赤裸々に余すところなくお伝えします。
　なお、再現答案にはふぞろい流採点による得点だけではなく、得点開示結果(本試験での実際の得点)も記載しております。

　ふぞろいな合格者たちのふぞろいな方法から、参考になることを積極的に取り入れたりアレンジしたりして、あなただけの「ふぞろい」な活用方法を見つけてください。本書が「合格」の手助けとなれば幸いです。

第3章のトリセツ

　第3章では、令和3年度2次試験合格者のうち6名を取り上げ、各人が2次試験当日までどのような勉強をしてきたのか、当日は何を考えどのように行動したのかを詳細に紹介しています。ご自身と属性の近い合格者を探し、合格のヒントとしてご活用いただければ幸いです。

第1節　80分間のドキュメントと再現答案

　1．ふぞろいな合格者6名のご紹介

　　　各メンバーの年齢や職業といった属性のほか、受験回数、勉強時間、2次試験攻略法などを一覧で紹介します。

　2．勉強方法と合格年度の過ごし方

　　　各メンバーの勉強への取り組み方、合格のために重視していたこと、勉強スケジュールなどを詳細なコメント付きで紹介します。なお、「合格年度の過ごし方」の表中、「平均学習時間」は2次試験対策の学習時間を表しています。

　3．80分間のドキュメントと合格者の再現答案

　　　6名の合格者が2次試験本番にどのように臨み、どのように合格答案に至ったのかを、ドキュメント形式でお伝えします。予想外の難問・奇問や思わぬハプニングに翻弄されつつも、なんとか合格をつかみ取ろうとする6名の姿を、当日の間違った思い込みやリアルな感情の動きも含め記録しています。また、実際に当日作成した答案を後日再現し、ふぞろい流採点と得点開示結果を添えて掲載します。

第2節　【特別企画】君に決めた！　ふぞろい流タイプ分析＆ふぞメン図鑑

　　　あなたが6名のうち誰と似ているか、「財務が得意か苦手か」「長文読解が得意か苦手か」などの定性面からわかるチャートを作りました。似ている人の勉強方法はあなたに合っているかも?!　6名からの、自分と似たタイプの方へ送るメッセージも掲載しています。第1節を読む前に、こちらで似ている人を確認するのもおすすめです。

第3節　【特別企画】合格ゲットだぜ！　ふぞメンたちの2次試験対策井戸端会議

　　　各事例について、苦手な人が得意な人に教えてもらうという形式で井戸端会議をしています。得意な人はどのように勉強して、本番で何を考えていたのでしょうか。

　　　また、番外編として、「ふぞろい活用法」「模試は必要？」「タブレット学習のススメ」「文房具へのこだわり」をそれぞれのスペシャリストに語ってもらいました。

～事例Ⅳのおススメ勉強法～
事例Ⅳ向けの参考書を1冊マスターすること。

第1節 80分間のドキュメントと再現答案

1. ふぞろいな合格者6名のご紹介

再現答案を活用するために、自分と似たタイプの合格者を一覧表から見つけてね！

	あっきー	みほ	けんけん	さと	みっちー	もっちゃん
年齢	35歳	33歳	37歳	28歳	28歳	33歳
性別	男	女	男	女	男	男
業種	製造業	出版業	金融業	金融業	製造業	サービス業
職種	研究開発	編集	営業	事務	研究開発	弁護士
2次受験回数	1回	1回	2回	2回	2回	3回
2次勉強時間	100時間	130時間	270時間	1,000時間	1,000時間	450時間
学習形態	予備校以外の通信・独学	独学	独学	予備校通信	独学	独学
模試回数	0回	0回	1回	4回	0回	0回
模試成績	—	—	上位20％以内	上位30％以内	—	—
得意事例	事例Ⅱ・Ⅳ	事例Ⅰ・Ⅱ	事例Ⅳ	事例Ⅲ	事例Ⅳ	事例Ⅱ
苦手事例	事例Ⅲ	事例Ⅲ・Ⅳ	事例Ⅱ	事例Ⅰ・Ⅳ	事例Ⅲ	事例Ⅲ・Ⅳ
文系／理系	理系	文系	文系	文系	理系	文系
過去問の取り組み方	最小限・作法の修得	質を重視	量を重視	質・量を重視	質を重視	質を重視
取り組み事例数	16事例	60事例	150事例	101事例	72事例	25事例
得点開示結果／ふぞろい予想点 Ⅰ	52/60	80/73	69/45	67/67	72/88	77/59
Ⅱ	65/69	62/72	61/70	53/57	53/63	56/67
Ⅲ	71/78	75/62	65/60	64/62	62/61	55/61
Ⅳ	94/80	74/73	74/57	71/60	67/73	69/95
2次試験攻略法	頻出のキーワードや解答例を覚える	SWOT分析マスターになる	パターン化 揺れないメンタル	事例演習を通して、解法プロセスを身につける	基本的な計算やキーワード抜き出しの反復練習	設問解釈と解答骨子作りに集中
事例を解くのに有利な経験や資格	MBA 日商簿記2級	—	日商簿記2級 FP1級	日商簿記2級 事業承継アドバイザー	—	—

～事例Ⅳのおススメ勉強法～

過去問をベースにした参考書を1冊繰り返し何回も解く。解法を体内に定着させることが重要。

2．勉強方法と合格年度の過ごし方

勉強方法と解答プロセス ＊━━━━━━━━━━━ あっきー 編

（再現答案掲載ページ：事例Ⅰ p.156　事例Ⅱ p.180　事例Ⅲ p.204　事例Ⅳ p.228）

【 私の属性 】

【年　　齢】	35歳	【性　　別】	男
【業　　種】	製造業	【職　　種】	研究開発
【得意事例】	事例Ⅱ、事例Ⅳ	【苦手事例】	事例Ⅲ
【受験回数】	1次：1回	2次：1回	
【合格年度の学習時間】	1次：300時間	2次：100時間	
【総学習時間】	1次：300時間	2次：100時間	
【学習形態】	予備校以外の通信／独学		
【直近の模試の成績】	未受験	【合格年度の模試受験回数】	0回

【 私のSWOT 】

S（強み）：経営大学院で学んだ知識　　W（弱み）：語彙力が低い、字が汚い
O（機会）：業務出張　　　　　　　　　T（脅威）：業務の繁忙

【 効果のあった勉強方法 】

①解答方法の軸を早期に決める
　最初に過去問を解いた際は、ロジックを重視し、狭く深く掘るような解答を作成していました。そのためか、『ふぞろい』のキーワード採点では点数が低くなり、自身の解答方法がこのままでよいのか悩んでいました。結局、合格者やA答案で多いキーワードを多く載せたほうが安全と判断し、重要そうなキーワードを積極的に記載するように解答の方法を切り替えました。この方法が絶対的に正しいとは思いませんが、大外しをしにくい解答を書けるようになったと思います。

②事例Ⅳの対策を徹底して行う
　事例Ⅳの計算問題は時間をかけ、重点的に対策を行いました。『30日完成！　事例Ⅳ合格点突破計算問題集』（以下、30日完成）と『事例Ⅳ（財務・会計）の全知識＆全ノウハウ』（以下、事例Ⅳの全知識＆全ノウハウ）を使用し、間違えた問題は繰り返し解くことで、計算への対応力を身につけることができたと思います。

③弱みを徹底して鍛える
　過去問を解いた際に、端的な解答が書けないという弱みに気づきました。そこで、10年分の『ふぞろい』のキーワードや模範解答を打ち出し、暇なときに読むようにし、端的な言い回しやキーワードがすぐに思い浮かぶように訓練しました。過去問は過去3年分に絞り、弱みの克服具合を確かめるために活用しました。一方、本番で試験形式への対応力不足を感じたため、もう少し過去問は解くべきだったと思います。

【 私の合格の決め手 】

　自分の解答方法の軸を早めに定めたことだと思います。限られた時間で効率よく学習を進めることができ、（運も味方して）合格をつかみ取れたのだと思います。

～電車の中での2次試験の勉強方法～
　模範解答や、重要キーワードの確認。

> **合格年度の過ごし方～初年度受験生～**
> 1次試験の終了後から情報収集を開始し、まずは事例Ⅳの計算に慣れることを優先しました。事例Ⅰから事例Ⅲは、端的でわかりやすい文章が書けないという弱みの克服に注力しました。実際に試験形式で解いた事例は少ないですが、キーワードや模範解答のチェックは10年分行っています。

前年11月～4月	課題：1次試験に向けた学習		
	学習内容	1次試験のインプットに注力。通信教材を活用して学習を行う。途中、卒業済みの経営大学院の講座を3か月間受講しており、その期間は中小企業診断士の学習からは離れる。	取り組み事例数：0事例
			平均学習時間 平日：0時間 休日：0時間
5月～8月下旬	課題：1次試験合格		
	学習内容	1次試験のアウトプットに注力。2次試験の勉強は1次試験が終わってから着手するものと思い込み、特に焦りもなく、黙々と1次試験の学習を進める。	取り組み事例数：0事例
			平均学習時間 平日：0時間 休日：0時間
1次試験！			
8月下旬～9月上旬	課題：2次試験の全体像の把握＆自分の実力チェック		
	学習内容	1次試験終了後、2次試験の情報を通信教材やブログなどでチェック。まずは、過去問を1年分解く。『ふぞろい』のキーワード採点で点数が伸びないことに悩み、解答方法の方向性をキーワード重視に定める。	取り組み事例数：4事例
			平均学習時間 平日：1時間 休日：1.5時間
9月中旬～10月上旬	課題：事例Ⅳの計算問題対策と、自身の弱み克服		
	学習内容	ひたすら事例Ⅳの問題集を解く。『ふぞろい』や予備校の過去7年分（直近3年分を除く）の模範解答をチェックし、重要なキーワードや端的な表現をインプットする。	取り組み事例数：0事例
			平均学習時間 平日：1時間 休日：1時間
直前1か月	課題：事例Ⅳの計算問題継続、過去問に着手、ファイナルペーパー作成		
	学習内容	事例Ⅳの計算問題を解くことは継続しつつ、直近の過去問3年分を解く（うち1年分は2回目）。漏れたキーワードについて、なぜ？　と深掘りする。 自身の思考の癖について、主に改善点を分析し、ファイナルペーパーを作成する。	取り組み事例数：12事例
			平均学習時間 平日：1.5時間 休日：2時間
2次試験！			

学習以外の生活

当時3歳となる子供もいましたので、休日は公園などで遊ぶことを優先するなど、基本的には家庭を優先していたと思います。また、十分な睡眠時間を確保しないと翌日の仕事に影響するため、中小企業診断士の試験勉強も、すでに習慣化していた日常学習の一部と考えながら、無理をせず持続可能な学習スタイルを貫いていたと思います。

仕事と勉強の両立

研究（実験）のため、基本は会社に出社しての業務になります。お昼休憩のうち、約30分を事例Ⅳの計算問題の学習に充てていました。残業の多い部署のため帰宅時間は遅くなりがちでしたが、夜に30分～1時間は学習時間を確保するようにしていました。一方、出張の際には、新幹線での移動時間を学習に充てたりしていました。

～電車の中での2次試験の勉強方法～
　スマホで診断士受験系のブログを読む。

勉強方法と解答プロセス ＊ みほ 編

（再現答案掲載ページ：事例Ⅰ p.160　事例Ⅱ p.184　事例Ⅲ p.208　事例Ⅳ p.232）

私の属性

【年　　齢】 33歳		【性　　別】 女	
【業　　種】 出版業		【職　　種】 編集	
【得意事例】 事例Ⅰ、事例Ⅱ		【苦手事例】 事例Ⅲ、事例Ⅳ	
【受験回数】 1次：1回	2次：1回		
【合格年度の学習時間】	1次：500時間	2次：130時間	
【総学習時間】	1次：500時間	2次：130時間	
【学習形態】 独学			
【直近の模試の成績】 未受験	【合格年度の模試受験回数】 0回		

私のSWOT

S（強み）：集中力　　　　　　　　W（弱み）：睡魔に勝てないところ

O（機会）：勉強仲間である夫　　　T（脅威）：仕事、家事との両立

効果のあった勉強方法

①過去問を解いて、弱点を徹底的に分析

　まずは過去問を解いてみて、自分の解答を『ふぞろい』で採点し、点数が低かったところを合格答案と比べて分析しました。その結果、「理由→施策→効果」というような論理的な文章を書けていないことや、外部環境に関する記述が少ないことが弱点だとわかり、それを克服するように努めました。

②目指せSWOT分析マスター

　勉強の途中で、事例Ⅰ～ⅢはSWOT分析が重要だと思うようになりました。そこで、思いつく限りのSWOTを書き出して、強みと機会に対しては施策を、弱みと脅威に対しては課題と解決策を考える練習をしました。これを徹底的にやることで、受験までにはキーワードを見ただけで施策や課題がパッと思い浮かぶ状態になることを目指しました。

③事例Ⅳはひたすら数をこなす

　事例Ⅳに関しては『30日完成』を繰り返し解いて、体に解き方を染み込ませました。

私の合格の決め手

　事例Ⅰの第4問はまったくわかりませんでしたが、持っている知識の応用で乗り切りました。事例ⅣのNPVは、計算結果がおかしいと思いながらも、部分点獲得を諦めませんでした。そういう粘り強さが合格につながったのかもしれません。

　また、2次試験では施策や課題そのものよりも、それを実施する理由や効果を示すことが大事だと考え、解答を書く際は多くの施策を詰め込むことよりも、SWOT分析に基づく施策にすることを心がけました。

~電車の中での2次試験の勉強方法~

1次知識の整理。

> **合格年度の過ごし方～初年度受験生～**
> 1次試験が終わるまで2次試験のことを考える余裕はありませんでした。そのため、1次試験が終了してから2次試験の問題数や時間などの概要を調べるというスタートでした。SNSや無料でダウンロードできるテキストを使って人気の参考書や効果的な勉強方法を調べ、自分に合ったものを選びました。なお、実は夫も一緒に受験したので、テレビを見ながら「この会社は差別化に成功しているね」などの会話をして、勉強以外でも楽しみながら理解を深めました。

前年12月～6月		課題：1次試験合格への基礎固め	
	学習内容	1次試験の学習だけに注力し、全科目の参考書を読み込みました。特に、「経営情報システム」については何の知識もなかったので、ITパスポートの参考書も使って丁寧に勉強しました。	取り組み事例数：0事例 平均学習時間 平日：0時間 休日：0時間
7月～8月中旬		課題：1次試験合格	
	学習内容	1次試験の過去問に取り組み、間違えた内容は改めてノートにまとめる、ということを繰り返しました。一度出た論点は二度と間違えないようにすることを目標にしていました。	取り組み事例数：0事例 平均学習時間 平日：0時間 休日：0時間
1次試験！			
8月下旬～9月中旬		課題：2次試験の全体像の把握	
	学習内容	1次試験後、1週間くらいはやる気が出なくてほとんど何もしませんでした。その後、1週間くらいかけて参考書や勉強について情報収集しました。そして3年分の過去問を解いて2次試験の全体像を把握し、合格のために何を身につけるべきか考えました。	取り組み事例数：12事例 平均学習時間 平日：1時間 休日：2時間
9月下旬～10月中旬		課題：論理的な文章を書けるようになる	
	学習内容	過去問を解いた結果、「理由→施策→効果」というような論理的な文章を書くことができていないと判明したため、キーワードの理解を深め、論理的な文章を書けるよう練習しました。この過程で、1次試験の知識が2次試験用にブラッシュアップされました。	取り組み事例数：20事例 平均学習時間 平日：1時間 休日：4時間
10月下旬～11月上旬		課題：与件文の正確な読み取り＆時間配分を身につける	
	学習内容	与件文を読む際にどのようなメモをとるか、80分の時間配分をどうするか、過去問を解きながら自分に合った方法を模索しました。この頃には、指定の文字数どおりに文章を書く感覚も身についてきました。	取り組み事例数：28事例 平均学習時間 平日：2時間 休日：6時間
2次試験！			

学習以外の生活

コロナ禍で外出が減ったため、勉強時間を作ることにはあまり苦労しませんでした。週1、2回の楽しみとして、テレビでJリーグの試合を観戦する時間は必ず確保していました。試験日が近づくと家事（特に献立を考えること）が負担になったので、デリバリーを多用しました。勉強を頑張った日にはちょっと贅沢なメニューを頼むなど、楽しみを作ってストレスを溜めないようにしていました。

仕事と勉強の両立

幸運なことに、時間の面では仕事と勉強の両立で悩むことはありませんでした。しかし、受験日2週間前くらいからは、試験のことばかり気になってしまって、仕事に集中できなくなってしまいました。その結果、試験後しばらくは遅れを取り戻すために仕事に追われる日々に……。

～電車の中での2次試験の勉強方法～

スマホアプリにほぼすべてのデータを集約し、アプリを眺める。

146　第3章　合格者による、ふぞろいな再現答案

勉強方法と解答プロセス ＊ ━━━━━━━━━ **けんけん 編**

（再現答案掲載ページ：事例Ⅰ p.164　事例Ⅱ p.188　事例Ⅲ p.212　事例Ⅳ p.236）

【 私の属性 】

【年　　齢】 37歳		【性　　別】 男	
【業　　種】 金融		【職　　種】 営業	
【得意事例】 事例Ⅳ		【苦手事例】 事例Ⅱ	
【受験回数】 1次：1回　　2次：2回（令和2年度　B52 C43 A68 A70→B）			
【合格年度の学習時間】 1次： 0時間　　2次：150時間（1次試験免除）			
【総学習時間】 1次：500時間　　2次：270時間			
【学習形態】 予備校以外の通信（1次）／独学（2次）			
【直近の模試の成績】 上位20%以内　B判定		【合格年度の模試受験回数】 1回	

【 私のSWOT 】

S（強み）：計画遂行力、強靭なメンタル　　W（弱み）：詰めの甘さ

O（機会）：リモートワークによる勉強時間増　　T（脅威）：ビール

【 効果のあった勉強方法 】

①過去問高速大回転

　『ふぞろい』の10年データブックなどできる限りの事例数を繰り返し解いた。中小企業診断協会のHPから過去問を印刷して本番同様にアンダーラインを引き、解答キーワードのみを書き出して『ふぞろい』と照らし合わせる、を繰り返す。大体1時間くらいで1事例終える感じ。見落としがちな要素や、苦手な問われ方がわかってきたので、解答キーワード群が事例ごとにまとめられ、本番で焦らず余裕を持つことができた。

②見落としキーワードノート

　2回解いても書き出せなかった『ふぞろい』での高配点ワードをまとめる。不思議なもので同じような観点での失点が多く非常に役に立った。精緻化やラインバランシングなど便利ワードと思ったものもまとめていった。そのままファイナルペーパーにもなったので一石二鳥。

③ペン色使い決め

　前年度は設問の解答要素ごとに色分けし下線を引いていたが、設問ごとに切り分けに悩むなど時間がかかっていた。解答要素は大体SWOTからのみ！　と開き直り、強みと機会は赤、弱みと脅威は青、注意と思った箇所は黄、の3色に減色。標準化と効率化で納期遵守、事例Ⅲと同じ要領。

【 私の合格の決め手 】

　前年度の反省から本番での解答作成手順を固めることを最優先。時間内に得点要素を1つでも多く見つけ、字数内に盛り込むだけ盛り込む勝負、と決めて対策できたことがよかったかな。

～電車の中での2次試験の勉強方法～

　スプレッドシートにふぞろい流ベスト答案と解答キーワードを記入。書けなかったポイントを赤字にして復習。

第1節　80分間のドキュメントと再現答案　147

> **合格年度の過ごし方〜多年度受験生〜**
> 令和2年度の受験後、手ごたえ的に受かったと思っていたため不合格通知後、しばらく勉強が手につかずダラダラと過ごしていた。結局令和3年度の1次試験終了頃まで何もせず過ごしてしまい、10月にものすごく後悔するハメに……。

1月〜2月	**課題：学習習慣の持続**		
	学習内容	2次試験までは期間があるので完全に鈍ってしまわないように簿記2級を受験。当日腕時計を忘れ大ピンチを味わい、準備の大切さを痛感した。	取り組み事例数：0事例 平均学習時間 平日：1時間 休日：2時間
3月〜7月上旬	**課題：やる気充電**		
	学習内容	学習習慣を失わないように、との年初の思いも空しく見事に充電期間になる。ネットで合格体験記を読んだりしているうちにどんどん時間が経ってしまう。	取り組み事例数：0事例 平均学習時間 平日：0時間 休日：0時間
7月中旬〜8月	**課題：再始動**		
	学習内容	「そろそろ始めなきゃまずい！」とまず得点開示請求をする。予備校の模範解答を参考にして見直しを行い、事例Ⅳ対策で『30日完成』を解き始める。	取り組み事例数：4事例 平均学習時間 平日：0.5時間 休日：1時間
1次試験！（受験せず）			
9月〜10月	**課題：弱点克服**		
	学習内容	苦手の事例Ⅱと時間不足が課題と考え、とにかく過去問を繰り返す。事例Ⅳの指標分析を1題は解き、毎日計算に触れるようにする。この時期に模試も一度受験する。マーカーの引き方などもこの時期に固定。	取り組み事例数：96事例 平均学習時間 平日：2時間 休日：3時間
直前1週間	**課題：ファイナルペーパー作成**		
	学習内容	直近の過去問中心に引き続き過去問大回転を継続する。毎回見落とすところや便利そうな表現をファイナルペーパーにまとめていく。	取り組み事例数：50事例 平均学習時間 平日：2時間 休日：4時間
2次試験！			

学習以外の生活

> 夏頃までは思う存分ゲームをしたり、休日は好きなだけ飲んだりとリフレッシュしすぎなくらいでした。学習習慣の持続には失敗しましたが、毎週のランニングなど運動習慣は欠かさず行い体型維持は成功しました。体内年齢が20代まで若返り体が軽くなりました。夏以降でスイッチの切り替えがうまくできて本当によかったと思う。

仕事と勉強の両立

> 夏以降は朝早起きしたり、出張先へ『ふぞろい』を携行し夜解いたりと、鉄の意志でやろうと決めた演習量は週単位で確保。飲み会後に事例Ⅳやったこともあったなぁ（意味があったかは不明）。直前期では夏季休暇を10月に取得し、妻が快く承諾してくれたので実家にこもり集中して勉強ができた。美しく、優しい妻に本当に感謝です！

〜時短・効果的な勉強方法〜

　一度解いた過去問の設問だけを見て解答を書いてみる。文章構成力がつきます。

148 第3章 合格者による、ふぞろいな再現答案

勉強方法と解答プロセス ＊ ━━━━━━━━━━ さと 編

（再現答案掲載ページ：事例Ⅰ p.168　事例Ⅱ p.192　事例Ⅲ p.216　事例Ⅳ p.240）

【 私の属性 】

【年　　齢】	28歳	【性　　別】	女	
【業　　種】	金融業	【職　　種】	事務	
【得意事例】	事例Ⅲ	【苦手事例】	事例Ⅰ、事例Ⅳ	
【受験回数】	1次：1回	2次：2回（令和元年度　C47B52A67A60→B）		
【合格年度の学習時間】	1次：　0時間	2次：　700時間（1次試験免除）		
【総学習時間】	1次：850時間	2次：1,000時間		
【学習形態】	予備校通学、予備校通信			
【直近の模試の成績】	上位30%　B判定	【合格年度の模試受験回数】	4回	

【 私のSWOT 】

S（強み）：継続力、コツコツ勉強すること　　　W（弱み）：気持ちの浮き沈み
O（機会）：社内異動に伴う平日の勉強時間確保　T（脅威）：YouTube、韓国ドラマ

【 効果のあった勉強方法 】

①タブレットでの勉強（計算メモや演習結果を蓄積）

参考書類や過去問、模試などをできるだけデータ化してタブレットでの学習を行いました。ペーパーレスで勉強準備のための時間を削減できただけでなく、よくやってしまう計算ミスの蓄積が簡単にできたり、過去問演習の振り返りがしやすかったです。移動時間や会社でのお昼休みなど、隙間時間の有効活用にもつながりました。

②キーワード・フレームワークの整理

演習を通して、事例ごとに重要なキーワードとフレームワークをまとめました。与件文の切り貼りではなく、知識という根拠・方針をもって解答することができるようになりました。受験生支援のブログやSNS（特にTwitter）でも、頻出キーワードなどがよく発信されていたので、ストックして隙間時間に確認していました。

③過去問と真剣に向き合う

予備校オリジナル問題の演習とその復習だけでなく、直近5年分の過去問（事例Ⅳは14年分）の演習、設問解釈、解答作成をじっくり行い、3回転しました。『ふぞろい』や予備校の模範解答をもとに、出題者が求めている解答の切り口や解答作成にあたっての知識を確認し、繰り返し演習することで、インプットとアウトプットをバランスよく行うことができました。

【 私の合格の決め手 】

試験本番を想定して、事前にでき得る準備を可能な限り行いました。2次試験はどんなに実力があっても、当日のコンディションに大きく左右されます。パニックを起こした時、周囲の人が騒がしい時、頭が真っ白になった時など、最悪の状況を想定し、どう行動するか対処を考えておくことで、試験本番は心に余裕を持つことができました。

～時短・効果的な勉強方法～
仕事や家事中のながら勉強（YouTubeの動画をイヤホンで聞き続ける）。

第1節　80分間のドキュメントと再現答案　*149*

> **合格年度の過ごし方〜多年度受験生〜**
> ２次受験歴があるとはいえ、知識の大半が記憶の彼方にあったため、事例演習を通して２次試験に必要な知識の確認に時間をかけました。やみくもに問題を解くのではなく、知識やフレームワークが活用できているのか繰り返し確認することで、解法の定着を図っていきました。

1月〜 5月		**課題：事例Ⅳ苦手克服＆診断士関連知識の思い出し**	
	学習内容	予備校の２次専門通信教育の受講を開始。月１ペースでオリジナル添削課題を行いました。苦手意識のあった事例Ⅳのため、『30日完成』をコツコツ解きました。１年以上本格的な受験勉強から離れていたので、知識を思い出すのに苦労しました。	取り組み事例数： 27事例
			平均学習時間 平日：１時間 休日：４時間
6月〜 7月上旬		**課題：２次試験解法の思い出し**	
	学習内容	引き続き、予備校の添削課題を行いつつ、２次試験の切り口や知識について学習しました。事例Ⅳは毎日問題に触れるようにしました。なかなかやる気が出ず、SNSで見かけるストレート受験生の勢いに圧倒されていました。	取り組み事例数： 5事例
			平均学習時間 平日：２時間 休日：４時間
7月下旬〜 8月		**課題：事例Ⅳ対策＆過去問分析着手**	
	学習内容	夏を迎え、焦り始めます。予備校の模試を受験するも、下位２割の結果に。試験への向き合い方を変え、受かるための解法についてSNSや参考書、受験団体セミナーなど、情報収集を今更ながら行いました。８月頃からやっと過去問にも向き合い始めました。	取り組み事例数： 4事例
			平均学習時間 平日：２時間 休日：６時間

１次試験！（受験せず）

9月〜 10月		**課題：解答プロセスの整理＆過去問回転**	
	学習内容	過去問演習を通して、自分なりの解法プロセスを整理しました。フレームワークを学ぶことで、汎用性のある知識の習得を心がけました。事例Ⅳはひたすら毎日問題を解き、解法を身につけていきました。	取り組み事例数： 65事例
			平均学習時間 平日：４時間 休日：６時間
直前 1週間		**課題：ファイナルペーパー作成**	
	学習内容	事例演習は行わず、これまで解いた事例の総復習を行いました。繰り返しミスをしている観点は、要注意ポイントとしてファイナルペーパーにメモをし、でき得る限りの事前準備を行いました。	取り組み事例数： 0事例
			平均学習時間 平日：４時間 休日：９時間

２次試験！

学習以外の生活

基本カフェで勉強を行い、家に帰ってからは、韓国ドラマを見たり、料理をしたり、お酒を飲んだり、自分の好きなことをすると決めてメリハリをつけていました。試験直前の10月には、遠方出張が２回、友だちの結婚式などイベントが重なりましたが、逆にリフレッシュの機会と捉え、限られた時間にできることをしようと集中しました。

仕事と勉強の両立

年度始めの異動によって、平日に勉強時間を確保しやすくなり、両立はそれほど苦労しませんでした。とはいえ、繁忙期には、まとまった時間を取りにくかったため、出社前に演習を行ったり、お昼休みに事例Ⅳタイムを設けたり、電車での移動時間にタブレットで知識の確認を行うなど、隙間時間を活用しました。上司には受験予定であることを伝え、積極的に勉強用の有休を取得していました。

〜時短・効果的な勉強方法〜

　通勤時、就業中の車での移動時にオンラインの解説動画の聞き流し。

| 勉強方法と解答プロセス ＊ | ━━━━━━みっちー 編 |

（再現答案掲載ページ：事例Ⅰ p.172　事例Ⅱ p.196　事例Ⅲ p.220　事例Ⅳ p.244）

【 私の属性 】

【年　　齢】 28歳	【性　　別】 男
【業　　種】 製造業	【職　　種】 研究開発
【得意事例】 事例Ⅳ	【苦手事例】 事例Ⅲ
【受験回数】 1次：1回　　2次：2回（令和2年度　ＡＡＡＣ→Ｂ）	
【合格年度の学習時間】 1次：　0時間　　2次：　600時間（1次試験免除）	
【総学習時間】 1次：400時間　　2次：1,000時間	
【学習形態】 独学	
【直近の模試の成績】 未受験　　　【合格年度の模試受験回数】 0回	

【 私のSWOT 】

S（強み）：文章力　　　　　　　　　　　　W（弱み）：暗記が苦手

O（機会）：職場の理解、勉強会のオンライン化　　T（脅威）：交通の便が悪い

【 効果のあった勉強方法 】

①基礎的な計算の反復練習

　令和2年度は事例Ⅳの得点が低く合格を逃したため、対策として事例Ⅳの基礎的な計算練習を生活に取り入れました。具体的には『30日完成』と『事例Ⅳの全知識＆全ノウハウ』を、朝や休憩時間に反復しました。基本的な計算を素早く正確にできるようになったことで、設問文を丁寧に読み解いたり時間配分を考えたりする余裕が生まれ、試験を有利に戦えました。

②キーワードの書き出し練習

　5～10分の隙間時間でできる学習として、キーワードの書き出し練習が有効でした。過去問の設問文と与件文に目を通し、解答に盛り込めそうなキーワードを連想してノートに素早く列挙する訓練です。さまざまな年度の過去問で練習するうちに、キーワードの見落としが減り、頻繁に問われる切り口がわかるような気がしてきました。

③まず解答欄に主語を書く

　設問文を読んだら、すぐ解答欄に主語を書くことを意識しました。たとえば「問題点を○○字以内で述べよ」という設問があれば、すぐ解答欄の先頭に「問題点は」と書いてから与件文を読みます。たったこれだけですが、解答の方向性を見失いにくくなり、解答を作成しやすくなるように感じました。

【 私の合格の決め手 】

　短時間でできる学習をルーティーン化したことです。1事例をすべて解くのは時間がかかりますが、計算練習やキーワード書き出しは短時間で実施でき、仕事の合間に続けることができました。

～平日の勉強方法～
会社での昼休み時間。夜は子供が寝てから。

第1節　80分間のドキュメントと再現答案　*151*

合格年度の過ごし方～多年度受験生～
試験の流れは前年度の経験で把握していたので、苦手意識を持っていた事例Ⅳの攻略を最優先しました。電卓と過去問を常に持ち歩き、財務諸表から経営指標を算出する工程を毎日反復練習しました。最終的に、事例Ⅳは得意科目と呼べるまでに克服できました。

		課題：事例Ⅳの攻略	
1月～ 4月	学習内容	経営分析とCVPの問題を素早く正確に解くため、『30日完成』と『事例Ⅳの全知識＆全ノウハウ』を周回。事例Ⅳはまず代表的な経営指標を算出する、というルーティーンを確立しました。	取り組み事例数： 12事例 平均学習時間 平日：1時間 休日：1時間
		課題：事例Ⅰ～Ⅲのキーワード書き出し練習	
5月～ 7月上旬	学習内容	過去問の設問文と与件文を読み、解答に使うキーワードを素早く列挙する練習。『ふぞろいな合格答案10年データブック』と照合して、キーワードを正確かつ多面的に拾えるよう反復練習しました。	取り組み事例数： 20事例 平均学習時間 平日：2時間 休日：2時間
		課題：過去問の周回	
7月下旬～ 8月	学習内容	「1日1事例＋事例Ⅳ計算問題」を目標に、会社の休み時間や終業後に過去問を周回しました。計算練習を反復したことで、当初は歯が立たなかったNPVの問題も徐々に正答できるようになりました。	取り組み事例数： 20事例 平均学習時間 平日：2時間 休日：2時間
1次試験！（受験せず）			
		課題：文章のブラッシュアップ	
9月～ 10月下旬	学習内容	オンライン勉強会に参加して、ほかの受験生や合格者のフィードバックを受けながら解答文をブラッシュアップしました。主語や結論から書き始めること、1文40字にキーワードを盛り込むことを意識して、文章構造を確立しました。	取り組み事例数： 12事例 平均学習時間 平日：2時間 休日：3時間
		課題：ファイナルペーパー作成	
直前 1週間	学習内容	各事例の注意事項や、全体を通しての心構えをファイナルペーパーにまとめました。試験前日には、ホテルにこもって令和2年度2次試験問題を本番と同じ時間で解き、試験に臨むコンディションを整えました。	取り組み事例数： 8事例 平均学習時間 平日：2時間 休日：5時間
2次試験！			

学習以外の生活

家庭菜園でカボチャやトウガラシを作ったり、農業ボランティアで定植や収穫の作業に参加したりしました。運動不足の解消と地域の人との交流を兼ねた、よい気分転換になりました。さらに、文章力を強化する効果を期待して、ブログやnote、ウェブライティングなど文章執筆に挑戦しました。おかげで文章をアウトプットする習慣がつき、文章を書くことがまったく苦でなくなりました。

仕事と勉強の両立

朝の始業前と昼休みに、勤務先の休憩スペースで勉強していました。仕事の合間の時間を活用するため、電卓と問題集と筆記用具は常に携行。あまり残業がなく、資格取得について職場の理解もあったので、特に両立に苦労することはありませんでした。終業後は職場から歩いて10分くらいの図書館に通い、自習スペースで高校生に混ざって勉強しました。

～平日の勉強方法～

夜寝る前に1問解いて、翌朝出勤時にその事例企業について再度あれこれ考えてみる。

勉強方法と解答プロセス　＊　もっちゃん 編

（再現答案掲載ページ：事例Ⅰ p.176　事例Ⅱ p.200　事例Ⅲ p.224　事例Ⅳ p.248）

私の属性

【年　　齢】	33歳	【性　　別】	男
【業　　種】	サービス業	【職　　種】	弁護士
【得意事例】	事例Ⅱ	【苦手事例】	事例Ⅲ、事例Ⅳ
【受験回数】	1次：3回	2次：3回（令和2年度 A68 B55 A60 B52→B）
【合格年度の学習時間】	1次：　0時間	2次：150時間（1次試験免除）
【総学習時間】	1次：300時間	2次：450時間
【学習形態】	独学		
【直近の模試の成績】	未受験	【合格年度の模試受験回数】	0回

私のSWOT

S（強み）：業務上文章作成が多い　　W（弱み）：労働時間、睡眠時間が長い
O（機会）：家族の協力　　　　　　　T（脅威）：育児

効果のあった勉強方法

①設問文だけを見て、答案構成（合格年度）
　設問で問われていることや、各設問の難易度を把握する練習のため、設問文の分析を重視することにしました。具体的には、過去問のうち設問文だけを見て、30分程度で構成を考え、解答の骨子作成、難易度を判断し解答する順番を決める練習をしていました。

②『ふぞろい』再現答案の書き写し
　『ふぞろい』の再現答案の使いやすいフレーズ、キーワード抽出の感覚や、制限字数内に文章を完結させるための字数配分の目安を体得するために、原稿用紙を買って、『ふぞろい』の再現答案の書き写しをやっていました。

③事例Ⅳの問題演習
　事例Ⅳは明確な答えのある設問が存在するので、やればやるだけ結果につながると考え、事例Ⅳの勉強をしない日はなるべく作らないようにしていました。『30日完成』、『事例Ⅳの全知識＆全ノウハウ』の問題を解いていました。

私の合格の決め手

　不合格だった1回目、2回目の試験までは、主に②と③の勉強方法で過去問をこなしていくというスタイルでした。各試験とも合格点にはそれなりに近く、勉強方法としておかしくはないかなと思っていました。ただ、試験の現場で、与件文を全部読んでから設問文を読んだり、どの事例も第1問から順番に解いていたために時間に追われたりと、解答姿勢が非合理的でした。そのため、①の勉強方法を取り入れるようにしたことがよかったのだと思います。

～平日の勉強方法～
　家族が寝た後、夜中の1時～2時くらいまで。

> **合格年度の過ごし方～多年度受験生～**
> 試験に不合格になると、自分の知識が不足しているのではないかと不安になり、1次試験のテキストを読み直したくなるときもあります。しかし、1次試験に合格した時点で知識的な障害はなく、論文試験特有のタイムマネジメントや制限字数対応に注力したほうがよいように思います。

1月～7月	課題：財務・会計への基礎固め		
	学習内容	業界向けの財務・会計の本を読んで、2次試験の事例Ⅳの勉強のための土台作りをする。早くから2次試験の勉強に取り組むと、集中力をもって続けられないと考え、2次試験対策は1次試験後でよいと考えました。	取り組み事例数：0事例
			平均学習時間 平日：1時間 休日：0時間
8月中旬	課題：マーケティング、生産管理の基礎固め		
	学習内容	一般のマーケティングの本や生産管理の入門本を読んで、試験勉強のモチベーションを高めました。	取り組み事例数：0事例
			平均学習時間 平日：1時間 休日：0時間
1次試験！（受験せず）			
8月下旬～9月中旬	課題：答案構成の練習＆事例Ⅳの精度を高める		
	学習内容	事例Ⅰ～Ⅲについては、過去問の設問文を見て30～40分程度で答案構成をする練習を1日1事例ごとに行いました。 事例Ⅳについては、分野ごとに問題集と過去問を解き続けました。事例Ⅳはできれば毎日問題を解くこととし、1日1分野ごとに行いました。	取り組み事例数：15事例
			平均学習時間 平日：1時間 休日：4時間
9月下旬～10月中旬	課題：成果物（答案）の精度を高める		
	学習内容	事例Ⅰ～Ⅲについては、答案構成のための時間を20分程度にするとともに、実際に答案を書き始めました。『ふぞろい』の再現答案の書き写しもしながら、自分の答案骨子と再現答案がどのように違うかを確認しました。事例Ⅳについては、同じように進めました。	取り組み事例数：10事例
			平均学習時間 平日：1時間 休日：4時間
10月下旬～直前	課題：ファイナルペーパー作成		
	学習内容	知識や答案の枠組みを体系的に整理するため、また、不合格だった場合に次年度の勉強を効率化するために、ファイナルペーパーを作成していました。	取り組み事例数：0事例
			平均学習時間 平日：1時間 休日：4時間
2次試験！			

学習以外の生活

前年に次男が生まれたことで、より早めに家に帰るようになりました。土日は子どもと一緒に公園に遊びに行くようにしていました。子どもと同じスケジュールで生活していたため、生活リズムとしては健康的でした。試験前は自分の勉強のために家族に負担をかけることになるため、勉強以外のときはなるべく家事育児をするよう心がけていました。

仕事と勉強の両立

個人的には、仕事が優先というスタンスで、両立に悩むことはありませんでした。2次試験の勉強期間を具体的に決め、そのなかで勉強できたらやるという感じでした。試験は経営の勉強のためのペースメーカーと考えており、不合格になってもそこまで落胆することはなく、淡々（ダラダラ）と勉強を続けていました。

～平日の勉強方法～

仕事のお昼休みにテキストを読んで、寝る前に復習する。寝る直前に覚えたことは定着しやすいらしい。

3．80分間のドキュメントと合格者の再現答案

80分間のドキュメント　事例Ⅰ

あっきー 編（勉強方法と解答プロセス：p.142）

1．当日朝の行動と取り組み方針
　2次試験の会場は大阪経済大学大隈キャンパス。最寄りの駅から歩いて20分ほどかかるようだ。試験室には8時40分から入室できるらしいので、8時過ぎ頃に最寄り駅へ。お腹がゆるくなったら困るので、最寄り駅に着いた頃に念のため胃腸薬を飲む。これは試験時のルーティーンだ。この試験は1年に1回しか受けられないのがネックだが、落ちて死ぬわけでもないので楽しんでいこう。

2．80分間のドキュメント
【手順0】開始前（〜0分）
　この資格試験独特の空気、非日常感がたまらない。特に緊張はせず、わくわくしかない。机の広さは十分。シャーペン2本、消しゴム2個、4色（黒、赤、青、緑）ボールペン2本、腕時計を机に置いて準備万端。赤は強み・機会などポジティブなこと、青は弱み・脅威などネガティブなこと、緑はポジにもネガにもつながる状況への線引きに使う。特に重要そうなキーワードは丸で囲むんだ！

【手順1】準備（〜1分）
　まず解答用紙に受験番号を書く。その後、問題用紙をパラパラめくる。文字数は例年どおりくらいかな。おそらく時間は大丈夫、頑張ろう！

【手順2】設問解釈（〜10分）
第1問　2代目経営者ってことは、何代かにわたるストーリーだな。この事例の業種は印刷業かな。ファブレス化とは思い切った戦略だなぁ。キーワードは「専門化」と「コア業務に集中」とかかな。
第2問　聞かれているのは「なぜ3代目に部門の統括を任せたのか」。「経験のなかった」というのもポイントだ。3代目だから、「次期経営者としての教育」は目的としてありそうだな。
第3問　「事業ドメイン拡大の利点と欠点」か。利点と欠点の両方を答えることを忘れないようにしなきゃ。一般論的には利点は「収益向上」や「ノウハウ獲得」、欠点は「経営資源の分散」とかかな。
第4問　設問文を言い換えると、「外部企業との関係をどんな状態にしなくてはならないか」だよね。与件文からあるべき姿を見いだして、現状とのギャップから推測しよう。
第5問　「長期的な課題と解決策」か、課題と解決策の両方を答えるのを忘れないようにしないとな。長期的というのがポイントだろう。短期目線にならないように気をつけなくちゃ。

〜勉強時間を作るコツ〜
　習慣にする、これしかない！

【手順3】 与件文読解 （〜20分）

1段落目　従業員15名の印刷・広告制作会社か。広告もやっているんだな。従業員少なくて経営資源は限られている。2020年より3代目か、新米社長だな。

2段落目　創業時の状況だな。職人の専門的な技能・技術が重要だった時代、A社も同様に技術で成り立っていたんだな。

3段落目　技術革新の影響を受けて、職人の技術が差別化要因じゃなくなったのかな。第1問のファブレス化の背景として使えそう。

4段落目　この段落も技術革新か。専門技術が不要、新規参入が容易ってきつい状況だな。これも第1問に使えそう。

5段落目　お、ファブレスが来た。多くの会社が設備の刷新をしていたのに、ファブレスに舵を切れるってすごいな。一見非合理っぽいけど、A社の印刷知識や協力企業とのネットワークがこれを可能にしたのかな。

6段落目　業務転換は徐々に行ったんだな。

7段落目　デジタル化に進むのか、これも大きな方針転換じゃないか？

8段落目　3代目登場。デザインに強くて人脈もある。第2問と第3問に関連するな。新規の需要創造が必要だけど、苦戦しているな。

9段落目　サプライチェーンの現状が書かれている。第4問につなげよう。

10段落目　問題点が書かれている。変革が必要だな。

【手順4】 解答作成 （〜65分）

第1問　与件文の「技術革新」、「他分野からの新規参入」で背景説明をして、「付加価値の高い事業への転換」が必要だったことを書こう。

第2問　3代目の人脈や知識を活用することは目的の1つだよね。あとは、次期社長だから、そのための教育を兼ねている感じかな。

第3問　利点は第2問と被る気がするけど、3代目の人脈を生かせること、あとはノウハウ獲得かな。欠点には既存事業への影響を書いておいたほうがよいかな。

第4問　あるべき姿の1つとして「新規の需要創造」が必要だけどA社だけだと難しいよね。協力企業との関係を発展させて対処していけばよいんじゃないかな。

第5問　長期的な課題としては会社全体の士気向上や、競争力強化かな。なんか一般論になっている気がするけど解決策に「営業力強化」は必要でしょ！

【手順5】見直し （〜80分）

　思っていたよりも見直しの時間が確保できたけど、隣の人は60分時点でペンを置いていたな。まあ気にしないようにしよう。全体的に文章がイマイチだけど、語彙力がないので仕方がない。過去問の模範解答やキーワードを読んだりはしていたけど、新しい事例への応用力が足りてないなぁ。せめてできる限りの文章の微修正や汚い字の書き直しをしておこう。

3．終了時の手ごたえ・感想

　なかなかよい文章が書けない……。もっと試験形式で書く練習が必要だったな。でも、大外しはしていないような気がするし、合格点は取れているといいな！

~勉強時間を作るコツ~

　　お弁当持参でお昼休みに勉強時間確保。

156　第3章　合格者による、ふぞろいな再現答案

合格者再現答案＊（あっきー 編）　　　　　　　　　　　事例Ⅰ

第1問（配点20点）　　100字

オ	フ	セ	ッ	ト	印	刷	機	等	の	技	術	革	新³	で	、		強	み	の	専
門	的	な	技	能	等	を	生	か	せ	ず¹	、	他	分	野	か	ら	の	新	規
参	入²	や	価	格	競	争	の	激	化²	で	収	益	が	悪	化	。	こ	れ	ま
で	の	印	刷	知	識	や	関	連	企	業	と	の	繋	が	り	を	生	か	し、
付	加	価	値	の	高	い	事	業	へ	と	転	換	を	図	っ	た	。		

【メモ・浮かんだキーワード】　強みの陳腐化、協業、事業転換

【当日の感触等】　キーワードを重視しすぎて「なぜ」の解答になっていない気もするけど、言いたいことは伝わるかな。

【ふぞろい流採点結果】　8/20点

第2問（配点20点）　　100字

①	3	代	目	の	人	脈⁵	を	生	か	し	て	人	材	確	保³	と	事	業	の
拡	大²	を	図	っ	た	ほ	か	、	②	事	業	の	管	理	運	営³	を	任	せ
る	こ	と	で	次	期	経	営	者⁵	と	し	て	の	能	力	育	成	と	、	ス
テ	ー	ク	ホ	ル	ダ	ー	か	ら	の	信	頼	を	得	て	、	円	滑	な	経
営	者	交	代	と	事	業	の	拡	大	を	目	指	し	た	た	め	。		

【メモ・浮かんだキーワード】　事業拡大、経営資源獲得、経営者能力育成、ステークホルダーの理解

【当日の感触等】　事業の拡大が重複していてかっこ悪いなぁ。けど、大事そうなキーワードは入れられた気もするし、言いたいことは伝わるかな。

【ふぞろい流採点結果】　18/20点

第3問（配点20点）　　100字

利	点	は	、	①	3	代	目	の	人	脈	を	生	か	し	た¹	人	材	確	保
と	新	規	ド	メ	イ	ン	に	よ	る	売	上	の	向	上³	、	②	新	規	事
業	の	ノ	ウ	ハ	ウ	を	獲	得¹	す	る	こ	と	。	欠	点	は	、	①	既
存	人	材	の	強	み	を	生	か	せ	ず¹	士	気	低	下	、	②	経	営	資
源	の	分	散⁴	に	よ	る	競	争	力	の	低	下	で	あ	る	。			

【メモ・浮かんだキーワード】　人脈活用、新規事業ノウハウ獲得、既存事業への影響、経営資源分散

【当日の感触等】　一般論に落ち着いてしまった感があるなぁ。A社のビジネスに寄り添った解答になっていないかも。利点の①と②も似たような内容になっちゃった。

【ふぞろい流採点結果】　10/20点

～勉強時間を作るコツ～

まとまった時間が取れないときは、設問1つや計算問題を解いていた。

第4問（配点20点）　　100字

今	後	は	**新**	**規**	**の**	**需**	**要**	**創**	**造**	が	必	要	で	あ	る	た	め	、	オ
ペ	レ	ー	シ	ョ	ン	依	存	に	基	づ	い	た	業	務	上	の	連	携	や
単	な	る	外	注	管	理	に	留	ま	ら	ず	、	外	部	企	業	と	共	に
高	**付**	**加**	**価**	**値**	の	サ	ー	ビ	ス	を	生	み	出	す	な	ど	**高**	**度**	な
連	**携**	**が**	**必**	**要**	。														

【メモ・浮かんだキーワード】　需要創造、協業、サービス開発

【当日の感触等】　何を書けばいいのかわからないけど、需要創造は必要だからそれを優先して書こう。協業で高付加価値のサービスを生み出すことが有効かな。オペレーション依存の状況をわざわざ説明する必要はない気もするけど、よい文章が思い浮かばない。

【ふぞろい流採点結果】　11/20点

第5問（配点20点）　　100字

課	題	は	、	①	既	存	事	業	を	含	む	企	業	全	体	の	士	気	の
維	持	・	向	上	と	、	②	新	規	事	業	の	長	期	的	な	**競**	**争**	**力**
強	**化**	で	あ	る	。	解	決	策	は	、	①	経	営	者	が	長	期	ビ	ジ
ョ	ン	を	示	し	、	②	**公**	**平**	**な**	**評**	**価**	**制**	**度**	**の**	**構**	**築**	、	③	適
切	な	**配**	**置**	**転**	**換**	、	④	**需**	**要**	**創**	**造**	の	**営**	**業**	**力**	**強**	**化**	。	

【メモ・浮かんだキーワード】　企業全体での士気、長期ビジョン、評価、配置、営業力強化

【当日の感触等】　第3問と同じく、一般論になっちゃったかな。ただ、需要創造の営業力強化は外せないとは思ったし、それなりにキーワードを使えたかな。合格点は取れているとよいな。

【ふぞろい流採点結果】　13/20点

【ふぞろい評価】　60/100点　　　【実際の得点】　52/100点

　全体的に設問要求に対応できており、特に第2問は多面的に要素が盛り込まれており高得点となりました。ただし、第1問は高精度な分野に経営資源を集中した点が記載できておらず多面的な解答にはなりませんでした。

~勉強時間を作るコツ~
仕事の昼休み時間に、100字訓練。

みほ 編（勉強方法と解答プロセス：p.144）

1．当日朝の行動と取り組み方針

　試験当日は、6時半に起床。お腹を空かせず集中できるようにと、しっかり朝ご飯を食べる。家を出る前に、受験票と筆記用具、電卓を持ったことを確認した。電車に乗る前に、最寄り駅構内のおにぎり屋さんでお昼ご飯を購入し、準備は完了。
　一番大事にしていたのは、余裕をもって会場に着くこと。朝の動きを前日にシミュレーションしていたこともあり、8時20分には会場前に到着した。まだ会場は開いていなかったが、カフェに入るのも落ち着かないので、開場待ちの列に並んだ。

2．80分間のドキュメント

【手順0】開始前（～0分）
　周りの人たちが試験慣れして見えるのはなぜだろう。みんな淡々と準備をしている。模試を受けて場慣れしておけばよかったかなあ……。弱気になっている場合じゃない！　気をつけるポイントを復習しよう。「外部環境にも触れる」「課題と問題点は違う」「施策だけでなく理由や効果も書く」。よし、頑張ろう！

【手順1】準備（～1分）
　インターネットでダウンロードした過去問の解答用紙とそっくりだ。とにかく受験番号を間違えることだけは避けないと。1字ずつ、3回は確認。それから、時間配分。与件文を読む時間が9時55分までで、解答を考える時間が10時10分までで、解答を書く時間が10時35分まで（と、解答用紙にメモ）。

【手順2】設問文確認（～5分）
第1問　ファブレス化？　なんだかあまり馴染みがないような……。
第2問　「3代目」ということは、事業承継関連？　得意分野かも。
第3問　事業ドメインね！　結構勉強した。でも、「利点と欠点」ってなに？　「メリット・デメリット」と違うのかなあ。
第4問　なんだかピンとこない問題だなあ。まあ与件文を読んでみないとわからないか。
第5問　「課題」だから「～すること」と書かないとね。これは過去問でもよくあるタイプの問題に見える。
全体　あれ？　モチベーション向上とか組織活性化とか、人的資源管理の問題はないのかな？　「幸の日も毛深い猫」ならバッチリ覚えているのに！

【手順3】与件文読解（～15分）
1～4段落目　印刷業か。私は出版社だからわかるけど、専門的な言葉とかわからない人もいるんじゃないかな。ということは、ここは私の頑張りどころ？
5段落目　「技術革新に伴う経営環境の変化」。これはここまでの話を短くまとめていて、

～ちょっと変わった勉強法～
　自分の演習の反省点を録音し、YouTubeに上げて繰り返し聞く。（友人）

解答にそのまま使えそうな言葉だ。「顧客の細かいニーズに対応」「高品質、高精度」も中小企業にとっては大事なことだな。SWOT 分析に使えそうなことがたくさん書いてある段落だ。

6〜7段落目 印刷業は厳しいから、いろいろ模索しているみたいだ。でも、少し混乱してきた……。

8段落目 おそらく設問にあった「事業ドメイン」に関する段落だ。「紙媒体に依存しない分野」というのはおそらく印刷業にとって大事なことだよな。あと、3代目の人脈も強みの1つだな。

9段落目 6段落目と同じことを書いてあるように見える。「プロジェクトチーム」は組織構造で出てくるワードだな。

10段落目 営業に苦労していて、売上が回復していないことが問題だな。

全体 時系列が混乱するから、年表を簡単に書いてみよう。

【手順4】解答作成（〜70分）

第1問 外部環境を踏まえて書くことが大事だから「技術革新による厳しい経営環境」は欠かせない。あと、細かい顧客ニーズに応えることは高付加価値化につながっている。そしてそれを可能にしているのは分業体制だ。設備を持たないことによる財務リスク低減にも触れておきたいな。

第2問 デザイン事業を進めるというのと、3代目を育成するというのと、2方面から解答できそう。「よし、多面的に書けているな！」という正陽寺先生（『ふぞろい14』の先生）の声も聞こえる。デザイン事業のほうはあまり書く内容がないから、事業承継のほうに文字数を割こう。バランスが悪いかもしれないけど、仕方ない。

第3問 「利点と欠点」は「強みと弱み」だと思うことにしよう。

第4問 「協力関係を強化する」……やばい、その先が何も出てこない！ 後回し！

第5問 「営業に資源を投入することは難しい」と書いてあるけど、わざわざ設問文に「長期的」と書いてあるんだから、おそらく答えは「営業力の強化」だよな。解決策として、経営資源の余力を作ることと、マニュアルを作ることや教育が必要かな。

第4問（2回目） とにかく埋めなきゃ。関係強化といえば情報共有かな。下請けやアウトソーシングの知識を使って解答してみよう。

【手順5】見直し（〜80分）

とりあえず埋めたけど、これでよいのか自信がない。特に、プロジェクトチームや組織構造に触れなくていいのかなあ。

3．終了時の手ごたえ・感想

過去問と結構違ったような気がする。やはり難しい試験だ！

（すぐ後ろに座っている夫と会話をして）第1問には「経営資源の集中」があったかぁ。どうしてそんな鉄板のキーワードを忘れていたのだろう。落ち着きが足りないのかも。

〜ちょっと変わった勉強法〜
学んだ知識を寝る前のひとときに妻に話す。（よしよし、うなずいてるな、ん、寝てる？）

合格者再現答案＊（みほ 編）　　　　　　　　　　　事例Ⅰ

第1問（配点20点）　　100字

技	術	革	新³	に	よ	る	厳	し	い	経	営	環	境	の	な	か	で	、	協
力	会	社	と	の	分	業	体	制⁴	に	よ	り	、	顧	客	の	細	か	い	ニ
ー	ズ	に	応	え³	、	高	精	度	・	高	品	質	の	印	刷	で	高	付	加
価	値	化	を	図	る	た	め	。	さ	ら	に	、	印	刷	工	場	を	持	た
な	い	こ	と	で	財	務	リ	ス	ク	を	削	減	す	る	た	め	。		

【メモ・浮かんだキーワード】　技術革新による厳しい経営環境、分業体制、顧客の細かいニーズ、高付加価値

【当日の感触等】　厳しい経営環境と、顧客ニーズに応えて高付加価値化、ここはよく書けたと思う。財務リスク削減はもう少し説明したかったけど文字数足りず。

【ふぞろい流採点結果】　10/20点

第2問（配点20点）　　100字

前	職	で	の	人	脈⁵	を	活	か	し	、	ウ	ェ	ブ	デ	ザ	イ	ナ	ー²	を
採	用³	す	る	こ	と	が	で	き	る	か	ら	。	ま	た	、	3	代	目	を
次	期	社	長	と	し	て	育	成⁵	す	る	た	め	に	、	現	場	を	知	り	、
リ	ー	ダ	ー	シ	ッ	プ	や	マ	ネ	ジ	メ	ン	ト	能	力³	を	身	に	つ
け	さ	せ	る	こ	と	が	で	き	る	か	ら	。							

【メモ・浮かんだキーワード】　前職での人脈、3代目を次期社長として育成、リーダーシップ

【当日の感触等】　多面的に書けている点はいいけど、事業承継にボリュームが偏ってしまった。

【ふぞろい流採点結果】　18/20点

第3問（配点20点）　　100字

利	点	は	紙	媒	体	に	依	存	し	な	い²	分	野	に	事	業	を	広	げ
経	営	リ	ス	ク	を	分	散	で	き	た⁴	こ	と	と	、	社	員	の	も	つ
デ	ジ	タ	ル	や	デ	ザ	イ	ン	の	能	力	を	活	用	で	き	た	こ	と	。
欠	点	は	営	業	に	資	源	を	投	入	で	き	ず⁴	、	競	合	他	社	も
多	く⁴	、	受	注	を	増	や	せ	て	い	な	い	こ	と	。				

【メモ・浮かんだキーワード】　紙媒体に依存しない分野、人材の活用、競合他社

【当日の感触等】　うまくいっていないから経営リスクの分散と書いてよいか少し悩む。だけど紙媒体に依存しないことは、印刷業にとって重要なはず。

【ふぞろい流採点結果】　14/20点

～勉強場所～
自分の部屋、リビング、カフェ。

第4問（配点20点）　100字

外部企業との関係を強化[5]する。顧客ニーズ[3]や新しい技術[2]の情報を共有[4]し、勉強会を開催し、ニーズの変化に応えられるようにする。契約において品質や納期を明確にし、定期的に[3]確認し、サプライチェーンを管理[3]する。

【メモ・浮かんだキーワード】　情報共有、勉強会、ニーズ、技術、契約、管理
【当日の感触等】　全然わからないので書けることを書いたけど、大きく外しているかも……。
【ふぞろい流採点結果】　15/20点

第5問（配点20点）　100字

課題は営業力をつける[3]こと。そのために業務の効率化と人材の適正配置で余剰をつくり、営業人員を確保[4]する。マニュアル作成と教育[4]により営業力強化し、新商品の訴求により新市場開拓[4]し、売上回復[1]につなげる。

【メモ・浮かんだキーワード】　営業力強化、人材の育成、新市場開拓
【当日の感触等】　組織構造を変える提案までは確信が持てなくて、「適正配置」というぼんやりした表現を使った。営業力強化という方向性は間違いないはず。
【ふぞろい流採点結果】　16/20点

【ふぞろい評価】　73/100点　　　【実際の得点】　80/100点
　全体的に多面的に要素が盛り込めており高得点となりました。第1問で、外部環境の悪化に伴い事業環境が苦しくなった点について記載が少なく若干多面性に欠けましたが、そのほかの設問がいずれも高得点であったため点数が大きく伸びました。

Column

号泣必須の応援ソング

　1回目の1次試験受験の際は、とにかく必死で勉強しました。その当時、私を支えてくれた音楽が2曲あります。まず1曲目はサンボマスターの『できっこないをやらなくちゃ』。私の内面をスキャンして書かれたのではないかと思うくらいピッタリくる歌詞で、心を奮い立たせていました。その後、1回目の1次試験は合格。直後に行ったカラオケでこれを歌ったら、号泣してしまい、それ以来、恥ずかしくて一度も歌っていません。その後2次試験に落ち続けたときは、あのとき頑張った自分を裏切っているようで、合格するまで聴く気になれませんでした。合格した今、改めて聴くとやはり涙が溢れそうになります。

　もう1つがYouTubeに上げられている熊本復興支援ソング『三百六十五歩のマーチ』。これは2番の歌詞が熊本地震からの復興に寄せて替えられているのですが、そのなかの「365歩でダメでもさらに進もう一歩ずつ」というフレーズに「1年間でダメでもまた頑張ればよいんだから」という思いを重ねて心の余裕を持たせていました。一時期熊本に住んでいたこともあり「一緒に頑張ろう」という気持ちで机に向かえました。　　　　　（Tommy）

~勉強場所~
娘の勉強机。自宅に自分のデスクがないので。

162　第3章　合格者による、ふぞろいな再現答案

けんけん 編 （勉強方法と解答プロセス：p.146）

１．当日朝の行動と取り組み方針
　普段週末夜はじっくり晩酌タイムだけど、試験前なのでお酒はほどほどにして早めに布団へ。こんなときはいつでもすぐ寝られる自分が誇らしい（笑）。朝はいつものように愛猫がかわいい声で起こしてくれる、「ご飯だニャー！」。猫様と一緒に朝ご飯はしっかり食べて、試験前定番のプリンも食べて準備は完璧。朝少し見直ししようと思ってたけどもういいや、気分を上げていくことを優先しよう。外で待つことになったら寒いので予定どおり９時過ぎに会場へ到着。よく寝れて、朝もリラックスできてるだけでも有利だよね、と自分を落ち着かせながら席につく。

２．80分間のドキュメント
【手順０】開始前（～０分）
　今年も机は１人掛けか、広くてよかった。苦手意識強めの事例Ⅰ、「幸の日も毛深い猫」と頭のなかで繰り返して試験中忘れないように最終確認。とりあえず無難な立ち上がりができますように。

【手順１】準備（～１分）
　まず与件文のページを外して解答を書きやすいようにして、設問数などが例年と大きく変わっていないかチェック。うん、20点×５問、想定どおり。さあやるぞ！

【手順２】設問解釈（～５分）
第１問　ファブレス化？　知識を問われる感じじゃなくてよかった。事例Ⅱっぽく解答してしまいそうだから気をつけよう。「なぜ～」だから解答は理由ね。「なぜ」にマーク。
第２問　任せたってことは権限委譲かな。ここは最悪思いつかなければ権限委譲のメリットで埋めてしまおう。後回しだな。「なぜ」にマーク。
第３問　３代目が出てきた。時制がややこしくないといいなぁ。これも資源の集中と分散とかそれっぽいことは書けそうだな。「利点」と「欠点」にマーク。
第４問　「助言せよ」がきた！　施策とその効果までしっかり書こう。外部との関係、か。難しそうなので星印をつけておく。設問文を読んだら解答要素らしいのが見つかるかな。
第５問　「長期的な課題」か、短期的な課題としっかり区別しないと混乱するような状況かな。やっぱり事例Ⅰって苦手だなぁ。早めに与件文を読んでいこう。

【手順３】与件文読解（～20分）
１段落目　うわぁ創業者から３代目までいるよ。きっと外部環境変化とか時制とか一読しただけで整理できないだろうな。ミスしないように気をつけないと。
２段落目　「特殊なビジネス」と「専門的な技能」ね。創業時の強みだからきっとこの後失われていくだろう。第１問に関連しそうかな。

～勉強場所～
　某アニメーション映画のロケにも使用された、岐阜県某市の市立図書館。

5段落目 「〜に対して、A社では」か。独自性の部分だろうからこの辺り多分大事。「注力した」や「主な業務となって」など転機になっていそう。この段落の内容は重要そう。読み漏らしのないようにしなくては。

7段落目 2000年代突入か。ここから3代目？ デジタル化とか急に今風になってきた。

8段落目 ここで3代目が加入か。業務は拡大したけどあまり効果は出ていなさそうだ。「〜が求められた」か、時代の要請みたいな表現は過去問でもよくあったな。対応しなきゃいけない課題だったりするから超重要なんだよね、しっかりマーク。

10段落目 売上が回復しないままか。改善する施策はどこかの設問には組み込むのが定番だよね。ひととおり読んだけれど、設問に関連しそうなところは何をしてどうだったかが明記されていなかったり、効果が出ていなかったりと書きにくそうな印象だな。

【手順4】解答作成（〜78分）

第1問 3〜4段落目の競争環境の変化は外せないよね。外部環境を挙げたからあとは内部の視点からを探してみよう。工場をなくしたんだから資源の集中、だよね。お、内外両視点からうまくまとめられた気がする。

第2問 人脈を生かした採用くらいしか与件文からは拾えないな。一般的な外部人材登用の狙いを書こう。ノウハウ獲得と外部文化取り入れによる意識改革、こんなところかな。

第3問 ここも与件文から拾えることがあまり見つからない。大外ししないためにも2つくらいずつ盛り込みたいな。当たり障りなさそうなことを書いておこう。

第5問 第4問をとばしているから早めに片づけていきたい。時間もあと20分ちょっとか、焦る。ここも大外ししないよう課題も複数盛り込みたい。対策は与件文に「新規の需要を創造していくことが求められた」とあるから、ここにつながるような策がよいよね。A社で活用できそうなのは協力企業とのネットワークかな。ここまで書くと字数一杯になったしこれでいいや、時間もないし最後に第4問を片づけなきゃ。

第4問 難しかったので最後に回した問題。残りは10分くらい。白紙だけは避けなければ……。関係を発展だからWin-Winの関係性を構築していく方向はどうだろうか。なんだか独創性あふれる危険な解答になっている気がする。困ったときは事前に決めていた「高付加価値の差別化提案」と書いておく。少しでも点数入ってくれ。

【手順5】見直し（〜80分）

第4問を埋めた時点で、もうほぼ時間はない。誤字などのミスだけチェックし、雑な文字だけきれいに書き直しておこう。

3．終了時の手ごたえ・感想

なんとかどの設問も字数は埋めたし40点以下ってことはないんじゃないかな。事前に用意していた便利キーワードも役に立ったし、昨年よりはよい提案がA社に対してできたはず。苦手事例の割にはうまくこなせたよ（と思っておこう）。

〜勉強が楽しかった瞬間〜
　勉強はいつでも楽しいよ。

164　第3章　合格者による、ふぞろいな再現答案

合格者再現答案＊（けんけん 編）　　　　　　　　事例Ⅰ

第1問（配点20点）　　100字

理	由	は	①	デ	ジ	タ	ル	化[3]	や	新	規	参	入	が	容	易[3]	に	な	り
印	刷	技	術	に	よ	る	差	別	化	、	優	位	性	確	保	が	困	難	に
な	っ	た	②	協	力	企	業	と	の	ネ	ッ	ト	ワ	ー	ク	構	築[4]	な	ど
優	位	性	の	源	泉	へ	経	営	資	源	を	集	中	し	、	コ	ス	ト	削
減	を	行	う	た	め	で	あ	る	。										

【メモ・浮かんだキーワード】　コスト／競争激化／資源集中

【当日の感触等】　そんなに時間もかからず書けたし、まあまあの滑り出し。ほかに書けることなんてきっとそんなにないよね。ここは及第点でしょ。

【ふぞろい流採点結果】　10/20点

第2問（配点20点）　　100字

理	由	は	①	外	部	か	ら	の	ノ	ウ	ハ	ウ	獲	得	し	、	人	脈[5]	を
取	り	入	れ	る	こ	と	で	新	領	域	へ	展	開[2]	し	て	い	く	上	で
の	強	み	を	獲	得	す	る	た	め	②	外	部	文	化[2]	を	取	り	入	れ
る	こ	と	で	、	事	業	革	新[1]	の	必	要	性	に	つ	い	て	の	意	識
を	醸	成	し	て	い	く	た	め	で	あ	る	。								

【メモ・浮かんだキーワード】　ノウハウ／新領域への展開／革新／意識醸成

【当日の感触等】　書けたというよりもそれっぽいことをなんとか書いた感じだなぁ。終わってから見落としが見つかりそうで嫌だな。

【ふぞろい流採点結果】　7/20点

第3問（配点20点）　　100字

利	点	は	①	新	領	域	で	タ	ー	ゲ	ッ	ト	と	す	る	層	が	増	え
る[3]	こ	と	②	既	存	事	業	と	の	新	た	な	シ	ナ	ジ	ー	発	揮[3]	の
可	能	性	が	生	ま	れ	る	こ	と	で	あ	る	。	欠	点	は	①	経	営
資	源	の	不	足[4]	②	タ	ー	ゲ	ッ	ト	が	ぼ	や	け	る	こ	と	で	分
散	し	優	位	性	が	失	わ	れ	る	こ	と	で	あ	る	。					

【メモ・浮かんだキーワード】　ターゲット拡大／資源分散／シナジー

【当日の感触等】　なんだか書いたことが当たり前すぎるような気がする。自分でも何を言っているのかよくわからないな。

【ふぞろい流採点結果】　10/20点

~勉強が楽しかった瞬間~

　ここ数年は苦行としか思えませんでした。

第1節 80分間のドキュメントと再現答案 165

事例Ⅰ

第4問（配点20点） 100字

協	力	企	業	か	ら	の	受	注	や	ノ	ウ	ハ	ウ	の	提	供	を	受	け
る⁴	こ	と	な	ど	で	、	構	築	し	て	き	た	ネ	ッ	ト	ワ	ー	ク	を
よ	り	強	固	に	し⁵	、	ノ	ウ	ハ	ウ	の	蓄	積	、	シ	ナ	ジ	ー	を
発	揮¹	し	、	よ	り	高	付	加	価	値	提	案	を	行	い	、	差	別	化
を	図	る²	べ	き	で	あ	る	。											

【メモ・浮かんだキーワード】 ネットワーク強化／高付加価値の差別化提案

【当日の感触等】 ここはもう残り時間的にも納得いく解答は書けそうにないよな。定番キーワードを書いてそれっぽくしておくことで限界。

【ふぞろい流採点結果】 12/20点

第5問（配点20点） 100字

課	題	は	①	売	上	に	目	立	っ	た	回	復	が	な	い	こ	と	②	新
規	開	拓	を	行	う	経	営	資	源	の	不	足	で	あ	る	。	解	決	策
は	既	存	協	力	企	業	と	の	ネ	ッ	ト	ワ	ー	ク	を	強	固¹	に	し
ノ	ウ	ハ	ウ	蓄	積	し	新	規	の	需	要	を	創	造⁴	し	て	い	く	こ
と	で	売	り	上	げ	拡	大¹	を	図	る	こ	と	で	あ	る	。			

【メモ・浮かんだキーワード】 需要の創造／ネットワーク

【当日の感触等】 第4問とかなり重複する内容になってしまった。うまく切り分けできればよかったけど、どちらかではしっかり点が入っているはずと前向きに考えよう。事例Ⅰは半分取れていれば満足！

【ふぞろい流採点結果】 6/20点

【ふぞろい評価】 45/100点 　　【実際の得点】 69/100点

　全体的に、合格者の多くが記載した「ふぞろい流のキーワード」が少なく、点数が伸びませんでした。一方で、設問要求に対して論理的に解答できており、採点者から一定の評価を得られたと考えられます。

Column

不合格からの立ち上がり

　令和元年度2次試験に不合格となった私は、予備校に通いある程度2次試験についても学習したという自負があったため、数か月受験勉強から遠ざかっていました。春先に独学で勉強し始めようと思っていた矢先、新型コロナウイルス感染症が蔓延。仕事が繁忙となり、受験勉強どころではなくなってしまいました。夏頃に予備校模試を受けたところ、1回目の受験時には覚えていたはずの知識や解法が使えなくなっており、判定はD。転勤時期も重なったため、令和2年度2次試験は受験しないという選択となりましたが、コロナの特例措置がなければ1次試験からのやり直しとなるはずでした。不合格という現実からなかなか切り替えができないという難しさはありますが、少しでもリベンジしたいという思いがある方は、1日でも早く受験勉強を開始したほうが後悔が少なくすむと思います。

(さと)

~勉強が楽しかった瞬間~
　ふぞろいの合格答案に近づいたとき。

さと 編（勉強方法と解答プロセス：p.148）

1．当日朝の行動と取り組み方針

　前日夜はリラックスして早めに布団へ、でも不安でなかなか眠れず。6時に無事起床。朝ご飯（1週間前から同じメニューでお腹を慣らしておいた）を食べ、メイクをして気合を入れる。行きの電車では、試験対策プレイリストでお気に入りの音楽を聴き、ファイナルペーパーを眺める。前日に確認しておいた地下鉄出口を出て、試験会場の立教大学へ。会場前に有名な予備校講師陣がいて、ちょっとびっくり。お世話になった予備校の先生に挨拶し、元気をもらう。いざ、2年ぶり2回目の2次試験へ、いい緊張感だ。

2．80分間のドキュメント

【手順0】開始前（～0分）

　階段を上がり、一番乗りで教室に入る。また一番前の席か……（2年前も一番前の席）。まあでもこれも想定の範囲内。机上にペンを配置し、準備を行う。立教大学の机、狭いと聞いていたけど、本当に狭いな、ペンが落ちそう。受験票はセロハンテープで固定し、落下防止完了。事例Ⅰは2年前のトラウマがあり、自分にとって鬼門。想定外のことが起こっても落ち着こうと言い聞かせる。社長の思いに寄り添うこと、A社のありたい姿を考えよう、いざリベンジ！

【手順1】準備（～1分）

　解答用紙に受験番号を書く。1年目のときは名前を書かず、受験番号だけ書くことにびっくりしていたな、今年は余裕を持てている感じ。定規を使って、問題用紙破りも無事にできた。問題用紙へのページ書き込みと段落振りを行い、ルーティーン作業は完了。今年は、印刷・広告制作会社か。さあ、設問解釈にいこう。

【手順2】設問解釈①（～6分）

第1問　設問要求は「ファブレス化の理由」か。これは経営戦略の問題ね。ファブレス化だから、コア技術を使った差別化集中戦略の方向性かな。工場設備の投資負担やコストの話も出てくるかも。

第2問　設問要求は「3代目にデザイン部門の統括を任せた理由」か。経営戦略か組織構造の問題かな。3代目はA社での経験がないってことだから、2代目は既存組織にない創造的な事業を行おうとしていたのかな。

第3問　設問要求は「事業ドメイン拡大の利点と欠点」。これも経営戦略の問題ね。ドメインといったら、CFR（顧客・機能・経営資源）で分けて考えよう。あとで与件文と照らし合わせよう。

第4問　設問要求は「外部企業との関係発展方法」か。これも経営戦略の問題か、あれ、今年は組織の設問が少ない？　外部企業との連携に何かしら問題があるのか。

第5問　設問要求は「全社経営の引継ぎと事業存続の長期的な課題と解決策」か。これが

～勉強が楽しかった瞬間～
　まったく解けなかった2次試験が少しずつ解けるようになったとき。

唯一の組織的な問題なのかな。経営の引継ぎということは事業承継ね、予備校でも事業承継の事例は強調されたな。承継と継続の２つの視点から解答するようにしよう。さあ、与件文読解に移ろう。

【手順３】与件文読解（～18分）

[1]段落目　家族経営ということはスリーサークルモデルね。もう事業承継済みと。

[2]段落目　かつての活版印刷には技術や技能が必要で、分業も行っていた。協業の話につながるのかな。

[3]段落目　「しかしながら」だ。最初の経営環境変化は、オフセット印刷機の普及ね。

[4]段落目　「さらに」で、次の経営環境変化が、印刷のデジタル化か。高度な技術が不要になって競争激化が進むことは脅威だ。

[5]段落目　２代目社長の就任ということは1990年か、４段落目よりも過去の話だから時系列注意。工場売却や分業体制、高精度印刷への専門化等情報が盛りだくさん。

[6]段落目　事業転換に伴う組織変化の話題。協業の話は設問にあったな。

[7]段落目　2000年代、また時系列に注意。専門人材採用やプロジェクトチーム、事例Ⅰっぽい話だ。

[8]段落目　ここで３代目が登場。広告制作業務を開始したけど、新規案件獲得が課題か。

[9]段落目　オペレーションの外部依存は問題だな、協業の設問につながるところかな。

[10]段落目　営業活動を行っていないのか、売上回復が目指すべき方向だな。

【手順４】設問解釈②・解答メモ作成（～45分）

第1問　３・４・５段落の流れを整理。ファブレス化は外注ということだから「差別化集中」「競争回避」の方向性。環境変化は２つそれぞれ書こう。

第2問　８段落目を中心にまとめよう。事業承継の視点も入れるから「権限委譲」や「経営経験」もキーワードになりそう。

第3問　事業転換だから利点は５・６段落をまとめるのかな。欠点は８段落の競争環境や営業関係か。

第4問　うーん、もうすでに協業しているし、関係を発展させるとは？　依存体制が問題なら、ノウハウ蓄積が課題かな。

第5問　「幸の日も毛深い猫」がうまく使えないな。承継面だと、３代目は営業もしていないし、まだ全社的な経営視点はなさそう。存続面だと営業体制の育成や教育かな。

【手順５】解答作成（～80分）

　急いで書かねば。あれ、第３問は３代目のことなのに、メモ段階では２代目のこと書いている。方向修正しなきゃ（焦り）。残り10分で第４問が真っ白。何がなんでも埋めるぞ。最後までタイムマネジメントできていなかったな。

３．終了時の手ごたえ・感想

　ああ、また事例Ⅰが鬼門になったか。問題傾向変わったような気もする……。でもここから挽回だ。事例Ⅰのことは忘れよう！

～効果的な過去問の使い方～
　本試験と同じＢ５サイズ、ページ割のものを使って解く（本試験に慣れるため）。

168　第3章　合格者による、ふぞろいな再現答案

合格者再現答案＊（さと 編）　　　　　事例 I

第1問（配点20点）　100字

理	由	は	、	オ	フ	セ	ッ	ト	印	刷	機	の	普	及	に	よ	る	職	人
の	手	作	業	工	程	省	略	や	オ	ン	デ	マ	ン	ド	機	普	及	に	よ
る	**安**	**価**	**サ**	**ー**	**ビ**	**ス**²	等	、	**技**	**術**	**革**	**新**³	に	よ	り	**専**	**門**	**的**	**技**
術	**や**	**知**	**識**	**、**	**設**	**備**	**が**	**不**	**要**¹	と	な	り	、	同	質	化	や	市	場
競⁰	争	を	回	避	し	、	コ	ア	業	務	に	集	中	す	る	た	め	。	

【メモ・浮かんだキーワード】　技術革新、競争回避、差別化集中

【当日の感触等】　技術革新の説明長くなりすぎた、でも時間がないから次の問題にいかな
きゃ。差別化集中戦略が伝われば半分は取れてるよね。

【ふぞろい流採点結果】　6/20点

第2問（配点20点）　100字

理	由	は	①	**広**	**告**	**代**	**理**	**店**	**勤**	**務**	**の**	**経**	**験**	**や**	**人**	**脈**⁵	を	デ	ザ
イ	ン	部	門	で	の	**専**	**門**²	**人**	**材**	**獲**	**得**³	に	活	か	せ	、	②	**既**	**存**
の	**紙**	**媒**	**体**	**に**	**依**	**存**	**し**	**な**	**い**²	分	野	を	**既**	**存**	**の**	**考**	**え**	**か**	**ら**
離	**れ**¹	自	由	に	発	想	で	き	、	③	権	限	委	譲	で	**利**	**益**	**責**	**任**
明	**確**¹	な	経	営	経	験	で	**事**	**業**	**承**	**継**⁵	を	円	滑	化	す	る	た	め。

【メモ・浮かんだキーワード】　外部資源活用、人材確保、新事業転換、権限委譲、事業承継

【当日の感触等】　既存の枠組みからの転換がキーワードなのかな、事業承継の観点は絶対入
れたい！　多面的には書けた気がする。

【ふぞろい流採点結果】　18/20点

第3問（配点20点）　100字

利	点	は	①	**紙**	**媒**	**体**	**に**	**依**	**存**	**し**	**な**	**い**²	ウ	ェ	ブ	や	コ	ン	テ
ン	ツ	サ	ー	ビ	ス	提	供	の	開	始	で	**経**	**営**	**リ**	**ス**	**ク**	**を**	**分**	**散**⁴
し	、	②	デ	ジ	タ	ル	関	係	の	ノ	ウ	ハ	ウ	を	**蓄**	**積**¹	。	欠	点
は	**競**	**争**	**激**	**し**	**い**	**市**	**場**⁴	へ	の	参	入	で	、	営	業	ノ	ウ	ハ	ウ
な	**い**²	中	、	差	別	化	や	**新**	**規**	**顧**	**客**	**開**	**拓**	**が**	**困**	**難**³	。		

【メモ・浮かんだキーワード】　ノウハウ蓄積、経営資源分散、差別化、営業力の弱さ

【当日の感触等】　ドメインはCFR（顧客・機能・経営資源）で考えなきゃ。利点は多面的
に書けたけど、欠点がうまくまとまらなかったなあ。

【ふぞろい流採点結果】　16/20点

~効果的な過去問の使い方~
解けなかった問題の復習に時間をかける。

第１節　80分間のドキュメントと再現答案　*169*

事例Ⅰ

第４問（配点20点）　100字

①外部企業に全ての工程を依存する体制からの脱却を図り、②プロジェクトチームに権限委譲し、創発的な事業開拓を促進[4]し、③外部企業のノウハウを吸収[4]することで、営業体制や提案力を高めて[3]、新規顧客開拓を図る。

【メモ・浮かんだキーワード】　権限委譲、ノウハウ蓄積、脱依存、市場拡大
【当日の感触等】　関係の発展ということは、連携方法を書けばよいの？　関係ってなんだ……わからないけど、とりあえず何か書かなきゃ。６割なんとか取れますように……。
【ふぞろい流採点結果】　11/20点

第５問（配点20点）　100字

課題は①全社経営ノウハウを3代目が身につけること、②営業部門設置[3]で営業体制を強化[3]すること。解決策は①2代目がOJT[4]で技術的知識[2]等も含めて経営スキルを3代目に伝え、②営業研修実施で新規顧客開拓力[4]を高める。

【メモ・浮かんだキーワード】　事業承継、権限委譲、育成、士気、営業体制強化
【当日の感触等】　経営引継ぎの視点と事業存続の視点をそれぞれ盛り込まなきゃ。A社の弱みは営業だから営業体制についてはマスト。それっぽいことは書けた気がする。
【ふぞろい流採点結果】　16/20点

【ふぞろい評価】　67/100点　　　【実際の得点】　67/100点

　全体的に多面的に要素を盛り込んでおり、高得点になりました。第１問は、外部環境の変化を受けて「高精度分野に注力した」という点が記載できておらず低い点数となりましたが、第２問、第３問が多面的に書けており高得点のためリカバリーができています。

Column

モチベーションに頼るな！

　２次試験不合格の理由に「モチベーションが続かなくてダラけてしまった」というのをよく聞きます。自分はモチベーションは２、３か月しか続かないと考えており、１年計画で診断士の勉強を始めた際にモチベーションを一切排除しました。じゃあどうすれば勉強を続けられるのか、答えは「習慣化」です。１日30分でよいので決まった時間に机に向かう。最初は無理のない長さの時間でよいです。毎日決まった時間に勉強するのが習慣になると、逆に勉強しないのが気持ち悪くなります。そして、30分では物足りなくなり、勉強時間を１時間、２時間確保するためにどうすればよいか自分で考えて１日の予定をコントロールするようになります。自分は最終的に１日３時間勉強するようになり、365日毎日勉強しました。盆も正月も、家族の誕生日も、祖母の葬式の日も１日も休まず勉強しました。狂気のように見えますが、習慣化すると勉強するのは当たり前のことになるので、やっている最中は全然辛くなかったです。

（けーし）

〜効果的な過去問の使い方〜
　設問解釈＆解答フレームづくりだけやる。その時点で想定できた加点要素とふぞろいキーワードを見比べる。

みっちー 編 （勉強方法と解答プロセス：p.150）

1．当日朝の行動と取り組み方針

　受験生の朝は早い。5時、名古屋市内のビジネスホテルの一室にて、カーテンを全開にしておいた窓から陽が射し込み顔を照らす。1年ぶり2回目の、2次筆記試験の朝だ。ファイナルペーパーに目を通して試験の流れをイメージしてから、ホテルのレストランで朝食を済ませる。出発時間までコーヒーを飲みつつ、平常心を保つため電子書籍端末で朝読書。レイ・ブラッドベリ（著）『華氏451度』を読み、自由に書籍で学べる喜びを噛みしめながら試験会場へ向かう。

2．80分間のドキュメント
【手順0】開始前（～0分）

　試験会場は愛知学院大学名城公園キャンパス。会場に着くと、すでに受付に受験生の列ができていた。列はスムーズに進み、入り口で受験票確認と検温を行った。

　試験室には長机が並んでおり、机1つに受験生2人が座った。着席し、ファイナルペーパーに書いたお気に入りの一言を黙読した。「採点者も人間。判読できる字で、ストレスなく読める文章を提供する」。

【手順1】準備（～1分）

　問題文の表紙を切り取り、裏返してメモ用紙とした。解答用紙に受験番号を書き、解答欄のサイズを確認。設問数5問、文字数はいずれも100字。ここまでは想定どおりだ。

【手順2】設問文の解読（～6分）

第1問　2代目経営者が出てくるなら、初代や3代目もいるのかも。時系列に要注意だ。A社は印刷工場を持っていたんだな。それをあえて手放した理由を答えるようだ。ファブレス化の利点を与件文から読み取ろう。

第2問　やっぱり3代目が登場した。なぜA社未経験の3代目にデザイン部門統括を任せたのか？「経験を積ませるため」という理由がまず思いつくが、ほかにも何かあるはず。3代目がどのような人物なのか与件文から読み取れれば、部門統括を任された理由が見えてくるかも。

第3問　事業ドメイン拡大、ということは多角化の利点や欠点について考えればよいかな。「同社にどのような利点と欠点を」とあるから、一般論ではなくA社のケースに即して、与件文に寄り添った解答にしないと。

第4問　なにやら題意をつかみにくい設問が来たぞ。しかも今後の対応を問う問題だから、難易度は高めだろうな。外部企業との協力関係をこれからどのように発展させていくか、ということか。外部企業が何を協力しているのか、与件文から読み取ろう。

第5問　長期的な課題と解決策を問う問題か。問われている内容が漠然としていて、難問の予感がするぞ。A社の弱みと脅威に対処するような方向性になりそうだから、いずれにせよSWOT分析が重要だ。

〜効果的なノートの作り方〜
　ルーズリーフが便利。順番変えも簡単、そのままファイナルペーパーにもなる。

第1節　80分間のドキュメントと再現答案　171

事例Ⅰ

【手順３】与件文読解（〜25分）

1段落目　今年は印刷・広告業か。家族経営というのはキーワードかもしれないからメモしておこう。３代目の事業承継時期にも要注意。

2〜4段落目　技術革新と新規参入が進んで、価格競争が激化したのね。活版印刷工場を自社で持つのは、コストに見合わなくなってきたのだなあ。

5段落目　キーワードは外注と高付加価値化。これも第１問を解く鍵になりそう。第４問にもつながりそうだ。それにしても、工場手放すって相当な決断。

6〜7段落目　第４問で問われている外部の協力企業は、印刷を担当しているようだ。A社は調整業務に特化するということは、協力企業との連絡体制やコミュニケーション、技術レベルの管理などが求められそう。

8段落目　ここで３代目が参画するのか。前職が広告代理店なら、その人脈を生かせるのでは。第３問に関連しそうだ。ただ、新規案件の獲得競争で苦戦しているみたい。この弱みと脅威への対策を第５問で言及しよう。

9段落目　外部企業の協力を得ながら、プロジェクトチームで仕事を進める方式。外部との協力体制にA社の命運がかかっているといってもよさそうだ。

10段落目　第５問の大ヒント。営業活動を行っておらず、地場的市場や既存顧客に依存。新規顧客の開拓について答えなさいというメッセージにしか見えないぞ。

【手順４】解答作成（〜75分）

第1問　切り口は３つ。印刷市場の変化と、工場を持ち続けるデメリット、それに工場を手放してデザインに特化するメリット。まず市場の状況から書き始めてみよう。

第2問　理由は２つ考えられる。１つは、３代目の前職の人脈を生かして外部との協力体制を強化すること。もう１つは、設問文を見て最初に連想した、３代目を次期社長として育成すること。これらを文章にまとめよう。

第3問　解答欄は100字だけど、利点と欠点をそれぞれ説明するには意外と手狭だ。それぞれ端的に、２つずつ挙げてみよう。

第4問　結局、あまりキーワードをメモできなかった。プロジェクト内の連携はとれているから、プロジェクト間の連携も強化するということかな？　協力企業が多岐にわたるから、サプライチェーンの効率化も必要だと思う。

第5問　与件文からA社の弱みや脅威は見えてきたので、それらを「長期的な課題」とみなして対処を書いてみた。もやっとする解答だが、きっとみんな同じだろう。

【手順５】見直し（〜80分）

句読点と「てにをは」を確認し、乱雑な字を書き直して試験終了。

３．終了時の手ごたえ・感想

　第４問と第５問は題意を的確に捉えにくく、雲をつかむような感覚で与件文の情報を拾い集めることとなった。あれも書いておけばよかった、という考えが頭をよぎってしまうので、さっさと再現答案を書いて次に切り替えよう。

~効果的なノートの作り方~

可能な範囲で参考書や過去問をデータ化し、タブレット端末に取り込み、コピペでオリジナルノートを作成。

合格者再現答案＊（みっちー 編）　　　　　　　　　　　事例Ⅰ

第1問（配点20点）　100字

印	刷	技	術	の	革	新³	で	新	規	参	入³	と	価	格	競	争	が	激	化²
し	、	工	場	で	職	人	が	分	業	す	る	活	版	印	刷	の	競	争	力
が	下	が	っ	た	た	め	、	印	刷	と	製	本	を	協	力	企	業	に	外
注⁴	し	デ	ザ	イ	ン	に	注	力	す	る	こ	と	で	、	高	付	加	価	値
な	美	術	品	分	野	に	絞	り	こ	み⁴	差	別	化	す	る⁴	た	め	。	

【メモ・浮かんだキーワード】　技術革新、新規参入、価格競争、高付加価値、差別化

【当日の感触等】　キーワードを盛り込めたとは思うけど、かなり冗長な文章になってしまった。100字もあるのだから、2文に分けたほうがよかった。

【ふぞろい流採点結果】　20/20点

第2問（配点20点）　100字

理	由	は	、	デ	ザ	イ	ン	事	業	を	成	長²	さ	せ	る	た	め	、	3
代	目	の	前	職	の	人	脈⁵	を	生	か	し	、	デ	ザ	イ	ナ	ー²	の	採
用³	や	外	部	協	力	体	制	の	構	築	を	進	め	、	競	争	力	を	高
め	る	た	め	。	さ	ら	に	3	代	目	の	部	門	統	括³	能	力	を	育
成	し	、	経	営	者	と	し	て	能	力	開	発⁵	す	る	た	め	。		

【メモ・浮かんだキーワード】　人脈、競争力、能力開発、育成

【当日の感触等】　3代目の前職の人脈を生かす点と、経営者として育成する視点。この2つは大きく間違ってはいないと思う。

【ふぞろい流採点結果】　20/20点

第3問（配点20点）　100字

利	点	は	①	既	存	の	印	刷	業	と	の	シ	ナ	ジ	ー	が	得	ら	れ
る⁴	。	②	紙	媒	体	に	依	存	し	な	い²	事	業	で	経	営	リ	ス	ク
を	分	散⁴	で	き	る	。	欠	点	は	①	業	界	の	競	争	が	激	し	く⁴
新	規	顧	客	の	獲	得	に	苦	戦³	。	②	経	営	資	源	が	印	刷	と
デ	ザ	イ	ン	に	分	散⁴	し	、	競	争	力	強	化	が	難	し	い	。	

【メモ・浮かんだキーワード】　シナジー、リスク分散、新規顧客、経営資源の分散

【当日の感触等】　多角化の一般的な長所と短所の説明になってしまった。もっとA社の事例に寄り添って書いたほうがよかった。

【ふぞろい流採点結果】　20/20点

～効果的なノートの作り方～
　ノートは作らない！　スプレッドシートにキーワードをメモする程度。

第4問（配点20点）　100字

外	部	企	業	と	の	関	係	発	展	の	た	め	に	、	①	人	材	交	流
の	活	性	化	と	共	同	研	修	に	よ	り	、		デ	ザ	イ	ン	力	や
力	関	係	の	強	化	を	図	る	。	②	プ	ロ	ジ	ェ	ク	ト	間	の	協
力	体	制	を	作	り	、	専	門	性	の	強	化	や	サ	プ	ラ	イ	チ	ェ
ー	ン	の	効	率	化	を	図	り	競	争	力	を	高	め	る	。			

【メモ・浮かんだキーワード】　人材交流、研修、関係強化、サプライチェーン

【当日の感触等】　非常に解きにくかった設問。確信をもって書けなかったが、大きく方向性を間違えているわけでもないので、部分点で稼げるだろう。

【ふぞろい流採点結果】　14/20点

第5問（配点20点）　100字

課	題	は	①	既	存	客	に	依	存	し	た	地	場	的	市	場	へ	の	偏
り	の	解	消	と	、	②	印	刷	と	デ	ザ	イ	ン	を	統	括	す	る	人
材	の	安	定	確	保	。	解	決	策	は	①	営	業	力	を	強	化	し	、
高	精	度	な	美	術	印	刷	と	広	告	デ	ザ	イ	ン	能	力	を	訴	求
す	る	。	②	採	用	強	化	と	外	部	協	力	体	制	の	拡	大	。	

【メモ・浮かんだキーワード】　新規市場、新規顧客、営業力強化、訴求軸、採用強化

【当日の感触等】　A社の弱みと脅威への長期的な対策を、与件文に素直に書いたつもりだった。「新規顧客の獲得」「市場開発」のワードを入れようと思っていたが、後で見返すと入れ忘れていてショックだった。

【ふぞろい流採点結果】　14/20点

【ふぞろい評価】　88/100点　　　【実際の得点】　72/100点

　全体的に多面的に要素が盛り込まれており、ふぞろい流の採点では高得点となりました。第1問、第2問、第3問の満点に加え、解答構成が難しかった第4問でも多面的に記載できており、安定して点数を確保できました。

Column

やる気が出ないときこそチャンス

　過去問の事例を1つ終わらせるには、解答時間の80分に加え、自己採点やわからなかったポイントの復習などで、計150分ぐらいはかかっていました。土日は家族と過ごすと決めていたので、主に平日の仕事終わりの夜に勉強していましたが、やらなきゃいけないとわかっていても、これから過ごす勉強時間の長さや残された睡眠時間を計算すると、疲労感から、なかなか過去問を解き出すことができない時期がありました。でもふとあるとき、自分の勉強する環境は、試験当日の時間割が進むごとに消耗が進んでいく状態に近いのではないかと考えました。この疲れた状況で過去問を解くことこそ、本番のシミュレーションになるに違いないと。それに気づいてからは、むしろモチベーションが上がらないときこそ貴重な精神状態と思えるようになり、前向きに勉強に取り組むことができました。

（ソーイチ）

~事例の効果的な復習方法~

　模範解答を参照した後、自分の文章で模範解答を書く。ただの写経より効果は抜群。

もっちゃん 編（勉強方法と解答プロセス：p.152）

1．当日朝の行動と取り組み方針

　朝早く起き、早めに会場へ（昨年度の受験の際、試験開始直前に会場に着いたところ、自分の席に別の人が座っていた！　それに声をかけてもなぜかなかなかどいてくれない！　という珍事があり、心を乱された経験があるので早めに行くことにした）。行きのコンビニでチョコレート、栄養ドリンクを買っていく。電車が遅れたり、道に迷ったりなど、試験当日は不測の事態が起きることがあるので、早めの会場入りがおすすめ。

2．80分間のドキュメント

【手順0】開始前（～0分）

　シャーペン（3本）、消しゴム（3個）、蛍光ペン（4色）、定規、卓上時計を机の上にセット。卓上時計と腕時計はそれぞれスマホの時間に合わせる。

【手順1】準備（～1分）

　受験番号の書き間違いがないかを確認。問題文の白紙部分をメモにするため、定規を使って破るが失敗。次に与件文の各段落に丸数字を振っていく。事例Ⅰは10段落。余白にとりあえず「茶化」と書く。

【手順2】与件文第1段落確認と設問解釈（～20分）

1段落目　1段落目を確認。「従業員15名」と「印刷・広告制作会社」にチェック。時制は「1960年」創業、「1990年」2代目が引き継ぎ、「2020年」3代目が承継。

第1問　主語が「2代目経営者」なので時制には注意。メモには「2代目経営者」と書く。「なぜ」「ファブレス化を行ったと考えられるか」なので、主語は「理由は」にする。ファブレス化のメリットを踏まえて与件文からキーワードを抜き出し、最後は「～するため」と締めよう。このまま最初に解答する方針でいく。

第2問　3代目は承継したばかりだけど、いきなりデザイン部門の統括かあ。何かのバックグラウンドがあったということかな。これも「なぜ」なので、「理由は」から始めて、キーワードを抜き出して「～するため」でいけそう。順番どおり2番目に解答。

第3問　第3問は「現経営者である3代目」が主語。「利点」と「欠点」が問いなので、50字ずつ配分しよう。解答用紙の51字目に薄く斜め線を入れておく。ドメイン拡大でシナジーが生じるかもしれないが、小規模でそんなにうまくいくのだろうか。これも順番どおり3番目に解答してよさそうか。

第4問　2代目が「外部の協力企業」と連携していたのを、3代目がどのように発展させるか。おそらく2代目のときには連携に何か問題があったのだろう。そこを与件文から拾えたらその解決策を自分なりに書くみたいな感じだろうか。

第5問　最後は「課題」と「解決策」が問い。「長期的な」という制約が気になる。とりあえず解答用紙の51字目に斜め線。よくわからない第4問を後回しにして先に第5問を解

～事例の効果的な復習方法～
　自分がなぜ模範解答の要素を書けなかったのかをとことん考える。

こう。

【手順３】与件文読解（〜40分）

[2段落目] 「当初は印刷工場」「職人」とあり、ファブレス化に関する導入かな。

[3段落目] 「1970年代」と横に書く。まだ初代。「大量・安価」がキーワードか。

[4段落目] 「2000年頃」と横に書く。「より安価な小ロット印刷」「新規参入が容易」「印刷の単価」がキーワードか。とにかく外部環境が悪化したみたい。

[5段落目] 「２代目が」「印刷機を持たない事業へと転換した」とファブレス化についての記載。第１問は５段落目が主か。「協力企業に依頼」は第４問の話だから、第１問と第４問のメモに（５）と書いておく。「美術印刷の分野にのみ需要を絞る」はファブレス化に関係しそうなフレーズ。

[6段落目] 「コンサルティングの工程のみを社内に残し」「ディレクション業務へと特化」もファブレス化か。第１問のメモに（６）も書く。よく見ると４段落目は2000年の話なので、第１問のメモには（４）とは書かないでおく。

[7段落目] 「デジタル化に経営資源を投入」「プログラミング」にチェック。

[8段落目] ３代目登場。「前職」の説明があり、第２問の内容か。「広告制作へと業務を拡大」はドメイン拡大だから第３問だろう。第２問と第３問のメモに（８）と書く。

[9段落目] 「協力関係を構築」とあり第４問のことだろうが、問題ないような……。

[10段落目] 「売り上げにおいて目立った回復のないまま」とあるから、課題は売上の向上だろうか。

【手順４】解答作成（〜79分）

[第１問] 大量・安価に印刷ができるようになり、工場を持つより、ノウハウで差別化したいということかな。「コンサルティング」や「高精度」「美術印刷」辺りをキーワードに解答を作ろう。

[第２問] ３代目について８段落目にメインで書いてあるので、あまり深入りせず８段落目から与件文どおりに拾っていくことにしよう。

[第３問] 第３問も８段落目がメインか。「新たな事業の案件を獲得していくことは難しかった」「非常に厳しい競争環境」「営業に資源を投入することも難しい」とあるから、現実は欠点のほうが多そうだし、欠点を気持ち多めに書くことにしよう。

[第５問] 課題は、最終段落の内容から新規顧客の創出だろうか。そうすれば「新規の需要を創造」や売上の話にも整合する。解決策は、営業力の向上ということになるかな。

[第４問] よくわからないし時間もないので、白紙だけは避けて思いついたことを書こう。

【手順５】見直し（〜80分）

見直す時間はほとんどなし。解答の文字が消えていないかだけギリギリ確認。

３．終了時の手ごたえ・感想

第４問は書けなかったなあ。まあ、白紙がなかっただけよしとして、気を取り直して事例Ⅱは頑張ろう。

〜事例の効果的な復習方法〜

２次試験に使えるキーワードを集約し、繰り返し確認し暗記した。

合格者再現答案＊（もっちゃん 編） ──── 事例Ⅰ

第1問（配点20点）　100字

理	由	は	、	**技**	**術**	**革**	**新**[3]	に	よ	り	大	量	・	安	価	な	印	刷	が
可	能	と	な	っ	た	外	部	環	境	の	変	化	に	対	し	、	コ	ン	サ
ル	テ	ィ	ン	グ	と	デ	ィ	レ	ク	シ	ョ	ン	業	務	に	**特**	**化**[2]	し	顧
客	の	細	か	い	ニ	ー	ズ	に	**対**	**応**[3]	し	、	高	精	度	な	美	術	印
刷[4]	に	差	別	化	集	中[4]	す	る	こ	と	で	対	応	す	る	た	め	。	

【メモ・浮かんだキーワード】　技術革新、大量・安価、ディレクション業務、美術印刷

【当日の感触等】　キーワードはある程度見つかったと思ったが、100字にまとめるのが難しく苦労した。時間もないので、こだわりすぎずほどほどで切り上げるしかない。

【ふぞろい流採点結果】　15/20点

第2問（配点20点）　100字

理	由	は	、	前	職	が	広	告	代	理	店	で	、	デ	ザ	イ	ナ	ー[2]	、
ア	ー	テ	ィ	ス	ト	と	の	共	同	プ	ロ	ジ	ェ	ク	ト	に	参	画	し
て	い	た	人	脈[5]	を	持	つ	3	代	目	の	ノ	ウ	ハ	ウ	を	生	か	す
こ	と	で	、	デ	ザ	イ	ン	と	印	刷	コ	ン	テ	ン	ツ	の	デ	ジ	タ
ル	化[1]	へ	の	経	営	資	源	の	集	中	を	円	滑	に	す	る	た	め	。

【メモ・浮かんだキーワード】　広告代理店、人脈、デザインとコンテンツのデジタル化

【当日の感触等】　与件文をそのまま抜き出して、貼り付けたような解答になった。ただ、時間をかけずに答案を埋めることができたのでよしとしよう。

【ふぞろい流採点結果】　8/20点

第3問（配点20点）　100字

利	点	は	、	高	精	度	な	印	刷	技	術	を	強	み	に	関	連	多	角
化	を	す	る	こ	と	で	シ	ナ	ジ	ー	が	**発**	**生**[3]	す	る	こ	と	。	欠
点	は	、	**競**	**合**	**他**	**社**	が	多	く	競	争	の	激	し	い[4]	分	野	に	参
入	す	る	こ	と	で	、	**経**	**営**	**資**	**源**	が	**不**	**足**	し[4]	、	営	業	力	を
伸	ば	す	こ	と	が	で	き	な	く	な	る[4]	こ	と	。					

【メモ・浮かんだキーワード】　関連多角化、シナジー、競合他社、経営資源の枯渇

【当日の感触等】　利点はほぼ一般論。欠点については、営業力を伸ばすことができないという締めは文章的におかしいような……。

【ふぞろい流採点結果】　15/20点

~試験勉強中の息抜きの方法~

サウナでととのうことで、思考をリセット！

第4問（配点20点）　　100字

３	代	目	が	統	括	す	る	デ	ザ	イ	ン	部	門²	を	新	設	し	、	デ
ザ	イ	ン	と	印	刷	コ	ン	テ	ン	ツ	の	デ	ジ	タ	ル	化	を	進	め
る	に	あ	た	っ	て	、	**外**	**部**	**企**	**業**	**と**	**の**	**協**	**力**	**関**	**係**	**を**	**強**	**め**
る⁵	こ	と	で	、	外	部	企	業	の	**専**	**門**	**性²**	を	自	社	に	取	り	入
れ	、	デ	ザ	イ	ン	力	を	さ	ら	に	強	み	と	す	る	。			

【メモ・浮かんだキーワード】　サプライチェーン、外部に依存

【当日の感触等】　すでに今の状態でよく直すようなところが見当たらない……。とりあえず、よくなりそうなアイデアをひねり出した感じ。

【ふぞろい流採点結果】　9/20点

第5問（配点20点）　　100字

課	題	は	**営**	**業**	**力**	**を**	**向**	**上³**	し	新	規	顧	客	を	創	出⁴	す	る	こ
と	に	よ	る	**売**	**上**	**拡**	**大¹**	で	あ	る	。	解	決	策	は	、	営	業	担
当	者	、	**営**	**業**	**部**	**署**	**の**	**新**	**設³**	に	よ	り	営	業	力	を	強	化	す
る	、	３	代	目	の	ノ	ウ	ハ	ウ	を	生	か	し	て	デ	ジ	タ	ル	分
野	を	強	み	と	し	て	**高**	**付**	**加**	**価**	**値**	**化¹**	を	図	る	こ	と	。	

【メモ・浮かんだキーワード】　新規顧客、営業力、3代目のノウハウ

【当日の感触等】　あまり与件文に寄り添えていないかも。しかも、組織・人事的な解答になっていない。でも第4問も残っているし、まずは埋めるしかない。「長期的な課題」に関する検討はまったくできなかった。

【ふぞろい流採点結果】　12/20点

【ふぞろい評価】　59/100点　　　【実際の得点】　77/100点

　全体的に多面的に要素が盛り込まれており、ほぼ合格点となりました。ただし、第2問で事業承継の要素を書けていない、第4問で関係性の発展による効果が書けていない等、一部多面性に欠ける解答となりました。

Column

資格勉強中で始めた趣味

　生きるために勉強しているのか、勉強のために生きているのかわからなくなっていたとき、絵の趣味を始めました。とりあえず、イラストの本を買って、ノートとシャーペンをカバンに詰め込んで、黙々と絵を描いていました。人体って意外と論理的につながっているんだなぁと思いながら描いていると、勉強のためのエネルギーが溜まり、よい気分転換になりました。時々行う趣味、おすすめです。

（マコト）

~試験勉強中の息抜きの方法~

散歩。景色を見ながら歩いていると、突然何かをひらめいたり、疑問だったことが理解できたりする。

80分間のドキュメント　事例Ⅱ

あっきー 編（勉強方法と解答プロセス：p.142）

1．休み時間の行動と取り組み方針

　事例Ⅰはそれなりの解答を書けた気がする！　テンション上がってきた！　まずはとりあえずトイレに行く。1次試験のときよりもトイレを待つ列が短くて安心。トイレから戻ったら、エナジードリンクを一口だけ飲んでパワー充填。飲みすぎて試験中にトイレに行きたくなっても困るしね。チョコパンも1個食べておこう。事例Ⅱは過去問では得意だったので、楽しんでいこう。

2．80分間のドキュメント

【手順0】開始前（～0分）

　ファイナルペーパーの確認は早めに切り上げて、周りを見渡しながら非日常感を楽しむ。問題用紙が配られたら、目をつむってリラックス。

【手順1】準備（～1分）

　まずは受験番号を記入。第1問はSWOT、もはや定番だね。全体的に解答文字数は多くはなさそう。問題をパラパラめくって業界を確認。豆腐屋さんか……。会社数も年々減っていて厳しい業界ってどこかで聞いたことあるな。よい助言ができるといいな。

【手順2】設問解釈（～10分）

第1問　定番のSWOT分析！　「2021年（令和3年）8月末時点」だから現在の状況だな。「移動販売の拡大およびネット販売の立ち上げを目的として」というのも重要だ。

第2問　「どの商品を、どのように販売すべきか」か。STP＋4Pに関連する問題だな。中小企業診断士試験でのいわゆるダナドコ問題。「ネット販売を通じ、地元産大豆の魅力を全国に伝えたい」という社長の思いも重要だぞ。

第3問　フランチャイズ！　フランチャイズかぁ〜。そんなに知識ないけど大丈夫かなぁ。聞かれているのは「どのような取り組みを実施すべきか」か。「高齢者顧客に対して」というのも重要だな。「置き配を導入する場合」とあるから新たな取り組みだな。与件文からヒントを探そう。

第4問　「製品戦略とコミュニケーション戦略」についての助言問題か。ターゲットはすでに「主婦層」と明確化されている。「菓子類の新規開発」とあるから、事例Ⅱでよくある地域との連携も入れる感じかな。

【手順3】与件文読解（～25分）

1、2段落目　度々表彰された人気の豆腐屋さんなのだな。「地元産大豆」や「こだわりの水」って強みに絶対使うよね。清流や小京都の面影など、X市自体にも高い魅力がありそうだな。「和菓子店」と「割烹」をわざわざ明記しているってことは、これらと地域連

～試験勉強中の息抜きの方法～

甘味とコーヒー。

携せよって言っているようなものでしょ。

4段落目　うわ、プライベート・ブランドに行ったのか。大手との価格競争に巻き込まれたら大変そうだけど大丈夫なのかな。設備を拡大した挙句、最終的にはコンペに負けて契約終了か。これ、かなり厳しい状況じゃない？

6〜8段落目　出ましたフランチャイズ。フランチャイザーはマーケティングや支援活動を担当。これは第3問でも使いそうだな。高齢者とは電話で、若者とはIMでやり取りしているのか。受注用サイトのノウハウがないのは弱みだな。ネット販売ではY社と協力しなさいってことだね。

9段落目　顧客関係性を向上させるイベントの話だな。豆腐丼おいしそう。段落の最後で唐突に「主婦層の顧客が少ない」と書いてある。弱みに書こう。

10段落目　新型コロナウイルス感染症（以下、新型コロナウイルス）！　コロナ禍で移動販売の売上が低下したり、収穫祭での食事会がなくなったりしたのは、「顧客関係性の低下」という観点で脅威だな。でも「自宅での食事にこだわりを持つ家庭が増え」とあるからこの点では機会だな。

【手順4】解答作成（〜75分）

第1問　30字は少ないな。与件文から拾ったキーワードを端的に入れていこう。

第2問　「ネット販売を通じ」とあるからY社と協力したほうがよいな。Y社もX市の魅力を全国に伝えたいと思っているし、一緒に地域活性化に取り組めそう。ネット販売だから、商圏は全国に広がるな。ターゲットは全国の食通や自宅での食事にこだわりを持つ家庭かな。ネット販売は差別化した魅力ある商品じゃないと競合との競争に勝つのは厳しいだろう。高級商品をラインナップとして揃え、豆腐丼のレシピも紹介しよう。

第3問（a）　フランチャイザーの役割は与件文にあるとおり「マーケティング活動」と「フランチャイジーの支援活動」だ。これを、置き配＆高齢者顧客向けに表現しよう。

第3問（b）　フランチャイジーについては難しいな……。移動販売と同じく、電話での営業活動に専念させるか？　でもそれじゃあ捻りがないような……。置き配という新たな取り組みだし、誤配や盗難、破損などのリスクもあるぞ。まずは、ちゃんとやるべきことをする、サービスレベルの均一化が重要かなぁ。自信ないけど、とりあえず書こう。

第4問　「豆腐やおからを材料とする菓子類の新規開発」とあるから、X市で人気の和菓子店とコラボした製品戦略は外せないよね。コミュニケーション戦略は難しいな。主婦層との関係性を向上させていきたいからニーズを聞いて、製品開発に反映とかかな。

【手順5】解答の見直し・再考（〜80分）

全体的に一般論寄りの解答になっていて、B社に寄り添えた解答になっていないかもしれない。第4問も「試食会を実施」って書いているけど、コロナ禍だから無理かも……？　でも直す時間はない。とりあえず汚い字を書き直して、これで出そう！

3．終了時の手ごたえ・感想

全体的にありきたりなキーワードの羅列で終わってしまい、B社の事業やコロナ禍の状況に沿った解答ができていなかったかもしれない。思ったより点数をもらえないかもしれないな。いつもは得意な事例だけに残念。

～試験勉強中の息抜きの方法～

他の勉強。英語、宅建など。

180 第3章 合格者による、ふぞろいな再現答案

合格者再現答案＊（あっきー 編） ── 事例Ⅱ

第1問 （配点20点）

①S 30字

地	元	産	大	豆[3]	や	水	に	こ	だ	わ	っ	た	豆	腐[2]	、	表	彰	実	績[1]
お	得	意	様	の	存	在	。												

②W 30字

主	婦	層	の	顧	客	が	少	な	い[2]	、	ネ	ッ	ト	販	売	の	ノ	ウ	ハ
ウ	が	な	い[3]	。															

③O 30字

自	宅	で	の	食	に	こ	だ	わ	り	を	持	つ	家	庭	の	増	加[3]	、	X
市	や	Y	社	と	の	関	係[1]	。											

④T 30字

新	型	コ	ロ	ナ	ウ	イ	ル	ス	感	染	症	の	ま	ん	延[3]	に	よ	る	顧
客	関	係	性	の	低	下	。												

【メモ・浮かんだキーワード】 ＳＷは自社分析の結果を、ＯＴは市場環境・PESTなどを使用

【当日の感触等】 まぁ、こんなもんかな。無難な解答ができたと思う。

【ふぞろい流採点結果】 ①5/5点 　②5/5点 　③4/5点 　④3/5点

第2問 （配点25点） 100字

自	宅	で	の	食	事	に	こ	だ	わ	り	を	持	つ[4]	主	婦	層[2]	や	豆	腐
愛	好	家	を	タ	ー	ゲ	ッ	ト	に	、	Y	社	と	協	力[1]	し	、	移	動
販	売	と	異	な	る	高	級	商	品[1]	を	、	地	元	産	大	豆	の	魅	力[3]
や	豆	腐	丼[3]	レ	シ	ピ	の	紹	介[1]	と	共	に	Y	社	サ	イ	ト[1]	で	販
売[3]	し	、	愛	顧	獲	得	と	地	元	ブ	ラ	ン	ド	強	化[2]	を	図	る	。

【メモ・浮かんだキーワード】 ダナドコ、愛顧獲得、ブランド強化、協業

【当日の感触等】 ちょっと冗長な文章になってしまった……。B社のプロダクトに合った打ち手になっているか怪しい。

【ふぞろい流採点結果】 21/25点

～おススメ疲労回復法～
マッサージに行く。

第3問（配点30点）

（a）　50字

高齢者向けの置き配の説明資料の作成[6]や、問い合わせ窓口の設置[5]により、顧客関係性と支援体制を強化[1]する。

【メモ・浮かんだキーワード】　マーケティング活動、支援活動

【当日の感触等】　フランチャイジー支援の施策を中心に書いてみたけど、どうかなぁ。大外しはしていないとは思う。

【ふぞろい流採点結果】　12/15点

（b）　50字

置き配の手順や注意点についてフランチャイザーの指示を守り、サービスレベルの均一化と維持・向上を図る。

【メモ・浮かんだキーワード】　？？？

【当日の感触等】　うーん、これは何を書けばよいのだろう。今までどおり電話での営業も必要と思うけど、初めての試みだからリスクもあるよな。まずはサービスレベルの均一化を図ろう。方向性が外れてもおまけで何点かもらえるだろう。最後まで何を書くか悩んだ。

【ふぞろい流採点結果】　0/15点

第4問（配点25点）　100字

新規顧客を獲得[4]するため、X市で人気の和菓子店とコラボ[6]し、和菓子店や移動販売で試食会を実施[2]する。その後、試食会で得られた主婦層からのニーズを活用[4]し新製品の改良・開発を行い、愛顧向上[4]と売上増加[2]を図る。

【メモ・浮かんだキーワード】　ダナドコ、和菓子店とのコラボは必須、愛顧向上、売上増加、協業

【当日の感触等】　第3問（b）が気になって集中できず。それでも無難なキーワードは入れられたかな？「試食会」の記載はコロナ禍を考えると間違いだったかもしれない。

【ふぞろい流採点結果】　19/25点

【ふぞろい評価】　69/100点　　　【実際の得点】　65/100点

　第3問（b）はキーワードが盛り込めておらず、点数が伸びなかったものの、そのほかの設問では要求に沿ったキーワードを適切に盛り込めていることから、バランスよく得点を積み重ねられており、全体で合格点以上を達成できています。

~おススメ疲労回復法~
お風呂にゆっくり浸かって、そのあとストレッチ。

みほ 編（勉強方法と解答プロセス：p.144）

1．休み時間の行動と取り組み方針

　休み時間に大切なのは、とにかくコンディションを整えること。お手洗いに行き、水分をとり、フィナンシェを食べる。座ってばかりなので会場内を少し歩いて体をほぐす。目が疲れているから3分くらい目を閉じてじっとする。1次試験のときもそうだったけど、受験生は男の人が多いな。

　休み時間の途中、試験監督から「事例Ⅰで受験番号を間違えている人がいました」とのアナウンス。そういう人はどうなってしまうのだろう。0点になるのだろうか。私も気をつけなければ。

2．80分間のドキュメント

【手順0】開始前（～0分）

　事例Ⅱは、ダナドコ、固定客、継続購買、ブランド、愛顧向上が大事で、解答の最後は売上拡大へとつなげる。事例Ⅰが全然できていないかもしれないけど、ほかで取り返せばよいわけだし、頑張ろう！

【手順1】準備（～1分）

　受験番号は絶対に間違えないように。1文字ずつ確認しながら。

【手順2】設問解釈（～5分）

第1問　SWOT分析ね。これは定番のやつ。練習してきたとおりに、4色のマーカーでそれぞれSWOTを塗り分けながら読もう。

第2問　「どの商品を、どのように販売」「ターゲットを明確にした上で」と、制約を押さえて書かないといけない。

第3問　高齢者顧客に対する置き配といえば、アレかな？　フランチャイザー、フランチャイジーが出てきたか。あまり勉強していないな、わかるかな。

第4問　豆腐やおからを使ったお菓子で主婦層を獲得したい、と。コミュニケーション戦略って、SNSとか口コミとかそういうのかな……。

【手順3】与件文読解（～25分）

1～2段落目　清流に表彰、京都で修行した社長、とSWOTの強みが盛りだくさんじゃない。「新しい素材を使った菓子で人気を博す和菓子店」、第4問で使いそうなもの見つけた。これだから設問文を先に読むことが大事だ。

3～4段落目　スーパーマーケットの進出か、ありがちな話だ。PB、うまくいっていたのに終わってしまったんだ。打ち切られたときのダメージが大きいのがPBの怖いところ。

5段落目　工場も人も減らしてなかなか大変。今度はY社が出てきた。カギかっこ付きのワードだ！　カギかっこ付きはポイントになることが多いらしい。赤いペンで丸を付けておこう。

6～8段落目　フランチャイズの話が出てきた。高価格帯の商品が多いのは中小企業に

～オススメ疲労回復法～
ホットアイマスク。

第1節　80分間のドキュメントと再現答案　**183**

とってはよいことだな。デモンストレーションの成功体験もよい。なかなか強みの多い企業なのでは？　フランチャイズの問題でこの段落を使いそうだから、「移動販売」と与件文の隣に書いておこう。デジタル系は少し苦戦しているみたい。

[9段落目]　収穫祭！　こういう顧客との関係性を作るイベントは大事。豆腐丼おいしそうだなあ。主婦層の顧客が少ないけど、収穫祭には子連れの参加者が増えているのね。また1つカギかっこ付きの言葉だ。丸を付けよう。

[10段落目]　今年は新型コロナウイルスが出るのか。想定外だった。でもリアルに想像できるな。豆腐丼、よっぽど人気なのね。「手作り豆腐セット」、昔家で作ったことがあるけどおいしかったなあ。ラストに社長の夢が書いてある。「社長が何を目指しているか」が、結局のところ一番大事だって聞いたことがある。これにも丸を付けておこう。

【手順4】解答作成　（～75分）

[第1問]　強みがありすぎて困ったな。「強みなんてなんぼあってもいいですからね～」とはいえども（注：『ふぞろい14』の多年度生との脳内会話）。とりあえず書いておいて、最後の見直しでほかの問題で使わなかったものを入れることにしよう。

[第2問]　制約に沿って考えよう。「豆腐に旅をさせるな」だから、手作り豆腐セットが通販に適している。与件文にある「自宅での食事にこだわりを持つ家庭」も使えそう。

[第3問]　それぞれ50字は短いな。あえて「高齢者顧客」と設問文で限定されているのだから、見守りサービスを入れよう。

[第4問]　これは和菓子店との連携に違いない。コミュニケーション戦略は、自社サイトがない以上、移動販売で試作品を配ってニーズ収集かな。デモンストレーション販売が成功体験なのだし。コロナ禍だけど、試作品を家で食べてもらって後日感想を聞くことなら可能なはず。問題はそこまで解答には書ききれないこと。

[第1問（2回目）]　「月替わりの高価格帯商品」は強みだと思うけど、第2問～第4問で使えなかった。だから第1問の強みに入れよう。

【手順5】全体見直し　（～80分）

　PBのくだりを一切解答に入れなかったけど大丈夫かな。過去問でもそういう問題はあったしきっと大丈夫……。あ、やっぱり第4問に京文化の訴求を入れよう。私の腕時計だと残り時間は1分。消して書いて、間に合うかな、やってみよう（なんとか間に合ったものの、信じられないくらい手が震えてうまく文字が書けなかった）。

3．終了時の手ごたえ・感想

　12時をまたぐ試験で豆腐の問題って！　お腹空いたなあ。事例Ⅰに比べれば全体的によく書けたはず。

　（すぐ後ろに座っている夫と会話をして）第4問でIM使うの？　思いつかなかったな。あと、顧客リストも持っていたんだね。大事なところを見落としていた。与件文が長いと途中から読み方が雑になるなあ。

~モチベーションアップの方法~

試験後後悔している自分を思い浮かべる。

184 第3章 合格者による、ふぞろいな再現答案

合格者再現答案＊（みほ 編） ── 事例Ⅱ

第1問（配点20点）

①S　　　　　　　30字

水[2]	と	地	元	産	大	豆	に	こ	だ	わ	っ	た	豆	腐[3]	や	季	節	替	わ
り	の	高	価	格	帯	の	商	品	。										

②W　　　　　　　30字

自	社	の	受	注	用	サ	イ	ト	を	作	る	ノ	ウ	ハ	ウ	が	な	い	こ
と[3]	。																		

③O　　　　　　　30字

置	き	配	の	ニ	ー	ズ[2]	、	豆	腐	丼	を	惜	し	む	声[1]	、	高	齢	層
か	ら	の	支	持	。														

④T　　　　　　　30字

コ	ロ	ナ	禍[3]	に	よ	る	人	的	接	触	を	避	け	る	傾	向[1]	。	主	婦
層	が	少	な	い	こ	と	。												

【メモ・浮かんだキーワード】 地元産大豆、高付加価値、高齢顧客の支持、ネット販売のノウハウなし、置き配、豆腐丼を惜しむ声、コロナ、主婦層

【当日の感触等】 Sに該当するものが多く、どれを書くか迷った。

【ふぞろい流採点結果】 ①5/5点　　②3/5点　　③3/5点　　④4/5点

第2問（配点25点）　　100字

地	元	産	大	豆	を	使	っ	た	豆	腐	と	手	作	り	豆	腐	セ	ッ	ト[4]
を	、	自	宅	で	の	食	事	に	こ	だ	わ	る[4]	主	婦	層[2]	に	販	売	す
る	。	Ｙ	社	サ	イ	ト[1]	に	掲	載[3]	さ	せ	て	も	ら	い	、	こ	だ	わ
り	を	伝	え	、	豆	腐	丼[3]	の	レ	シ	ピ	を	公	開[1]	し	て	米	や	水
と	の	関	連	購	買[2]	を	促	進	す	る	。								

【メモ・浮かんだキーワード】 ダナドコ、レシピ、豆腐丼、関連購買

【当日の感触等】 弱み（自社サイトを作るノウハウがない）の克服と、強み（手作り豆腐セット）を機会（自宅での食事にこだわる層の増加、豆腐丼を惜しむ声）に投入、の2つの観点からよく書けていると思う。

【ふぞろい流採点結果】 20/25点

~モチベーションアップの方法~
会社の資格取得報奨金のページを見る。

第3問 （配点30点）

（a）　　　　　　　　　50字

注文用のチラシ[2]を制作・配布[6]して継続購買を促す[1]。注文の電話[2]をB社でも受けて、顧客の利便性を確保する[1]。

【メモ・浮かんだキーワード】　継続販売、利便性

【当日の感触等】　置き配時に注文用紙を回収したら効率的だと思うけど、字数が少なくてそこまでうまく書ききれなかった。

【ふぞろい流採点結果】　9/15点

（b）　　　　　　　　　50字

見守りサービスを行うとともに、商店街の店舗と連携して御用聞きを行い[5]、顧客ロイヤルティを高める[2]。

【メモ・浮かんだキーワード】　見守りサービス、商店街と連携した御用聞き

【当日の感触等】　高齢者顧客といえば見守りサービス、と安易に考えてしまったが、後日、置き配でどう見守るのだろうと反省した問題。

【ふぞろい流採点結果】　7/15点

第4問 （配点25点）　　　100字

京都で修行した和菓子店と連携[6]して商品を開発する。割烹店で販売してもらい、京都との関連[3]を訴求する。移動販売で試作品を配り[2]、顧客の感想[4]を商品開発に活かすとともに、ファンを獲得[4]し口コミを誘発[2]する。

【メモ・浮かんだキーワード】　和菓子店とのコラボレーション、京都、試作品、ニーズ収集、口コミ、顧客獲得

【当日の感触等】　割烹店を出すべきか迷った。コロナ禍で試作品はナシかもしれない、部分点がもらえなかったらけっこう痛い、と思いつつ書いてしまった。

【ふぞろい流採点結果】　21/25点

【ふぞろい評価】　72/100点　　　【実際の得点】　62/100点

第3問（b）では「置き配」に関するキーワードが不足していたために点数が伸びなかったものの、それ以外の設問では多面的なバランスよい解答ができているため、ふぞろい流採点では高得点となっています。

~モチベーションアップの方法~

目標とする人のBlogやVlogをチェックする。

けんけん 編（勉強方法と解答プロセス：p.146）

1．休み時間の行動と取り組み方針

　終わった事例について今は振り返らない。次は最も苦手の事例Ⅱ様。昨年度受験時も今年の模試でも一番点数が低く苦手意識が本当に強い。去年は本当に書けなくて時間なくて社名間違えて書いたなぁ、など席でボーッとしながらドライフルーツで糖分チャージ。程よい甘みと酸味で気持ちも頭もリフレッシュ！　ドライキウイはイチオシです。チャージ後にファイナルペーパーを読み返し、「ダナドコ」「社長の思い」と繰り返す。

2．80分間のドキュメント

【手順0】開始前（〜0分）

　問題用紙が配られ開始を待つまでの数分。この1年を思い出しこの80分が勝負だと気合を入れる。事例Ⅱは苦手だけど与件文は読みやすいし面白いし好きなんだよな、など入れ込みすぎない適度なリラックス状態で開始を待つ。

【手順1】準備（〜1分）

　いつもどおり与件文パートを切り離し。解答用紙をチラ見し文字数など傾向が大きく変わっていなさそうで一安心。

【手順2】設問解釈（〜5分）

第1問　SWOT分析か。定番だけど「2021年（令和3年）8月末時点」とか「移動販売の拡大およびネット販売の立ち上げを目的」として解答しないといけない。注意だな。条件部分をマーク。

第2問　ネット販売の戦略か。「ダナドコ」を漏らさないようにすることと、設問には明記されていないけど効果まで書くことを忘れちゃいけないな。

第3問　置き配の取り組みについて、なんだかすごく今っぽいけど、あまり独創性を発揮しすぎないように注意だな。フランチャイザーとフランチャイジーは覚えている、よかった。念のために上ザー、下ジーと小さくメモ。

第4問　豆腐やおからを材料とするお菓子の開発？　おからクッキーとかのこと？　製品戦略とあるから何かしら考えなくてはいけなさそう。こんなときは与件文にコラボ対象があるはず。

【手順3】与件文読解（〜20分）

2段落目　B社が老舗の豆腐屋か。高品質路線でうまくいっていたようだな。商圏のX市は京都で修行した人が多いのか。この辺りコラボ候補かな。

3〜4段落目　環境変化について書かれている。まだ2000年までだから第1問のSWOTとは時期が違う。横に「昔」と書き込み。「祖父と父のポリシーに反するが」の箇所も経営者の思いだから大事。私は経営者の思いに寄り添う診断士です（笑）。

5段落目　ここにも「X市の魅力を全国に」とあるな。でもこれはY社の思いだから混同

～モチベーションアップの方法～
　合格したときにご褒美に自分に買う物を決めておく。

しないように注意。「Y社が」と近くに書き込んでおく。Y社もコラボ対象候補だな。

6段落目　ここから移動販売が始まるようだ。フランチャイズ方式も説明されている。整理できていたから少し残念。

7段落目　スーパーの高価格帯よりさらに高い価格か。品揃えが少し多そうなんだけど弱みになっていくのかな。

8段落目　デモンストレーション販売が成功しているようだ。成功事例の共有はフランチャイズの強みだよね。自分の仕事と関係もあるからイメージが湧く。一方でサイトのノウハウがないのは明らかな弱みだな。

9段落目　豆腐丼か。おいしい？　それ？　でも好評なのか。お米はさっきのY社とコラボできるよね。これはどこかの設問で盛り込みたい。販売も伸ばし続けているようだし脅威がまだ見当たらない。

10段落目　いきなり「しかしながら」からスタート。逆接は怖いよね。新型コロナウィルス？　与件文に出てきてしまったよ。そういえば昨年あった「影響は考慮する必要はない」っていう注意事項なくなっている。あれ？　もしかして事例Ⅰでもやらかしちゃった？　とプチパニック。必死に気持ちを落ち着かせながら「～といった夢をこの機にかなえたい」B社社長の思いをマーク。私は取り乱しても経営者の思いに寄り添う診断士です！

【手順4】解答作成（～78分）

第1問　SWOTはマークしながら読んでいるから丁寧に切り分けるだけ。時制と条件にだけはしっかり注意。文字数が少ないけど2つずつくらいは詰め込みたいな。

第2問　どの商品を、って後半に出てきた手作りセットしかないよね。Y社とコラボして手作り豆腐丼なんて事例Ⅱっぽいんじゃないかな。コラボはここで盛り込んでみよう。

第3問　フライチャイザーはマーケティング支援が役割だから現実ではCMとクーポンとかだな。CMはB社にとって現実味がないから導入案内としておこう。あとは利用者増やニーズ把握を取り組みの効果として盛り込んでおこう。フランチャイジーは電話での直接的なコミュニケーションかな。効果は定番の顧客愛顧を高める、でいいかな。

第4問　お菓子の開発をどうしたらよいのかヒントが見つけられない。普通はコラボ対象が与件文のなかにあるものなのに……。時間もないし製品戦略は素材のよさによる差別化、とかふわっとしたことを書いておこう。少しは点数ください。

【手順5】全体見直し（～80分）

　相変わらず余裕はないな。全体を一読して雑な文字は少しきれいにしておくくらいしかできない。

3．終了時の手ごたえ・感想

　第4問のお菓子類の新規開発が気になるなぁ。どこかにヒントがあったんだろうか。助言せよ、が多かったから「効果」を忘れずに盛り込んで解答することができた。大事故は起こしていないだろう。

～それでもモチベーションが上がらないときの過ごし方～

寝る。

188　第3章　合格者による、ふぞろいな再現答案

合格者再現答案＊（けんけん 編）　　　　　事例Ⅱ

第1問（配点20点）

①S　　　　　　　30字

①	登	録	後	フ	ィ	ー	が	不	要	②	地	元	産	大	豆	豆	腐³	の	手
作	り	豆	腐	セ	ッ	ト	が	人	気										

②W　　　　　　　30字

①	自	社	で	の	サ	イ	ト	開	発	ノ	ウ	ハ	ウ	が	な	い³	②	主	婦
層	の	顧	客	が	少	な	い²	こ	と										

③O　　　　　　　30字

リ	モ	ー	ト	ワ	ー	ク	の	浸	透¹	で	自	宅	で	の	食	事	に	こ	だ
わ	る	家	庭	が	増	え	て	い	る³										

④T　　　　　　　30字

感	染	症	防	止³	の	た	め	戸	別	訪	問	の	断	り²	、	販	売	促	進
イ	ベ	ン	ト	の	縮	小²	が	発	生										

【メモ・浮かんだキーワード】　2021年8月末時点／移動販売／ネット販売立ち上げ

【当日の感触等】　時制と条件について注意しながら字数一杯まで使えた。複数盛り込めた設問もあるし、ここはこれでOKでしょ。

【ふぞろい流採点結果】　①3/5点　　②5/5点　　③4/5点　　④5/5点

第2問（配点25点）　　100字

自	宅	で	の	食	事	に	こ	だ	わ	る	層⁴	、	主	婦	層²	を	タ	ー	ゲ
ッ	ト	に	手	作	り	豆	腐	セ	ッ	ト⁴	を	販	売	す	る	。	水	源	や
原	材	料	へ	の	こ	だ	わ	り	を	訴	求	、	Ｙ	社	と	コ	ラ	ボ	し
新	米	と	手	作	り	豆	腐	セ	ッ	ト²	に	よ	る	豆	腐	丼³	な	ど	高
付	加	価	値	の	差	別	化	戦	略	に	て	販	売	拡	大	を	狙	う	。

【メモ・浮かんだキーワード】　ダナドコ／ターゲットを明確／Ｙ社の新米

【当日の感触等】　ターゲットをもう少し短く言い換えできれば盛り込める要素を増やせるんだけど、「意識高い系」とかしたら点数入らないだろうし、余った字数は主婦層もターゲットとして保険をかけておこう。

【ふぞろい流採点結果】　15/25点

～それでもモチベーションが上がらないときの過ごし方～
　一旦休んで子供と戯れる。

第3問 （配点30点）

（a）　　　　　　　　50字

顧	客	リ	ス	ト¹	か	ら	置	き	配	導	入	案	内	、	利	用	ク	ー	ポ
ン	、	ア	ン	ケ	ー	ト	な	ど	を	配	送⁶	し	利	用	拡	大	、	ニ	ー
ズ	把	握	に	活	か	す¹	。												

【メモ・浮かんだキーワード】　マーケティング／支援／利用拡大／売上＝客数×単価×頻度

【当日の感触等】　現実で使われているような策をそのまま書いてみた。売上構成の客数を伸ばすことを狙いにしておけば（b）とも収まりがよい気がする。

【ふぞろい流採点結果】　8/15点

（b）　　　　　　　　50字

配	送	後	電	話³	連	絡	を	行	い⁵	、	商	品	提	案⁴	、	ニ	ー	ズ	把
握⁵	の	機	会	と	す	る	こ	と	で	顧	客	愛	顧²	を	高	め	利	用	頻
度	向	上	を	図	る	。													

【メモ・浮かんだキーワード】　直接のコミュニケーション／現場の声

【当日の感触等】　こちらで単価、利用頻度を高める策を書けたから役割分担がよい感じの解答になったと思うけど、どうかな？

【ふぞろい流採点結果】　15/15点

第4問 （配点25点）　　100字

製	品	戦	略	は	水	源	の	良	さ	や	原	材	料	の	こ	だ	わ	り	に
よ	る	差	別	化²	を	行	う	。	掲	示	板	に	よ	る	双	方	向	コ	ミ
ュ	ニ	ケ	ー	シ	ョ	ン²	や	新	製	品	モ	ニ	タ	ー	の	募	集	、	IM⁵
で	の	情	報	発	信	を	行	う	こ	と	で	ニ	ー	ズ	を	把	握⁴	し	製
品	開	発	や	、	顧	客	愛	顧	向	上⁴	を	図	る	。					

【メモ・浮かんだキーワード】　ダナドコ／双方向コミュニケーション

【当日の感触等】　お菓子類の新規開発がうまく書けなかった。その分コミュニケーション戦略に字数を割けたけど、あまり自信がないな。

【ふぞろい流採点結果】　15/25点

【ふぞろい評価】　70/100点　　　【実際の得点】　61/100点

　第2問では明確な販売方法の記載がなく、また第4問では製品戦略面で得点となる記述がなく点数が伸びなかったものの、それ以外の設問は設問要求に沿ったキーワードを多く盛り込み、得点を伸ばしたことから、全体では合格点を維持できています。

~それでもモチベーションが上がらないときの過ごし方~
　とりあえず、事例Ⅳの財務諸表分析で手を動かしはじめる。

事例Ⅱ

さと 編（勉強方法と解答プロセス：p.148）

1．休み時間の行動と取り組み方針

　事例Ⅰできなかったな……。落ち込むけど、切り替えなきゃ。女性用お手洗いが混雑していないのが診断士試験の好きなところ。少しストレッチしてリフレッシュ。席に戻り、試験勉強のお供にしていた高カカオチョコを頬張りながら、事例Ⅱファイナルペーパーを確認。今年はどんな事例企業が出るかな。

2．80分間のドキュメント

【手順0】開始前（〜0分）

　「ダナドコ」「ジオ・デモ・サイコ」の視点忘れずに。B社のありたい姿、社長の夢・思い、地域の繁栄・地域資源を考えよう。いざ、事例Ⅱ！

【手順1】準備（〜1分）

　まずは受験番号を記入。問題用紙破り、ページと段落振りのルーティーンも完了。今年は4問構成か。100字以内でそれほど文字数は多くない。今年は豆腐の製造販売業者か、過去問には醤油メーカーもあったし、大豆好きの出題者がいるのかな。

【手順2】設問解釈①（〜6分）

第1問　今年もSWOT分析か。「2021年（令和3年）8月末」の時点に要注意だ。
第2問　設問要求は「ネット販売を通じた地元産大豆の魅力の訴求に関する助言」か。よし「ダナドコ」だな。最終的な効果まで書くことを意識しよう。
第3問　（a）フランチャイズ方式ね。一般知識が求められてそうだな。
第3問　（b）ザー（大手）からジー（中小）で覚えたフランチャイズ方式。フランチャイジーは個別対応、独自の取り組みについて書くのかな。
第4問　設問要求は「菓子類の新規開発、移動販売における製品戦略とコミュニケーション戦略に関する助言」か。「双方向」「情報発信」「情報収集」とかが重要になりそう。

【手順3】与件文読解（〜20分）

1、2段落目　豆腐づくりに必要な水は重要な地域資源だな。表彰歴があるのは令和2年度事例Ⅰの日本酒メーカーと似ている。和菓子店や割烹料理店は地域の外部資源としてどこかで使うかも。旅館の事例となんだか似ているな。
3段落目　スーパーマーケットは脅威。2代目は工場新設、雇用増、生産量拡大と事業を拡大したのね。
4、5段落目　ここから3代目の現社長登場。PBを始めたけど、売上の約半分も占めるのは弱みにもなりそう。PB失注を契機に事業譲渡を行ったのか。事業承継やM&Aへのメッセージ性を感じるなあ。Y社ECサイトはネット販売で活用しそう。Y社はX市の魅力を全国に伝えている成功企業なのね。
6、7段落目　豆腐の移動販売の開始か、面白い！　フランチャイズ方式を利用するのね。原材料や品揃えの見直し、高価格帯商品の設定等、他社との差別化を行っていること

〜勉強を諦めそうになった自分を奮い立たせた一言〜

諦めたらそこで試合終了ですよ。

は重要そう。

8段落目　戸別訪問や駐車場での販売が中心と。井戸端会議って過去問にも出ていたな。デモンストレーション販売は成功事例と。自社受注サイトではなく、IM を利用しているのね。IM を使えば人件費削減にもなりそうだな。サイトは Y 社で補完できそう。

9段落目　顧客リスト（＝ DB）出てきた。何かに使えそう。収穫祭にはさまざまな世代が参加しているのね。豆腐丼はどこかで使うのかな。「豆腐に旅をさせるな」って一生忘れなさそう。主婦層の顧客獲得が B 社の課題ね。

10段落目　お、新型コロナウイルス出てきた。去年までとの大きな違いだな。機会、脅威の情報が盛りだくさんだ。主婦層に人気の「手作り豆腐セット」は、9段落の課題解決につながるかも。置き配のニーズもあるのね。そして、「豆腐やおからを材料とする菓子類による主婦層の獲得」と「地元産大豆の魅力を伝える全国向けネット販売」が B 社の目指す方向だな。よし設問解釈に戻ろう。

【手順４】設問解釈②・解答メモ作成（〜40分）

第1問　30字だから２要素で十分。移動販売の拡大とネット販売の立ち上げにつながるものを選ばなきゃ。強みはすでに人気の手作り豆腐セット？　弱みはやっぱり自社サイト関連か、機会は在宅勤務関連かな、脅威はなんだろ、収穫祭がなくなったこと？　でもこれって弱みか、うまくまとまらないから次にいこう。

第2問　成功事例で主婦層に手作り豆腐セットが人気となっていたし、自宅での食事にこだわりを持つ家庭が増えているという機会もあって、顧客獲得という課題もあるから、ターゲットは主婦だな。ジオ・デモ・サイコで肉付け。商品はすでにある手作り豆腐セットが無難かな。どのようには設問にあるとおりネット販売だな。自社サイトを持っていないから、Y 社の外部資源を活用しよう。効果は地域への言及を忘れずに。

第3問　（ a ）置き配ということは、これまでの戸別訪問や駐車場販売での交流はできなくなるから、IM を使うことになるよね。フランチャイザーは画一的に本部からマーケティング支援を行うから、情報発信機能が中心になるのかな。

第3問　（ b ）高齢者は IM 利用が苦手だからまずは利用してもらう仕組みづくりが必要なのかな、個別にフランチャイジーからの情報発信もしたいな。個別対応をアピール。

第4問　製品戦略には顧客の声を反映したいから、DB の活用や移動販売時に収集がよいかな。コミュニケーション戦略は過去問でよく見た双方向性のある情報発信について書こう、第3問と内容重複するけどまあいいか。

【手順５】解答作成（〜80分）

　第1問の SWOT に時間を使いすぎて、またしても、終了10分前に第4問が白紙……。手を動かしてなんとか埋めよう、急げ！　見直しできず……。

３．終了時の手ごたえ・感想

　あれ、豆腐丼使っていない、口コミ効果も和菓子店も書けていない。事例Ⅱでも悔いが残る形になってしまった……。また今年もダメなのかな。

～勉強を諦めそうになった自分を奮い立たせた一言～
　憧れの先輩の「コンサルの女性っていいよね」という何気ない会話。

合格者再現答案＊（さと 編）　　　　　　　　事例Ⅱ

第1問（配点20点）

①S　　　　　　30字

手	作	り	豆	腐	セ	ッ	ト	が	移	動	販	売	で	、	既	存	顧	客	以
外	の	主	婦	層	に	人	気	。											

②W　　　　　　30字

自	社	の	受	注	用	サ	イ	ト	作	成	ノ	ウ	ハ	ウ	が	な	く[3]	、	投
資	資	金	も	な	い	こ	と	。											

③O　　　　　　30字

戸	別	販	売	や	置	き	配	へ	の	変	更	希	望	の	声[2]	。	リ	モ	ー
ト	ワ	ー	ク	の	浸	透[1]	。												

④T　　　　　　30字

戸	別	訪	問	の	断	り[2]	や	収	穫	祭	で	の	食	事	会	中	止[2]	で	顧
客	と	の	接	点	が	減	少	。											

【メモ・浮かんだキーワード】　移動販売とネット販売に生かせるSWOT

【当日の感触等】　設問でSWOTを限定しているのが難しいな、一般的なB社の特徴よりも具体的に書くのかな。とりあえず書いてみたけど自信ないな。

【ふぞろい流採点結果】　①0/5点　　②3/5点　　③3/5点　　④4/5点

第2問（配点25点）　　100字

全	国	の	自	宅	で	の	食	事	に	拘	り	を	持	つ[4]	主	婦[2]	向	け	に	、
出	来	た	て	の	豆	腐	が	味	わ	え	る	手	作	り	豆	腐	セ	ッ	ト[4]	
を	販	売	す	る	。	食	通	顧	客	が	利	用	す	る	Y	社	EC	サ	イ	
ト[1]	を	利	用[3]	し	、	地	元	産	大	豆	や	水	の	良	質	さ	を	訴	求[3]	
し	、	地	域	ブ	ラ	ン	ド	及	び	収	益	を	向	上[2]	。					

【メモ・浮かんだキーワード】　ダナドコ、地域ブランドの浸透、X市の魅力

【当日の感触等】　豆腐丼使わなかったのはまずかったかな、ダナドコは意識して書けたはず！　ターゲットは押さえた気がする。

【ふぞろい流採点結果】　19/25点

～勉強を諦めそうになった自分を奮い立たせた一言～
やめていいんだよ、という妻の一言。逆に火がついた。

第3問 （配点30点）

（a）　　　　　　　50字

①IMで収集した顧客要望を製品開発[5]に反映[1]。②IMを通して、顧客好みのレシピ等の情報を発信する。

【メモ・浮かんだキーワード】　IMでの応答、商品情報提供

【当日の感触等】　IMのことばっかり書いているなあ、フランチャイザー側だから本部の目線ということ？　うーん、わからない……。

【ふぞろい流採点結果】　6/15点

（b）　　　　　　　50字

①IMの利用方法を丁寧に伝え[5]、高齢者のIM利用を促進。②IMで個別に顧客の好みを収集[5]し顧客毎に商品を提案[4]。

【メモ・浮かんだキーワード】　顧客ごとの対応、IMフォロー

【当日の感触等】　（a）と比較して個別対応については強調できた気がする。でも（a）と書いていることがほとんど同じになってしまった。

【ふぞろい流採点結果】　10/15点

第4問 （配点25点）　　100字

①既存の顧客DBや移動販売時に顧客の好みを収集[4]し、顧客の反応を反映した製品を開発、②試食[2]でモニタリングも行う、③レシピ等の情報発信を行い、双方向のコミュニケーション[2]を図り、顧客満足を向上[4]させる。

【メモ・浮かんだキーワード】　情報の収集と発信、顧客満足度向上、DBの活用

【当日の感触等】　やばい、あと10分しかないのに空欄だ。うーん、製品開発って第3問でも書いたけど、製品戦略だから書かなきゃ。時間がない。

【ふぞろい流採点結果】　12/25点

【ふぞろい評価】　57/100点　　　　【実際の得点】　53/100点

　第2問ではキーワードがバランスよく書けています。しかし、第3問でターゲットに対するキーワードを盛り込めず、第4問では顧客との双方向コミュニケーションに関する記述が多く多面的な解答ができていないため、得点が伸びませんでした。

~勉強を諦めそうになった自分を奮い立たせた一言~

　3年目受験するか悩んでいたときに、セミナーにお誘いいただいて、受験を決意できました。

みっちー 編（勉強方法と解答プロセス：p.150）

1．休み時間の行動と取り組み方針

　記憶が新しいうちに、事例Ⅰの再現答案をメモ帳に書きなぐるように文字起こしした。終わった科目への未練を引きずらないための儀式みたいなものだ。これで事例Ⅰのことは安心して忘れられる。

　空いたタイミングを見計らってトイレに行き、試験会場をそぞろ歩きして気分転換。試験開始15分前には席に戻り、ファイナルペーパーに目を通して事例Ⅱの注意事項を確認した。「顧客はジオ・デモ・サイコで設定する」「売上を伸ばすには、客単価を上げるか客数増やすか」「双方向コミュニケーションで顧客満足を高めて、固定客になってもらう」。

2．80分間のドキュメント

【手順0】開始前（〜0分）

　伸びをして深呼吸。ファイナルペーパーの内容を思い返して、どのような顧客にどのような価値を提供すべきか考えながら与件文を読むことを改めて意識。事例Ⅱは苦手意識を持っていないので、落ち着いて設問の意図を読み解こう。

【手順1】準備（〜1分）

　問題の表紙を切り離して裏面にメモの準備。解答用紙に受験番号を記入し、解答欄のサイズを確認。設問は4つしかないのか。文字数もそこまで多くはなさそうだ。でもその代わり、書く内容を厳選する必要がありそう。さあ次はどんな中小企業だろうか。

【手順2】設問解釈（〜5分）

第1問　シンプルなSWOT分析だけど、「移動販売の拡大およびネット販売の立ち上げを目的として」という制約つき。しかも文字数が30字しかないから厳選して書かないと。与件文の内容をよく把握したうえで、書く内容を絞り込まないといけないので、あえて最後に解こう。

第2問　オンライン化について問われるということは、今年度は新型コロナウイルスの影響も考慮するのか。制約条件は、ネット販売を活用することと、地元産大豆の魅力を全国に伝えること。「ターゲットを明確にして」という制約を忘れないように、もう解答欄の冒頭に「ターゲットは」と書いてしまえ。

第3問　置き配か、これも時代だな。あれ、フランチャイザーとフランチャイジー、どっちが本部でどっちが加盟店だっけ？　与件文に書かれているといいな……。加盟店は顧客とのコミュニケーションやニーズの聞き取り、本部はマーケティング活動、商品開発、加盟店への支援、といったところが解答の切り口になりそうだ。

第4問　今後の戦略を問う問題は、だいたい難問だと考えてよいと思う。「主婦層」「菓子類」という制約条件に注意して製品戦略を考えよう。双方向コミュニケーションにも触れたほうがよさそうだ。

〜私のストレス解消法〜
　寝る。食う。遊ぶ。

第1節　80分間のドキュメントと再現答案　*195*

【手順3】与件文読解（〜25分）

1、2段落目　今年度は豆腐屋さんかあ。場所は清流に恵まれた小京都。お、高山市かな？地元産の大豆と水は強みとして生かしたい。

3段落目　2代目に引き継ぎ。スーパーマーケットの増加という脅威に注意。

4段落目　プライベート・ブランドを獲得したけど、コンペで敗れて終了。厳しいなあ。

5段落目　今度は米穀店Y社？　なるほど、炊飯に適した水をB社から買うのか。Y社のサイトは何か活用できないかな。

6段落目　よかった、フランチャイザーとフランチャイジーの違いが書かれている。

7、8段落目　地元産の強みを生かした高価格帯商品で客単価向上。高齢者顧客とのやり取りは電話でよいとしても、自社サイトがないのは弱みかも。

9段落目　顧客とのコミュニケーションに成功しているみたい。食育に関連づけるのも素敵ですね。豆腐丼も活用したいけど、「旅をさせるな」がネックだな。主婦層の獲得も今後の課題。おや、「販売を伸ばし続けていた」？　不穏な過去形だ。

10段落目　ここで新型コロナウイルスの危機。「手作り豆腐セット」はネット販売と相性がよさそうだから、第2問の解答に活用できそう。置き配は主婦層を獲得したい。

【手順4】解答作成（〜75分）

第1問　強みは地元産と高品質、弱みはネット販売の不足と顧客の年齢層の偏り、機会は自宅での食事で需要があること、脅威は新型コロナウイルス。各30字しかないので、キーワードを厳選したり短く言い換えたりして詰め込もう。

第2問　自宅での食事にこだわる家庭が増えた、という与件文のヒントをもとにダナドコを設定しよう。手作り豆腐セットは販売実績もあるから、あとは魅力の発信方法を考えれば、実現可能な施策になるはず。

第3問　フライチャイジーのほうが具体的な活動をイメージしやすいから、そちらを先に書こう。フランチャイザーの役割は、フランチャイジーの統括と支援、情報集約と商品開発について触れよう。

第4問　9段落目で食育に触れていたのをヒントに、子供に与える菓子や、収穫体験を提案しよう。「顧客関係性の強化」と、効果までしっかり書いておこう。

【手順5】第1問の厳選と全体見直し（〜80分）

B社の豆腐は高品質で、人気商品もあるし、顧客との関係も良好。強みが多くて絞れない！　あえて優先順位をつけるなら、地元産原料を使った高品質な豆腐、という点だな。最後に全体をざっと見て、句読点や「てにをは」をチェックしよう。

3．終了時の手ごたえ・感想

終始ダナドコを意識させられる事例だった。ネット販売と置き配では顧客層も異なってくるはずだ、という点に気づいて解答を書けた点はよかったと思う。むしろ、文字数の少ない第1問が難しかった。あれも書けばよかったんじゃないかと、試験後になっても考えをめぐらせてしまった。

〜私のストレス解消法〜

運動！　汗かいてビールでプハーッ！　でストレスは泡と一緒になくなります。

合格者再現答案＊（みっちー 編） ──────────── 事例Ⅱ

第1問（配点20点）

①S　　　　　　　30字

地	元	産	の	大	豆³	と	水	に	こ	だ	わ	っ	た²	高	品	質	な	豆	腐
で	差	別	化	し	て	い	る	。											

②W　　　　　　　30字

自	社	受	注	サ	イ	ト	が	無	い³	。	既	存	顧	客	は	高	齢	者	に
偏	り	、	主	婦	が	少	な	い²	。										

③O　　　　　　　30字

自	宅	の	食	事	に	こ	だ	わ	る	家	庭	が	増	え³	置	き	配	や	ネ
ッ	ト	販	売	の	需	要	増	加²	。										

④T　　　　　　　30字

感	染	症	が	ま	ん	延³	し	、	試	食	中	止¹	や	訪	問	販	売	の	拒
否²	が	増	え	て	い	る	。												

【メモ・浮かんだキーワード】　SWOT、VRIO、地元産原料、高品質、顧客層、置き配、ネット販売、新型コロナウイルス

【当日の感触等】　とにかく文字数が少ないので、書く内容を厳選するのに苦戦した。

【ふぞろい流採点結果】　①5/5点　　②5/5点　　③5/5点　　④5/5点

第2問（配点25点）　　100字

タ	ー	ゲ	ッ	ト	は	、	自	宅	の	食	事	に	こ	だ	わ	り⁴	高	品	質
で	出	来	立	て	の	豆	腐	を	求	め	る	消	費	者	。	地	元	産	大
豆	と	水	を	使	っ	た²	手	作	り	豆	腐	セ	ッ	ト⁴	を	販	売	し	、
地	元	産	へ	の	こ	だ	わ	り	、	豆	腐	丼³	の	魅	力	、	豆	腐	に
合	う	調	味	料	を	紹	介	し	、	魅	力	を	伝	え³	固	定	客	化¹	。

【メモ・浮かんだキーワード】　ダナドコ、豆腐丼、訴求軸、固定客化

【当日の感触等】　ターゲットを具体的に設定できた。何を売り、どのような点を訴求するかも明確化したけど、「固定客化」は蛇足だったかもしれない。

【ふぞろい流採点結果】　17/25点

~私のストレス解消法~

自宅の裏の森を散策。野鳥に目覚めてしまい、新しい趣味に。

第3問（配点30点）

（a）　　　　　　　　　50字

受	注	・	配	達	情	報	を	統	括	し	、	高	齢	者	の	多	い	地	域
へ	の	活	動	支	援	、	高	齢	者	の	ニ	ー	ズ	に	合	わ	せ	た¹	セ
ッ	ト	商	品	開	発⁵	を	行	う	。										

【メモ・浮かんだキーワード】　情報の統括、営業活動支援、商品開発

【当日の感触等】　フランチャイジーから上がってくる情報を統括したうえで、マーケティング戦略を打ち出すというのが大枠かな。

【ふぞろい流採点結果】　6/15点

（b）　　　　　　　　　50字

電	話³	で	高	齢	者	顧	客	と	連	絡	を	と	り	、	配	達	完	了	を
報	告⁵	す	る	。	ま	た	、	高	齢	者	の	要	望	や	調	理	方	法	な
ど	ニ	ー	ズ	を	聞	き	取	る⁵	。										

【メモ・浮かんだキーワード】　高齢者顧客と電話連絡、配達報告、ニーズの聞き取り

【当日の感触等】　実際に顧客に対応する仕事ということで、フランチャイザーよりは役割が連想しやすかった。

【ふぞろい流採点結果】　13/15点

第4問（配点25点）　　　100字

製	品	戦	略	は	、	地	元	産	大	豆	と	水	を	使	っ	た	、	安	心
し	て	子	供	に	与	え	ら	れ	る	菓	子	を	提	供	す	る	。	コ	ミ
ュ	ニ	ケ	ー	シ	ョ	ン	戦	略	で	は	、	①	移	動	販	売	時	に	地
元	産	大	豆	を	PR	②	親	子	で	の	原	料	大	豆	収	穫	体	験	等
で	、	顧	客	関	係	性	の	強	化⁴	と	固	定	客	化⁴	を	図	る	。	

【メモ・浮かんだキーワード】　ダナドコ、地元産原料、食育、顧客関係性の強化

【当日の感触等】　与件文で食育に触れていたことから、子供を巻き込んだ製品・PR活動を連想。移動販売時のPR方法を具体的に書けなかったけど大丈夫かな。

【ふぞろい流採点結果】　7/25点

【ふぞろい評価】　63/100点　　　【実際の得点】　53/100点

　　第2問で販売方法が明確に書けておらず、また第4問で「子供」という着眼点がふぞろい流とは違っていたために得点が伸びなかったものの、それ以外の設問でキーワードがバランスよく盛り込まれており、カバーできていました。

~私のストレス解消法~

料理。家庭菜園で作った野菜と、スーパーの見切り品野菜でスープや炒め物を作っていた。

もっちゃん 編（勉強方法と解答プロセス：p.152）

1．休み時間の行動と取り組み方針
　休み時間には、買っておいたチョコレートを食べながらファイナルペーパーを読む。「売上＝客単価×客数」「ダナドコ」「ジオ・デモ・サイコ」「４Ｐ」などの内容を思い浮かべながら過ごす。

2．80分間のドキュメント
【手順0】開始前（～0分）
　当初は蛍光ペンの色をキーワードごとに使い分けようと思っていたが、事例Ⅰでそこまで余裕はないことを悟ったので、事例Ⅱも1色で挑もう。

【手順1】準備（～1分）
　受験番号を丁寧に書く。白紙破り（失敗）、段落番号を振る。事例Ⅱも10段落。チラッと新型コロナウイルスという文字が見えた。

【手順2】与件文第1段落確認と設問解釈（～20分）
1段落目　1段落目を確認。B社は「豆腐」の製造販売業者。「滑らかな豆腐づくり」とあり、製品の品質が強みになりそう。

第1問　SWOT分析。「2021年8月末時点」とあり時制に注意。目的も「移動販売の拡大」と「ネット販売の立ち上げ」という制約がある。メモの第1問に縦にS、W、O、Tと記載し、その横に該当しそうな段落番号を書いていく。解く順番は最初。

第2問　「ダナドコ」のフレームでいけそう。「どのように」については「ネット販売を通じ」という制約がある。第2問も順番どおりに解こう。

第3問　「移動販売」はフランチャイズ方式だった。「ダナドコ」のうち「誰に」には「高齢者顧客」が、「どのように」には「置き配」という制約がある。第3問のメモにはフランチャイザーとフランチャイジーごとに縦にN、D、Kと書いておく。50字ずつの割に配点が大きく第3問も順番どおりに解こう。

第4問　これも「ダナドコ」。「誰に」は「X市周辺の主婦層」で、「何を」は「菓子類」、「どのように」は「移動販売」。その具体的な内容が問いか。「製品戦略」と「コミュニケーション戦略」はそれぞれ50字ずつ配分する形で、解答用紙の51字目に斜め線。第4問は最後に解く。

【手順3】与件文読解（～45分）
2段落目　「地元産大豆」「水にこだわった」は強み。「和菓子店」「割烹の板前」は協業で使えそう。和菓子店は第4問に関係か。第4問のメモに（2）と記載。

3段落目　「農村部の工場」も強みか。「量販店の出店」は脅威っぽいけど卸販売をすることで対応できたのかな。

4段落目　「2015年」にPBが終わったので、これは第1問との関係では機会ではなく脅威のほうになりそう。

～私のストレス解消法～
　ゴルフの練習。

第1節　80分間のドキュメントと再現答案　**199**

5段落目　X市思いのY社登場。自社サイトがあり、「全国の食通」はターゲットっぽい。「コラボ企画」をやっているくらいだから、協業が出てきそうだ。

6段落目　移動販売の開始。フランチャイジーは販売に専念、フランチャイザーはマーケティング活動と役割分担ができているみたい。

7段落目　品揃えも強みになり得るな。単価も高い。

8段落目　移動販売では「戸別訪問」「駐車場販売」「デモンストレーション販売」といろいろな施策をしている。成功体験は別の施策として転用できそう。第1問にネット販売とあったのに、自社サイトを作れないのは弱みかな。

9段落目　「収穫祭」、イベント来た。大豆の収穫体験や食事会も使えそう。「豆腐丼」って珍しいな。お腹が減ってきた。「主婦層の顧客が少ない」は第4問での課題かな。高齢者の顧客が多いのは、弱みにもなりそう。

10段落目　コロナ禍で戸別訪問ができない、食事会も中止というのは脅威でよさそう。「自宅での食事にこだわりを持つ家庭」はターゲットっぽい記載。ここで「主婦層」「菓子類」が出てきて第4問か。「置き配」は第3問。「全国向けネット販売」は第1問。与件文にボリュームがあって読むだけで結構時間を使ってしまった。

【手順4】解答作成（～79分）

第1問　製品自体の強みは書きたい。高齢者顧客が多いことや、自社サイトが作れないのは弱み。脅威は新型コロナウイルスでよいだろう。機会はぱっと思いつかなかったが、Y社とつながりができたことだろうか。

第2問　（誰に）「手作り豆腐セット」が自宅での食事にこだわりを持つ主婦層に人気だったから、ターゲットは全国の主婦層でよさそう。第4問のターゲットは「X市周辺の」主婦層だから、区分けもできている。（何を）与件文で推されている「豆腐丼」かな。（どのように）B社は自社サイトを作れないから、Y社と協業するしかなさそう。効果は、新規顧客獲得からの売上向上で締めよう。

第3問　（a）置き配自体が新型コロナウイルスという脅威に対応した施策だから、さらに掘り下げるのが難しい……。成功体験を転用させる方向で書こう。

第3問　（b）フランチャイザーとフランチャイジーの切り分けがよくわからない。フランチャイジーは販売に専念だから、より顧客に近づいた施策ということかな。

第4問　菓子類は今までのB社の事業と異なる分野だから、製品開発には協業が必要だろう。コミュニケーション戦略は顧客の声を聞くってことかな。移動販売だから直接感想を聞くこともできる。

【手順5】見直し（～80分）

　事例Ⅰに続き見直す時間はほとんどなし。文字が消えていないかだけ確認。

3．終了時の手ごたえ・感想

　フランチャイザーとフランチャイジーならではの施策がわからなかったなあ。それに収穫祭や食事会についてほとんど答案で触れていない。白紙がないだけよしとしよう。

～私のストレス解消法～

ガジェットや専門書を買うこと。

合格者再現答案＊（もっちゃん 編） ──────── 事例Ⅱ

第1問（配点20点）

①S　　　　　　　30字

地	元	産	大	豆	に	こ	だ	わ	っ	た	豆	腐[3]	が	品	揃	え	豊	富	で、
単	価	が	高	い	こ	と	。												

②W　　　　　　　30字

顧	客	に	高	齢	者	が	多	い	、		自	社	の	受	注	用	サ	イ	ト	を
作	る	ノ	ウ	ハ	ウ	が	な	い[3]	。										

③O　　　　　　　30字

X	市	企	業	と	協	力	し	て	ネ	ッ	ト	販	売	を	し	て	い	る	Y
社	と	の	つ	な	が	り[1]	。												

④T　　　　　　　30字

新	型	コ	ロ	ナ	ウ	イ	ル	ス[3]	に	よ	り	、		食	事	会[2]	や	戸	別	訪
問	に	支	障[2]	が	で	た	こ	と	。										

【メモ・浮かんだキーワード】　こだわり、自社サイト、協業、コロナ

【当日の感触等】　「新型コロナウイルス」でかなり字数をとられてしまった。余裕があったら推敲しよう。

【ふぞろい流採点結果】　①3/5点　　②3/5点　　③1/5点　　④5/5点

第2問（配点25点）　　100字

自	宅	で	の	食	事	に	こ	だ	わ	り	を	持	つ[4]	全	国	の	主	婦	層[2]
を	タ	ー	ゲ	ッ	ト	と	し	、		品	揃	え	豊	富	な	豆	腐	セ	ッ	ト[4]
や	Y	社	の	米	と	コ	ラ	ボ	し	た[2]	豆	腐	丼[3]	を	、	Y	社	と	協
業	し	Y	社	サ	イ	ト[1]	で	販	売[3]	す	る	。	こ	れ	に	よ	り	、	新
規	顧	客	を	獲	得[1]	し	、	売	上	向	上[2]	を	図	る	。				

【メモ・浮かんだキーワード】　全国の主婦層、Y社とのコラボ、豆腐丼

【当日の感触等】　コラボするって答案としてあんまりふさわしくないかも。

【ふぞろい流採点結果】　23/25点

~私のストレス解消法~
韓国ドラマの一気見。

第3問（配点30点）

（a） 　　　　　　　　50字

置	き	配	に	チ	ラ	シ[2]	を	入	れ	月	替	わ	り	商	品	を	紹	介[6]	し
た	り	、	顧	客	に	電	話[2]	を	し	て	家	族	の	収	穫	祭	参	加	を
提	案	し	、	愛	顧	向	上[1]	。											

【メモ・浮かんだキーワード】　チラシ、電話、収穫祭

【当日の感触等】　フランチャイザーとフランチャイジーの切り分けが難しい。チラシはむしろフランチャイジーがやることかもしれない……。

【ふぞろい流採点結果】　9/15点

（b） 　　　　　　　　50字

商	品	と	共	に	在	庫	と	な	っ	た	豆	腐	を	用	い	た	試	食	品[1]
や	、	豆	腐	に	合	う	料	理	の	レ	シ	ピ[1]	を	入	れ	て	お	く[5]	こ
と	で	、	関	連	購	買	増	加[1]	。										

【メモ・浮かんだキーワード】　在庫、試食

【当日の感触等】　IMを一切拾ってないけど大丈夫かな。

【ふぞろい流採点結果】　7/15点

第4問（配点25点）　　100字

新	し	い	素	材	を	使	っ	た	菓	子	で	人	気	の	和	菓	子	店	と
協	力[6]	し	て	菓	子	類	の	新	規	開	発	に	取	り	組	む	と	と	も
に	、	移	動	販	売	先	の	主	婦	層	か	ら	ア	ン	ケ	ー	ト	を	す
る	こ	と	で	ニ	ー	ズ	を	収	集[4]	し	製	品	開	発	に	生	か	す	こ
と	で	、	顧	客	関	係	性	を	強	化[4]	し	売	上	を	向	上[2]	さ	せ	る 。

【メモ・浮かんだキーワード】　和菓子店、協業、ニーズ収集、顧客関係性強化

【当日の感触等】　製品戦略とコミュニケーション戦略をあまり切り分けることができなかった。書いた後に思ったが、和菓子で豆腐は新しい素材といってよさそう。

【ふぞろい流採点結果】　16/25点

【ふぞろい評価】　67/100点　　　**【実際の得点】**　56/100点

　第1問では「O：機会」が1つの要素のみで構成されており、得点が伸び悩んだ可能性があります。第3問（b）、第4問でキーワードの不足が見られるものの、第2問ではバランスのよい解答で得点を伸ばすことができています。

〜本番力の磨き方〜

　80分に慣れること、他の試験や模試で試験会場の雰囲気に慣れること。

80分間のドキュメント　事例Ⅲ

あっきー 編（勉強方法と解答プロセス：p.142）

1．昼休みの行動と取り組み方針

得意の事例Ⅱで手ごたえを感じることができず少し悲しくなったが、考えても仕方がないのですぐに頭を切り替える。お昼休みはちょっと長めの1時間。ただ、外出することもなく、ほかの休み時間と同様にトイレに行って、ファイナルペーパーをパラパラめくってリラックスする。お昼ご飯はチョコパン2個。ここでもエナジードリンクを一口飲んで次に備える。

2．80分間のドキュメント

【手順0】開始前（〜0分）

次は、苦手意識の強い事例Ⅲ。余計なことを書いて大外しすることもある難敵だ。焦らずすべての設問に解答して部分点を狙う。過度な期待はしない。

【手順1】準備（〜1分）

受験番号を最初に記入して、与件文を軽く眺める。業界は革製バッグ業界。さて、頑張ろう！　ちなみに、僕は問題用紙を切り取りません。

【手順2】設問解釈（〜10分）

第1問　強みと弱みの記述。「革製バッグ業界における」という記載は重要だぞ。与件文を読みながら対応しよう。

第2問（a）　「効率化を進める上で」の課題か。与件文を読んで見極めるしかないな。「受託生産品の製造工程について」というのも、おそらく重要なポイントだ。

第2問（b）　課題に対する対応策だな。与件文を読みながら（a）と一緒に考えてみよう。シンプルな問いだから何かは書けそうだな！

第3問　自社ブランド製品の開発強化を実現するための、製品企画面と生産面の課題か。2種類書くのを忘れないようにしなきゃ。解答欄の1行目に「製品企画面の課題は」、3行目に「生産面の課題は」と書いておこう。

第4問　選択式の問題だ。中小企業の基本戦略は差別化集中戦略だし、「手作りで高級感」のほうが有力な気がするな。「直営店事業を展開する上で」という記載も要注意。

【手順3】与件文読解（〜25分）

2段落目　一貫受託生産ができるのは強みだろうな。一方で、受注生産品は低価格品が主体になっているのか。これは弱み候補かな。

3段落目　手作り感のある高級仕様の自社ブランド品か。高価格品でも引き合いが増えていそうだし、収益にも貢献しているし、これは強みだな。

4段落目　自社ブランド製品を生み出すには熟練職人が必要なのだな。企画・開発コンセ

〜本番力の磨き方〜

マインドマップに書き出して、自分の行動を決めてしまう。完全に行動をコントロールする。

第1節　80分間のドキュメントと再現答案　*203*

プトはブレないようにしよう。第4問にも使えるかな。

5段落目　社長の思いは要チェック。新製品の企画・開発経験が少ないことは弱みだな。

6段落目　生産管理担当者の業務多くない？　生産計画は月1回、そして都度変更。事例Ⅲで定番の指摘ポイントだね。

7、8段落目　受託品は受注生産。受注量よりも多いロットサイズでの生産は指摘ポイントだ。自社ブランド製品は見込生産。受注予測の精度が悪そうだ。

10段落目　裁断工程だけど、資材発注・在庫管理に課題がありそうだ。

11、12段落目　この段落の縫製工程と仕上げ工程がボトルネックかな？　熟練職人の存在が重要だけど、作業割り当てが熟練度に基づいていることは指摘ポイントかな。忙しい縫製工程で修理も担当するのか。作業を分けることはできないのかな。

13段落目　製造全体の技術習熟が進んでいないのは第4問で改善提言が必要かな。

【手順4】解答作成（～75分）

第1問　強みは熟練職人の高い技術、一貫受託生産が可能なこと、人気の自社ブランドを持つこと。おそらくこれで大丈夫。事例Ⅲの弱みはいろいろ目について悩むんだよなぁ。ビジネス的な観点で、受注製品が低価格なこと、新製品の企画・開発経験の少なさは書こう。生産面ではいろいろあるぞ。部分点狙いで生産管理水準の低さを書くか……。

第2問（a）設問分析のときにはなんとかなりそうな気がしたけど、よくよく考えると何を書けばよいかわからないぞ……。「受託生産品の製造工程について」とあるから、工程について書かなくちゃいけない？　それだと生産計画について書いたらダメなのかな……。うーん、わからん。とりあえず1つは縫製工程の作業者技術の均一化と負担軽減について書こう。2つ目は生産計画の都度変更の改善について書いておこう。

第2問（b）課題さえ書けば、対応策はそれに合ったものを書くだけ。1つ目は若手職人の育成などを書こう。2つ目は受注量が年々小ロット化していることに触れて、生産計画の短サイクル化を書こう。結構時間使っちゃったけど自信ないな。最後に見直しの時間を確保しよう。

第3問　製品企画面では、直営店販売に沿った新製品の企画・開発力の強化。生産面では書くこといっぱいあるなぁ。とりあえずキーワードになりそうなものを並べておこう。

第4問　これは現在までのコンテクストを考えても「高級路線」一択でしょ！　若手へのOJTや、コンセプト維持の重要性について書こう。早く第2問に戻るんだ！

【手順5】第2問再考（～80分）

第2問　「製造工程について」だから、やっぱり生産計画面での指摘は違う気がする。とはいえ何を書けばよいかわからん。うーん、時間もない。「工程全体の平準化と多能工化」について書いておこう。自信は皆無！

3．終了時の手ごたえ・感想

　第2問は、悩んで時間を浪費した割に全然自信がない。第3問も第4問も時間がないなかでなんとか埋めたレベルだな。与件文で把握した指摘ポイントもうまく使えていない。うーん、50点取れていたらよいほうかな。事例Ⅲは苦手だし、仕方がないね。切り替えていこう。

~本番力の磨き方~

　当日、かなり消耗したなかで試験に向かうことを想定し、平日夜の仕事終わりをメインに過去問勉強。

204　第3章　合格者による、ふぞろいな再現答案

合格者再現答案＊（あっきー 編）　　　　　　　　　　事例Ⅲ

第1問（配点20点）
（a）強み　　　　　　　40字

熟	練	職	人[2]	の	高	い	縫	製	技	術[2]	、	企	画	か	ら	完	成	品	ま
で	の	一	貫	受	託	生	産[3]	、	自	社	ブ	ラ	ン	ド[3]	の	人	気	。	

（b）弱み　　　　　　　40字

受	注	製	品	は	低	価	格	品[3]	が	多	い	、	新	製	品	の	企	画	・
開	発	経	験	の	少	な	さ[4]	、	生	産	管	理	水	準	の	低	さ[1]	。	

【メモ・浮かんだキーワード】　技術力、一貫受託生産、ブランド力、低価格、企画・開発力、生産管理。

【当日の感触等】　まあ、無難な記載ができたかな。6割は取れていてほしい。

【ふぞろい流採点結果】　（a）10/10点　　　（b）8/10点

第2問（配点30点）
（a）課題　　　　　　　20字

縫	製	工	程[2]	の	作	業	者[1]	技	術	の	均	一	化[1]	と	負	担	軽	減[1]	。

（b）対応策　　　　　　80字

O	J	T	に	よ	る	若	手	職	人[1]	の	育	成[2]	に	よ	り	作	業	者	の
技	術	の	均	一	化	を	図	り	、	熟	練	度	依	存	に	よ	る	熟	練
職	人[1]	へ	の	過	剰	負	担	を	是	正[2]	す	る	。	修	理	作	業[1]	の	専
任	化	に	よ	り	、	縫	製	工	程[1]	の	業	務	負	担	を	軽	減[2]	す	る。

【メモ・浮かんだキーワード】　OJTによる教育、過剰負担の是正、専任化

【当日の感触等】　何を書けばよいのかわからない。とりあえず何か書かなければと焦る。書いてはみたものの、工程の効率化とは論点ズレてるかも。

【ふぞろい流採点結果】　（a）5/5点　　　（b）6/10点

（a）課題　　　　　　　20字

工	程	全	体[2]	の	平	準	化[1]	と	多	能	工	化	。						

（b）対応策　　　　　　80字

機	械	化	の	進	ん	で	い	る	裁	断	工	程	や	検	品	工	程	を	含
む	、	全	体	の	ラ	イ	ン	バ	ラ	ン	シ	ン	グ	を	行	う	。	こ	の
際	、	熟	練	技	術	の	不	要	な	作	業	に	つ	い	て	は	、	作	業
員[1]	の	多	能	工	化	を	進	め	、	業	務	の	平	準	化[2]	を	行	う	。

〜本番力の磨き方〜
　　過去問を80分で解く。時計は試験本番の時刻に合わせてから始める。

【メモ・浮かんだキーワード】 平準化、多能工化

【当日の感触等】 1つだけでもわからないのに、2つ書かせるなんてひどい。とにかく埋めるも、何度も修正してドツボにはまる。

【ふぞろい流採点結果】 （a）3/5点　　（b）3/10点

第3問（配点20点）　120字

製	品	企	画	面	の	課	題	は	、	**顧**	**客**	**の**	**ニ**	**ー**	**ズ**	**収**	**集**[4]	や	対
応	能	力	を	**研**	**修**	**等**	**に**	**よ**	**り**	**強**	**化**[2]	し	、	直	営	店	販	売	に
沿	っ	た	**新**	**製**	**品**	**の**	**企**	**画**	**・**	**開**	**発**	**力**	**の**	**強**	**化**[4]	。	生	産	面
で	は	、	**生**	**産**	**計**	**画**	**見**	**直**	**し**	**の**	**短**	**サ**	**イ**	**ク**	**ル**	**化**[2]	、	原	材
料	等	の	発	注	管	理	等	、	適	切	な	生	産	管	理	等	を	実	施
作	**業**	**員**	**の**	**技**	**術**	**力**	**向**	**上**[3]	で	競	争	力	強	化	を	図	る	。	

【メモ・浮かんだキーワード】 顧客ニーズ、企画・開発力強化、生産計画、発注管理、生産管理

【当日の感触等】 第2問で時間を使いすぎて、キーワードの羅列で終わる。タイムマネジメントがうまくできていない。過去問をもっとたくさん解いて、試験慣れしておけばよかったと後悔する。

【ふぞろい流採点結果】 15/20点

第4問（配点30点）　140字

熟	**練**	**職**	**人**	**の**	**手**	**作**	**り**[2]	で	高	級	**感**[2]	を	出	す	こ	と	を	提	案
す	る	。	対	応	は	、	①	**自**	**社**	**ブ**	**ラ**	**ン**	**ド**	**製**	**品**	**の**	**製**	**造**[2]	を
熟	練	と	若	手	の	2	人	体	制	で	行	い	、	**O**	**J**	**T**	に	よ	り
技	**術**	**を**	**習**	**得**[7]	さ	せ	る	。	②	独	自	の	**熟**	**練**	**技**	**術**	で	希	少
価	**値**	**を**	**高**	**め**[7]	、	既	存	コ	ン	セ	プ	ト	を	維	持	し	既	存	顧
客	と	の	関	係	性	を	維	持	・	向	上	さ	せ	、	新	規	顧	客	も
獲	得	し	、	他	社	と	の	差	別	化	と	**売**	**上**[3]	**向**	**上**[5]	を	図	る	。

【メモ・浮かんだキーワード】 OJT、コンセプトの維持、差別化、売上向上

【当日の感触等】 時間がない！　けど、ここは高級路線一択だ！　既存顧客との関係性も重要だし、C社の強みを生かして競争優位性を維持しなくては。とりあえず、それだけはしっかり書こう！

【ふぞろい流採点結果】 28/30点

【ふぞろい評価】 78/100点　　【実際の得点】 71/100点

　全体的に重要なキーワードを用いて、設問要求に適切に解答できています。本人の手ごたえとしても苦戦した様子の第2問ですが、生産計画面からの切り口が加わると、より隙のない解答となったかもしれません。そのほかの問題では、多面的な解答ができており、ふぞろい流では高得点となっています。

~本番力の磨き方~
　本番と同じスケジュールで過去問4事例を解く。

みほ 編（勉強方法と解答プロセス：p.144）

1．昼休みの行動と取り組み方針
　長丁場のこの試験、とにかくコンディションを整えることが大事。お昼ご飯のときは試験のことは忘れて、ゆっくり食べる。そして10分間の睡眠。起きたら会場内を少し長めに散歩し、体をほぐす。渋谷の会場はビルの上のほうで、外に出るのが面倒なのが残念。準備が整ったら、事例Ⅲに向けてノートの最終チェックをする。夫と話したいけど、会場内でおしゃべりをしている人はいなくて目立ってしまうので、小声で少し話すくらいしかできない。

2．80分間のドキュメント
【手順0】開始前（～0分）
　事例Ⅲは「QCDの改善」が大事。そのためには生産計画のスパンを短くして、教育により多能工化して、ラインバランシングを行うこと。苦手な事例だったけど、その分時間を割いて勉強したから、きっと大丈夫。事例Ⅰの不調を取り戻すためにも、頑張りたい。

【手順1】準備（～1分）
　毎回のことだけど、受験番号は間違えないように1字1字確認しながら書く。

【手順2】設問解釈（～5分）
|第1問|　強みと弱み、オーソドックスな問題でよかった。
|第2問|　製造工程の効率化だから、生産計画や多能工化、ラインバランシングなどだろう。対応策だから「～すること」と書くことに気をつけよう。
|第3問|　製品企画面と生産面ね。生産面は第2問と似ている感じがするけど、違いをはっきりさせて解答しよう。
|第4問|　どちらを選ぶか、という問題か。つまり「理由、選択、対応、効果」という流れで書くのがよさそうだ。それぞれに対応するものを与件文から探そう。

【手順3】与件文読解（～25分）
|1～2段落目|　下請企業、一貫受託生産、海外に生産委託、と見慣れたキーワードが多い。
|3段落目|　自社ブランドは中小企業にとって強みだ。ある程度評価も受けているみたいだし。オンライン販売ができるのもよい。「20%」「25アイテム」など数字が出てくるけど、数字は大事だと聞いたことがあるから丸を付けておこう。
|4～5段落目|　カギかっこ付きの言葉が出た。大事だから丸。修理ができるというのは差別化のポイント。販売情報の活用もよいし……。強みはたくさん書けそうだ。弱みも出てきたからこれは第1問で使えそう。
|6段落目|　ここからは生産工程のことだってわかりやすくてよいな。生産管理担当者の仕事が多くないかな？　生産計画は月1回の作成、これは絶対に改善しないと。
|7～10段落目|　納品量以外を在庫保有、欠品や過剰在庫、資材欠品など、管理に課題がた

～2次試験の敗因～
　焦ったときに思考停止になった。

くさんありそうだ。

11〜12段落目　熟練職人の仕事がこの会社を支えているとよくわかる。だけど負荷のバランスが悪いから、これも課題だ。

13〜15段落目　事例Ⅲでありがちな、職人の高齢化と技術承継だ。これに関連する問題は得点源にしたい。手直し作業も減らしたい。高齢化自体は生産工程から生じている問題ではないから、生産管理や在庫管理、負荷のアンバランスなどさまざまな生産工程の問題があり、その上に全体に共通することとして高齢化がのしかかっているような状況のようだ。

【手順4】解答作成（〜70分）

第1問　自社ブランド、一貫受託、熟練職人、オンライン販売、修理など強みが多くてどうまとめるか。とりあえず書いておいて、最後に見直そう。弱みのうち、生産工程に関する部分は第2問以降で使いそうだから、ここは会社全体の弱みとして低価格であることや企画・開発経験が少ないことを挙げておこう。

第2問　課題は2つではないように思える。どうまとめようか、書き出してみよう。生産計画を日次で作成することは在庫の適正化につながるわけだから、これで1つにできるかな。あと、ラインバランシングによる短納期化で1つ。技術伝承は第3問にしよう。

第3問　製品企画面は、販売システム情報を活用して顧客ニーズを反映すること。生産面は、若手への技術の伝承。どちらもよく勉強してきたテーマだ。

第4問　与件文中に「永く愛着を持って使えるバッグ」がコンセプトと書いてあるのだから、高級感を出す方向だろう。それにすでに25アイテムもあるのだから、これ以上増やすと生産工程がさらに混乱しそうだ。どのように対応すべきか、というのが何を聞かれているのかピンと来ないけど、直営店なのだからニーズ収集と人的販売かな。生産面のことに触れるべき問題なのか、多少不安。しかし、生産面の課題は第2問、第3問で書いてしまった。

第1問（2回目）　改めて考えてみると、熟練職人がいることがこの会社の強みの根源だと思うからこれは外せないな。あとは、ほかの問題で使わなかった一貫受託生産を強みに書いておこう。

【手順5】解答見直し（〜80分）

「漏れなく、ダブりなく」を実践できているのではないか。ゆっくり見直そう。

3．終了時の手ごたえ・感想

　事例Ⅲのポイントを押さえてうまく書けたのではないだろうか。事例Ⅰが終わったときは焦っていたけど、少し落ち着いた。

　（すぐ後ろに座っている夫と会話をして）なんと、夫は第4問で若手による標準化を選択したらしい。論理的に書けていればどちらを選択してもよいのではないかと夫は言っているが、そうだと信じたい。

〜2次試験の敗因〜

　タイムマネジメントを意識していなかった。解答戦略を練れていなかった。

208　第3章　合格者による、ふぞろいな再現答案

合格者再現答案＊（みほ 編）　　　事例Ⅲ

第1問（配点20点）
（a）強み　　　　　40字

熟	練	職	人²	に	よ	る	高	級	感²	の	あ	る	商	品	。	一	貫	受	託
生	産³	が	で	き	、	修	理	も	で	き	る	こ	と	。					

（b）弱み　　　　　40字

受	託	生	産	が	低	価	格³	な	こ	と	。	企	画	・	開	発	力	が	な
い	こ	と⁴	。	若	手	が	育	っ	て	い	な	い	こ	と³	。				

【メモ・浮かんだキーワード】　熟練職人、一貫受託生産、修理、ブランド、オンライン販売、
技術伝承
【当日の感触等】　強みが多すぎてチョイスに困る！
【ふぞろい流採点結果】　（a）7/10点　　（b）10/10点

第2問（配点30点）
（a）課題　　　　　20字

生	産	計	画²	を	日	次	で	作	成	し	在	庫²	と	資	材¹	を	適	正	化²

（b）対応策　　　　　80字

生	産	管	理	担	当	者	の	業	務	を	減	ら	し	て	生	産	管	理	に
専	任	す	る	。	日	次²	で	生	産	計	画²	を	作	成	し	、	デ	ー	タ
化	し	て	各	工	程	の	担	当	者	と	共	有	し	て	随	時	更	新	し
資	材	と	在	庫	の	適	正	化²	を	図	る	。							

【メモ・浮かんだキーワード】　日次、専任、データ化、共有、効果
【当日の感触等】　生産計画を短くするのは間違いない。課題の部分と対応策が一部かぶって
しまうなあ。
【ふぞろい流採点結果】　（a）5/5点　　（b）6/10点

（a）課題　　　　　20字

製	造	工	程²	の	負	荷	を	減	ら	し	納	期	を	短	縮¹	す	る	。	

（b）対応策　　　　　80字

修	理¹	は	別	工	程	と	す	る	。	手	作	り	感	の	失	わ	れ	な	い
範	囲	で	機	械	化	を	行	う	。	社	員	教	育²	に	よ	る	多	能	工
化	で	相	互	支	援	体	制	を	築	き	、	工	程	の	負	荷	の	バ	ラ
ツ	キ	を	な	く	し²	、	納	期	を	短	縮¹	す	る	。					

〜2次試験の敗因〜
問題を解いてもやりっぱなしで、本当に間違った原因を深掘りせず、知識の上積みができていなかった。

【メモ・浮かんだキーワード】 ラインバランシング、機械化、多能工化

【当日の感触等】 機械化したら手作り感が失われるので散々迷ったあげく、「手作り感の失われない範囲で」という苦し紛れの一言を挿入。

【ふぞろい流採点結果】 （a）3/5点　　（b）6/10点

第3問 （配点20点）　120字

製	品	企	画	面	の	課	題	は	、	**企**	**画**	**・**	**開**	**発**	**力**	**を**	**向**	**上**[4]	さ
せ	る	こ	と	。	**販**	**売**	**シ**	**ス**	**テ**	**ム**[1]	や	小	売	店	の	情	報	か	ら
顧	**客**	**ニ**	**ー**	**ズ**	**を**	**収**	**集**[4]	し	て	活	用	す	る	。	生	産	面	の	課
題	は	**若**	**手**	**を**	**育**	**成**[1]	し	**技**	**術**	**を**	**伝**	**承**[3]	す	る	こ	と	。	熟	練
職	人	に	よ	る	Ｏ	Ｊ	Ｔ	や	**マ**	**ニ**	**ュ**	**ア**	**ル**	**化**[2]	、	研	修	を	行
い	、	技	術	の	習	得	を	評	価	し	て	育	成	す	る	。			

【メモ・浮かんだキーワード】 顧客ニーズ、OJT、マニュアル化

【当日の感触等】 第3問とかぶらない内容にできたのがよかった。

【ふぞろい流採点結果】 15/20点

第4問 （配点30点）　140字

高	**級**	**感**[2]	の	あ	る	バ	ッ	グ	に	対	し	て	顧	客	か	ら	の	評	価
が	あ	る	た	め	、	高	級	感	を	出	す	。	ま	た	、	ア	イ	テ	ム
数	が	増	え	る	と	経	営	資	源	が	分	散	す	る	。	直	営	店	で
顧	客	に	直	接	ブ	ラ	ン	ド	を	訴	求	し	、	顧	客	ニ	ー	ズ	を
収	集	し	て	新	製	品	開	発	に	活	か	す	。	修	理	を	積	極	的
に	受	け	付	け	て	顧	客	満	足	度	を	向	上	さ	せ	、	**売**	**上**[3]	向
上[5]	に	つ	な	げ	る	。													

【メモ・浮かんだキーワード】 理由を書く、アイテム数が多い、修理、売上向上

【当日の感触等】 選択に対する理由がしっかり書けているのでよいのではないか。修理を詰め込んだのは少し無理やり感があるが、強みとして解答のどこかで使いたかった。

【ふぞろい流採点結果】 10/30点

【ふぞろい評価】 62/100点　　**【実際の得点】** 75/100点

　第4問では、「どのように対応するべき」かを助言する際、活用する経営資源への言及が不十分となってしまいました。解答見直しの時間も確保できていたため、見直した第1問での得点アップにもつながっています。全体として多面的な解答ができており、ふぞろい流では合格水準となっています。

~受験生時代によくやったこと~

朝活、出勤前に勉強することを習慣化していた。

けんけん 編（勉強方法と解答プロセス：p.146）

1．昼休みの行動と取り組み方針

　午前中の苦手事例Ⅰ、Ⅱをそれほど大きな失敗もなくこなせてホッと一息。お昼はおにぎりとデザートでサッと済ませた。2次試験も半分終えたので、リフレッシュのため一度外に出て体の中の空気の入れ替え。軽く体を伸ばして席に戻る。ファイナルペーパーを見直した後は眠気が来ないように音楽を聴いたり、動画を見たりして開始を待つ。

2．80分間のドキュメント

【手順0】開始前（〜0分）

　午後からの2つの事例は割と得意。昨年度も今年の模試でも結果がよかったので自信をもって臨めそう。さぁここからは巻き返しタイムだ、午後も頑張ろう！

【手順1】準備（〜1分）

　まずは与件文だけ取り外し。解答用紙を眺めるとここも大きな変化はなし。

【手順2】設問解釈（〜5分）

第1問　定番のSWOTからだ。40字だから2〜3個要素入れていきたいな。

第2問　課題と対応策を2つずつか。ここも割とオーソドックスな与件文から拾ってくるパターンっぽいな。「受託生産品の製造工程について」と「効率化を進める」という条件だけ外さないように注意しよう。配点は大きめだし油断できない。

第3問　ここも「自社ブランド製品の開発強化」が条件だ。第2問はバッグメーカーからの受託だったし、生産工程がいろいろあるのかな。

第4問　問題文が長い。条件を見落とさないよう丁寧に。基本は高級路線等での差別化だよね。まあ、あまり決めつけすぎないように与件文を読み始めよう。

【手順3】与件文読解（〜20分）

1段落目　部門ごとの人数構成は業務負荷の偏りとかでよく問われるからチェック。全部で3部門、営業部門がないな。メモしておこう。

2〜3段落目　SWOT要素が詰まっている。読みながら下線を引いて色分けしておく。

4段落目　コンセプトは大事。修理まで行っているようだ。過去問では修理までフォローすることが逆効果だった事例があったけど、ここはどうだろうか。

5段落目　百貨店などへ展開していきたい社長のビジョン、これはどこかに必ず関連してくる。診断士は社長の思いに寄り添わなければ。

6段落目　ここから生産状況、課題がはっきり表れてくるから見落とさないように注意。生産管理担当が受注もしているのか。これは負荷が大きそう。

7段落目　ロットサイズ大きくて在庫がたまっていそうだな。

10段落目　リーダーがいろいろやっているようだ。欠品の発生は負荷集中も理由では？

〜合格発表の朝の気持ち〜

　「落ちてない」状態でいられるのも今日までか……。

第1節　80分間のドキュメントと再現答案　*211*

11段落目　出た、熟練工と作業割り当て。定番だよね。過去問繰り返したからどうしていくべきかは頭に浮かぶ。全体としては業務負荷を考慮して整理と標準化がキーになりそうかな。SLPとか関係なさそうだし得意なパターンだ。

【手順4】解答作成（～80分）

第1問　まずは「バッグ業界における」強みか。旅行雑誌掲載からの注目はいいとして、一貫生産は生産工程だしどうだろう。できない会社と比べると有利だし強みでよいよね。弱みはいろいろありそう。与件文に書かれているものをうまく3つ盛り込めた。

第2問　効率を悪くしている要因、と考えると整理しやすそう。ロットサイズとか欠品とかでき栄えのばらつきとか2つにまとめられない。生産管理面と熟練度面で分けると仕組みと人とで多面的な解答ってやつになるんじゃない。課題が決まれば対策は簡単だ。適正化、標準化、など必殺の頻出フレーズで解答作成。

第3問　開発は経験が少ないことが不安だからノウハウ蓄積かな。ん？　どうやって蓄積していけばよいんだろう。思いつかないからとりあえず提携と教育と書いておこう。生産面は若手がしっかりしないといけないよね。第2問の受託生産との違いがうまく反映できていないのが気になるが、どちらも同じような問題抱えているよね。これでよいんだよね？

第4問　基本は高級路線だよね。直前に受けた模試ではこの選択を誤ると0点になっていたけどそんなことはないよね。ちょっと迷ってきた。逆のアイテム数を増やすことにするとどうなるだろう。開発経験が少ないし、受託と同じように薄利の低価格になっていくんじゃないだろうか。社長は百貨店に出店したいんだし高級路線、こっちに決めた。ヤバい、ヤバい、時間がギリギリだ。生かせる強みを書いて、改善すべき点を書いて……。もうホントに時間がない。思いつくまま書いていこう。営業部がないから営業の強化と社長のビジョンである百貨店への出店を書いて、あとはお決まりの高付加価値、差別化提案。ギリギリだけどなんとか埋めることはできた。

３．終了時の手ごたえ・感想

うーん、どうにもこうにも……。微妙な手ごたえだな。やっちゃったかな。得意じゃなかったっけ、事例Ⅲ。第4問の配点30点かぁ。もう少しじっくり考えて書きたかったな。事例Ⅲは得点稼ぎたいところだったけど、感触的にはなんとか6割超えただろうか。

~合格発表の朝の気持ち~

10時の発表見ようかな、でも落ちてたら仕事どころじゃないし、どうしよう……。

212　第3章　合格者による、ふぞろいな再現答案

合格者再現答案＊（けんけん 編）　　　　　　事例Ⅲ

第1問（配点20点）
（a）強み　　　　　　　40字

| ① | 工 | 程 | 拡 | 大 | と | 技 | 術 | を | 向 | 上 | さ | せ | た | 一 | 貫 | 生 | 産³ | ② | 雑 |
| 誌 | 特 | 集 | さ | れ | 高 | 級 | 仕 | 様² | の | 自 | 社 | ブ | ラ | ン | ド³ | の | 人 | 気 | 。 |

（b）弱み　　　　　　　40字

| ① | 受 | 注 | は | 低 | 価 | 格³ | が | 主 | ② | 新 | 製 | 品 | の | 開 | 発 | 経 | 験 | 不 | 足⁴ |
| ③ | 在 | 庫 | 管 | 理² | や | 高 | 齢 | 化² | な | ど | 製 | 造 | 部 | の | 懸 | 念 | 。 | | |

【メモ・浮かんだキーワード】　一貫生産／旅行雑誌で特集／低価格が主／新製品の開発経験不足

【当日の感触等】　事例Ⅲらしい第1問だな。与件文のなかから複数要素を端的にまとめられた気がする。ここは大外ししていることはきっとないだろう。

【ふぞろい流採点結果】　（a）8/10点　　（b）10/10点

第2問（配点30点）
（a）課題　　　　　　　20字

| 常 | 時 | 在 | 庫² | や | 資 | 材¹ | 欠 | 品 | の | 発 | 生 | 等 | 生 | 産 | 管 | 理 | の | 弱 | さ |

（b）対応策　　　　　　80字

ロ	ッ	ト	サ	イ	ズ	の	見	直	し	を	行	い	適	正	化	す	る	、	リ
ー	ダ	ー	に	集	中	す	る	業	務	を	見	直	し	資	材	管	理	の	専
任	者	を	据	え	る	な	ど	で	コ	ス	ト	の	削	減¹	と	リ	ー	ド	タ
イ	ム	の	短	縮¹	を	図	る	。											

【メモ・浮かんだキーワード】　適正化／リードタイム

【当日の感触等】　「生産管理の弱さ」として在庫や欠品などをひとまとめにしてみたけどどうだろう。もう1つ課題を挙げる必要があるし、これだとうまく切り分けできそうなんだけど。

【ふぞろい流採点結果】　（a）3/5点　　（b）2/10点

（a）課題　　　　　　　20字

| 熟 | 練 | 度 | 任 | せ | で | 、 | 熟 | 練 | 職 | 人¹ | に | 集 | 中 | す | る | 業 | 務 | 負 | 荷 |

（b）対応策　　　　　　80字

標	準	化²	、	機	械	化	の	検	討	に	よ	り	業	務	の	単	純	化	を
進	め	た	上	で	若	手¹	の	習	熟	を	図	り	多	能	工	化	す	る	こ
と	で	リ	ー	ド	タ	イ	ム	を	短	縮¹	す	る	。						

～合格発表の朝の気持ち～
ほとんど諦めていたため、不合格確認後、予備校の申込みをしようと決めていた。

【メモ・浮かんだキーワード】　多能工化／機械化

【当日の感触等】　もう1つ挙げるとしたら裁縫工程の技術面だろう。機械化は手作り感のある高級仕様という強みを失ってしまうかな。でも負荷が大きく時間を要するとも書いてあるから検討くらいはすべきだよね。字数に余裕があるし入れてしまおう。

【ふぞろい流採点結果】　（a）1/5点　　（b）4/10点

第3問（配点20点）　120字

製品企画面は新製品開発の経験が不足しているため提携や教育でノウハウ蓄積²し開発力の強化⁴をすること。生産面では標準化²、機械化により若手職人の技術不足を解消¹すること、高齢職人の技術承継³が課題である。

【メモ・浮かんだキーワード】　経験不足解消／若手の技術不足

【当日の感触等】　課題が第2問とほぼ同じ内容になってしまった。そうか、受託生産品と自社ブランドでは工程が違うのか。でも技術不足はどちらの工程でも発生しているようだし、時間があれば検討し直すことにして次にいこう。

【ふぞろい流採点結果】　12/20点

第4問（配点30点）　140字

手作りでの高級感²を出していく。加工工程³の拡大と加工技術を進め一貫生産が可能な強みを訴求し、若手の技術³向上⁴により製品の出来栄えのばらつきを抑え効率化を図る。営業力を強化し大都市の百貨店や商業ビルへ直営店を開設し高付加価値の差別化提案にて売り上げ拡大⁵を図る。

【メモ・浮かんだキーワード】　高級感／差別化／C社長のビジョン

【当日の感触等】　迷ったけど高級路線を選んでの差別化は中小企業にとっては基本だよね。アイテム数増やすのは大手資本に敵わないし、若手の習熟度を向上させる場合もアイテム数が少ないほうが効率よいはず。「資源を有効に活用し、最大の効果」という設問要件には適切だと思う。

【ふぞろい流採点結果】　20/30点

【ふぞろい評価】　60/100点　　　【実際の得点】　65/100点

　第2問で課題としての指摘ができず、得点が伸びませんでした。そのほかの設問でキーワードをバランスよく拾うことで全体として合格水準に到達しています。解答骨子の基本が定まっていたことで、時間がないなかの第4問の解答もよくまとまったことと思われます。

~合格発表の朝の気持ち~
本当に嬉しいときは涙がでるんだ、とわかった。

さと 編（勉強方法と解答プロセス：p.148）

1．昼休みの行動と取り組み方針

午前中の試験が終わりあっという間にお昼の時間。いつも試験のお昼用に買っているサラダパスタを食べる。模試ではお腹いっぱいになり眠くなったので半分程度残して、ファイナルペーパーの確認へ。事例Ⅲは具体的な改善提案に知識が必要になるため、ひととおりキーワードを確認。今年から使い始めたタブレットのおかげで振り返りが本当に簡単だ。データベースでの一元管理を実践できたことをしみじみ感じる。お手洗いに行き、気持ちをリフレッシュ。さあ午後も頑張ろう。

2．80分間のドキュメント

【手順0】開始前（～0分）

QCD改善、生産管理（生産計画・生産統制）を丁寧に考えること。C社のありたい姿、社長の思いを考えよう。生産面だけでなく、営業面や組織面についても忘れずに。いざ、事例Ⅲ！

【手順1】準備（～1分）

受験番号の記入、問題用紙裁断、ページ数と段落振りのルーティーンは滞りなく完了。今年は革製バッグの製造会社か。

【手順2】設問解釈①（～6分）

第1問　強みと弱みの情報整理。それぞれ40字、与件文からヒントを探そう。

第2問　設問要求は「受託生産品の製造工程の効率化のための課題と対応策に関する助言」か。2つの課題と対応策を書くのね。効率化ってことはIT化？　DRINKの視点かな。あとで考えよう。

第3問　設問要求は「自社ブランド製品の開発強化計画のための製品企画面と生産面の課題」か。それぞれ60字程度でまとめよう。自社ブランド製品拡大はC社の目指す方向性なのかな。生産面は生産計画と生産統制から探そう。

第4問　設問要求は「経営資源を有効活用し、最大の効果を得るための戦略」か。中小企業の独自性から考えると、高級路線かな。与件文を見てから考えよう。

【手順3】与件文読解（～19分）

1、2段落目　下請企業としての創業か。高い技術力や一貫受託生産は事例Ⅲ企業でよくある強みだな。下請企業としての依存体質は弱みか、現在は他企業との取引もあるのね。ただ低価格品が多いのは弱みだな。

3段落目　自社ブランド製品の展開もすでにあるのか、小売店との取引やオンライン販売は今後もっと拡大していく方向かな。

4段落目　自社ブランドは高級品であり、修理も行い、顧客との長い関係性が築ける商品のようだ。

~合格発表の朝の気持ち~

審判の時来たれり。

第1節　80分間のドキュメントと再現答案　215

5段落目　直営店の開設と自社ブランド製品の販売拡大が社長の思いね。これは解答時に盛り込まなきゃ。ただ企画開発のノウハウがないことは弱み。生産面にも課題があると。

6段落目　生産管理担当者の業務が多いな。負荷になっている？　生産計画は変更が多いのに月1回作成ということは、計画策定の頻度が不十分かも。課題候補1つ目。

7段落目　受託生産（メーカー向け）は小ロット化が進んでいるが、受注量よりも多いロット生産で在庫が増えている。課題候補2つ目。

8段落目　自社ブランドの見込生産は欠品や過剰在庫が発生していると。課題候補3つ目。受注生産と見込生産が併存していることに注意。

9、10段落目　受注後の製造工程について。まず裁断工程は機械化が進んでいると。資材の発注と在庫管理が十分に機能していないようだ。課題候補4つ目。

11段落目　縫製工程は情報量が多いな。自社ブランド製品は縫製から仕上げまで1人の熟練職人が担当しているのか。修理工程も担っているとなると、熟練職人6名の負荷は相当だな。課題候補5つ目。

12～15段落目　縫製、仕上げ工程は若手職人の養成を行っているのに、製造全体の技術習熟は進んでいないのか。課題候補6つ目。検品工程では品質にばらつきがあり、手直しも行っていると。課題候補7つ目。なんだか課題がいっぱいあるけど、とりあえず設問解釈に戻ろう。

【手順4】設問解釈②・解答メモ作成（～40分）

第1問　強みは高い技術力、一貫受託生産、手作り感のある高級仕様、熟練職人の技術力辺りか。弱みは受託生産で企画・開発力が乏しいこと辺りか。

第2問　課題2つに絞るのが難しい。受託生産の話だから、第6段落、第7段落の課題かな。自社ブランド製品の生産面の課題は第3問に回すとして、縫製工程の話は第3問で書こう。よし、1つ目は生産計画の見直し、2つ目は在庫削減にしよう。

第3問　製品企画面は企画・開発経験が乏しいから、既存事業や外部資源を活用する方向性になるかな。BtoCだから、消費者の意見収集と製品反映の話を入れたいけど、事例Ⅱっぽいな。生産面は、縫製と仕上げ工程の課題中心にまとめよう。熟練技術者の負荷低減の方向性で、マニュアル化や標準化、研修とかがキーワードかな。

第4問　自社ブランド製品の高級化路線を選ぶとして、高付加価値化を図る方法を考えよう。強みや資源を活用するということは、すでにある修理やオンライン販売サービスなどが利用できそう。

【手順5】解答作成・解答見直し（～80分）

　自信がないながらもなんとかすべて書き切った。第4問は事例Ⅲなのに、事例Ⅱっぽい解答になってしまったな。

3．終了時の手ごたえ・感想

　第2問が鬼門か、課題を外していたら30点がすべてなくなるのか……。事例Ⅲは得意なほうだと思っていたが、なかなか厳しいなあ。切り替えて最後の戦いに備えよう。

~合格発表の朝の気持ち~
奇跡が起きてないかなあ。

216 第3章　合格者による、ふぞろいな再現答案

合格者再現答案＊（さと 編）　　　　　　事例Ⅲ

第1問（配点20点）

（a）強み　　　40字

加	工	工	程	の	拡	大	と	**加**	**工**	**技**	**術**	**の**	**向**	**上**[2]	で	完	成	品	ま
で	の	一	**貫**	**受**	**託**	**生**	**産**[3]	が	可	能	。	**熟**	**練**	**技**	**術**	**者**[2]	を	保	有 。

（b）弱み　　　40字

受	託	生	産	で	**自**	**社**	**内**	**に**	**開**	**発**	**や**	、	**営**	**業**	ノ	ウ	ハ	ウ	が
な	**く**[4]	、	営	業	体	制	が	な	い	こ	と	。							

【メモ・浮かんだキーワード】　技術力、一貫受託生産、企画・開発力、営業体制

【当日の感触等】　事例Ⅲでよく出てくる一貫生産体制は入れたけど、弱みが事例Ⅱっぽくなってしまった。

【ふぞろい流採点結果】（a）7/10点　　（b）4/10点

第2問（配点30点）

（a）課題　　　20字

生	産	計	画[2]	の	短	サ	イ	ク	ル	化	・	柔	軟	な	見	直	し[2]	。	

（b）対応策　　　80字

①	**生**	**産**	**計**	**画**[2]	**を**	**週**	**次**[2]	で	作	成	し	、	受	注	内	容	の	変	動
や	特	急	品	の	割	込	み	を	反	映	さ	せ	た	計	画	を	柔	軟	に
策	定	、	②	裁	断	工	程	の	リ	ー	ダ	ー	が	行	う	資	材	発	注
や	在	庫	状	況	も	計	画	に	反	映	し	、	**資**	**材**	**欠**	**品**	**削**	**減**[1]	。

【メモ・浮かんだキーワード】　生産計画の見直し、在庫削減

【当日の感触等】　2つの切り分けが難しすぎる……。途中まで自社ブランド品の課題を書いていて、書き直しもあり、焦り始める。

【ふぞろい流採点結果】（a）4/5点　　（b）5/10点

（a）課題　　　20字

受	注	量	や	在	庫[2]	状	況	を	考	慮	し	た	ロ	ッ	ト	量	適	正	化[2]

（b）対応策　　　80字

①	受	注	状	況	を	取	引	先	と	リ	ア	ル	タ	イ	ム	で	共	有	し 、
②	**受**	**注**	**量**	**に**	**応**	**じ**	**た**	ロ	ッ	ト	サ	イ	ズ[2]	を	柔	軟	に	変	更[2]
③	**生**	**産**	**統**	**制**[1]	で	生	産	リ	ー	ド	タ	イ	ム	を	**短**	**縮**[1]	し	、	納
期	遵	守	し	つ	つ	、	過	剰	在	庫	を	削	減	す	る	。			

～合格発表の朝の気持ち～

今さら緊張しても何も意味ない、と思うがそれでも緊張する。

【メモ・浮かんだキーワード】　ロットサイズ、在庫削減、IT化、DRINK

【当日の感触等】　与件文に忠実になろう、在庫削減はどちらの対応策にも書いてしまったけど、どちらかで点数もらえるはず。次の問題に移らなきゃ（焦り）。

【ふぞろい流採点結果】　（a）4/5点　　（b）6/10点

第3問（配点20点）　120字

製	品	企	画	面	は	下	請	親	会	社	の	X	社	と	の	共	同	開	発[2]
や	小	売	店	、	**オ**	**ン**	**ラ**	**イ**	**ン**	**販**	**売**[1]	で	**顧**	**客**	**意**	**見**	**を**	**収**	**集**[4]
し	、	製	品	に	反	映	す	る	こ	と	で	**開**	**発**	**力**	**を**	**強**	**化**[4]	す	る。
生	産	面	は	熟	練	技	術	者	に	よ	る	技	術	研	修	や	技	術	の
マ	ニ	ュ	ア	ル	**化**[2]	で	全	工	程	を	担	当	で	き	る	人	材	を	育
成[3]	し	、	**技**	**術**	**者**	**の**	**負**	**荷**	**を**	**削**	**減**[2]	す	る	。					

【メモ・浮かんだキーワード】　協業、ノウハウ蓄積、顧客との接点、標準化、人材育成、負荷低減

【当日の感触等】　熟練職人に負荷が集中している事例は予備校の問題で解いたことがあるのを思い出す。見込生産の課題についても書きたかったが文字数が足りず無念……。

【ふぞろい流採点結果】　17/20点

第4問（配点30点）　140字

熟	**練**	**職**	**人**	**の**	**手**	**作**	**り**[2]	で	**高**	**級**	**感**[2]	の	あ	る	**自**	**社**	**ブ**	**ラ**	**ン**
ド[2]	を	販	売	す	べ	き	。	①	営	業	専	門	部	署	を	設	置	し	、
直	営	店	で	丁	寧	な	接	客	で	顧	客	意	見	を	収	集	し	製	品
に	反	映	、	②	高	い	**加**	**工**[3]	**技**	**術**[3]	や	修	理	サ	ー	ビ	ス	を	訴
求	し	、	高	付	加	価	値	化	を	図	り	、	③	オ	ン	ラ	イ	ン	販
売	も	活	用	し	、	顧	客	と	の	長	い	関	係	性	を	構	築	し	、
高	付	加	価	値	化	、	**高**	**収**	**益**	**化**[3]	を	図	る	。					

【メモ・浮かんだキーワード】　直営店、オンライン販売、高付加価値化、強みの活用、高収益化

【当日の感触等】　C社社長は自社ブランド製品の販売を拡大したいみたいだし、中小企業は差別化集中が定石だからここは高級化路線だな。ただ時間がない……。高付加価値化をとりあえず押し出しておこう！

【ふぞろい流採点結果】　15/30点

【ふぞろい評価】　62/100点　　　【実際の得点】　64/100点

　ほとんどの問題で、重要なキーワードを解答に入れることができています。唯一第4問が、本人の手ごたえにもあるとおり、生産・技術から離れた要素の多い解答となってしまいました。

~合格発表の朝の気持ち~

ドキドキ。バクバク。ドッカンドッカン。

みっちー 編（勉強方法と解答プロセス：p.150）

1．昼休みの行動と取り組み方針

　事例Ⅱの再現答案を高速で書き上げてから昼食。朝のうちに用意しておいたおにぎりを食べ、前日にホテルの向かいのベトナム食材店で買ったチアシードドリンクを飲んだ。

　昼食の事前準備は大切だ。昨年度の2次試験では、昼休みに最寄りのコンビニに入ったところ、すでに多くの受験生によって食品という食品が買い尽くされており、世紀末かと思ったものだ。

　事例Ⅲは睡魔に襲われて実力を発揮できない受験生が毎年いるらしいので、試験中に眠くならないよう昼休み中に仮眠をとり、軽く散歩をして脳を覚醒させた。事例Ⅰのもやもやがまだ抜けないが、事例Ⅲで取り返そう。

2．80分間のドキュメント

【手順0】開始前（～0分）

　さて、いよいよ後半戦。直前に思い出すのは、「製造工程のボトルネックを特定」「標準化・マニュアル作成・教育」「生産計画のこまめな見直し」「受注・納期・設計・在庫・余力に関する情報の一元管理」などの頻出事項。これらは必ず問われるものだと思って、ファイナルペーパーにも書いておいた。

【手順1】準備（～1分）

　素早く問題の表紙を切り離し、解答用紙の文字数を確認。解答欄のサイズからして、第1問はSWOT分析の結果を端的に述べるものだな。例年と大差なさそうだ。

【手順2】設問解釈（～5分）

|第1問| 昨年度と同じく、強みと弱み。40字しか書けないので、丁寧にSWOT分析して、より重要な要素を盛り込むようにしよう。制約条件の「革製バッグ業界における」は下線を引いて目立たせておこう。

|第2問| 受託生産を効率化するうえで必要な課題とくれば、QCD関係かなあ。昨年度は納期に関する課題が特に多かったけど、果たして今年はどうだろう。課題を20字でまとめるのも案外難しそうなので油断禁物。

|第3問| 自社ブランドに関する設問。製品企画面の課題とは、なんだか事例Ⅱみたいな設問だなあ。ダナドコを意識しよう。文字数も120字と多めだし、なんとなく難問の予感がする。後回しにすることも考えておこうか。

|第4問| 職人の手作りか、標準化するか。2つの案から一方を選んで助言する問題か。第1問の解答との整合性を意識して、C社の経営資源や強みが生かせるように判断しよう。

【手順3】与件文読解（～25分）

|1～2段落目| C社は革製バッグメーカー。製造工程が複雑そうだな。X社の下請けだったけど、X社が生産を海外に移してしまった。これは大きな脅威だ。

～試験前に行ったゲン担ぎやジンクス～
　朝のルーティーンを決めて続けていたこと。

3～5段落目　ここで自社ブランドが出てくるのか。高級仕様を生かしたいな。オンライン販売に対応しているのは強みだろう。開発経験が少ないのは弱み。第3問の切り口になるかもしれない。

6段落目　ここから生産の現状説明。工程をメモしながら読もう。生産計画の急な変更があるのか。計画を月1で決めているけど、更新頻度を上げるのが有効かもしれない。

7～8段落目　受注生産は小ロット化が求められている一方で、在庫が増えている。自社ブランド品も、欠品や過剰在庫があるのか。受注予測の精度向上とロットサイズの最適化が必要そうだなあ。

9～13段落目　ここから工程の詳しい説明。資材欠品による計画変更は、受注予測の精度を上げて対策できないかな。全体縫製工程の負荷が高いのか。熟練職人の高齢化が進んで若手の養成が進んでいなかったら、最悪生産を維持できなくなるのでは。

14～15段落目　検品工程、包装・出荷工程は特に問題なさそう。

【手順4】解答作成（～65分）

第1問　強みは、熟練職人の技術を生かした高級品。これは真っ先に挙げておきたい。一貫生産体制が整っていること、自社ブランドがあることも重要だな。弱みは、高付加価値の源泉ともいえる熟練職人が高齢化しており、若手の育成が追い付いていないこと。自社ブランドがあるとはいえ、開発経験が少ないことも弱みかな。

第2問　課題を2つ、それぞれ20字で端的に書かないと。課題の1つ目は、縫製工程の負荷軽減かな。対策として、熟練職人の負担が減るような施策を挙げよう。課題の2つ目は、在庫と生産計画の最適化。対策として、受注予測の精度向上、ロットサイズの見直し、情報の一元管理辺りを挙げよう。

第3問　ブランドイメージの一貫性はとても大切な気がする。「永く愛着を持って使えるバッグ」というコンセプトを生かした企画が必要だろうな。生産面では、ただでさえ負荷の大きい縫製工程がさらに混乱しないようにしないと。

第4問　よし、熟練職人の手作りで高級感を出すほうを選択しよう。そのほうが、C社の培ってきたブランドイメージを生かせそうだ。必要な対応は、直営店でブランドコンセプトを顧客に伝えることと、高齢化した熟練職人の後継を育てること。

【手順5】見直し（～80分）

けっこう時間に余裕があった。第1問の解答を見直して、より無駄のない文章にしよう。やっぱり少ない文字数に収めるのは難しい。ほかの設問の解答も、誤字脱字をチェックしておこう。

3．終了時の手ごたえ・感想

ファイナルペーパーに書いておいた「作業の標準化」「生産計画のこまめな見直し」の切り口が的中し、落ち着いて解答できた。全体的に当たり障りのない解答だが、大失敗もしていないと思う。多少は点を稼げていてほしいな。

～試験前に行ったゲン担ぎやジンクス～

近所の神社にお参り。

220 第3章 合格者による、ふぞろいな再現答案

合格者再現答案＊（みっちー 編） ━━━━━ 事例Ⅲ

第1問（配点20点）

（a）強み　　　　　40字

熟	練	し	た	職	人²	の	技	術²	と	一	貫	生	産	体	制³	を	持	ち	、
高	級	仕	様²	の	自	社	ブ	ラ	ン	ド³	バ	ッ	グ	で	差	別	化	。	

（b）弱み　　　　　40字

自	社	製	品	の	企	画	・	立	案	経	験	が	少	な	い⁴	。	熟	練	職
人	が	高	齢	化²	し	、	若	手	の	習	熟	が	進	ん	で	い	な	い³	。

【メモ・浮かんだキーワード】　SWOT分析、熟練職人、一貫生産体制、高級仕様、自社ブ
ランド、差別化、高齢化、若手の育成
【当日の感触等】　C社の強みと弱みは与件文に明示されていたが、40字でまとめるのに苦労
した。
【ふぞろい流採点結果】（a）10/10点　　（b）9/10点

第2問（配点30点）

（a）課題　　　　　20字

熟¹	練	を	要	す	縫	製	・	仕	上	げ	工	程²	の	負	荷	が	大	き	い	。

（b）対応策　　　　80字

①	縫	製	・	仕	上	げ	作	業¹	を	標	準	化	し	て	マ	ニ	ュ	ア	ル²
を	整	備	し	、	O	J	T²	を	実	施	し	て	若	手¹	の	熟	練	度	を
高	め	る	。	②	部	分	縫	製	、	自	社	品	の	修	理	は	熟	練	以
外	が	担	当	し	、	熟	練	者	は	全	体	縫	製	に	専	念	す	る	。

【メモ・浮かんだキーワード】　工程の負荷、標準化、マニュアル作成、OJT
【当日の感触等】　熟練職人の作業が多くて大変そうだなぁ、という率直な印象に従った。
【ふぞろい流採点結果】（a）3/5点　　（b）4/10点

（a）課題　　　　　20字

小	ロ	ッ	ト²	対	応	の	た	め	の	在	庫	と	計	画	の	最	適	化²	。

（b）対応策　　　　80字

①	生	産	計	画²	の	見	直	し	頻	度	を	上	げ	、	受	注	予	測¹	の
精	度	を	あ	げ	る	こ	と	で	資	材	欠	品	を	予	防	す	る	。	②
ロ	ッ	ト	サ	イ	ズ²	を	最	適	化²	し	て	在	庫	過	剰	を	防	ぐ	。
③	受	注	情	報	、	在	庫	情	報	を	一	元	管	理	し	生	産	統	制¹

━━━ ～2次試験に役立った本～ ━━━━━━━━━━━━━━━━━━━━━━━━━━

試験委員の先生の本（特に事例Ⅱの岩崎先生の本）。

【メモ・浮かんだキーワード】　生産計画、ロットサイズ、在庫
【当日の感触等】　ファイナルペーパーに書いた「生産計画のこまめな見直し」が生かせた。
【ふぞろい流採点結果】　（a）4/5点　　（b）8/10点

第3問（配点20点）　120字

企画面では「永く愛着を持って使えるバッグ」のブランドコンセプトを一貫させ、高級感あるイメージを保つデザイン企画力の強化[4]が課題。生産面では、自社ブランドの増加で縫製や修理が複雑化し現場が混乱しないよう、若手職人[1]の熟練度向上[3]と作業標準化[2]が課題。

【メモ・浮かんだキーワード】　ブランドコンセプト、若手の育成、作業標準化
【当日の感触等】　「作業標準化」を書いたのが果たして妥当だったのか、自信がなくなってきた。高級感を訴求するなら、作業標準化は必ずしも必要ではないのでは。
【ふぞろい流採点結果】　10/20点

第4問（配点30点）　140字

熟練職人の手作り[2]で高級感[2]を出すべき。高級仕様で高価格のC社ブランドのイメージや、天然素材から職人が一貫生産[3]し修理もする技術的強み[3]が生かせるため。対応策は①直営店化。②若手職人の熟練度を上げ[3]、一人でバッグを作る職人を養成し、品質と稼働率を保つ。

【メモ・浮かんだキーワード】　高級感、VRIO、差別化、一人生産方式
【当日の感触等】　生産面だけではなく直営店での対応にも触れたことで、より多面的な視点で解答できたと思う。製品企画面の対応にも言及すればよかったかも。
【ふぞろい流採点結果】　13/30点

【ふぞろい評価】　61/100点　　【実際の得点】　62/100点
　第1問、第2問で高い得点率となり合格水準に達しています。第4問で対応策を助言する際、設問要求でもある「C社の経営資源を有効に活用」する点の言及が不足していたかもしれません。

~2次試験に役立った本~
『生産管理と品質管理』（木内正光著、日本規格協会）。

もっちゃん 編（勉強方法と解答プロセス：p.152）

1．昼休みの行動と取り組み方針
　昼休みは、試験会場を出て近くのハンバーガー店へ。お店で食べながらファイナルペーパーを読む。「4M」「DRINK」「生産計画と生産統制」などの内容を思い浮かべながら過ごす。事例Ⅲは製造工程のイメージが湧かないから好きになれないんだよなあ。

2．80分間のドキュメント
【手順0】開始前（～0分）
　事例Ⅲは与件文に課題が書かれていることも多い。与件文をよく読んで取り組もう。
【手順1】準備（～1分）
　受験番号を丁寧に書く。白紙破りはまた失敗（練習しておけばよかった）。段落番号を振る。事例Ⅲは15段落だが、文章量は少なそう。
【手順2】与件文第1段落確認と設問解釈（～20分）
　1段落目　1段落目を確認。革製のバッグの製造販売、「総務・経理部門」5名、「製品デザイン部門」5名、「製造部門」40名にチェック。
　第1問　SWOT分析。「革製バッグ業界における」も念のためチェック。最初に解く。
　第2問　「受託生産品の製造工程」にチェック。また、「効率化を進める上で」という制約もある。課題が2つとそれぞれの対応策とで分量は多そう。順番どおりに解くかはあとの問題との兼ね合いで決めよう。
　第3問　「自社ブランド製品の開発強化」とは、受託生産から自社ブランドに羽ばたこうとしているということか。「製品企画面」と「生産面」の課題なので、答案用紙の61字目に斜め線。分量的に第1問の次に解こうかな。
　第4問　「高級感」と「分業化・標準化してアイテム数を増やす」の選択かあ。「C社の経営資源を有効に活用し」とあるので、経営資源との関係で破綻していなければ選択自体で大きく左右されることはないと思うが、診断士試験的には「高級感」でいったほうがよさそうな気がする。第3問の次は第2問を解いて、第4問は最後に解こう。
【手順3】与件文読解（～40分）
　2段落目　C社はもともと縫製加工の一部の下請企業だった。そこから「加工工程の拡大」「加工技術の向上」「一貫受託生産」とあり、これは強みとなりそう。技術力と一貫生産体制はC社定番の強みだからチェック。逆に「低価格品が主」なのは弱みかな。
　3段落目　自社ブランド製品も頑張っている。「手作り感のある高級仕様が注目」は強みだし、第4問の関係でもチェック。「生産能力を上回る注文」は機会ロスしているから生産能力が弱み。B社と違いC社には自社サイトがあるみたいでこれも強みかな。
　4段落目　「熟練職人」は強みなのでチェック。
　5段落目　直営店が出てきたので第4問のメモに（5）と記載。製品デザイン部門は新設

～模試の活用法～
　相対的な完成度を計る。

第 1 節　80分間のドキュメントと再現答案　*223*

で、企画・開発経験が少ないのは弱みだし、第3問の課題だろう。「製造部門の対応にも懸念」とあり、3段落目の生産能力の弱みと共通している。

[6、7段落目]　6、7段落目は受託生産品の話なので、括っておく。生産管理担当者に何でもやらせているな。生産計画立案が「月1回」なのは、立案頻度を増やす方向になりそう。計画立案後に都度変更だと大変だろう。小ロット化に対応できず、在庫を増やしているのも問題だな。

[8段落目]　自社ブランド製品の話。ここにも生産管理担当者が出てくる。欠品や過剰在庫ははっきりと課題があることを示している。第3問の課題はここもかな。

[9、10段落目]　発注先変更の余地があるかな。

[11段落目]　全体縫製は1人で熟練職人が担当し、仕上げ工程も行う。縫製工程は負荷が大きく時間を要するとあり、ボトルネックになっているのでここを改善する必要がありそう。熟練職人の技術に頼っているわけだから、標準化→マニュアル化→教育の流れでいけるか。

[12〜15段落目]　「熟練職人の高齢化」「若手職人の養成」「技術習熟が進んでいない」とあるから、標準化→マニュアル化→教育が改善策の1つということでよさそう。

【手順4】解答作成（〜79分）

[第1問]　強みは、定番の技術力、一貫生産体制でいけそう。自社サイトも入れたいが40字には入らなさそう。弱みは、受託製品は低価格品であること、自社ブランド製品は企画・開発経験が少ないこと、生産管理に問題があること。受託生産品と自社ブランド製品の区分けは明確にしておいたほうがわかりやすそうだな。

[第3問]　「課題」を聞かれたら問題点（ネガティブ）ではなく、目標（ポジティブ）くらいの意味の場合もあるし今回もそうだろう。製品企画面ははっきりと企画経験がないとあったから、これを補う方法を。生産面は8段落目から考えていけばよいかな。

[第2問]　受託生産品の課題は6、7段落目と9〜15段落目から抜き出す。具体的な課題はいくつか出ているが、同じ抽象度で2つに設定するのが難しい。「生産管理」と「生産性改善」の切り口でいくか。対応策は課題を解決できる施策をできるだけ盛り込む形で。

[第4問]　高級仕様で注目されたし、熟練職人がいるのだから高級感を選択したほうがよいだろう。高付加価値化させて、C社のブランド価値を上げるという流れで書いていこう。時間がないので、部分点狙いのためにもまずは結論だけ書き、1文も短く区切って書いていこう。

【手順5】解答作成・解答見直し（〜80分）

文字が消えていないかの確認で終了。

3．終了時の手ごたえ・感想

事例Ⅲは、与件文を読んでいるときにたくさんキーワードは思いつくものの、解答をまとめるのに苦労することが多い。白紙がなかったことは最低限クリア。解答順を事前に考えておく効果が出ている気がするぞ。

～模試の活用法～
模試は受けないスタイルを貫きました。

合格者再現答案＊（もっちゃん 編） ──── 事例Ⅲ

第1問（配点20点）

（a）強み　　　　40字

熟	練	職	人²	に	よ	る	高	い	加	工	技	術²	と	一	貫	受	託	生	産
体	制³	で	高	級	仕	様²	の	バ	ッ	グ	を	製	作	で	き	る	こ	と	。

（b）弱み　　　　40字

受	託	製	品	は	低	価	格	品³	で	あ	る	こ	と	、	自	社	ブ	ラ	ン
ド	製	品	で	は	開	発	力	、	生	産	能	力	が	低	い⁴	こ	と	。	

【メモ・浮かんだキーワード】　加工技術、一貫受託生産、高級仕様、低価格品、開発力、生産能力

【当日の感触等】　自社サイトのことを入れる余裕はなかった。

【ふぞろい流採点結果】（a）9/10点　　（b）7/10点

第2問（配点30点）

（a）課題　　　　20字

小	ロ	ッ	ト	化	に	対	応	し	在	庫²	を	適	正	化²	さ	せ	る	。	

（b）対応策　　　　80字

①	月	1	回	の	生	産	計	画²	立	案	を	頻	回²	で	行	い	、	②	計
画	を	各	工	程	に	リ	ア	ル	タ	イ	ム	に	情	報	共	有	し	計	画
変	更	を	防	止	す	る	。	③	資	材	調	達	先	の	変	更	を	検	討
し	、	資	材¹	発	注	か	ら	納	品	ま	で	の	期	間	を	短	く¹	す	る。

【メモ・浮かんだキーワード】　小ロット化、生産計画、情報一元化、資材調達

【当日の感触等】　生産管理担当者の負担軽減を入れられなかった。

【ふぞろい流採点結果】（a）4/5点　　（b）6/10点

（a）課題　　　　20字

職	人¹	を	多	能	工	化	し	、	良	品	率	、	歩	留	ま	り	向	上	。

（b）対応策　　　　80字

負	荷	が	大	き	い	縫	製	工	程¹	の	作	業	の	標	準	化	、	マ	ニ
ュ	ア	ル	化²	を	進	め	、	若	手	職	人¹	に	研	修	、	O	J	T	に
よ	る	教	育²	を	行	う	こ	と	で	、	多	能	工	化	さ	せ	、	作	業
時	間	軽	減	、	手	直	し	作	業	減	少²	を	図	る	。				

───〜模試の活用法〜───

自分に足りない視点、知識を知る。できたときはちょっとだけ自信を持つ。

【メモ・浮かんだキーワード】 多能工化、良品率、標準化、マニュアル化

【当日の感触等】 書いてるうちに混乱してしまった。対応策の半分くらい課題をそのまま書いているような感じになってしまった。

【ふぞろい流採点結果】 （a）1/5点　　（b）6/10点

第3問（配点20点）　120字

製	品	企	画	面	の	課	題	は	、	企	画	開	発	経	験	の	少	な	さ
を	補	う	た	め	、	自	社	サ	イ	ト	の	販	売	情	報	や	小	売	店
と	の	連	携	を	活	用	し	**開**	**発**	**力**	**を**	**強**	**化**⁴	す	る	事	。	生	産
面	の	課	題	は	、	**欠**	**品**	**や**	**過**	**剰**	**在**	**庫**	**を**	**防**²	ぐ	た	め	、	販
売	情	報	か	ら	**受**	**注**	**予**	**測**	**精**	**度**	**を**	**上**	**げ**²	、	**職**	**人**	**教**	**育**³	で
工	程	全	体	の	生	産	リ	ー	ド	タ	イ	ム	を	削	減	す	る	事	。

【メモ・浮かんだキーワード】 自社サイト、販売情報、教育

【当日の感触等】 主語に文字数を割きすぎて内容がぺらぺらになっているし、販売情報からどうやって開発力を向上させるのかよくわからず書いている。でも第3問に時間を使いすぎるわけにもいかない。

【ふぞろい流採点結果】 11/20点

第4問（配点30点）　140字

熟	**練**	**職**	**人**	**の**	**手**	**作**	**り**²	**で**	**高**	**級**	**感**²	を	出	す	べ	き	で	あ	る。
C	社	の	経	営	資	源	で	あ	る	**熟**	**練**	**職**	**人**³	、	自	社	の	販	売
サ	イ	ト	、	小	売	店	と	の	ネ	ッ	ト	ワ	ー	ク	を	活	用	す	る。
高	い	技	術	力	に	よ	り	手	作	り	感	の	あ	る	高	級	仕	様	の
自	**社**	**ブ**	**ラ**	**ン**	**ド**	**製**	**品**²	を	高	付	加	価	値	化	さ	せ	、	開	発
力	を	高	め	て	ブ	ラ	ン	ド	価	値	を	向	上	さ	せ	る	こ	と	で、
売	**上**	**の**	**拡**	**大**⁸	を	図	る	。											

【メモ・浮かんだキーワード】 熟練職人、自社サイト、小売店とのネットワーク、高付加価値化

【当日の感触等】 今までの設問の内容をまとめて、与件文をそのまま書いているだけのような形になってしまった……。

【ふぞろい流採点結果】 17/30点

【ふぞろい評価】 61/100点　　**【実際の得点】** 55/100点

　本人の手ごたえにもあるように、設問解釈から与件文読解までの準備が奏功し、解答作成にかけた時間がうまく得点につながっています。大きな失点もなく、キーワードが各設問においてしっかり押さえられていることから、ふぞろい流で合格水準となっています。

~ストレート受験生あるある~

　1次試験が終わってから初めて2次試験の試験問題を見て、焦る。

80分間のドキュメント　事例Ⅳ

あっきー 編（勉強方法と解答プロセス：p.142）

1．休み時間の行動と取り組み方針

　事例Ⅲが想像以上に自信のない出来だったため、事例Ⅳで挽回しないと落ちるなーと考える。ここまでの経過を考えると、少なくとも70点は欲しいところ。事例Ⅳはファイナルペーパーも特に用意していなかったため、トイレに行った後はボーッとして過ごす。試験開始前にチョコパン1個を食べ、エナジードリンクを一口飲む。

2．80分間のドキュメント

【手順0】開始前（〜0分）
　事例Ⅳは好き。計算しているときが一番落ち着く。うまくいけば高得点も狙えるかもしれない。楽しんでいこう！

【手順1】準備（〜1分）
　まずは受験番号を記入。今までやったこともないのに、最終ページを切り取る（結局使わない）。

【手順2】問題確認（〜5分）
第1問　いつもの財務指標分析。だけど4つか！　珍しいな。あとでじっくり考えよう。
第2問　取替投資か。NPV計算は好きだから楽しんで解けそうだな。問題文長いな……。
第3問　変動費・固定費が出てくるからおそらくCVPだろう。これも問題文長くない？
第4問　記述が2つ。あとで読もう。

【手順3】与件文・財務諸表読解および経営分析（〜15分）
与件文　まずは与件文をしっかり読もう。財務指標の選択は与件文との整合性が大事だ。地元産商品は付加価値が高く「売上高総利益率」は高くなりそう。でも、同業他社との競争で収益性が圧迫とあるから、「売上高営業利益率」は悪くなっていそうだな。事業展開は親和性やシナジー効果などを勘案しているのか。この事業間シナジーは重要なポイントだぞ。地元産食品はどの事業にも共通して使えそうだし、「棚卸資産回転率」にはプラスに働きそうだ。あとは、移動販売事業が不採算事業になっているのは気になるな。小型トラックを所有しているし、「有形固定資産回転率」は悪いかもしれないな。
財務諸表、第1問　与件文の仮説を検証！「売上高総利益率」と「棚卸資産回転率」は優れている指標として問題なさそうだ。「売上高営業利益率」も想定どおり課題だな。「有形固定資産回転率」は予想と反して財務諸表上は優れていた。あとは安全性面だけど、負債が多いな。利益が出ていないのは収益性でも触れるし、「負債比率」を課題として書いておこう。「当座比率」は同業他社と比べてかなりよさそうだけど、現金が毎日入ってく

～ストレート受験生あるある～
　2次試験の勉強をする時間が短く焦る。

第1節　80分間のドキュメントと再現答案　227

るようなビジネスだから重要度は低いかも。

【手順4】第2問、第3問、第4問の順に計算および答案作成（〜75分）

第2問（設問1）（〜30分）　問題文が長いよ……。聞かれていることはシンプルだけど、問題の読み取りに時間がかかる。取替投資なので、2022年にセミセルフレジを使い続けた際の機会費用はちゃんと計算しなきゃ。フルとセミの減価償却費を考慮して、セミの除却損も入れる。まあ、問題ないかな。

第2問（設問2）（〜50分）　機会費用の計算と、投資の発生時期を正しく捉えることが大事。問題なく解けるだろうと思い計算を続けるが、そもそも（設問1）の計算結果が違うことに途中で気づく。電卓の打ち間違いがあったらしい。（設問1）の書き直しとともに、ここから電卓計算＋暗算での検算という暴挙に出る。この問題だけは絶対に落とせないという謎のプライドにより、時間を大幅にロスする。

第2問（設問3）　（設問2）であまりにも時間を浪費しすぎたため、泣く泣く飛ばす。あとで戻ってきて解くこととする。

第3問（設問1）（〜60分）　第3問も問題文が長い！　問題文上では固定費が40％という記載でいやらしい。固定費は1,200万円、変動費360円/kgだね。ささっと解こう。

第3問（設問2）（〜70分）　これは地道にそれぞれの場合で計算するしかないな。早く第2問に戻りたいのに……。答えは38,572kgか。40,000kg超えると目標利益に達しなくなるってどういうことよ……。値段設定甘いんじゃないの？？

第4問（設問1）（〜72分）　やばい、時間がない。トラックを売却したら、有形固定資産回転率はよくなるな。あとは、不採算事業からの撤退で業務効率が向上すれば売上高営業利益率はよくなるだろう。よし、効率性向上と収益性改善だ！

第4問（設問2）（〜75分）　移動販売事業って社会的価値はありそうなんだよな。でも、ここは定性的な表現での記載は避けたほうがよいかも。定量的に検証可能な仮説を立てないと。事業構成を考えると「シナジー効果」は重要だ。移動販売先での顧客ニーズの抽出や宣伝効果などでも、他事業の業績向上に寄与している可能性がある。あとは細かいコスト構造は出ていないけれど、商品も他事業と共有して消費できるだろうし、販売も店舗の従業員が行っている。トラックがあるとはいえ、変動費や個別固定費は抑えられているはずだ。貢献利益についても言及しておいたほうがよいな！

【手順5】第2問の見直し（〜80分）

　第2問に戻ってきたけど、もう時間がない……。一度計算ミスしているだけに（設問1）も（設問2）も怖くなってきたな。もう一度計算確認しよう。（設問3）は、急いで考え方だけは書いておこう。あとは時間いっぱい計算して悪あがきだ！

3．終了時の手ごたえ・感想

　得意の事例Ⅳで挽回したかったが、電卓操作ミス等により時間をロスし、納得のいく内容ではなかった。第3問（設問2（a））が空欄になっていたことに解答回収時に気づいて悲しくなる。が、過ぎたことは仕方ないと早々に気持ちを切り替え帰路につく。

~ストレート受験生あるある~

　模試を受ける余裕がない。自身の得意科目がわからない。

228　第3章　合格者による、ふぞろいな再現答案

合格者再現答案＊（あっきー 編）　　　　　　　　　事例IV

第1問（配点30点）
（設問1）

	（a）	（b）
①	売上高総利益率[2]	27.78（％）[2]
②	棚卸資産回転率[2]	25.79（回）[2]
③	売上高営業利益率[2]	0.32（％）[2]
④	負債比率[2]	403.82（％）[2]

（設問2）　　　　　80字

地	元	産	の	商	品	へ	の	こ	だ	わ	り[3]	で	粗	利	率	は	高	い[1]	が、
顧	客	獲	得	競	争	の	苦	戦[2]	で	販	管	費	の	改	善[3]	が	課	題。	
シ	ナ	ジ	ー	の	高	い	事	業	展	開	で	効	率	性	が	高	い[1]	が、	
長	期	安	定	性	が	低	く[1]	負	債	の	削	減[4]	が	課	題。				

【メモ・浮かんだキーワード】　収益性・効率性・安全性、シナジー
【当日の感触等】　収益性を2つ書いちゃったけど間違いではないだろう。
【ふぞろい流採点結果】　（設問1）16/16点　　　（設問2）14/14点

第2問（配点30点）
（設問1）

（a）	25,600,000円[4]
（b）	人件費削減額：2,500万円 フルセルフレジの減価償却費：210×100÷6＝3,500万円 セミセルフレジの減価償却費：100×100÷5＝2,000万円 セミセルフレジ除却損：（2,000−800）×0.3＝360万円 初期投資額を除く2022年度中のCF 　＝（2,500−3,500＋2,000）×0.7＋3,500−2,000＋360＝**2,560万円**[6]

（設問2）

2023年〜2027年の人件費削減：1,750万円、減価償却費の節税効果：450万円
投資額…フル：21,000万円（2022期首）、セミ（未実施）：10,000万円（2023期首）
セミセルフレジの下取り価格：800万円（2022期首）
NPV＝−21,000＋800＋**（2,560＋10,000）×0.943**[3]
　　　＋（1,750＋450）×**（0.890＋0.840＋0.792＋0.747＋0.705**[3]）＝386.88万円
NPVが386.88万円のプラス[5]であり、**取替投資をすべき**[2]。

～2年目受験生あるある～
ストレート受験生が輝いて（フレッシュ感）見えてしまう。

第1節　80分間のドキュメントと再現答案　229

（設問3）

（a）	
（b）	フルセルフレジ1台の価格をX万円とする。取得価額＝100X、**減価償却費＝20X**[5] NPVが386.88万円を超える最大のXを求める。 $NPV＝（10,000－100X）×0.943^{[5]}＋（1,750＋6X－600）×3.947 ＞ 386.88$

【メモ・浮かんだキーワード】　NPV、除却損、取替投資、機会費用

【当日の感触等】　「ここは得点源」と息巻くが、（設問2）の解答中に（設問1）で致命的な
計算ミスをしていることを発見、時間を大幅にロス。最後に回した（設問3）は最後の最
後まで悪あがき！

【ふぞろい流採点結果】　（設問1）10/10点　　（設問2）10/10点　　（設問3）5/10点

第3問（配点20点）

（設問1）

32,143kg[10]

（設問2）

（a）	
（b）	年間1,500万円の利益[1]を達成する年間販売量をXとする。 ・0kg ～ 20,000kg以下の時：X＝25,961.5（不適） ・20,000kg超～ 30,000kg以下の時：X＝30,681.8（不適） ・30,000kg超～ 40,000kg以下の時：X＝38,571.4（適） ・40,000kg超～ 50,000kg以下の時：X＝54,000（不適） 以上より、年間1,500万円の利益を達成する**年間販売量は38,572kg**[4]である。

【メモ・浮かんだキーワード】　CVP分析、場合分け

【当日の感触等】　（a）は不注意で空欄（答案回収時に気づく）。計算は問題ないはず！

【ふぞろい流採点結果】　（設問1）10/10点　　（設問2）4/10点

第4問（配点20点）

（設問1）　　　　　　　　40字

①	販	売	用	ト	ラ	ッ	ク	の	売	却[3]	に	よ	り	効	率	性	向	上[1]	、
②	不	採	算	事	業	の	廃	止	で	収	益	性	が	改	善[3]	。			

（設問2）　　　　　　　　40字

①	シ	ナ	ジ	ー	効	果[2]	で	他	事	業	の	売	上	増	加[2]	に	寄	与	②
貢	献	利	益	が	正	で	営	業	利	益	増	に	寄	与	す	る	た	め	。

【メモ・浮かんだキーワード】　効率性、収益性、事業間のシナジー効果、貢献利益

【当日の感触等】　いろいろ書けるので難しい。部分点は欲しい！

【ふぞろい流採点結果】　（設問1）7/10点　　（設問2）4/10点

【ふぞろい評価】　80/100点　　　【実際の得点】　94/100点

　　第1問での丁寧な経営分析と、第2問、第3問の計算問題をほぼ完璧に解答したことで、
合格ラインを大きく上回っています。限られた学習時間のなかで事例Ⅳの対策を徹底したこ
とが功を奏し、超高得点を取得するためのお手本のような答案となっています。

～2年目受験生あるある～
試験直前期に去年と同じ行動を無意識に避ける。

みほ 編（勉強方法と解答プロセス：p.144）

1．休み時間の行動と取り組み方針
　やっと事例Ⅳにたどり着いた。長い試験だとわかってはいたけど、想像以上にきつかった。知り合いの中小企業診断士に、「ヘトヘトになったときに一番頭を使う計算問題がくるんだからきついよね」と言われていたが、本当にそのとおり。チョコレートと大福を食べて糖分補給。気休めにしかならないかもしれないけど、ストレッチで体をほぐして、少しでもよい状態で事例Ⅳに臨もう。

2．80分間のドキュメント
【手順0】開始前（～0分）
　NPVは、減価償却費と除却損、税金を考慮して……（もはや呪文のように繰り返す）。電卓の打ち間違いだけはしないようにしよう。

【手順1】準備（～1分）
　受験番号を間違えないように1字1字確認しながら書く。

【手順2】設問解釈（～5分）
第1問　いつもどおり、と思いきや、財務諸表を4つ……？
第2問　来ましたNPV。たくさん練習したからきっと解けるはず！　設問文はこの段階では読み飛ばす。
第3問　損益分岐点、これは得意だから点を稼ぎたい。時間をかけよう。
第4問　事例Ⅳの記述問題。ここも絶対落とせないところ。
全体　構成は例年どおりだな。第1問と第4問は確実に点を取って、第3問もできれば正解できるようにしよう。時間配分として、第2問は後回しだな。

【手順3】与件文読解（～10分）
1段落目　少子高齢化、人口減少、低価格競争と、よくある事例だ。固定客と地元産の商品へのこだわりはポイントになりそう。
2段落目　人件費が高いことが課題のようだ。第2問のセルフレジはこの段落を使うみたい。余白に「セルフレジ」とメモ。
3段落目　地域貢献、廃校の利用、自治体との共同事業、この辺りは特色があってよいな。
4段落目　不採算事業があるのか。確かにコストはかかってそうだけど、高齢化するなかでは大事な事業のように思える。

【手順4】第2問以外の答案作成（～65分）
第1問　とりあえず売上高総利益率を計算、高い。次に売上高営業利益率と売上高経常利益率、低いな。これを優れている指標と課題を示す指標に分けるか？　課題を示す指標の定番、負債比率を計算、これは課題を示す指標として使おう。では効率性は？　有形固定

～2年目受験生あるある～
　後がないから精神的に追い込まれる。

資産回転率が高いな。じゃあ、優れている指標を売上高総利益率と有形固定資産回転率にしようかな。でもそれだと（設問2）が書きにくい。おや、商品回転率も高い！　よし、優れている指標はどちらも効率性の指標にして、課題を示す指標で収益性と安全性を書こう。あれ、いつのまにかすごい時間が経っている（10分以上）。第1問からこれは大変だ。急いで、でも間違えないように書こう。電卓はゆっくり画面を確認しながら打つ。

第3問　固定費が割合で書かれているけど、ここは冷静に金額に直そう。（ひととおり計算して）あれ、変な金額になる……。そうか、この経費は売上高当たりではなく、1kg当たりで考えるべきなのか、おもしろい問題だな。単位に混乱するから落ち着いて取り組もう。うん、きれいに計算できた。多分これは大丈夫。

第4問　実は合格のために一番大事なのはこの問題。文字数が少なくてまとめるのが大変。短いなかでも理由と結果をきちんと書こう。

【手順5】第2問の答案作成（～75分）

さて、苦手な取替投資。なんだか混乱する設問文だな。キャッシュフローを求めるのだから、人件費、減価償却費、税金、除却損を考慮するということだよね？　あれ、計算結果が変な数字になる。（計算し直して）やはりだめだ。でもいくら考えてもここで正解は導けそうにないから、部分点稼ぎに作戦を変更しよう。『ふぞろい』で、計算過程に部分点が入っているだろうと書いてあったし、きっと大丈夫だよね。考えていることが採点者に伝わるように、読みやすく、流れを意識して丁寧に書こう。

【手順6】第2問以外の見直し（～80分）

第2問ができなかった分、ほかの問題は絶対に落とせない。もう一度電卓を叩いて計算結果を見直そう。端数処理や単位も間違えていないか、念入りに確認する。

3．終了時の手ごたえ・感想

取替投資の勉強にかなりの時間を費やしたのに、全然できなくて悲しい。数字が苦手ということを改めて痛感。部分点をどのくらいもらえるのか、祈るのみ。

（後ろの席に座っている夫と会話をして）取替投資ができないのはみんな一緒だよね。損益分岐点の結果が2人で一致したのはすごく心強い。第4問で、「地域貢献でブランド価値向上」とか全然思い浮かばなかったな。事例Ⅳだからといって、財務的なことばかり考えすぎてしまったな。

事例Ⅰと事例Ⅳが足切りになるかもしれないなあ。模範解答もないし、よくわからないけど。受験勉強の時間もあまりなかったし、落ちても仕方ないか。それにしても、発表まで2か月も待たされるのは辛い……。と、少し落ち込みながらも、勉強から解放されたことはうれしい。夜は近所のレストランで軽く飲んで、お疲れさま会だ！

~多年度受験生あるある~
いろいろ手を出して、結局どっちつかず。どれか1つを信じよう。

232　第3章　合格者による、ふぞろいな再現答案

合格者再現答案＊（みほ 編）　　　　　　　　　　　事例Ⅳ

第1問（配点30点）
（設問1）

	（a）	（b）
①	商品回転率[2]	25.79（回）[2]
②	有形固定資産回転率[2]	4.56（回）[2]
③	売上高営業利益率[2]	0.32（％）[2]
④	負債比率[2]	403.82（％）[2]

（設問2）　　　　　　　　80字

固	定	客	が	い	る[3]	こ	と	か	ら	資	産	の	効	率	性	は	高	い[1]	が、
人	件	費	が	高	い[3]	こ	と	や	不	採	算	事	業	が	あ	る[2]	こ	と	か
ら	収	益	性	は	低	い[1]	。	ま	た	、	借	入	金	が	多	く[4]	安	全	性
は	低	い[1]	。																

【メモ・浮かんだキーワード】　収益性・効率性・安全性
【当日の感触等】　4つ問われるとは思わなくて予想外に時間がかかった。
【ふぞろい流採点結果】　（設問1）16/16点　　　（設問2）14/14点

第2問（配点30点）
（設問1）

（a）	21,355,000円
（b）	減価償却費　新210万円÷6年＝35万円　旧100万円÷5年＝20万円 　　　　　　35万円－20万円＝15万円 **人件費削減2,500万円[3]**＋15万円＝2,515万円　2,515万円×（1－30％）＝1,760.5万円 8万円×100台＝800万円　20万円×100台＝2,000万円 **処分損2,000万円－800万円＝1,200万円[2]** 1,760.5万円＋減価償却費の増加15万円＋1,200万円×30％＝2,135.5万円　21,355,000円

（設問2）

取り替えるべきでない
210万円×150台＝31,500万円　31,500万円－8万円×100台＝30,700万円
2～5年目　2,515万円×0.7＋15万円＝1,775.5万円　1,775.5万円×（**0.890＋0.840＋**
0.792＋0.747＋0.705[3]）＝70,558,370円　21,355,000円×0.943＝20,137,765円
（70,558,370円＋20,137,765円）＝90,696,135円　90,696,135円－307,000,000円＝
－216,303,865円

～受験予備校生あるある～
仲間の存在が感じられない（孤独感）。

（設問３）

（ａ）	906,931円
（ｂ）	フルセルフレジ１台Ｘ円とする。 （Ｘ－90,696,135円）÷100＞0 Ｘ＞906,931.65　906,931円

【メモ・浮かんだキーワード】　NPV、除却損、減価償却費、タックスシールド、割引

【当日の感触等】　部分点に期待して、とにかく埋めよう。（設問３）の答えがあり得ないことになっているけど。210万円のレジを90万円に値切るわけがない……。

【ふぞろい流採点結果】　（設問１）5/10点　　（設問２）3/10点　　（設問３）0/10点

第３問（配点20点）

（設問１）

32,143kg[10]

（設問２）

（ａ）	38,572kg[6]
（ｂ）	1kg当たり変動費360円[1]　数量をＸとする Ｘ×1,400－360Ｘ－1,200万円＝1,500万円　Ｘ＝25,961.5…　∴ちがう Ｘ×1,240－360Ｘ－1,200万円＝1,500万円　Ｘ＝30,681.8…　∴ちがう Ｘ×1,060－360Ｘ－1,200万円＝1,500万円　Ｘ＝38,571.4…＝**38,572**[4] Ｘ×860－360Ｘ－1,200万円＝1,500万円　Ｘ＝54,000　∴ちがう

【メモ・浮かんだキーワード】　損益分岐点、売上高を単価と数量に分ける

【当日の感触等】　きれいに計算結果が出たので、多分合っている。

【ふぞろい流採点結果】　（設問１）10/10点　　（設問２）10/10点

第４問（配点20点）

（設問１）　　　　　　　40字

人	件	費	削	減[4]	で	売	上	高	営	業	利	益	率	向	上[4]	。	ト	ラ	ッ
ク	の	売	却	代	金	で	借	入	金	返	済	し	負	債	比	率	低	下	。

（設問２）　　　　　　　40字

地	域	の	高	齢	化[4]	が	進	む	な	か	、	継	続	購	買	や	固	定	客
の	獲	得[1]	で	収	益	性	向	上[2]	が	見	込	め	る	か	ら	。			

【メモ・浮かんだキーワード】　人件費削減、トラック売却、高齢化

【当日の感触等】　トラックの売却でキャッシュが入るのか、よくわからないけど、解答が人件費だけというのも少ない気がするから書いておこう。

【ふぞろい流採点結果】　（設問１）8/10点　　（設問２）7/10点

【ふぞろい評価】　73/100点　　【実際の得点】　74/100点

　出題傾向に変化のあった第１問で想定以上の時間を要しましたが、第２問を後回し、かつ部分点狙いとし、捻出した時間をほかの解答の見直しに充てるなど適切なタイムマネジメントにより、全体的に満遍なく得点し、余裕をもって合格ラインを超えました。

~独学受験生あるある~

自分が正しい方向に進んでいるかわからない。（マイルストーンがない）。

けんけん 編（勉強方法と解答プロセス：p.146）

1．休み時間の行動と取り組み方針
　そろそろ疲れも感じる。とりあえず席を立って体を伸ばす。糖分補給用のドライフルーツを食べきり頭を切り替え。得意の事例Ⅳだけはアドバンテージにしなくてはいけない。

2．80分間のドキュメント
【手順0】開始前（～0分）
　自分ができない問題はほかの人もできないさ、と盛大に開き直り一番大事なのはミスしないこと、解ける問題は解き切ること、と事例Ⅳモードに頭の切り替え完了！　あとは無心で消しゴムの汚れを落として開始に備える。

【手順1】準備（～1分）
　計算しやすいように問題用紙から設問ページを外す。問題数も例年どおりだな。

【手順2】財務指標分析（～5分）
　財務諸表　まずは財務諸表ページを開き財務諸表分析。計算には特に与件文の情報は必要ないので、惑わされたり、読み直しのロスを防ぐためにも、先にやってしまうことにしている。同業他社と比較して優れているものに○、劣っているものに×をつけて判定しておく。それを踏まえて与件文で関連しそうな部分を探していく。

【手順3】与件文確認（～10分）
　与件文　先の指標分析をもとに財務諸表分析に関連しそうなところのみチェックしていく。まず2000年代からは競争激化で収益が圧迫とある。それと主な事業のほかに、3つの事業を展開していること、そのなかに不採算事業を抱えているくらいか。事例Ⅳの与件文はあとの設問に関わってくることはほとんどなく、読み込みは必要ないと思っているのでこのくらいでよいや。後半の計算に十分時間を使いたい。

【手順4】設問解答（～60分）
　第1問　（～25分）（設問1）解答用紙をチラ見したときから気になっていたけど、解答要求が指標4つなんだよな。3つの切り口でしか指標分析しないからどこかの切り口が重複する。うーん、同業との差が顕著なものから解答として採用していくことにしよう。まず気になるのは負債比率と営業利益率が特に劣後していること。よいところを挙げるのが難しいが全体的に優位な効率性から1つ選ぼう。あとは優れているものをもう1つ選ぶのか……。安全性のなかで唯一当座比率だけは優位にあるのが目についた。これにしよう。
　（設問2）選んだ指標を踏まえて読み取り。短期の安全性は確保されているが、長期の安全性という観点は不安、というのは話が通るよね。あとは競争激化が与件文にあったからこれと絡めて利益率の低さを書いておこう。予定より考え込んでしまったけどなんとか埋めた。思ったより手こずってしまったのがあとに響かなければよいけど。

～独学受験生あるある～
　解けない問題を予備校生はみんな解けるのでは、と突然不安になる。

第1節 80分間のドキュメントと再現答案 235

第2問 （〜35分）問題文が長いから先に設問を読んでしまおう。

（設問1）取替投資の比較か。解答できると有利になりそうだけど、取替投資は漏れなく比較しきることが難しい。少し考えてはみたが、時間が取られそう。うん、飛ばそう。

（設問2、3）これは（設問1）ができないと手が付けられない。後回し！

第3問 （〜50分）損益分岐点分析だ、ここは取らなきゃいけない。ちょっと時間使ってしまっても解答まで作りきろう。

（設問1）えーと固定比率40％、でいいのか？　なんか単位がおかしいような。1kg当たりの販売価格に合わせて1kg当たりの変動費を出して、変動費率算出、が正しそう。これは大丈夫じゃないかな。よしよし。

（設問2）（設問1）の解答からいくと30,000kg超は必要かな。とりあえずそこからやってみると、販売量条件に当てはまった。各販売量での可否を検証しきるには解答欄が狭すぎるので30,000kg以上の場合、で書き始めてしまおう。ここも大丈夫そうかな。

第4問 （〜60分）これは文章解答なのでできるだけ早めに作って第2問に戻りたい。

（設問1）短期的、財務指標を挙げることは条件なので忘れてはいけない。不採算事業を縮小一本化は単純に収益性とか安全性の観点かな。トラックなどの固定資産が整理されるのでこの辺りを書いておこう。

（設問2）さっきの設問は財務指標を挙げながら、だったので財務指標に反映されにくい部分を書いたらよいかな。社会貢献でよいイメージがある企業は消費者から選ばれやすいよね。その辺りを書いておこう。

【手順5】とばした第2問と格闘（〜75分）

第2問 考える時間が残ったけど完答は難しそう。できる限りの部分点を狙っていこう。

（設問1）減価償却、下取価格、残存価額、逸失損益などを思いつく限り図示してざっくり計算する。部分点を期待してこの辺りを計算過程欄に記述。計算してみるとなんとなくそれなりの数字になったので書いておく。合っていることは正直期待しない。

（設問2）部分点を期待しながら途中式を記載し計算していく。ここも正答できることは微塵も期待しない。

（設問3）同様にここも複雑なので早々に正答は諦める。部分点に期待しながらとりあえず埋める。第2問に関しては少しでも部分点がもらえれば儲けものだ。

【手順6】全体見直し（〜80分）

単位の誤り、第1問で解答した指標の計算をし直してタイムアップ。

3．終了時の手ごたえ・感想

うーん、完璧ではないけど事例Ⅳもやれるだけはやれたと思う。致命的な計算ミスとかがなければ予定どおり得点を稼げていると思う。疲れ切ったけど今回は帰って今日中に再現答案を作ろう、と決心して帰路につく。

~ふぞろいを読んで衝撃を受けたこと~
キーワードの盛り込み方、短く書く表現方法。

236　第3章　合格者による、ふぞろいな再現答案

合格者再現答案＊（けんけん 編）　　　　　　　　　　　　　　　　事例Ⅳ

第1問（配点30点）
（設問1）

	（a）	（b）
①	当座比率[1]	65.45（%）[1]
②	売上高固定資産回転率	3.57（回）
③	負債比率[2]	403.82（%）[2]
④	売上高営業利益率[2]	0.32（%）[2]

（設問2）　　　　　　　　80字

当	座	比	率	が	高	く	短	期	的	な	資	金	繰	り	は	安	定	し	て
お	り	、	固	定	資	産[1]	の	効	率	性	も	高	い[1]	。	一	方	で	長	期
借	入	金	を	中	心	に	負	債	比	率	が	悪	く[4]	安	全	性	が	低	く、
競	争	激	化[2]	に	よ	り	収	益	性	も	低	い[1]	。						

【メモ・浮かんだキーワード】　安全性／収益性／効率性／生産性
【当日の感触等】　指標4つ、というのが想定外で、気づいたら時間が予定より経ってしまっていた。
【ふぞろい流採点結果】（設問1）10/16点　　　（設問2）10/14点

第2問（配点30点）
（設問1）

（a）	22,975,000円
（b）	人件費の削減　2,500万円[3] セミセルフレジの売却損　1,200万円[2] 減価償却の増加　625万円 2,500×0.7＋（1,200＋625）×0.3＝2,297.5

（設問2）

2023年以降売却損が失われるためキャッシュフローは1,937.5
2,297.5×0.943＋1,937.5（0.890＋0.840＋0.792＋0.747＋0.705）＝9,866.1675
1年後の取り替えが不要となるので
10,000×0.943＝9,430[3]
9,866.1675＋9,430－（210－8）×100＝－903.8325
ＮＰＶがマイナスのため取り替え投資は行わない。

~ふぞろいを読んで衝撃を受けたこと~

自己採点ができること。採点の観点が明確で、悩んだことがドンピシャで会話パートに解説されていた！

第1節　80分間のドキュメントと再現答案　237

（設問3）

（a）	1,803,345円以下
（b）	$1,937.5(0.890＋0.840＋0.792＋0.747＋0.705)＋9,430－X＞－903.8325$ $X＜18,033.4575$

【メモ・浮かんだキーワード】　機会損益の考慮

【当日の感触等】　難しい。時間が倍ほどあるなら真剣に解きにいけそうだけど実力不足。部分点が入るように努力する方向で。

【ふぞろい流採点結果】（設問1）5/10点　　（設問2）3/10点　　（設問3）0/10点

第3問（配点20点）

（設問1）

32,143kg[10]

（設問2）

（a）	38,572kg[6]
（b）	30,000超の場合 **限界利益700円[1]** $700X＞(1,200＋1,500)万円$ $X＞38,571.42[4]$

【メモ・浮かんだキーワード】　特になし

【当日の感触等】　ここは完答してアドバンテージにしたいところだけどどうだろう。合っていてください、お願いします。

【ふぞろい流採点結果】（設問1）10/10点　　（設問2）10/10点

第4問（配点20点）

（設問1）　　　　　　　40字

固	定	資	産	比	率	が	改	善	し	財	務	の	安	全	性	が	向	上	す
る	。																		

（設問2）　　　　　　　40字

高	齢	者[4]	の	利	便	性	確	保[3]	な	ど	社	会	貢	献[3]	を	果	た	し	て
お	り	間	接	的	に	収	益[2]	に	つ	な	が	っ	て	い	る	。			

【メモ・浮かんだキーワード】　収益貢献

【当日の感触等】（設問1）でもう少し字数を使えそうだけど思いつかない。

【ふぞろい流採点結果】（設問1）0/10点　　（設問2）9/10点

【ふぞろい評価】　57/100点　　【実際の得点】　74/100点

　　第2問は早々に見切りをつけ、力を発揮できそうな第3問に時間をかけるという戦略が功を奏し、第3問では見事満点を取れています。第4問の（設問1）で収益性や効率性のほうに言及できていたらもう少し得点が伸びていたと考えられます。

~ふぞろいを読んで衝撃を受けたこと~

当たり前のこと書くだけでも点数つくことあるんだ！

さと 編（勉強方法と解答プロセス：p.148）

1．休み時間の行動と取り組み方針

　さすがに疲れが出てきた。チョコレートで糖分補給をしよう。いよいよ事例Ⅳだ。毎日向き合ってきたけど、本当に計算ミスが恐ろしい。

　事例Ⅳ用のマーカーペンと電卓を机上に準備。電卓は以前の模試で小数点セレクターが動いてしまっていたトラウマがあるので、要注意。ファイナルペーパーで、CVPやNPVの総復習。今まで間違えた計算ミスをざっと眺める。これだけ勉強したのだから大丈夫、と自分に言い聞かせる。

2．80分間のドキュメント

【手順0】開始前（〜0分）

　難しいNPVは後回しにすること、必ず財務指標とCVPで点を取ること、文章問題は必ず何か書くこと、計算過程は何かしら書くこと、空欄はなしにすること、最後まで諦めないこと。いざ、事例Ⅳ！

【手順1】準備（〜1分）

　受験番号の記入、問題用紙裁断。事例Ⅳは計算用紙が必要だから、丁寧に……あ、やばい、破れた……若干焦ったが、リカバリー。今年はスーパーマーケットか。

【手順2】問題確認（〜2分）

|第1問| 優れている点と課題を2つずつ。4つという形は珍しいけど、いつもどおり、収益性・効率性・安全性で考えていこう。

|第2問| 問題文長いな。NPVか。これは後回しだな。

|第3問| 第3問がCVPで例年どおりかな。第2問よりこっちを優先。

|第4問| 文章問題は2つと。第1問のあとに解いてしまおう。

【手順3】与件文・財務諸表読解および経営分析（〜20分）

|与件文| 財務諸表は読まずに、まず与件文の分析。15店舗も運営しているなんてすごいなあ。強みは、地元産商品のこだわり、地元密着セールス、固定客を有すること辺り。脅威が、地元住民の高齢化、人口減少、同業他社による低価格・大量販売辺りで、収益性の低さが弱みになりそう。レジの入れ替えや新事業の話も確認。移動販売事業は不採算ということで弱みか。販売用トラックは自社保有ということは、資産回転率が悪いのかな。シナジーはどこかで使いそうなキーワードかな。

　よし、財務諸表の確認へ。収益性は悪いって与件文には書いてあったけど、粗利は高いな。でも、売上高営業利益率と売上高経常利益率は低いな。借入金が多いし、利息負担も考えて、ここは経常利益が課題か。効率性だと、商品の回転率が高いな。安全性は、収益性が悪くて内部留保が進んでいないし、長期借入金も多いから、過去問でもよく見た自己

〜ふぞろいを読んで衝撃を受けたこと〜
　自分の解答が、D答案の解答例に似ていたこと。何が足りないのか、一目瞭然だった。

資本比率だな。4つの指標を選ぶって今まであんまり見たことないけど、時間をかけられないから、収益性が被るけど、優れている点と課題のどちらにも書いておこう。

【手順4】第4問、第3問、第2問の順に計算および答案作成（～75分）

第4問 （～30分）（設問1）移動販売事業は、自社保有の車両があるからそれを処分するのかな。そして有形固定資産（車両）は長期借入金で調達しているから、繰上償還するのかな。財務指標は有形固定資産回転率と負債比率にしよう。

（設問2）企業価値と聞くと、直前のファイナルペーパーで見た財務レバレッジの話が思い浮かぶな。あとは、やっぱりシナジー効果についても書いておこう。

第3問 （～40分）（設問1）さあ、CVPだ。設問文の重要な記載にマークしながら読み込んでいく。50,000kg生産し販売できた場合、売上は6,000万円、変動費が1,800万円、固定費が1,200万円になるから、変動費率は30％ということか。よし、落ち着いて計算しよう。小数点以下を切り上げるのに注意。

第3問 （～60分）（設問2）販売数量に応じて販売単価が変わるのだから、それぞれのレンジで数量を求めていこう。販売単価が変わると変動費率は変化するが、変動費自体は変わらないから1,800万円のままか。ミスしないように丁寧に計算式を書こう。小数点以下、切り上げに注意。

第2問 （～70分）（設問1・2）あと20分しかないのに、第2問が真っ白だ……できることをやろう。諦めないぞ。フルセルフレジかセミセルフレジへの交換か。下取りもあるから、売却収入もあるのか、除去損も考えなきゃいけないのか、これは難しい。とりあえず、わかることだけ書いておこう。空欄回避で何かしらの数字を書いておく。

第2問 （～78分）（設問3）問題読み込む時間も残っていないが、何かしら書いておこう。フルセルフレジの費用をXと置いて計算式だけ書いておこう。

【手順5】受験番号と単位の確認（～80分）

受験番号の確認、単位の確認を行う。小数点以下、切り上げもOK。ああ、時間足りなかった……。

3．終了時の手ごたえ・感想

CVPで点が来れば、なんとかなるかな。NPVは最後まで克服できなかったな……。これで終わりか。すっきりするかと思ったら、もやもやが残る終わりになってしまった。とはいえ、1日お疲れ様でした。4事例ともできたという手ごたえはないけど、最後まで諦めずにやり遂げられてよかった。カフェに寄って再現答案を作って帰ろう。

~私が陥ったスランプ~
予備校の型を学んだら、なんのための問いなのかわからなくなった。

240　第3章　合格者による、ふぞろいな再現答案

合格者再現答案＊（さと 編）　　　　　　　　　　事例Ⅳ

第1問（配点30点）
（設問1）

	（a）	（b）
①	売上高総利益率[2]	27.78（％）[2]
②	商品回転率[2]	25.79（回）[2]
③	自己資本比率[2]	19.85（％）[2]
④	売上高経常利益率[1]	0.50（％）[1]

（設問2）　　　　　　　80字

地	元	産	商	品	の	取	り	扱	い[3]	、	地	元	密	着	の	営	業[3]	に	よ
り	粗	利	段	階	の	収	益	性	高	く[1]	、	商	品[1]	の	効	率	性	が	高
い[1]	。	人	件	費	等	の	販	管	費	の	嵩	み[3]	や	利	息	負	担[1]	で	収
益	性	が	低	い[1]	。	借	入	負	担	重	く[4]	、	安	全	性	が	低	い[1]	。

【メモ・浮かんだキーワード】　収益性・効率性・安全性
【当日の感触等】　収益性2つが合っているのかは自信ないが、大筋は書けた気がする。
【ふぞろい流採点結果】　（設問1）14/16点　　　（設問2）14/14点

第2問（配点30点）
（設問1）

（a）	再現不可
（b）	1年目ＣＦ×0.943＋2年目ＣＦ×0.890＋3年目ＣＦ×0.840＋4年目ＣＦ×0.792＋5年目ＣＦ×0.747＋6年目ＣＦ×0.705－設備投資額－運転資本増加額

（設問2）

現在価値はプラス[3]となるため、当該取替投資案を採用[2]する。

～私が陥ったスランプ～
試験勉強で睡眠不足になり、仕事や家庭生活に悪影響を与えたこと。優先順位をきちんとつけよう！

第1節　80分間のドキュメントと再現答案　*241*

（設問3）

（a）	再現不可
（b）	フルセルフレジ１台をＸ円で購入すると置く。

【メモ・浮かんだキーワード】　NPV、除去損、売却益
【当日の感触等】　ほぼ点数もらえていないと思う。空欄にしなかったことは頑張った。
【ふぞろい流採点結果】　（設問１）0/10点　　（設問２）5/10点　　（設問３）0/10点

第3問（配点20点）

（設問1）

32,143kg[10]

（設問2）

（a）	38,572kg[6]
（b）	年間販売数量をＸと置く。売上高－変動費＝2,700万円となるＸを求める。 ①1,400Ｘ（1－18/70）＝2,700万円　②1,240Ｘ（1－18/62）＝2,700万円 ③1,060Ｘ（1－18/53）＝2,700万円　④860Ｘ（1－18/43）＝2,700万円 ①Ｘ＝25,961.53　②Ｘ＝30,681.8　③Ｘ＝38,571.4…　④Ｘ＝54,000 目標販売数量の範囲に収まるのは③であるため、**38,572kg**[4]

【メモ・浮かんだキーワード】　CVP、変動費、固定費
【当日の感触等】　見直し時間が取れず、答えが合っているか非常に不安。計算式で部分点をもらえていることを祈るばかり。
【ふぞろい流採点結果】　（設問１）10/10点　　（設問２）10/10点

第4問（配点20点）

（設問1）　　　　　　　　40字

配	送	用	車	両	を	売	却[3]	し	、	借	入	金	の	返	済	に	充	て	る
た	め	有	形	固	定	資	産	回	転	率[2]	と	負	債	比	率	が	改	善	。

（設問2）　　　　　　　　40字

既	存	事	業	と	の	相	乗	効	果[2]	が	期	待	で	き	、	負	債	保	有
に	よ	る	財	務	レ	バ	レ	ッ	ジ	で	企	業	価	値	が	高	ま	る	。

【メモ・浮かんだキーワード】　有形固定資産、借入返済、ROE、WACC
【当日の感触等】　企業価値とは？　財務的な視点で書いてしまったが、これでよかったのかな。
【ふぞろい流採点結果】　（設問１）5/10点　　（設問２）2/10点

【ふぞろい評価】　60/100点　　　【実際の得点】　71/100点
　第２問は再現不可が２か所あり答案再現度がやや低く、本番ではさらに加点機会を得ていた可能性があります。第１問と第３問で得点を積み上げなど、過去問演習で培った問題への目利きと優先順位付けにより、余裕をもって合格点に達しています。

~受験勉強中に起きた面白エピソード~
　毎晩、夢のなかにまでA社、B社、C社、D社のどれかが登場してました。

みっちー 編（勉強方法と解答プロセス：p.150）

1．休み時間の行動と取り組み方針

　事例Ⅳの闇は深い。体力と精神力を消耗した受験生に圧倒的計算量が襲いかかり、事例Ⅲで多少挽回できたかもという淡い希望を打ち砕く。疲労が蓄積しているうえに緊張感が張り詰めるため、普段では考えられないようなミスを犯すかもしれない。

　事例Ⅲへの未練を断つため早々に再現答案を書き上げて、少し歩いて気分転換。試験開始15分前には席に戻り、試験の流れをシミュレーションした。電卓が正常に動くこと、シャープペンシルの芯が十分にあることを確認。

2．80分間のドキュメント

【手順0】開始前（〜0分）

　試験の合否はこの一戦にかかっている。試験が始まったらまず経営指標を算出して第1問を素早く解こう。それだけで、気持ちに余裕が生まれて落ち着いて解答できる。

【手順1】準備（〜1分）

　表紙を切り離し、財務諸表のページを素早く開く。初動で財務指標をひととおり計算するという、何度も練習した戦術を淡々と実行するのみ。考えるより先に電卓に手が伸びる。

【手順2】財務指標の計算（〜5分）

財務諸表　与件文には目もくれず、収益性、効率性、安全性に関する経営指標を計算して表紙の裏面に列挙していく。ここまでがウォーミングアップだ。

【手順3】問題確認（〜8分）

第1問　経営指標を4つ？　収益性、効率性、安全性から1つずつだと思っていたから意表を突かれたな。

第2問　セルフレジの更新ということはNPVだ。NPVは難易度が高いので、後回しにして部分点を狙おう。

第3問　廃校でお魚養殖。これはCVPっぽいが、何やら不穏な表があるぞ。場合分けが必要になりそうだな。これはおそらく今年度の合否の分かれ目だから、丁寧に解こう。

第4問　40字の記述が2問。経営指標に触れる必要があるから、第1問の内容を踏まえて書くべきだろうな。

【手順4】与件文・財務諸表読解および経営分析（〜15分）

与件文　財務指標と照らし合わせながら読もう。地元産の商品で固定客を得ている強みを端的に表すのは「棚卸資産回転率」か。優れている指標をあと1つ挙げないと。候補は「売上高原価率」か「有形固定資産回転率」だ。固定客を獲得できている強みと相性がよいのは「有形固定資産回転率」かな。課題を示す指標は、売上に苦戦しているのでまず「売上高営業利益率」。「自己資本比率」が低いのは、利益をあまり出せていないことも影響して

〜受験勉強中に起きた面白エピソード〜
　消しゴムかすをチラシで作った箱に溜めておいていたら、勉強の成果が可視化されて棄てられなくなった。

いそう。これらの説明を文章にまとめて、第1問は完了。

【手順5】第4問、第3問、第2問の順に計算および答案作成（～75分）

第4問 （～20分）あまり悩みすぎず素直に書こう。経営指標を見ると、売上高販売費一般管理費率が同業他社より高いぞ。このなかにはトラックの維持費も含まれるだろうから、トラックを手放せば売上高営業利益率が改善するだろうな。移動販売事業の赤字が企業価値の低下につながるとは限らない理由は、高齢化でニーズがあるからかな。トラックを別の事業に流用して利益に貢献させる余地もありそう。

第3問 （設問1）（～30分）まずこの長い設問文を丁寧に理解しよう。特に固定費と変動費を正確に把握しないと。なるほど、固定費は1,200万円、変動費は魚の生産量に比例して増加するということだな。これで（設問1）は解けるぞ。

第3問 （設問2）（～50分）表によると、目標販売数量の範囲に応じて販売単価が変わるのか。地道だけど、それぞれの範囲において、目標販売数量の最大値まで完売した場合の利益をすべて計算しよう。……よし、利益が1,500万円になるのは、目標販売数量「30,000kg超～40,000kg以下」の範囲だ。あとは（設問1）と同じ。端数切り上げと単位に気をつけよう。

第2問 （設問1）（～65分）まだ時間はある。部分点狙いと割り切っていたが、真剣にやってみよう。耐用年数が残った状態での更新だから、除却損が発生するはずだ。除却損がある場合のCFの計算は『事例Ⅳの全知識&全ノウハウ』で反復練習したぞ。法人税を見落とさないように注意して、税引後純利益の増加額を計算すれば解ける。

第2問 （設問2）（～70分）計算は多いけど内容はシンプル。2年目から6年目のCFは同額になりそうだ。これに現価係数を掛けて、NPVを算出。細かい計算ミスがあるかもしれないが……マイナスであることは間違いなさそうだ。

第2問 （設問3）（～75分）部分点を取ろう。まずセミセルフレジの除却損は発生するはず。フルセルフレジの価格をXとして、減価償却費についても書いておこう。空欄は残したくないので、解答欄（a）には勘で数字を記入。

【手順6】計算と単位の確認（～80分）

第1問で解答した経営指標を再度計算し、値が正しいことを確認。第1問と第3問は数値の単位を間違える恐れがあるので、解答欄を1つずつ指差しして単位を目視し、声に出さずに「ヨシ！」と唱えた。

3．終了時の手ごたえ・感想

計算ミスへの不安こそあったが手ごたえを感じ、落ち着いた心持ちで帰路についた。帰りに立ち寄ったコンビニにフルセルフレジが設置されていて謎の頭痛に襲われたものの、無事ホテルに帰り着き、その日のうちに再現答案を書き上げて安眠。

~試験開始直後にすること~

　深呼吸して、メモ用に一番後ろの紙を破る。

244　第3章　合格者による、ふぞろいな再現答案

合格者再現答案＊（みっちー 編）　　　　　　　　　　　　　　　事例Ⅳ

第1問（配点30点）
（設問1）

	（a）	（b）
①	棚卸資産回転率[2]	25.79（回）[2]
②	有形固定資産回転率[2]	4.56（回）[2]
③	売上高営業利益率[2]	0.32（％）[2]
④	自己資本比率[2]	19.85（％）[2]

（設問2）　　　　　　　　80字

地	元	密	着[3]	で	固	定	客	を	獲	得[3]	し	、	在	庫[1]	効	率	性	が	良
い[1]	。	競	争	激	化[2]	と	高	齢	化	、	人	口	減	少	で	売	り	上	げ
が	苦	戦	し	た	こ	と	で	収	益	性	が	悪	化[1]	し	、	借	入	金	へ
の	依	存	が	増	し	て[4]	安	全	性	が	低	下[1]	し	た	。				

【メモ・浮かんだキーワード】　収益性・効率性・安全性、3C

【当日の感触等】　経営指標を4つ問われたことが意外だった。有形固定資産回転率は苦し紛れに挙げたが、与件文の内容には沿っているはず。

【ふぞろい流採点結果】　（設問1）16/16点　　　（設問2）14/14点

第2問（配点30点）
（設問1）

（a）	31,600,000円
（b）	人件費削減によるキャッシュフロー増加　2,500万円[3] セミセルフレジの除却損　（8－100÷5）×100＝1,200万円[2] フルセルフレジの減価償却費　210÷6×100＝3,500万円 よって税引前純利益の増加量＝2,500－1,200－3,500＝－2,200万円 税引後純利益の増加量＝－2,200×0.7＝－1,540万円 キャッシュフロー＝－1,540＋1,200＋3,500＝3,160万円

（設問2）

初期投資210×100＝21,000万円　　　1年目キャッシュフロー＝3,160万円
2年目～6年目のキャッシュフロー＝（2,500－3,500）×0.7＋3,500＝2,800万円
NPV＝－21,000＋3,160×0.943＋2,800×（0.890＋0.840＋0.792＋0.747＋0.705[3]）＝－6,892.92万円
NPVがマイナスとなるため、本案件に投資すべきでない。

～試験開始直後にすること～
①深呼吸、②表紙を外す、③受験番号を書く。

（設問3）

（a）	18,500,000円
（b）	フルセルフレジ1台X円とする。 フルセルフレジの減価償却費　X÷5万円 セミセルフレジの除却損　1,200万円

【メモ・浮かんだキーワード】　NPV、除却損、減価償却費、法人税

【当日の感触等】　除却損や減価償却費の扱いが正しかったのか不安になった。

【ふぞろい流採点結果】　（設問1）5/10点　　（設問2）3/10点　　（設問3）0/10点

第3問（配点20点）

（設問1）

32,143kg[10]

（設問2）

（a）	38,572kg[6]
（b）	30,000kg完売すると利益1,440万円　40,000kg完売すると利益1,600万円 よって目標販売量は30,000～40,000kgであり、これをX（kg）とする。 利益=売上高－**変動費**－固定費 　　　=（1,060[1]X÷10,000）－（1,800X÷50,000[1]）－1,200（万円）[1] **利益を1,500万円**[1]とするには、X≒38,571.4　　端数切り上げて　38,572kg[4]

【メモ・浮かんだキーワード】　損益分岐点、場合分け、固変分解

【当日の感触等】　固変分解が一筋縄ではいかない問題だった。解答の単位を「円」と書いていないか、試験終了後に突然不安になった。

【ふぞろい流採点結果】　（設問1）10/10点　　（設問2）10/10点

第4問（配点20点）

（設問1）　　　　　　40字

配	送	用	ト	ラ	ッ	ク	が	不	要	に	な	る	こ	と	で	**固**	**定**	**費**	が
減	り[4]	、	固	定	比	率	と	**売**	**上**	**高**	**営**	**業**	**利**	**益**	率[4]	が	改	善	。

（設問2）　　　　　　40字

地	元	の	**高**	**齢**	化[4]	で	一	定	の	**需**	**要**	**が**	**見**	**込**	**め**	**る**[3]	上	、	配
送	用	ト	ラ	ッ	ク	を	別	事	業	に	流	用	で	き	る	た	め	。	

【メモ・浮かんだキーワード】　販売費一般管理費、固定費、高齢化

【当日の感触等】　トラックの固定費と高齢化に着目したけど、ほかに切り口はなかったか。部分点がどれだけ入るかな。

【ふぞろい流採点結果】　（設問1）8/10点　　（設問2）7/10点

【ふぞろい評価】　73/100点　　　【実際の得点】　67/100点

　問題確認において全体を俯瞰し、解ける問題から確実に解いていく戦略が奏功しました。戦略どおりに落ち着いて対応することで、合格に必要な得点を確実に積み上げることができています。第2問の部分点狙いや最後の見直しは確実に合格をつかむ理想的な戦略です。

~試験開始直後にすること~

受験番号の書き間違いがないか、何回も確認する。

もっちゃん 編（勉強方法と解答プロセス：p.152）

1．休み時間の行動と取り組み方針
　事例Ⅳは一番時間をかけて取り組んできた科目。3ページのファイナルペーパーを見返す。毎日見返してきたので、計算手法は大丈夫。現場では冷静に、割り切って、わからない問題は捨てて、解ける問題に時間を配分するようにしよう。

2．80分間のドキュメント
【手順0】開始前（～0分）
　青い蛍光ペンでマークすると与件文の文字が見えにくいことに今更気づいたので、事例Ⅳでは黄色の蛍光ペンでマークしよう。
【手順1】準備（～1分）
　受験番号を丁寧に書く。事例Ⅳでも段落番号は振っておく。
【手順2】与件文読解（～5分）
1段落目　まず与件文をざっと見て、経営分析のもとになるキーワードを拾う。「一定数の固定客」「経営状況も安定」とあり収益性はよいのかも、と思ったら「収益性も圧迫」とある。
2段落目　「人件費削減」とあるから営業利益率の問題になりそう。近所のスーパーもフルセルフレジになっていたなあ。レジは設備だから有形固定資産回転率の話になるかも。
3段落目　「魚種Xの陸上養殖」はこのあとの問題の話かな。
4、5段落目　3つの事業の話が出てきたから貢献利益の問題になるか。事例Ⅱに続き移動販売事業の話に。移動販売事業は不採算だから廃止するかどうか、という問題だろうか。高齢者に日用品を販売しているということで、地域密着を掲げるD社ならでは。「販売用のトラック」の記載も有形固定資産回転率の話。「店舗の従業員が運転および販売業務を担っている」というのは営業利益率の話になるかも。与件文を読んだ限りで経営分析の指標になりそうなのは、収益性が売上高総利益率、売上高営業利益率、効率性が有形固定資産回転率といったところか。安全性は財務諸表を見ないとなんとも言えないな。
【手順3】第1問の解答作成（～20分）
第1問　まず経営分析を解いてリズムを作る。経営指標が4つかあ。収益性、効率性、安全性のなかのどれかから指標を2つ出さないといけないぞ。収益性を計算すると、営業利益率ではっきりD社が悪いので、与件文からもまずここは確定。逆に総利益率はD社のほうがよい。固定客がいることの関係で挙げてもおかしくはない指標。2つ目の候補になるかも。次に効率性を計算すると、有形固定資産回転率がよいんかい！　与件文の流れ的には悪い指標だと思ったのだが、ほかの指標は与件文との関連性がわからないし、とりあえず有形固定資産回転率も確定しよう。安全性は財務諸表上自己資本比率が低いから自己資

本比率で割り切ろう。あとは悩んでも仕方ないから指標がよかった総利益率でいこう。

【手順4】第2問以降の問題確認（〜23分）

[第2問] NPV問題。見るからに難しそうなので最後に後回し。

[第3問] CVP分析。第2問を捨てる以上、避けるわけにはいかない。次は第3問を解く。

[第4問] 短い記述なので、第3問のあとに時間をかけずに取り組もう。

【手順5】残りの解答作成（〜79分）

[第3問]（〜40分）

（設問1）固定費は1,200万円、変動費は1kg当たり360円で確定。年間販売数量をAと置くと、「1,200円×A－360円×A－1,200万円＝1,500万円」となればよい。「小数点以下を切り上げ」に注意。

（設問2）これは目標販売数量ごとにゴリゴリ計算したほうが早そう。部分点狙いで計算過程は細かく書こう。

[第4問]（〜50分）

（設問1）ネット通販事業に一本化するということは運転、販売をする従業員を転用できるし、トラックも処分できるから短期的なメリットはある。

（設問2）高齢者に優しい企業ということで、地元密着につながる、という方向で書こう。

[第2問]（〜79分）

（設問1）時間は残っているが、欲は出さず半分くらい解ければ十分と考えよう。取替投資ってよくわからなくなるんだよなあ。とりあえず（設問1）は慎重に挑もう。

（設問2）2022年度のCFは2,560万円、2023年から2027年度は2,200万円でよい。セミセルフレジの更新の場合は2022年度に10,000万円払うけどそれがなくなるから単純に2022年度に10,000万円のキャッシュがプラスになったっていう考えでよいのかな。

（設問3）売上をB、フル1台をAと置いて書き始めたらめちゃくちゃ面倒くさいことになったけど、消したら間違いなく白紙になるし、このまま書き続けるしかない。

【手順6】計算と単位の確認（〜80分）

文字が消えていないかの確認のみ。全事例を通じて見直しの時間はなかった。

3．終了時の手ごたえ・感想

第1問、第3問、第4問はそれなりにできているだろうし、第2問が0点ということはないだろう。事例Ⅳは大丈夫かな。

~合格してから知って驚いたこと~

診断士のバッジが協会に入らないともらえないこと。

248　第3章　合格者による、ふぞろいな再現答案

合格者再現答案＊（もっちゃん 編）　　事例Ⅳ

第1問（配点30点）
（設問1）

	（a）	（b）
①	売上高総利益率[2]	27.78（％）[2]
②	有形固定資産回転率[2]	4.56（回）[2]
③	売上高営業利益率[2]	0.32（％）[2]
④	自己資本比率[2]	19.85（％）[2]

（設問2）　　　　　80字

地	元	密	着[3]	を	掲	げ	て	一	定	の	固	定	客	が	お	り[3]	売	上	は
あ	る	も	の	の	人	件	費	が	か	か	り[3]	収	益	性	は	低	い[1]	。	セ
ミ	セ	ル	フ	レ	ジ	、	ト	ラ	ッ	ク	の	活	用[1]	で	効	率	性	は	高
い[1]	が	、	借	入	金	の	負	担	が	大	き	く[4]	安	全	性	は	低	い[1]	。

【メモ・浮かんだキーワード】　地元密着、固定客、人件費、移動販売事業
【当日の感触等】　収益性2つ目の指標が売上高総利益率でよいか最後まで悩んだ。
【ふぞろい流採点結果】（設問1）16/16点　　　（設問2）14/14点

第2問（配点30点）
（設問1）

（a）	25,600,000円[4]
（b）	セミの減価償却費は2,000万円／年　フルの減価償却費は3,500万円／年 （売上をA、取替投資しない場合）営業ＣＦ＝（A－2,000万円）×0.7＋2,000万円 （取替投資する場合）営業ＣＦ＝（A＋2,500万円－3,500万円）×0.7＋3,500万円 ∴取替投資をした場合、営業ＣＦは2,200万円増加 除却損：（2,000万円－800万円）×0.3＝360万円　∴ＣＦ＝2,200＋360＝**2,560万円**[6]

（設問2）

ＮＰＶが正[3]のため**取替投資する**[2]。
2022年のＣＦは2,560万円、2023年～2027年の各ＣＦは2,200万円
2022年度期首の投資額は21,000万円－800万円＝20,200万円
セミの更新の場合には2023年度期首に10,000万円の投資
ＮＰＶ＝－20,200万円＋10,000万円×0.943[3]＋2,560万円×0.943[3]＋2,200万円×3.974[3]
　　＝386.88万円[5]

～合格してから知って驚いたこと～
　合格証書が薄い紙1枚だった（他の試験だと、ちゃんとした厚紙の合格証書が届く）。

（設問3）

（a）	193万4,605円
（b）	フル1台をA円とする。**減価償却費は20A／年**[5] （売上をB、取替投資しない場合）ＣＦ＝（B－2,000万円）×0.7＋2,000万円 （取替投資する場合）ＣＦ＝（B＋2,500万円**－20A**）×0.7＋20A 取替投資をした場合ＣＦの差は、6A＋1,150万円 ＮＰＶ＝－100A＋10,000万円＋（6A＋1,150万円）×4.212 ＝－74.728A＋14,843.8万円　∴A≦1,934,605.50262…　　　A＝193万4,605円

【メモ・浮かんだキーワード】　減価償却費、除却損

【当日の感触等】　途中～万円で計算してるのを忘れて193円と出てしまい、焦る。

【ふぞろい流採点結果】　（設問1）10/10点　　（設問2）10/10点　　（設問3）5/10点

第3問（配点20点）

（設問1）

32,143kg[10]

（設問2）

（a）	38,572kg[6]
（b）	年間販売数量をAとする。**固定費は1,200万円**[1]。**変動費は360円／1kg**[1]。 （目標販売数量が0～20,000kg以下の場合）1,040×20,000－1,200＝880万円 （20,000kg超～30,000kg以下の場合）880×30,000－1,200＝1,440万円 （30,000kg超～40,000kg以下の場合）700×40,000－1,200＝1,600万円 （40,000kg超～50,000kg以下の場合）500×50,000－1200＝1,300万円 ∴**販売単価は1,060円**[1]。1,060円×A－360円×A－1,200万円＝1,500万円となる 場合のAは、A≒38,571.428　　　∴A＝**38,572**[4]

【メモ・浮かんだキーワード】　目標利益

【当日の感触等】　第3問は大丈夫そう。意外と時間がかからずよかった。

【ふぞろい流採点結果】　（設問1）10/10点　　（設問2）10/10点

第4問（配点20点）

（設問1）　　　　　　　40字

運	転	業	務	の	従	業	員[4]	と	ト	ラ	ッ	ク	が	不	要[3]	と	な	り	有
形	固	定	資	産	回	転	率[2]	と	売	上	高	営	業	利	益	率[4]	改	善	。

（設問2）　　　　　　　40字

高	齢	化[4]	の	進	む	地	元	に	貢	献[3]	す	る	姿	勢	を	示	し	、	D
社	の	ブ	ラ	ン	ド	価	値[3]	、	固	定	客[1]	を	維	持	で	き	る	た	め。

【メモ・浮かんだキーワード】　有形固定資産回転率、売上高営業利益率、ブランド、地元密着

【当日の感触等】　40字におさめるのに苦労したが、全く点を取れていないということはない
だろう。

【ふぞろい流採点結果】　（設問1）10/10点　　（設問2）10/10点

【ふぞろい評価】　95/100点　　**【実際の得点】**　69/100点

　与件文からのキーワード抽出やD社の財務分析に冷静かつ適切に対応し、計算問題・記述問題ともにほぼ完璧に解答、正答率の低かった第2問（設問3）でも計算過程で着実に部分点を積み上げ、高得点で合格しています。

250　第3章　合格者による、ふぞろいな再現答案

君に決めた！
ふぞろい流タイプ分析＆ふぞメン図鑑

第2節

　中小企業診断士試験に向けて、勉強方法は人それぞれ、まさに「ふぞろい」です。そのようななかで、自分と性格や得意・不得意が似ている人の話はより参考になるのでは……？　という仮説のもと、受験生の方が再現答案チーム6名の誰に似ているのか、分析できるチャートを作りました。次ページ以降では、各メンバーを掘り下げた情報と、同じタイプの人へのメッセージも掲載しています。試験勉強の息抜きに、ぜひ遊んでみてください！！

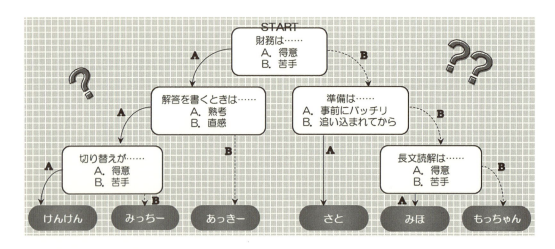

【ふぞメン図鑑について】

　次ページからのふぞメン図鑑の見方をご紹介します。

① 私の必殺技

　勉強中および解答作成にあたっての心構えやテクニック、まさに「これが自分の必殺技だあ！！」というものを紹介しています。人によって攻略法が違うことがよくわかります。

② レーダーチャート

　2つのグラフがありますが、内側の薄いグラフが「試験勉強を始めた頃」、外側の濃いグラフが「受験直前」のデータです。メンバーの成長が見られるとともに、受験直前だって誰も完璧ではないという点も興味深いです。

③ 似ているタイプの人へのメッセージ

　同じタイプの人にだからこそ伝えたい、応援メッセージです。

～合格してから知って驚いたこと～
　大学生の合格者に出会ったこと。自分が学生の頃とは比べ物にならない能力と意識の高さに驚き。

第 2 節　君に決めた！　ふぞろい流タイプ分析&ふぞメン図鑑　251

けんけんに似ているあなたは……
自信過剰、鋼のメンタルタイプ

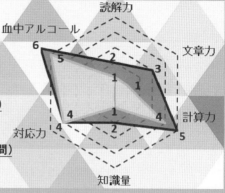

【私の必殺技】
- ■自分を見つめる！模試受験（全事例）
- ■困ったら定型文で埋める（事例Ⅱ）
- ■体力全快！ドライフルーツ（休憩時間）
- ■酒飲んで寝る！（最終奥義）

【似ているタイプの人へのメッセージ】
　数字に強く、慎重に文章構成も組み立てられ、さらには少々のミスも引きずることなく気持ちの切り替えが可能、自分でそう言ってしまうあなた、完璧です。でも、もしかして謎の自信に溢れてはいませんか？
　一度模試を受けて自分の位置を確認してみることがよいかもしれません。また、溢れる自信は本番の焦りと表裏一体です。書けるはず、と文章推敲を重ねすぎて時間切れ、白紙では点数は入りません。そうならないために緊急時は何を書くか用意しておくと落ち着きが違ってくるでしょう。最後に、細かな準備がなくても実力が発揮できるあなたが備えるべきはファイナルペーパーよりも休憩時間の快適さです。適度な糖分と酸味を与えるドライフルーツがおすすめです。
　勉強後は自分へのご褒美も忘れず準備を重ねれば合格間違いなし！

みっちーに似ているあなたは……
論理的な文章にこだわりタイプ

【私の必殺技】
- ■初手：設問読解（事例Ⅰ～Ⅲ）
- ■工程図を描く（事例Ⅲ）
- ■NPVを切らせてCVPを断つ（事例Ⅳ）
- ■歩きながら考える（勉強中）

【似ているタイプの人へのメッセージ】
　論理的な文章で答えることを大事にする反面、考えすぎて素早い処理や気持ちの切り替えが少々苦手。そんな方には「初動のマニュアル化」と「戦術的後回し」が有効かもしれません。
　「初動のマニュアル化」とは、「設問文から読む」「まず工程図を描く（事例Ⅲ）」など、試験の最初にやることをあらかじめルール化してしまうこと。これだけで初動での処理スピードが上がります。「戦術的後回し」とは、高難度の問題は潔く後回しにして部分点を狙うこと。私は事例ⅣでＮＰＶを後回しとし、ＣＶＰにより多く時間を割きました。
　文章力の土台ができていれば、論述式の解答を恐れることなどありません。用語や数字の定義を正確に押さえて、情報処理のスピードを上げることで、合格に大きく近づくでしょう！

～２次試験勉強を始める前に戻れるなら～
　ふぞろいの再現答案パートをもっとよく見る。合格前はほとんど見ていませんでした（笑）。

あっきーに似ているあなたは……
定量得意＆仮説思考タイプ

【私の必殺技】
- ■試験を楽しむ心（全事例）
- ■キーワードで部分点狙い（全事例）
- ■直感で深読みを避ける（事例Ⅰ～Ⅲ）
- ■定量的推論と仮説思考（事例Ⅳ）

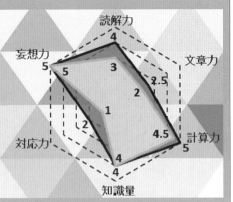

【似ているタイプの人へのメッセージ】
　事例Ⅳの計算は得意だが、記述問題は基本苦手。あふれる妄想力（よく言えば仮説構築力）で深読みしすぎて大外し。そんな方は、「直感を生かす」答案作成を試してみるとよいかも！　ただし、直感を生かすといっても、直感で「ある程度の確からしさ」を得られるだけの知識や、2次試験のお作法的な対策は身につけておかなくてはなりません。たとえば、『ふぞろい』に出てくるキーワード、各予備校の模範解答の読み込み、各種解答のロジック分析をしておくことが有効だと思います。○○ときたら△△！　など、問題文に対して直感的に答えられるように練習しましょう。なお、練習ではしっかり手を動かしてアウトプットすることが重要です。私自身、得意の事例Ⅳに運よく救われましたが、過去問演習などのアウトプットが少なかったため、本番では文章構築やタイムマネジメントなどに苦労しました。

さとに似ているあなたは……
不安な気持ちを事前準備で払拭！用意周到タイプ

【私の必殺技】
- ■社長の思いに寄り添う姿勢（全事例）
- ■戦略・組織のフレームワーク活用（事例Ⅰ）
- ■課題に対する解決策ストック（事例Ⅲ）
- ■経営指標とＣＶＰで点数確保（事例Ⅳ）

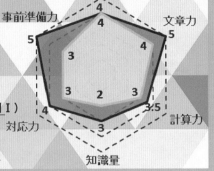

【似ているタイプの人へのメッセージ】
　受験経験があるゆえにストレート受験生に比べ経験値では有利だが、1次試験からのやり直しのリスクや、時間とコストをかけて再チャレンジする気持ちを維持し続けられるかなどさまざまな不安を抱えている……。そんなあなたは、試験当日のあらゆるリスクを事前に想定し、解決策を考えておきましょう！
　模試を受けてみて、事前に失敗を経験しておくこともよいでしょう。机が狭くペンが落ちる、隣の受験生の貧乏ゆすりがひどく事例読解に集中できない、問題用紙がうまく破れない、事例Ⅰの失敗をその後の事例まで引きずるなど。年に一度の試験かつ当日のコンディションに結果が大きく左右されるのが診断士2次試験です。長い時間をかけて勉強をしてきた成果を発揮するのは、当日の平常心です。ありのままの自分で合格をつかみ取ってください！

みほに似ているあなたは……

読み書きに自信ありタイプ

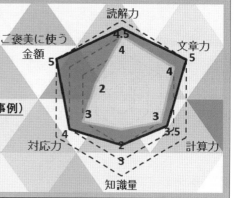

【私の必殺技】
- 『ふぞろい』キャラと脳内会話（全事例）
- 目指せＳＷＯＴマスター（全事例）
- 計算過程で部分点稼ぎ（事例Ⅳ）
- 20時就寝でやる気全回復（勉強中）

【似ているタイプの人へのメッセージ】
　文章を読むことや書くことには自信のあるあなた……中小企業診断士試験には落とし穴があります！
　落とし穴その１：与件文をなんとなくわかった気になって読んでしまい、大事なワードを見落とす。
　落とし穴その２：どう書いたら伝わるか考えすぎて時間が足りなくなる。
　その１への対策は、与件文を読むときは時折顔をあげて深呼吸すること。要は、「読むことに乗ってきたら危ない」ということです。その２への対策は、与件文に出てくるワードをそのまま使うこと。個人的な考察では、与件文のなかにはそれまでの長く書いてある内容を一言にまとめるようなワードが潜んでいることがあります！　このようなワードをうまく使うことがおすすめです。頑張ってください！

もっちゃんに似ているあなたは……

こつこつマイペースタイプ

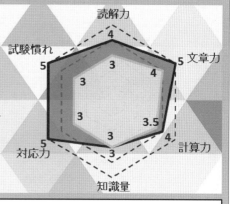

【私の必殺技】
- 試験開始後即フレーム転写（全事例）
- 解答骨子じっくり作成（全事例）
- シビアに解答順序決め（全事例）
- 試験用文房具へのこだわり（勉強中）

【似ているタイプの人へのメッセージ】
　２次試験に不合格になり、自分は中小企業診断士試験に向いていないのではないかと悩んでいる。そんなあなたは、試験中のタイムマネジメントを見直してみるとよいかもしれません。私は、合格年度の試験では設問解釈・解答骨子作り・筆記にかける時間をあらかじめ決めていました（それまでは何も考えず与件文と設問を順に読み、第１問から順番に解いていました）。解答骨子を作ることで、各設問の難易度がわかりますので、難しい問題を後回しにしてより点の取りやすい解答行動をとることができます。解答時間が不足しがちの方は試してみてください。なお、私は文房具にこだわっていました。こだわりの文房具を使うとモチベーションも上がりますし、２次試験に特化した文房具を使うことで努力をせずに数点は稼げるかもしれません（笑）。文房具の内容についてはこのあとの井戸端会議をご覧ください。

〜試験当日昼食時のテンション〜
　緊張で限界……まだあと２事例ある。早く帰りたい……。

合格ゲットだぜ！ふぞメンたちの2次試験対策井戸端会議

みっちー ：それぞれの事例について、苦手な人はどういうところが苦手だったのか、それをどうやって克服したのか、逆に得意な人はどういう勉強をしたのか、話していこう。

【事例Ⅰについて】

みっちー ：事例Ⅰは結構もやっとした聞き方の設問が多いんで、どうせみんなできないだろうと開き直って気軽に肩の力を抜いて解けたんだよなあ。「自分だけできなかったらどうしよう」みたいな緊張感がない分、苦手意識は持たずに済んだ。

あっきー ：事例Ⅰは毎回よくわからないんだけど、いつもそれなりには点数取れてたんだよね。

さと ：すごい。それなりにっていうのはどういうプロセス？

あっきー ：なんだろう、基本的には「採用、配置、評価、報酬、育成、退職」のHRMシステムのフレームワークは頭には入っていたと思う。

みほ ：結構初歩的なことかもしれないけど、**問われているレイヤーをちゃんと意識するようにしてる**。レイヤーって最初に聞いたときはよくわからなかったんだけど、それがピンときた瞬間に事例Ⅰがわかってきた感じがする。

みっちー ：僕はレイヤーのなかでも一番上の経営理念を一番重視して、それと一貫性があるかどうかを意識してた。企業経営に限らず、部活動とかボランティアとかでも、元々のビジョンと違う活動をしだしたら、人がついてきてくれなくなったりするし。**やっぱり大元の社長のビジョンを最優先で汲み取らなきゃいけない**と思ってる。

さと ：何を書くかが不明瞭だから、私は事例Ⅰが苦手だったのかな。レイヤーで設問解釈が自分でできたらなんとなく方向性が見えるのかもしれないね。

みほ ：事例Ⅰでは「幸の日も毛深い猫」が鉄板のフレームワークだなと思ってたんだけど、令和3年度は全然使えなくてすごく残念だった。

みっちー ：僕は3代目を部門統括に任せた理由のところで使ったな。人材育成っていう切り口から1つ書いたし、配置の話でもあるし。

けんけん ：直前期、それ忘れないように毎朝書いてたもん。「さ」が採用、「ち」が賃金……って。事例Ⅰはわかんないから、もうここの中からしか解答要素を選ばないって決めつけてた。

さと ：そのほかは組織活性化とかシナジーとか好きだよね。

〜試験当日昼食時のテンション〜

興奮状態。楽しくて仕方なかった。

みほ　　　：公平・公正な評価で納得性を高め、モチベーション向上みたいなのとか。

けんけん　：割とフレームワークって役に立ってるね。

さと　　　：多分あっきーみたいな天才肌の人は頭のなかでやっちゃうのかな。私はフレームワークを意識するために、本番でも問題用紙に書いてチェックしてた。

あっきー　：経営大学院に通っていたときに、もっと長いケーススタディで実際に使うっていうのをたくさんやってたから、直感的に記載していたとはいえ最低限のフレームワークは活用できていたのかもしれないね。

みっちー　：あっきーはストレート合格だし、経営大学院で学んだ下地があったから飲み込みが早かったのかもしれないしね。

あっきー　：うん、下地があったのは結構大きいと思う。

みほ　　　：下地が人によって違うから勉強方法が異なるのも診断士試験の特徴かもね。

【事例Ⅱについて】

けんけん　：最初に解いたときに一番いけそうと思ったのが事例Ⅱ。でも採点してみたらとんでもないことになって、そこからトラウマの始まりというか。独自ワールドに行っちゃいがち。令和3年度も和菓子屋さん見落としたんだよね。3回ぐらい読み返してコラボ先ないじゃんって思って、独自ワールドで考えたことを書いた。事例Ⅲだったらこの幅で書かなきゃいけないっていうのがある程度わかるんだけど、事例Ⅱはどこから考えなきゃいけないのか整理がつかなくて、苦手意識があるな。

みほ　　　：身近なマーケティングだからか与件文を離れて発想しやすいんだよね。だから、この施策だと弱みを克服できてないよねとか、脅威に対応できてないよねとか、想像力が働きすぎたときに立ち止まって考えたらよいのかな。

さと　　　：私も事例Ⅱはあまり得意じゃなくて、和菓子店をスルーしてしまった人間です。でもちゃんと「和菓子店」ってメモを取っているんだよね。チェックしているのにできなかったことを今振り返って思うのだけど、事例Ⅱは当日の80分間で、与件文を読み取って整理することが一番求められている気がする。マーケティングの考え方は使うけど、知識自体はそれほど使わないというか。材料はすでに事例のなかにあって、それを読み取るのが得意な人は安定するのかな。当日のコンディションにもすごく左右される事例だなって個人的には思ってる。

けんけん　：うん、与件文をしっかり読むことが一番必要な気がする。効果まで解答に書くためには与件文にないことを書かなきゃいけないかなと思っていたけど、そのヒントも与件文に載っているのが事例Ⅱなのかもしれないな。

さと　　　：そう。事例Ⅲは解決策が与件文に書いてない。でも事例Ⅱは効果まで与件文に載っているのかもね。社長の思いに寄り添うことと、地域のことを考える

~試験当日昼食時のテンション~

脳が疲れたって言ってるな～。

256　第3章　合格者による、ふぞろいな再現答案

ことはよく意識していたよ。それをちゃんと頭に入れて与件文を読めば、効果や目指すべき姿は明確に書かれている気がする。

みっちー　：トレンド的に商店街のほかの小売店とか、島や地方都市の活性化につなげなさいという出題者の意図が感じられる問題が多いよ。

さと　　　：みんな使っていたフレーズとかフレームワークはある？

みっちー　：ジオ・デモ・サイコ。これを意識するだけでも、まず顧客層をすごく具体的に絞り込むから、大事故は防げる。ジオ・デモ・サイコを明確にして、それにアプローチできそうな提携先を与件文から拾ってくれば、点も稼げると思うな。

もっちゃん：**過去に成功した施策は今の課題に使える**みたいな、転用がよく出るのかなと個人的には思ってて。令和3年度の問題も、過去成功したことは置き配に生かしていこう！　みたいな。

さと　　　：井戸端会議とかも多いよね。令和3年度だったら、コロナ禍だと使えなかったけど試食をフランチャイジーでも広げるみたいな、そういうイメージだよね。

あっきー　：令和3年度の事例Ⅱは環境変化が激しすぎてさ、難しかったよね。コロナ禍で人が会うことができないって致命的な環境変化で。できないだろうなあと思いながら第4問で試食会って書いちゃったんだけど。

さと　　　：これから施策を考えるときは、コロナ禍っていう状況、外部環境を考えなきゃいけないっていうなかなか大変な時代になるんだね。

みほ　　　：私は効果を考えるときに、マーケティングなんだから、売上増か固定客化か顧客獲得につながるって決めつけていて、どの問題に対しても関係性強化により愛顧向上して顧客獲得とか、同じものを使ってた。

あっきー　：「愛顧向上」っていう表現は中小企業診断士試験の勉強で初めて知って、「顧客ロイヤルティの向上」より文字数削減できるから愛用してた。

みっちー　：結局本質的には「客数×客単価」を上げなさい、というところに持っていくわけだから、効果の書き方は自然と限られてくるのかな。

みほ　　　：効果を限ると施策を考えるほうに時間を使えてよいのかもしれない。

けんけん　：僕も困ったら「高付加価値の差別化戦略」って書く。

さと　　　：私は「双方向の交流」が好きでよく使う。出題者の先生が好きみたいで、本に書いてあって。『小が大を超えるマーケティングの法則』（岩崎邦彦、日本経済新聞出版社、2012年）っていう本で、結構有名かも。

みっちー　：僕も『スモールビジネス・マーケティング』（岩崎邦彦、中央経済社、2004年）を読んだよ。「双方向」がたくさん出てくるんで、トレンドなんだなって。

みほ　　　：本を読んで勉強するのもいいね！

~試験当日昼食時のテンション~

だめだ。事例Ⅱで失敗した……。（その後、この男は事例Ⅳで逆転ホームランを打って勝つことになる。）

【事例Ⅲについて】

みっちー : 僕は、本業が製造業なんだけど、事例Ⅲに苦手意識を持っていたんだよね。令和２年度に受験したときに、やたら納期管理の切り口ばかり問われて、５つの設問ごとにどういうふうに切り分けたらいいのか悩んでしまったんだよね。

けんけん : このフレーズはこっちでも使いたいし、こっちでも使えちゃうんじゃないのってことだね。

みっちー : うん。令和３年度だと、標準化とか、熟練職人から若手職人への技能の承継とか、設問ごとに別々の切り口で書いたほうがいいのかなって。

けんけん : そういうときは迷わず両方書いてた。標準化とかってどこでも使えるから。１年目は１つの要素は１つの設問にしか使わないように悩みながらやってたけど、『ふぞろい10年データブック』をやって、１つの要素があっちでもこっちでも加点になってるって気がついて。高得点にはならないかもしれないけど、それぞれの設問で２点、３点入ってるなという感じがしたから、開き直って両方書くっていうスタイルだった。

さと : 私もけんけんと同じで全部重複して書いていた。標準化と OJT とか。事例Ⅲは問題点が与件文にたくさん散りばめられていて、その解決策を自分で生み出すというよりは、**運営管理のテキストに載っている解決策を覚えて、パズルみたいに当てはめる**スタイルかな。

あっきー : 僕もみっちーと同じく製造業なんだけど、事例Ⅲがものすごく苦手で……。なんでかなって考えると、深く考えすぎちゃうからだと思うんだよね。納期を短縮しようとすると、トレードオフで品質が悪化するリスクが高まるとか余計なことを書いて、30点台とか。

みっちー : **なまじ現場を知っているがゆえに、考えすぎちゃう**ことってありそう。工程のココとココを入れ替えてはどうかっていわれても、いやそんな簡単に入れ替えられるわけないよね、と思う。

あっきー : **与件文だけを素直に捉えて、あまり深掘りしすぎない**っていうのを意識しないと。**これは試験だと割り切る**。

みほ : 私は逆に、いまだに事例Ⅲはうまくイメージできなくて、そういう意味では苦手なんだけど、点数は意外と取れる。わからない分、とにかく QCD 改善すればよいんだろう、と決まったものを書く感じにしてたよ。

けんけん : 僕は DRINK を見たときに「これだ」と思って必須のフレームワークになった。

もっちゃん : 僕も事例Ⅲが苦手だけど、生産現場をイメージできないっていうのが一番の原因かも。でも課題を聞かれて解決策を答えるときに、すごく当たり前の解決策をそのまま書いても大丈夫、たとえば都度計画変更が起こるんだったら、計画を細かく何回も作ろうみたいな、深く考えずに答えればよいんだっ

～試験終了後のテンション～
疲れたー。たぶん落ちたー。さて、次は何を勉強しようかな。

ていうのをほかの受験対策本で見て、あんまり現場を知らなくても大丈夫なのかなとか思った覚えがありますね。

さと　　　：あまり考えすぎないことが大事なのかもしれないね。

【事例IVについて】

みほ　　　：事例IVのなかでNPVが苦手なんだけど、どうしたらできるようになる？

あっきー　：僕はもちろん経営大学院で習ってたっていうのもあるんだけど、**学んだ知識を実務で活用してみると身につくと思う**。たとえば、新しいプロジェクトをやってみようかなって考えたときに、それでどれだけの利益が得られそうかっていうのを自分で考えて、プロジェクトの予測財務諸表みたいなの作ってみる。もちろん、カニバリとかシナジーとかで既存の事業に影響が出るのであれば、それも考慮してね。割引率は仮置きしてもいいから、それでNPVを実際に計算してみて、これはやる価値あるなとか考えてみたり、収益のロジックから打ち手の優先順位を考えてみたりとか。

みっちー　：習うより慣れよってことか。それはあるかも。計算とか反復練習して、考えるより先に指が電卓叩くみたいなところがあったから。

みほ　　　：本番では、書きながら考えるとか、図を描いてみるとか、それともそういうのもなく頭のなかで考えてるの？

あっきー　：基本、頭で計算式は立てちゃうかなあ。解答用紙に計算過程を書く欄があれば、いきなりそこに式を書き始めてる。計算はある程度速いほうだとは思うけど、字を書くのがとても遅いので、そうしないと時間内に書き終わらないっていうのもあるけど。

けんけん　：すごいね。でも合格点を取るってだけだったら、第1問と第4問が大事だよね。NPVってオマケみたいなさ。解けてる人何人いるのかな？

みっちー　：部分点と割り切ってる人のほうが多いんじゃないかな。

もっちゃん：みっちーは最初に経営指標を全部計算してから設問文を読んでたけど、そういうスタイルの人珍しくないかな？

みっちー　：珍しいかな。効率的にやろうと思ったら、先に与件文読んで必要なものだけ計算してっていうものなんだろうけど。勉強してるときに面倒くさくなって、試しに1回全部バーッて計算してみたら、そう大して労力変わらなかったんだよ。じゃあ指のウォーミングアップも兼ねて最初に全部計算してしまえ、となった。収益性と効率性、あと安全性のなかではとりあえず自己資本比率だけ計算しておけば、なんとなく全体像が見えてくるんで。この辺の数字が弱いんだろうなっていう当たりをつけて与件文を読んでく。

けんけん　：僕もとりあえず始まったら経営指標15個全部計算しちゃう。文読んじゃうと、ここ悪そうだなっていう、印象というか先入観が入っちゃう気がして。

～試験終了後のテンション～
今年もできなかったな、一度、診断士試験からは撤退しよう。

あっきー　：僕は与件文のほうが大事かなって思ってて。**与件文で良さそう、悪そうっていうのを当たりをつけてから計算する**。安全性は与件文に書いてないから財務諸表からピックアップしてるけど、収益性と効率性は、与件文で推測できるところしか計算していない。

さと　　　：与件文読んでから計算したら、そのあとの記述も書きやすくなるしね。

みっちー　：そういえば、**迷ったらとりあえず自己資本比率**っていう風潮があるよ。売上の低迷とか、借入れの増加とか、結局自己資本比率に跳ね返ってくるから、自己資本比率または負債比率を挙げとけば大外ししはない。

みほ　　　：私は事例Ⅳが苦手だから、**計算過程で部分点を稼ぐために丁寧に書くことを常に意識してた**。細かく書いて、少しでもわかっていることをアピール。

みっちー　：計算過程は命乞いのつもりで書けと。

みほ　　　：そういうこと！　ところで反復練習って言ってたけど、過去問や参考書のほかに数を増やす方法ってある？　同じの何度もやると覚えちゃって。

みっちー　：僕は上場企業の IR 情報ページにアクセスして、財務諸表をダウンロードして見てる。実物を見て、こんな感じなんだなっていう感覚をつかんだ。

けんけん　：それこそ NPV みたいのも出てるしね。

みほ　　　：そういう増やし方もあるんだね！

【番外編①：ふぞろい活用法】

けんけん　：みんな、過去問を初めて解いたときって、ふぞろい流採点で何点だった？

あっきー　：事例Ⅰが54点。事例Ⅱが62点。いけると思ったら、事例Ⅲが32点。事例Ⅳは点数控えてなかったけどある程度取れてたと思う。

さと　　　：私は最初50点とかだな。

みっちー　：僕も正確に記録はしてないけど、50点前後で推移してた。

けんけん　：『ふぞろい』の活用方法としては、**見落としたキーワードがどれだけあるかを確認して、一番配点が高いワードを見落としていたらメモ**してた。

さと　　　：私も過去問３回転くらいしながら書き方を覚えていったかな、落としたワードとか、使えなかったフレームワークとか。

みほ　　　：私は『ふぞろい』で**キーワードの数の感覚をつかんでた**かも。合格＋Ａ答案は多くて、不合格答案は少なかったから。合格答案に数を近づけていくイメージを持ちつつ、いかにシンプルに書くかを追求していた。

みっちー　：わかる。解答欄の文字数がこのくらいなら切り口はこのくらいだろう、みたいな。100字あるから３つ、４つ書けるかなとか、そういう当たりがつけられるようになった。そうすると120字とか150字とか出されてもそんなに驚かなくなる。

さと　　　：『ふぞろい』だと結構推してると思うんだけど、**多面的に「①〜、②〜、③**

~試験終了後のテンション~

終わったー！　お酒飲みたーい！

〜」って書くようにしてた。必ずどこかで点はもらえるし、わかりやすいなって思ってる。

けんけん　：多分、受験1年目と2年目で解答の書き方で一番変わったのはそこだと思う。1年目は文章を書いていたんだけど、いっぱい要素を盛り込もうとすると文章の書き方が難しくて。でも2年目はとりあえずわかんないから要素をいっぱい書くっていう方針で、「①〜、②〜、③〜」って感じにしたかな。

みっちー　：1個の切り口で全部書いちゃうと、その切り口が駄目だったときに全部失うけれど、複数の切り口に分散させておけば、1つ駄目でも残りがカバーしてくれるっていう。考え方が株式投資。

【番外編②：模試は必要？】

さと　　　：私模試だけはめちゃめちゃ受けた。あんなに受けなくてよかったのに。いろんな予備校の考え方の違いを知ることができておもしろかった。

みっちー　：試験会場を模した会場で実際に試験と同じサイズの問題冊子と解答用紙を使って同じ時間で解くっていう行為に意味があると思ってるんで、僕の場合だと、名古屋が遠すぎて自宅受験になっちゃうから意味ないかなと思っちゃった（※みっちーは岐阜県在住）。

みほ　　　：模試の会場の雰囲気って当日と似てるの？

さと　　　：うん、似てるね。ちゃんと勉強してる人が受けに来てるし、結果残そうみたいな雰囲気もあったね。きっちり文房具並べて、強そうなオーラを放ってるおじさんがいっぱいいた。**緊張しいの人や空気に流されやすい人が、空気に慣れておくのはすごくいいかなと思う。**正直、予備校が作った模試でどれだけ点数が取れてても落ちるものは落ちるから、成績自体に大きな意味はないと思う。実際1年目のとき、直前の模試でA評価取ったけど落ちてるし、逆に今年はB評価しか取れなかったのに受かったよ。

けんけん　：僕は最初の年って何が苦手なのかわからなかったんだけど、**模試の結果でどの事例が苦手なのか得意なのかわかった。**それを把握するのに、受けてよかったなって感じはする。どこの勉強に時間をかけないとまずいかなっていうのがわかったりしたから。

【番外編③：タブレット学習のススメ】

さと　　　：1年目はノートだったけど、参考書類も含めてものすごいかさばったんだよね。カフェで勉強するのが好きだったから毎回勉強道具を持っていくのがすごく億劫だった。社長にデータの一元管理やリアルタイム共有などを提案するなら自分もやってみなきゃなって思ってタブレットを使い始めたのが去年の6月ぐらいから。タブレットさえあれば、あの参考書持ってくればよかっ

〜試験終了後のテンション〜

試験会場から駅までバスを使わずトボトボ……。来年どうしよう。

た……というがっかりがなくなるからよかったよ。

みほ ：具体的にはどうやって使うの？

さと ：『ふぞろい』も『30日完成』とかもすべてデータ化して、２画面にして問題を解いていた。スクショがすぐにできるから、解いた事例の一部分だけ切り取って、できなかった箇所を補記して、自分流のノートを作っていたよ。ノートを作るっていうのは紙でも同じかもしれないけど、**タブレットは書類の切り貼りがとても簡単だから、紙よりも作りやすいんじゃないかな**。試験直前の確認も簡単にできたのがよかった。ノートや参考書の確認で、**検索機能を使える**のも便利。SNSにタブレットの使い方をあげてる人もたくさんいて、それらを見るとイメージしやすいよ。

みっちー ：アカウント連携しとけば、複数の端末から見られるよね。

さと ：そうだね。それと、解いた問題を友だちに送って添削してもらっていた。あと、紙の答案用紙だとコピーが大変だけど、タブレットならボタン１つですぐにコピーできるし、**印刷の手間が省ける**のがすごくよかった。

みほ ：普段タブレットで勉強してても本番は紙だよね。

さと ：うん、紙対策として、最後の１か月は、解答は手で書く練習をしてたよ。

【番外編④：文房具へのこだわり】

みほ ：私のこだわりはシャーペンの芯をＢにしてること。**力を入れなくても濃く書けるから手が疲れない**。

もっちゃん ：わかる。芯が濃いと字がきれいに見えるし、消しゴムで消しやすくなる。だから芯は0.3mmの２Ｂにしてた。あと、細長い形の消しゴムがあって、これがおすすめ。**中小企業診断士試験って解答欄めちゃくちゃ小さくない？**細かいとこ消そうとしたら上とか下のマスの字も消しちゃったみたいな。細いと角を使って消せるからすごくよかった。

みっちー ：僕はシャーペンと同じ要領で先端から消しゴムが出てくるというものを使っている。１文字消すのには便利だけど、それ以外の用途では使えないから、普通の消しゴムも持ち歩くという。

もっちゃん ：マーカーだとノック式をおすすめします。キャップのあるタイプだと、しまわないと汚れちゃうし、使うたびにキャップを付けるのも面倒くさいし。

みっちー ：僕はマーカーを使ってなくて、３色ボールペンだけ。青が強みと機会、赤が弱みと脅威ってふうに与件文を読みながらSWOT分析していた。

さと ：机上に出すものが３色ボールペンぐらいだとシンプルでいいね。

みっちー ：ただでさえ問題冊子と解答用紙を置くスペースがあるんで、あんまり細々したものが多いと机から落ちたりとか、どこに何を入れたかすぐに思い出せなかったりっていうトラブルの元になるかも。令和２年度の２次試験の机が思

～試験終了後のテンション～
とにかく寝たい。

いのほか小さかったんだよね。それで**細々したものをたくさん持っていくよりも厳選しよう**という反省があって、令和3年度は最小限のものだけ持っていったよ。

けんけん　：マーカーはみんな何色ぐらい使ってたんだろう？

みっちー　：青が強み、赤が弱み。緑はどっちともいえないけれども重要な箇所。

あっきー　：赤と青がみっちーと逆だけど、僕も同じ。事例Ⅱだと社長の思いとか大事なのはオレンジのマーカー。

もっちゃん：事例Ⅰ～Ⅲまで青いマーカーで塗ってたんだけど、字が見えにくいことに気がついて事例Ⅳは黄色にしたんだ。使い分けると時間がかかるかなと思って一色。

さと　　　：私は多くて、問題ごとに分けてるから5色使ってたよ。ところでみんな問題用紙を切るための定規は持っていってた？

みっちー　：僕は持っていかずに、手で切ったよ。クリップの部分つまんでピンポイントにちぎるのを2か所でやって、ページごと取り外した。

あっきー　：僕は基本は紙を切らないんだけど、念のために紙を切りやすいことを売りにしてる定規を持っていった。カッティングガイドみたいなのがついてて、確かに切りやすかったよ。

さと　　　：私はセロハンテープも持ち込んでた。机が小さいから受験票が落ちるっていうのをどこかで聞いて。受験票固定のためだけにちっちゃいセロハンテープを買った。安心感はあったよ。

みほ　　　：当日には問題を解くことに集中したいから、持ち物に工夫をすることも大切だね！

Column

目を覚まさせてくれた家族の一言

　私は2次試験を3回受けて、3度目の正直で合格しました。1回目、2回目に不合格だったとき、「ああ、次の試験まで約1年か～、長いなあ」なんて軽く考えていました。

　そのようななか、令和3年度も1次試験が終わる頃から勉強を開始した際、妻から「今年ダメだったらもう止めるつもりでやりなさい」と言われました。驚いた私に妻は続けて「いつまでも受からない試験勉強をしているのは遊んでいるのと同じだよ」と言いました。私は今まで、なんとなく「結果が不合格でも勉強したことは無駄にならない」とか「勉強すること自体に意義がある」といって試験の合否という厳しい現実から逃げていたのだと思います。もちろん勉強することに意義があることは間違いではないと思いますが、他人に迷惑をかけてまで威張ることではありません。こうして、家族の言葉で目が覚めた私は、令和3年度の試験には以前より強い覚悟を持って挑むことになり、これが功を奏して合格できたのだと思っています。（ただし、試験後は出来に半分絶望して、来年は土下座してもう1回受けさせてもらおう～などと思っていたのでした。）

（もっちゃん）

〜試験終了後のテンション〜

　つ、疲れた……。どうやって家に帰ればよいんだっけ……。

第4章

合格者による、ふぞろいな特集記事
～2次試験に臨む受験生に贈る勉強のヒント～

　最後の章である第4章では、皆さんが2次試験を勉強するうえで気になる点や、知っておくと役立つ情報をまとめました。

　第1節「B答案！　何が足りなかった？」では、A答案とB答案の答案を比較し、評価の分かれ目を分析します。
　第2節「過去問をどれくらい解く？　合格点者の過去問演習量」では、合格者の得点開示結果をもとに、合格点（60点）を取得するための過去問演習量、勉強時間、学習方法などを考察します。
　第3節「2次試験受験戦略　～ゼネラリスト？　スペシャリスト？　あなたの2次試験受験戦略はどっち？～」では、ふぞろい15メンバーのアンケートや得点開示結果をもとに2次試験の受験戦略を分析しました。2次試験の受験戦略検討にご活用ください。
　第4節「ふぞろいON AIR　～読者のお便りに答えます～」では、『ふぞろいな合格答案14』の読者アンケートや、セミナーアンケートで寄せられた読者のお悩みや疑問にお答えします。
　第5節「受験生支援団体の情報まとめ」では、受験生支援を行っている各団体の活用方法や活動概要を紹介します。
　皆さんの受験勉強において、参考にしてみてください！

B答案！ 何が足りなかった？
～合格基準に届くためには～

　この節では、B答案とA答案を比較、分析します。B答案は各事例で50～59点の答案で、「あともう少し」で合格ラインのA答案（60点以上）に届きます。この「あともう少し」の要素が何なのか、どうすればA答案になるかを考えます。

　事例Ⅰ～Ⅲの合計13問（設問単位）を対象にして、難易度別に分析を行いました。ふぞろい流の採点で得点率を算出したものが以下の表です。

	第1問	第2問	第3問	第4問	第5問
事例Ⅰ	★☆☆	★☆☆	★★☆	★★★	★★☆
事例Ⅱ	★☆☆	★★☆	★★★	★★☆	
事例Ⅲ	★★☆	★☆☆	★★☆	★★☆	

難易度別平均得点率

難易度	A答案	B答案	差
みんなができた	64.5%	57.4%	7.1%
勝負の分かれ目	65.8%	55.8%	10.0%
難しすぎる	61.5%	49.3%	12.2%

　この表から読み取れることは、以下の3つです。①難易度が上がるほど、A答案とB答案の得点率の差が広がる。②A答案でも、比較的解答しやすい「みんなができた」に分類される設問で高得点を取っているわけではなく、**満点を狙った解答作成は非常に難しい**。③A答案は「難しすぎる」に分類される設問でも**得点率6割以上を維持している**。

　以上から、「比較的解答しやすい設問で満点を狙うのではなく、**難しい問題でも配点の半分以上の得点を狙い、満遍なく解答作成する**」という戦略が有効であると考えました。そこで、A答案とB答案に差がみられる「難しすぎる」難易度の設問について両者の解答を比較し、B答案に足りない要素を考察します。

【A答案とB答案の比較】
【A答案】　事例Ⅰ　第4問（配点20点）　　　　　【ふぞろい流採点】16点

①**外部連携をさらに強化**し、事業案件に合わせた新規連携先の獲得を志向する。②販路開拓についても外部企業と協業で行い、**新規客の獲得**と**売上拡大**を図る。③サプライチェーン管理を強化し他社との**差別化**を図る。

【B答案】　事例Ⅰ　第4問（配点20点）　　　　　【ふぞろい流採点】8点

外部への依存度が高い状態のため、①**外注管理を強化**し品質を維持向上すること、②複数の**外部企業と連携**しリスクを分散すること、③外部企業との定例会議実施など、連携強化を図ること、以上により発展させていく。

～家族の協力を得る方法～
　なんでもない日にケーキを買って帰ってくる。

B答案は解答において②、③いずれもが「外部との連携」についての記述であり、内容がかなり重複しています。これにより、必要以上に文字数を使用しています。その分、A答案にある「新規客の獲得」といった具体的な施策の効果が記述できていません。

【A答案】　事例Ⅱ　第4問（配点25点）　　　　　　　　　【ふぞろい流採点】19点

製	品	は	新	し	い	素	材	を	使	っ	た	菓	子	で	人	気	の	**和**	**菓**
子	**店**	**と**	**共**	**同**	**開**	**発**6	し	、	移	動	販	売	で	得	た	主	婦	層	の
ニ	**ー**	**ズ**	**を**	**反**	**映**4	し	た	も	の	と	す	る	。	新	商	品	の	モ	ニ
タ	ー	募	集	や	S	N	S	へ	の	投	稿	依	頼	等	、	**双**	**方**	**向**	**交**	**流**2
で	**関**	**係**	**強**	**化**4	し	、	**固**	**定**	**客**	**化**4	と	売	上	拡	大2	を	図	る	。

【B答案】　事例Ⅱ　第4問（配点25点）　　　　　　　　　【ふぞろい流採点】10点

新	し	い	素	材	を	使	っ	た	菓	子	で	人	気	を	博	す	**和**	**菓**	**子**
店	**と**	**協**	**業**6	し	て	商	品	を	品	揃	え	る	。	コ	ミ	ュ	ニ	ケ	ー
シ	ョ	ン	は	①	新	商	品	の	紹	介	な	ど	を	発	信	し	、	②	**顧**
客	**か**	**ら**	**の**	**感**	**想**	**を**	**収**	**集**	**し**	**て**	**商**	**品**	**開**	**発**	**に**	**反**	**映**4	し	、
③	販	売	日	な	ど	を	告	知	す	る	。								

事例Ⅱの基本、「ダナドコ」を使って解答することが有効だと考えられる設問ですが、B答案は「効果」について記述されていません。つまり、加点候補となる要素の一部が抜けてしまっています。また、コミュニケーション戦略の部分において「①新商品の紹介などを発信〜」と記述し、さらに「③販売日などを告知する」と、同じ「情報発信に関する内容」を重複して表現しています。

【まとめ：B答案がA答案になるために】

B答案とA答案を比較しました。そのうえで、以下の2点を意識することが必要だと考えます。**①必要な構成要素を踏まえて解答する（記述のモレを防ぐ）、②多面的な解答にするためにも、重複した内容を書かない（記述のダブりを防ぐ）**。

多面的に、「モレなく・ダブりなく」な解答を意識することで、難問でも一定の点数を稼ぐことは可能です。その際、重要なのは解答の切り口・フレームワークの知識と活用です。以下に代表的なフレームワークを表記しますので、ぜひ参考にしてみてください。

事例	設問で問われていること	切り口・フレームワーク
Ⅰ	組織戦略（人事戦略）	幸の日も毛深い猫（採用・賃金・能力開発・評価・モチベーション・権限委譲・部門・階層・ネットワーク・コミュニケーション）
Ⅱ	施策・戦略	ダナドコ（誰に・何を・どのように＋効果）
Ⅲ	生産のIT化	DRINK（データベース・リアルタイム・一元管理・ネットワーク・共有）

〜家族の協力を得る方法〜
家事をやる。料理作る！　でも試験前は手をケガするからやめとく。

266　第4章　合格者による、ふぞろいな特集記事

過去問をどれくらい解く？　合格点者の過去問演習量

　本節では、令和3年度2次試験に合格したふぞろい15メンバーの得点開示結果を解析し、**1科目60点を取得するための過去問演習量、勉強時間、学習方法を考察**します。第3節「2次試験受験戦略」と併せて、学習計画の策定にお役立ていただければ幸いです。

■ふぞろい15メンバーの得点分布

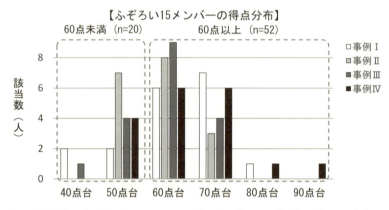

　令和3年度2次試験に合格したメンバー18名（18名×4科目＝延べ72名）の得点分布を見ると、**60点台を中心とする正規分布をとり、多くが50～70点台に位置**しています。90点以上を取得した者はわずか1名しかおらず、**受験戦略として1科目逃げ切りで総合240点に到達することは相当難しい**ことがうかがえます。一方で、「60点未満」は延べ20名、「60点以上」は延べ52名と、「60点未満」が約3割もいることから、**全科目で60点（オールA）を取得することも比較的難しい**といえるでしょう。
　以下、「60点未満」と「60点以上」の2群に分け、**1科目60点を取得するための過去問演習量、勉強時間、学習方法を統計的に検討**いたしました。

■過去問演習量に差はあるか？

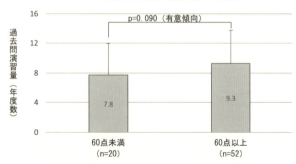

　令和3年度における過去問演習量についてアンケートを行いました。まず、何年度分の過去問を解いたか比較したところ、「60点未満」では1科目当たり平均7.8年度分、「60点以上」では1科目当たり平均9.3年度分と、「60点以上」のほうが多い傾向にありました。

〜家族の協力を得る方法〜
　試験が終わったら○○しようと提案！

また、1科目当たり過去問を何回転したかを比較したところ、「60点未満」では平均1.8回、「60点以上」では平均2.2回と、「60点以上」のほうが多い傾向にありました。

さらに、延べ何事例の過去問を解いたか比較したところ、「60点未満」では1科目当たり平均14.3事例、「60点以上」では1科目当たり平均19.9事例と、「60点以上」のほうが有意に高値を示しました。

以上をまとめると、各科目で「60点以上」を取得したメンバーの過去問演習量は、「60点未満」よりも多い結果となりました。したがって、60点を取得するためには、過去問演習を十分に行うことが重要と考えられます。具体的には、60点以上を目指す科目については、10年度分を2回転（延べ20事例）が1つの目安となるかもしれません。

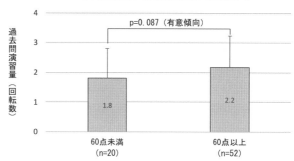

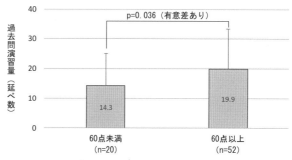

■勉強時間に差はあるか？

勉強時間については、「60点未満」では1科目当たり平均84.5時間、「60点以上」では1科目当たり平均99.4時間で、2群間に有意な差は認められませんでした。各人の背景知識量、理解力、受験戦略などにより大きくばらつく傾向にあり、メンバーのなかには1科目500時間勉強した猛者もいれば、1科目15時間しか勉強していない者もいました。このように、勉強時間はとてもばらつきが大きい指標であるため、勉強時間そのものにこだわり過ぎないほうがよいのかもしれません。

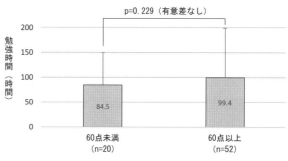

~家族の協力を得る方法~
　試験勉強期間以外は主体的に家事や育児をすること。

■学習スタイルに違いはあるか？

令和3年度2次試験の学習スタイルについては、「60点未満」では独学が55%（11人）、予備校が45%（9人）、「60点以上」では独学が56%（29人）、予備校が44%（23人）で、2群間に有意な差は認められませんでした。したがって、今回の結果からは独学か予備校か、という議論に統計上の答えは求められず、**自身に合った学習方法を選択することが重要**と考えられます。また、必ずしもどちらか一方のみを選択しなければならないというわけではないので、たとえば、主に独学で勉強しつつ予備校の短期集中講座を利用してみるなど、**各人の状況に応じて柔軟に検討されるとよい**でしょう。なお、各学習スタイルの長所・短所については、第3章「合格者による、ふぞろいな再現答案」をご参考にしていただければと思います。

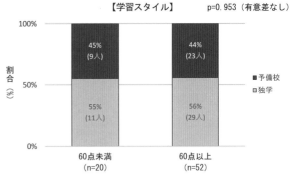

■過去問演習の取り組み方

上述のとおり、**合格点を取得するためには、過去問演習が非常に重要**です。過去問演習は80分で解答を行い、その後復習するのが一般的かと思いますが、ほかにもさまざまな取り組み方があるようです。ここでは、ふぞろい15メンバーが実践していた"一風変わった"過去問演習の取り組み方をご紹介させていただきます。活用できそうなものがあれば、ぜひ普段の学習に取り入れてみてくださいね。

ふぞろい15メンバーの過去問演習の取り組み方
- 設問から連想されるキーワードを書き出し、『ふぞろい』で採点した（みっちー）
- 年度ごとではなく事例ごとに演習を行って出題パターンを研究した（Tommy）
- 本番で時間が不足することを想定して70分で解く練習をした（まさひろ）
- 予備校各社の解答を比較し自身が納得できる解答を探した（うめりー）
- 超高得点者の再現答案を分析して思考過程を追体験した（ゆーきち）
- SNSに投稿して『ふぞろい』で採点してもらった（けーし）
- 『ふぞろい』で緩めに採点して自信をつけた（とも）
- 40分で解答骨子作成のみを繰り返し行った（しの）

~勉強時間の確保と集中の方法~
連続ドラマを見始めない。

第3節 2次試験受験戦略
～ゼネラリスト？ スペシャリスト？ あなたの2次試験受験戦略はどっち？～

　人によって得意な科目、苦手な科目が分かれる2次試験。苦手科目を克服し、オールA を狙うゼネラリスト戦略？　それとも得意科目を伸ばし苦手科目をカバーするスペシャリスト戦略？　令和3年度2次試験において、ふぞろい15メンバーがどちらの戦略を選択したのか、アンケートを実施しました。また、得点開示請求の結果と照会し、戦略と一致したのかどうか検証しました。メンバー各々に受験戦略を振り返ってもらい、所感や改善提案に資するコメントを集めました。2次試験の受験戦略を考える際のご参考になれば幸いです。

【2次試験の勉強開始直後の状況】
　まずはふぞろい15メンバーの2次試験勉強開始直後の点数分布と、感想を一部ご紹介します。

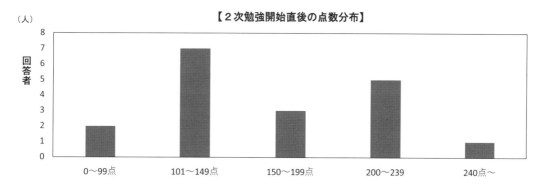

※予備校の模試や演習、『ふぞろい』を利用しての自己採点結果

2次試験勉強開始直後の感想
- 事例Ⅰ、Ⅱ、Ⅲはそもそも何を書けば点になるのかよくわからない。
- 与件文が長すぎる。80分では終わらない。倍の時間は必要では？
- 事例Ⅳはとにかく足切りだけは避けないと。毎日勉強しなくては。
- 事例Ⅳはまったくできず、事例Ⅲも何を書いてよいかまったくわからない。
- どう解いたらよいのかわからない。与件文の要約しかできない。
- 1次試験の知識をどう活用するのかわからない。「効果」を書くとか知らない。
- とりあえず紙に書く練習しなきゃ。書き写しだ、書き写し！

～筆記試験後、合格発表までの過ごし方～
　何もかも一切見ない。

特に感想として多かったのが、事例Ⅳに対するもので、手も足も出ない、足切り回避を狙う、といった感想が多かったです。事例Ⅰ、Ⅱ、Ⅲについては、苦手事例をほぼ白紙で解答を提出した、何を書いたらよいのか検討もつかない、という感想もありました。

１名だけ最初から240点以上の点数を取れていた人もいたようですが、合格者のほとんどの人が２次試験の勉強開始直後は200点以下の点数からスタートしていたことがわかりました。これから勉強を開始する、もしくは開始直後の受験生で不安を感じている方には、少し安心していただけたのではないでしょうか。

それでは次に、２次試験の合格に向けて、どのような戦略を立てていったのか紹介していきます。

【戦略の方向性】

以下のグラフは、本節のメインテーマでもある、ゼネラリスト戦略かスペシャリスト戦略か、また得点開示請求の結果をふまえて戦略どおりの結果を獲得できたかどうかの結果を示しています。

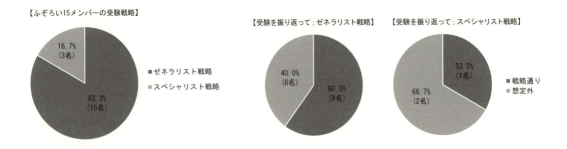

ふぞろい15メンバー18名のうち、ゼネラリスト戦略を選択したメンバーは15名（83.3％）と多かったのに対し、スペシャリスト戦略を選択したメンバーはわずか３名（16.7％）でした。ゼネラリスト戦略を選択した理由としては「足切りを回避したかったため」、スペシャリスト戦略を選択した理由としては「苦手科目を克服できないと考えたため」という回答が最多でした。

次に、得点開示請求を行い、実際の得点が戦略どおりであったのか、はたまた想定外のものであったのかアンケートを実施しました。その結果、ゼネラリスト戦略を選択したメンバーの過半数が「戦略通り」と回答していたのに対し、スペシャリスト戦略を選択したメンバーのうち「戦略通り」と回答した者はわずか１名（33.3％）という結果でした。スペシャリスト戦略を選択したものの、戦略どおりにいかなかった理由として、「得意科目が振るわず、むしろ苦手科目で救われた」という回答がありました。このように、得意科目で思いのほか点数が伸びなかった、ある程度の点数でよしとしていた科目で思いのほか点数が取れていたといったケースがいくつかありました。以下、得点開示請求を受けたメンバーの所感をご紹介します。

～筆記試験後、合格発表までの過ごし方～
SNSで再現解答をアップしてる人を確認。

【ゼネラリスト戦略を選択したメンバーの所感】
- 結果的には戦略通りだったが、実際にはがむしゃらだった。とにかく60点を超えようと各事例がむしゃらにやっていたら運よくオールAに！
- 事例Ⅳは見事に克服できた。やっぱり、方向性の正しい努力は裏切らない。
- 大きく失点した事例はなく、計画どおりゼネラリストな得点になったぞ。
- 事例Ⅲが極端に苦手で、対策にかなり時間がかかった。苦手を完全に克服することはできなかったが、ほかの事例にもよい影響があった。シナジー効果を実感！

【スペシャリスト戦略を選択したメンバーの所感】
- 得意な事例Ⅰ〜Ⅲで高得点！　苦手だった事例Ⅳをカバーし戦略通りの結果に！
- 事例Ⅳで合格点を取るためには時間がかかりそうだったので、事例Ⅳの勉強はある程度でやめて、その分事例Ⅰ〜Ⅲに時間を費やしたのが功を奏した。
- 得点源にするはずだった事例Ⅱの点数は振るわなかったが、意外にも苦手な事例Ⅰで挽回できた！　令和3年度の事例Ⅱは、特に60点周辺に得点が集中する傾向にあり、超高得点が狙いにくかったように思う。スペシャリスト戦略といえども、苦手科目を完全に捨てなくて本当によかった。

いかがでしょうか。ご自身の戦略の方向性の参考にしていただけますと幸いです。
次に、ふぞろい15メンバーが本番までにどれだけ得点が伸びたのかご紹介します。

【2次試験勉強開始直後〜本番までの得点の伸びについて】
以下のグラフは、事例ごとの合計の得点の伸びを示しています。

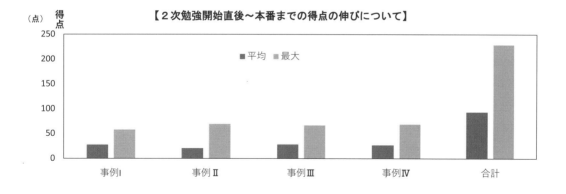

各事例平均25点前後、合計で約100点は伸びているようです。最も伸ばした人では2次試験の勉強開始直後は0点に近い状態だったものを、200点以上伸ばして合格された方もいました。このことからも、2次試験は決して選ばれた方のみが合格を手にすることができる試験ではなく、着実に学習を継続すれば、誰にでも合格の可能性があるということが

〜筆記試験後、合格発表までの過ごし方〜
寝て、仕事して、本読んで、すべてを忘れていた。

わかるのではないでしょうか。

【最後に】

いかがでしたでしょうか。結論として、どちらの受験戦略をおすすめするわけではありませんが、ゼネラリスト戦略を選択したメンバーのなかで、「スペシャリスト戦略を選択していたら足切りで落ちていた」という意見もありました。もしかしたら、過度なスペシャリスト戦略を選択することはリスクが高い、といえるかもしれません。2次試験勉強開始直後に全然できない科目があったとしても、すぐに捨ててしまうのはもったいないです。苦手科目こそ伸びしろがあるとポジティブに捉え、しっかり対策を練ってみるとよいと考えます。一方で、苦手科目を完全に克服するのには時間を要します。ご自身の現状や環境をふまえて最適な受験戦略を選択してみてくださいね。

【受験生の皆さんへ伝えたいこと】

最後に、受験戦略のお話とは少々趣旨がずれますが、ふぞろい15メンバーより受験生の皆さんへのアドバイスをお伝えします。どちらの戦略を採用されても参考になると思いますので、よろしければご覧いただけますと幸いです。

受験生の皆さんへ伝えたいこと

- 事例Ⅳは難問（今回であればNPV）が隠れている可能性が高いので、解答の優先順位付けを最初に行う練習と残りの問題を確実に得点する練習を推奨します。
- 2次試験はいかに自分に合う解答プロセスを見つけ実践できるかだと思います。さまざまな予備校や参考書、ネット上の解答プロセスのなかで、自分に合う、好きな解答方法を見つけてやり込んでください。
- 独学や地方に住んでいる方は特に、オンラインや勉強会で自分の答案を披露し、ほかの方からのアドバイスをもらうことをおすすめします。自分の足りないポイントに気づけますし、モチベーションの維持にもなります。仲間を見つけて頑張りましょう。
- 長時間の書き写しは、思考停止してただ文字を書き写す作業になりがちなので注意が必要です。
- 80分の時間の使い方、対応手順をとことん具体的にする。本番は緊張して普段やらないミスを連発するので、頭で考えたことはとにかくメモに落とし込む。そのために自分なりのやり方を明確にして、ファイナルペーパーにまとめることをおすすめします。

~筆記試験後、合格発表までの過ごし方~
簿記や販売士の勉強。

第4節 ふぞろいON AIR ～読者のお便りに答えます～

　前作『ふぞろいな合格答案14』の読者アンケートやセミナーアンケートで寄せられた読者のお悩みや疑問に、お答えさせていただきます。

　　　　　登場人物　左：ソーイチ（以下「ソー」）、右：Tommy（以下「トミ」）

【闘う受験生の心に一杯のミルクティーを】

トミ：ラジオのトーク番組のように、受験生の皆さまに寄り添いながら、試験突破のヒントを勝手気ままに、そして楽しく、お伝えしていくコーナーです。忙しい試験勉強の合間に、ホッと一息ついていただければと思います。

ソー：そういえば、数年前にリアルラジオに出演したとき、極度の緊張とプロのMCの方の勢いに圧倒されて、地蔵のように何も喋れず過ごした苦い経験があるな。

トミ：挽回のチャンスね。さぁ、1通目のお便り紹介にいってみよ～！

【最高のパフォーマンスを、いつもどおりに】

・会場の雰囲気に呑まれて緊張してしまい、冷静に解けませんでした。

トミ：実は私、受験2回目のとき、あまりの緊張で事例Ⅱの与件文の1ページ目を飛ばして読んじゃってたんだ。全問解答し終えた後に気づいて、全身から血の気が引いたのを覚えてるよ。結果は、残念ながらD判定だったな。ソーイチは失敗談とかある？

ソー：……。

トミ：早速、地蔵になっとるやないか～い！

ソー：ゴメン、ゴメン（笑）。これは、多くの受験生に共通する悩みだろうね。緊張を制する者が試験を制す、といっても過言ではないと思うよ。それまでせっかく磨いてきた実力を、当日に発揮できないのはもったいないな。

トミ：当日の緊張を回避するためには、勉強期間の過ごし方が大切だと思うの。私はこれだけのことを積み重ねてきたと、自信を持てるような努力ができていれば、よい精神状態で会場に向かえるはず。過去に失敗したときはこれができてなかったのかも。

ソー：何か、ルーティーンを作っておくのもよいかもね。僕は会場に向かう電車や休憩時間

～あなたの周りのやりすぎさん～
蛍光ペンを8本くらい使っていた人。余計混乱するような気がするが……。

にお笑いの動画を見て、その後5分ぐらいファイナルペーパーを読んで、最後にコーヒーを一口飲んで試験に臨んでいたよ。過去問を解くときもいつも同じ流れだった。笑ってるときが一番リラックスできるし、コーヒーは頭を切り替えるスイッチ代わり。マスクをつけてると、ニヤニヤしていてもバレにくいから助かったよ（笑）。

トミ：当日はイレギュラーなことだらけ。だからこそ、いつもと変わらないものを持って出かけたいね。

【合格後も生きるノウハウと知識】

> ・つかみドコロがわからないまま、何年も受験しています。

トミ：まず大前提として、試験の傾向は毎年少しずつ変わっていくから、王道みたいなコツってない気がするのよね。得点が伸びないケースによくある独りよがりの解答にならないように、論理的な思考で助言できる基礎的な力が求められていると思うわ。

ソー：その点については、『ふぞろいな合格答案エピソード13』133ページの「ドクターFのロジカルシンキング」がとても参考になったな。あれを読んで、事例企業の社長さんに納得してもらえるような解答プロセスを意識するようになったよ。

トミ：そうね。論理的思考とキーワード抽出をしっかり練習していけば、きっと本番の試験でも失敗しないわ！

ソー：ほかにも、『ふぞろいな合格答案エピソード14』137ページの「合格者に聞く　2次試験で身につけておくべきこと」の内容は、最低限の知識としていつでも使えるようにしておくのがおすすめだよ。「幸の日も毛深い猫」とか「ダナドコ」とかね。今回のふぞろいメンバーも、この知識をフル活用して合格を勝ち取ったみたいだよ。

トミ：知識なんてなんぼあってもいいからね～。そういえばつい最近、実務補習で実在企業の診断・助言業務を実施してきたんだけど、このための2次試験だったのか！と納得できる瞬間があったな。本当のつかみどころは合格後にやってくるのかも。

ソー：そっかぁ、早く実践の場に出てみたいな。そうそう、受験終了後には再現答案を作っておくことをおすすめするよ。合格発表後の得点開示と組み合わせれば、どういう書き方のときに得点が伸びるのかがわかりやすくなるからね。それと、せっかく作った再現答案は、ふぞろい事務局にご提供いただければいろいろな特典を受けられるので、ぜひ、送っていただければ幸いです。詳細は284ページを見てね。

【過去だけじゃなく、未来にも目を向けよう】

> ・出題傾向の変化に驚き、平常心で対応できませんでした。

トミ：変化といえば、令和3年度試験は、コロナ禍の環境変化で経営戦略の見直しを迫られた事例があったね。ソーイチは、この予想や対策はちゃんとしてた？

～自分的、試験の心得。～
人に読んでわかってもらえる文章を意識する。

ソー：うんうん、豆腐屋さんの置き配や、スーパーのセルフレジの取替投資があったね。令和３年度試験では、いずれかの事例で必ず問われるポイントだと予想していたよ。実際の企業が直面する課題に対して、解決策を助言するコンサルタントとしての能力を問う試験だから、現実に起きている環境変化を念頭に置くことは大切だね。

トミ：デジタル関連の知識もますます重要になるね。同じ年の１次試験でも、Society5.0やDXについて出題されたし、中小企業診断士に求められる知識の広さに驚いたな。

ソー：新技術やサービスがどんどん進化しているからね。多くは、効率化や形式知化にも役立つから、高齢化や人材不足などで経営の承継問題を抱えている多くの中小企業にとって、販売戦略といった外向きの効果だけでなく、経営管理や組織の改善といった内向きの効果も期待できるよね。

トミ：出題傾向の変化に動じない準備をするという意味では、過去問の練習で少し工夫できるかも。もし、過去の事例企業が次の試験に出題されたとしたら、どのような改善提案ができるだろうって想像するのも面白そうね。

ソー：今までと違う切り口で出題されたとしても、解答のヒントは必ず与件文に散りばめられているはず。今、現実の世界で起きていることにもアンテナを張って、出題されるキーワードへのひっかかりをたくさん持っておこう！

【身の回りにすでにあるものをフル活用しよう】

・普段の生活が忙しく、なかなか勉強時間が確保できません。

ソー：仕事や家庭で忙しい年代の方も多く受ける試験。この悩みはつきものだよね。

トミ：せっかくなので、20～40代の年齢で構成されている今回のふぞろいメンバーに、事前にいくつかアンケートをとってみました。ソーイチ、紹介お願いします。

ソー：まず、勉強期間中の睡眠時間については、６～７時間という回答が大半だった。もっと寝る間を惜しんで勉強しているイメージがあったから、意外だったな。むしろ、睡眠不足による勉強の効率低下を指摘する意見が多く出ていたよ。

トミ：普段の生活もしながら、睡眠時間も確保するとなると、スキマ時間の確保や効率化が重要になってきそうね。

ソー：多くのメンバーが、スマホやタブレット端末を活用していたようだよ。参考書も電子版があったり、YouTubeなどでは解説動画が聴けたりするから、さまざまな学習ツールを持ち歩きながら勉強していたんだね。

トミ：SNSで情報を集めたり、過去問の答案を添削し合っていたツワモノもいたね。

ソー：まとまった時間が確保できなくても、朝やお昼の30分とか、寝る前のちょっとした時間をうまく活用したいね。今回のアンケートでは、勉強を習慣化していくことが合格を引き寄せるポイントという意見がとても多かったよ。

トミ：私は専業主婦で割と時間があったにもかかわらず落ちた年もあったし、合格した年

～自分的、試験の心得。～

最後は運要素が大きいのであまり深刻にならないこと。

は逆に働いていた。勉強時間がないのは不安に思うことがあるかもしれないけど、それだけが合否の決定要因ではないということを信じて、頑張ってほしいな。

【誘惑を越えて行け】

・疲労や遊びの誘惑に負けて、なかなか勉強に集中できません。

トミ：疲労は仕方のないことだし、休むことも必要だと思うな。遊びも、英気を養うためには大切だけど、たまに、そのまま勉強の習慣を戻せず受験を諦めてしまう人がいるから、心のコントロールが重要ね。

ソー：みんな、そうした誘惑と闘っているんだという意識を持つだけで、少し気持ちが変わるかもね。これも、今回のふぞろいメンバーにアンケートをとってみたけど、家族と過ごしたり、手軽な趣味を見つけたりしてリフレッシュしていたみたい。休憩時間に近くの公園を散歩しているうちに、野鳥観察が趣味になった人もいたよ。

トミ：好きなことをしているときが楽しいのは誰だって同じ。勉強がそうなれば最高だけどね。息抜きは恥じることではないし、役に立つ！　でも、そのまま流されてしまわないように、とっておきの楽しみは合格後に残しておこう！

【合格のバトン】

・7度目の挑戦で合格することができました。諦めずに続けてよかったです！

トミ：たった1回の受験でも、勉強期間中にモチベーションが維持できなかったりするぐらい大変な試験だから、長年の目標を達成したときの喜びはひとしおね。

ソー：努力を積み重ねて得た知識は、必ず実践でも役に立つはず。いつか、同じ診断士としてどこかで出会ったときに一緒によい仕事ができるように、僕たちも頑張ろう！

トミ：このほかにも、たくさんの喜びの声を寄せていただきました。こうした皆さまの体験談が、これから試験を受けられる皆さまの糧となりますように。

ソー：『ふぞろい』を手に取ってくれた方が、1人でも多く試験を突破してくれたら嬉しいね。力をパワーに変えて、頑張ってください！　ハッ！！（笑顔）

トミ：（力とパワーって、同じ意味じゃ……）。さあ、次はあなたの番です！

【最後に】

ソー：紙面の都合上、今回は一部のお便りしかご紹介できませんでしたが、今後も皆さまの声をブログ（https://fuzoroina.com）で取り上げていきたいと思います。公式Twitter（@fuzoroina）もあるので、ぜひフォローして有益な情報を集めてね！

トミ：本書のアンケート回答（286ページ）も、よろしくお願いします。合格者の再現答案（得点開示結果付き）がもらえる回答特典もありますよ。では、また！

～自分的、試験の心得。～
諦めないこと、やり続けること。

第5節 受験生支援団体の情報まとめ

　この特集では、中小企業診断士試験の合格に一歩でも近づくため、1次試験や2次筆記試験の勉強法、2次筆記試験の答案の書き方、2次口述試験対策などを教えてくれる受験生支援団体を紹介します。

　特に独学の場合、勉強の仕方に迷いが生じたり、間違った勉強方法をしていても気づきにくいというデメリットがあります。これらを解決するために、各受験生支援団体のブログは勉強方法や試験対応方法を得るのに役立ちます。セミナーに行けば疑問点を直接合格者に聞くことができますし、受験生とのつながりもできます。また、独学の場合、自分の2次筆記試験の解答を客観的に分析することが難しいですが、受験生支援団体の勉強会で先輩診断士やほかの受験生から助言をもらえるのでとても役立ちます。

【受験生支援団体情報】

ふぞろいな合格答案	団体概要	その年の合格者による書籍『ふぞろいな合格答案』の出版と受験生の勉強を応援する団体
	セミナー（予定）	場所：リモートでの開催（状況により会場と併用を検討） 時期：4〜5月頃・8月頃・9月頃・12月頃 内容：1次試験勉強法、2次試験勉強法、過去問分析、口述対策、懇親会
	ブログ	https://fuzoroina.com
一発合格道場	団体概要	今年で13年目に突入した老舗の診断士試験ブログ 独自メソッドを多数公開しつつ12年以上ほぼ毎日更新中
	セミナー（予定）	場所：当面はリモートで開催（状況により会場を検討） 時期：4月頃、7月頃、9月頃、12月頃 内容：1次試験勉強法、2次試験勉強法、口述対策、懇親会
	ブログ	https://rmc-oden.com/blog/
タキプロ	団体概要	「診断士を目指す方の合格確率を1％でも高める」　昨年度合格者の約200名が加入した最大規模の受験生支援団体
	セミナー（予定）	場所：オンライン開催を予定（東京、大阪、名古屋も検討中） 時期：4月頃、6月頃、7〜8月頃、12月頃 内容：1次・2次試験勉強法、口述対策、実務補習対策
	勉強会（予定）	場所：東京、大阪、名古屋、Web 頻度：月2回程度（詳細日程はブログでご確認ください） 内容：2次試験過去問答案を作成し、グループ別討論
	ブログ	https://www.takipro.com/

※試験の日程が例年と異なる場合は、セミナー開催月が変更になる場合もあります。
　その他、感染症や災害等の理由により、セミナーが中止・延期になる場合もあります。
　詳しくは、各団体のブログを確認してください。

～自分的、試験の心得。～
　2次試験は完璧を目指さない、解ける問題と解けない問題を見極める。

『ふぞろいな合格答案　エピソード15』にご協力いただいた皆さま

　『ふぞろいな合格答案』は、受験生の皆さまにご協力いただいた「再現答案やアンケート」に支えられています。

　今回、ご協力いただきました皆さまのニックネーム・お名前をご紹介いたします。

　（令和４年３月時点、記号→数字→カナ→漢字の順、敬称略）

【再現答案のご協力者（再現答案をご提出いただいた方）】

#くるみ（愛猫）	★★★	3才一児のパパ	ask728	BBトシ	Brook.K	Chamasam
coconuts_avenue	Dadao	dK	Einstein	Fjt	FUN	GANSAN
goooden	HANATASK	HARRY FUJIWARA	hiroya	horumon	hotman	ISSA
jabbashu	Japanmap	k_s	kat	KAZU	kecy	Keikiyo
Kozy	Luke Skywalker	marie	MASA	matuu	MAX	Mr.Y
Mr.やきもの	nacl0513	nagahat	nagimamimu	NORETURN	notchi	odamakun
Ohata	pat3	Rick	ryooo	S@bu	s-1	Satoshi
shin100br	sho0812	shun	ST	Susan	tact	TAD
TAKA	TAKO	TAMA	tamasan	tktkmimi	tomo	waka
yoshio	yt	YUGA	Yuka	あき	あきら	あそーく
あや	アラヤン	アルファベットのKEN	アレン	いけだなおと	イッチー	いっちー
イヒカ	ウッチー	うっちー	えいり	おかべ	おぎつよ	おしと
おだっち	おっくん	ガァこ	がき	かず	かずのり	かずほ
かつけー	かっつー	かねこ	ぎふさん	きむももちゃん	キャンディー	キヨさん
きょん	クッキー	くま	くまき	くまこ	くらさん	くれもん
くろちー	くろは	けー	けーん	けにー	けんけん	ケンジン
コウ	コーキー	こだ	こっと	こてパパ	こなた	こばんちょ
こんこん	さえふぁん	さと	ザト	ザワ	ざわ	サンコン
シゲル	じーま	しなびた人	しの	シユウ	しゅんじ	しょう
ジョー	しょん	シン	しんさん	しんち	すー	スギヤ
スライダー	せいいち	セン	ソフトくん	タア子	タイチ	タイニー
たか	たかゆ	たく	たくみさ	たけぞう	たけぴー	たしん
たそ	ただ	たっけい	たなか	たにっちょ	たま	たまさん
たらこ	たろ	たろすけ	たんぽぽ	チキチキ	ちこり	ちばわー
ちゃんひで	ちょこ	つよし	ティー	でまち	とい	どうちゃん
としあき	トモ	とも	トラ猫大将	どんひこ	なお1103	ナッツ
ななな	ナベチン	ナンバ	にに	にゃろめい	ネコ	ノブタカ
のりぽん	のりまきまなと	ばあば	ハイブリ	はげお	ハコト	はたぱん

『ふぞろいな合格答案　エピソード15』にご協力いただいた皆さま

バナナ	ぱぱんこ	ハム	はやみにゃ	バルサ	バルさん	ばんぶぅ
ぴーち	ビートル DD	ビシャっと	ひでかん	びりのすけ	ぴろ	フエコ
ふくちゃん	ぶっぱ	ぶんた	ペイタ	ベー	ぺさま	ほくろん
ぼっち	ほねのおす	まぁしぃ	まきこ	マサ	まさか	まさまさ
まち歩き Highway	まつ	マッキー	まつきち	まぴたろう	まぶち	まろち
まん	まんが	みずた	みっす	みっちー	みっちゃん	みほ
みやっち	みやん	むらまさ	もなおう	やく	やっさん	やまさん
やまとのたかくま	ゆう	ゆーきち	ゆうじろー	ゆうへい	ゆうま	ゆきこむ
ゆきち	ゆっち	よし親爺コンサル	よっすい	らいと	ラッキーシマウマ	りいあ
りく	りほ	りょう	りょーちん	りょーま	ルッピー	れいちぇる
レモンスカッシュ	わか	ワッキーマウス	わったん	渥美　研司	伊集院　茂夫	井手　愼吾
井上　雅之	磯上　直人	永島　光章	加納　孝幸	河内　国豊	角重　央	栢原　陽子
橋本　卓磨	空有十	戸羽　伸次	戸貝　公昭	呉山　聖雄	紅饅頭	荒木　哲
高橋　勉	高千穂　香織	高野　敏弘	今野　翔太	佐橋　俊介	佐々木　裕章	桜井どぇす
三浦　健康	三浦　智之	三枝　郁雄	山P	寺田　満	柴田　大作	所長
小次郎	小西　勲	小野　慎介	松岡　諒	松谷　成裕	上村　紀子	森川　健
神山　英輝	成瀬　初之	川口　朋秀	草餅	村上　綾音	大根	大倉　喜男
大谷　直樹	池内　元紀	竹中　嘉章	中山　智裕	中村　いづみ	中村　蘭	中島　正浩
中本　拓也	超多年度	長友　柚香里	笛木　優	東　傑	東　裕二	鍋谷　貴紀
南郷　景悟	梅田　耕嗣	柏木　貴典	尾崎　樹里子	福豆	豊田　逸郎	堀井　厚太郎
本田　瑞穂	木村　哲二	木内　義貴	林　誠	鈴木課長	櫻井　亮	埇田　和哉

※上記の方以外にも、再現答案をご提出いただきましたが、ニックネーム・お名前の掲載をご希望されなかった方もいらっしゃいます。また、システムエラーなどにより、再現答案をお送りいただいていたものの、当プロジェクト側に届かなかった可能性もございます。ニックネーム・お名前の掲載を希望されていたにもかかわらず、今回掲載できなかった方には、心よりお詫び申し上げます。

以上、本当に多数の方にご協力いただきました。誠にありがとうございました。

280　ふぞろいな執筆メンバー紹介

ふぞろいな執筆メンバー紹介のページです。

名前・担当	似顔絵	上段：自己紹介文、下段：仲間からの紹介文
仲光　和之 かずさん プロジェクト リーダー		ふぞろい12よりプロジェクトリーダーに就任。ふぞろい10の事務局長や10年データブックの編集に携わる。メンバーを後ろからそっと見守っています。
		独立診断士として多くのクライアントを抱え、日々パワフルに奔走中。舌鋒鋭い発言の裏には愛があり、その魅力に中毒者多数。「俺をいいように使って！」と言い、皆の力になろうとしてくれる頼れる兄貴的存在。
沖　忠彦 ただ 事務局長 事例Ⅳ分析		外資系金融機関に勤めて20数年。会社に不満はないが、向学心が高じて中小企業診断士試験の道へ。クールな頭と熱いハートをモットーに頑張る2児の父。
		Web会議のアングルですでに「できる男」感が隠せない我らが事務局長。わかりやすい解説、高得点者目線の鋭い指摘、そしてふぞろいなメンバーをまとめ上げ、実行に導く統括力と推進力。その上滲み出る茶目っ気がまた魅力。
飯田　裕貴 ゆーきち 事例Ⅳ分析 リーダー 企画		やりたいことに挑戦し続けていたらいつの間にか大学生に転生していた32歳。学生時間をフルに活用し異世界ライフを満喫中。この世界線が僕は好き！
		甘いルックスに人懐っこい笑顔。ズバ抜けた頭脳を持ちながらも常に謙虚で気さくに話しかける彼を、嫌いになる人間はいないはず。自分の都合よりもメンバーを配慮してくれる頼れるリーダー。彼の支持者で共和国作れます。絶対。
小峰　智之 とも 答案管理 リーダー 事例Ⅳ分析		最小限の努力で最大限の効果。仕事も試験勉強も効率的に、がモットー（ただのめんどくさがり？）。旅行好きだったが、最近はインドア派に。
		事例Ⅳのエンジニア、いやむしろエンジン。分析で困っているとさくっとファイルを修正し、スマートに提供してくれます。駆動力抜群の彼ですが声は癒し系。行き詰まった空気を動と静で浄化してくれる、ハイブリッド爽やかボーイ。
宮本　咲子 Tommy 事例Ⅳ分析 企画		最西端、長崎から参戦。紆余曲折ありながらの多年度生でふぞろいのなかでも規格外の異端児。とにかく「ネガティブにポジティブ」。夢は安定した老後。
		事例Ⅳのユーモア女子。クリエイティブな発想と魅惑のワードセンスで中毒者多数。人をよく観察し、やる気にさせるのがうまく、メンバーが次々に限界突破。おっとりした半面、ガッツも併せ持ち、チームを団結へと導く。
宮下　聡一郎 ソーイチ 事例Ⅳ分析 企画		特技は「秒で寝る」こと。睡眠を削ってでも向き合えるかどうかが、新たなことに取り組む際の判断基準。その意味で、診断士受験はとても面白かった！
		事例Ⅳの分析マスター。彼の手にかかればランダムな文字の羅列が有意義なデータに即変換。そのうえ周りを優しくサポートできる人間性で、向かうところ敵なし。脳内に"論語と算盤"を併せ持つ彼がいる限り、AIには負けない！

ふぞろいな執筆メンバー紹介

名前・担当	似顔絵	上段：自己紹介文、下段：仲間からの紹介文
山本　桂史 けーし 事例Ⅰ分析 リーダー 企画		サラリーマンを辞めたくて狂ったように勉強。365日、1,000時間、100事例。結果、ギリ248点で滑り込み。最後まで諦めないことが大事！
		事例Ⅰチームの頼れるリーダー。診断士試験への熱い想いは他の追随を許さず、個人で50枚以上の再現答案に目を通す猛者。「ぼっち」で受験勉強を始めた彼の知識や考えがチームを強く支えています！
石垣　健司 がき ブログ リーダー 事例Ⅰ分析 分析統括		40代。大学受験以来、久しぶりの本気勉強を通じて、自分が「勉強が好き」だということに気づきました。趣味は読書（ミステリー・SFが好き）。
		ストレート合格できなかったけじめとして頭を丸めた熱い男。診断士受験にかける想いはふぞ1、2を争う。Zoomの背景は初日の出、実は坊主いじりOKな事例Ⅰチームのムードメーカーです！（似顔絵で5歳若返ったと喜んでます）
志田　遼太郎 しーだ 事例Ⅰ分析 分析統括		ふぞろい14に続き、15にも参加することに。診断士受験だけでなく、ふぞろいまで多年度になるとは……。診断士になって本当によかったと現在進行形で実感中。目立たなくてもいいから、事業者さんに求められる診断士になりたい。
		留任を快く受けてくれた前事例Ⅲリーダー。去年に引き続き今年もZoomやチャットでいじられキャラを演じて場を和ませる。苦しい場面でも弱音を吐かず、時には明け方まで作業することもあるとか。いつ本業しているのだろう。
赤坂　優太 ゆうた 事例Ⅰ分析 分析統括		ふぞ14からの特例留任。無事に中小企業診断士登録も終わり、一息ついたと思ったところでの執筆。相変わらず興味本位で動いていたらこのようなことに……。のんびり過ごすのが好きだが、忙しく分析作業することも割と好き。
		ふぞろい14で1年一緒にやってわかった、チート級の能力の持ち主。今年は再現答案の分析力にさらに磨きをかけ、サポートに徹する……多分（笑）。分析を楽しんでいる姿を見ているとこちらも楽しくなる。
関　聡恵 さと 事例Ⅰ分析 再現答案		別れ、コロナ、出会い、転勤×2、合格と多くの経験をした3年半の受験を経て、これから幸せになりたい20代女子。韓ドラ好きでひたすら何か観てます。
		要所で本質を突いた的確なコメントを繰り出し、議論を活性化させてくれる、事例Ⅰチームに必要不可欠な存在。令和元年度出題の事例Ⅰ企業の研究のために酒蔵を訪問するほど診断士への熱い想いも（相当な酒好きらしい？）併せ持つ。
山本　勇介 もっちゃん 事例Ⅰ分析 再現答案		「地道に努力するタイプ」と言いながら受験勉強を続けていた30代弁護士。次男が生まれ一念発起。資格を通じていろいろな方とお話しできればと思っています。
		昼は弁護士、夜は診断士のタフガイ。打ち合わせは基本職場から。終電のなかからZoom参加も……。忙しくても分析は疎かにしないしっかり者。経営法務設問文「知り合いの弁護士を紹介します」の弁護士はもっちゃん一択です！
中島　正浩 まさひろ 事例Ⅱ分析 リーダー 答案管理		どこの国に行っても現地人に間違われるのが特技。特にアジア諸国でよく間違われるので、アジアの中心は自分だと思いこんでいる。
		長野の"奇跡の村"に住む陽気なおっちゃん。場を盛り上げるためメンバーをよくイジるが、巻き込み事故多数発生中！　事例Ⅱチームのリーダーとしてメンバーへの貢献度は計り知れない。合格までの6年は彼にとっての財産である。
谷口　美保 みほ 再現答案 リーダー 事例Ⅱ分析		旅行と買い物とサッカー観戦を楽しんでいた緩い生活が、受験を機に一変した会社員。趣味：寝ること。特技：寝ること。
		ほんわかとした雰囲気のなかにも、凛とした一面やお茶目な一面も併せ持ち、誰からも好かれる存在。みほの下で働いたら絶対に仕事が楽しくなる。ただ、名古屋グランパスを語らせたら終電過ぎても帰らせてもらえないので注意。
篠田　章秀 しの 企画 リーダー 事例Ⅱ分析		スノボ、登山、サ活が好きな北海道在住の会社員。目標に向かって直向きに頑張っている人に感動しがち。自分もそういう人になりたい！
		飲み会に参加してほしいNo.1。どのような場も盛り上げるふぞろい15のムードメーカーで北海道を愛する熱男！　その反面、分析に関しては冷静沈着にさまざまな分析手法を使いこなし、的確なアドバイスをくれる頼れる存在。

ふぞろいな執筆メンバー紹介

名前・担当	似顔絵	上段：自己紹介文、下段：仲間からの紹介文
浦野 歩 ちゃんみ 事例Ⅱ分析 分析統括		楽観的な性格でノリと勢いで北陸に移住。でも、実は寒いのと雪が苦手な九州出身。休みの日はひたすら愛犬と寝ることが幸せ。 実務補習で忙しいときも、夜遅い会議のときも、どのようなときでもほんわか笑顔で場を和ませてくれる。たまに出る富山訛りがチャームポイント。事例Ⅱチームと分析統括チームの橋渡しとして大活躍！
髙橋 賢人 けんと 事例Ⅱ分析 事務局		関西出身の理系29歳。就職を機に上京したが関西弁が消えつつあるのが最近の悩み。本業のIT以外の強みが欲しくて中小企業診断士の勉強をスタート。 診断士試験の勉強はわずか4か月という高スペック頭脳でメンバーへ的確にアドバイスする事例Ⅱチーム分析の要。ふぞ15全体の司令塔でありながら、過去の常識にとらわれず常に効率化を求めるITエンジニア！
高橋 健也 けんけん 事例Ⅲ分析 リーダー 再現答案		猫をこよなく愛する30代。そろそろアラフォー。いくつになっても自分の可能性を信じるドリーマー。できることなら猫と毎日ゴロゴロしていたい。 北海道の遠い地から皆をまとめる、事例Ⅲの頼れるリーダー。メンバーの自主性を重んじながらも、広い視野で状況を的確に把握し、必要に応じて柔軟にフォローする。仕事も早く、チームに安定感と安心感をもたらす。
梅田 さゆり うめりー 分析統括 リーダー 事例Ⅲ分析		勢いで生きてる金融系SE。とにかく計画が苦手（だけど行動力はない）。できることは根性で頑張ります。好きなものはふとんとシュークリーム。 穏やかな空気を醸し出す事例Ⅲチームが誇る癒し系。モテそうと思いきや神聖なWeb会議に酒を持ち込もうと言い出す横紙破りと物騒な誤変換でメンバーをヒヤヒヤさせる。きっと怒らせてはダメ。そのようなうめりーがみんな大好き。
安田 昭仁 あっきー 事例Ⅲ分析 再現答案		強みは学習欲！　常に何かを学んでいる勉強オタク。診断士の勉強は幅広い知識をインプットできて楽しかった。事例Ⅳ（計算）が大好きな製造業研究者。 「趣味で勉強した」というコーディングスキルを生かし、事例Ⅲ分析チームの窮地を救った英雄。議事録のクオリティの高さからも有能さがにじみ出る。じつはMBAかつ薬学博士号持ちという、気さくな天才肌タイプ。
三井 崇史 みっちー 事例Ⅲ分析 再現答案		岐阜に移住してまで趣味の家庭菜園に打ち込む奇人。実は製薬系の研究開発職。経営視点を持った研究者になるため診断士を目指す。 自分の考えを持ちながらも、客観的に問題を対処できる頼れる理論派。理論派ではあるが、冷たくはなく、しっかりとアフターフォローもしながら対応できる万能型。家庭菜園ガチ勢でもある。完璧か。
一条 真 まこと 事例Ⅲ分析 事務局		安定した収入を得るために経営知識を得られる診断士を取った、倹約が趣味の事務職。好きな言葉は悲観的に考え、楽観的に行動せよ。 一見近寄りがたい雰囲気を持ち、軸を持って淡々と話を展開させる姿は魔王然としている。実は面倒見がよく、空気を読んで先回りする気遣い屋さん。行き詰まったときのアドバイスが絶妙！　ハブ酒と筋肉が大好き。
籾井 裕次 くっきー 分析統括 企画		会社経営の実現に向け受験を決意。令和3年度試験は豆腐に敗北しました。娘を溺愛しすぎてしばしば勉強が疎かに。育児と勉強を両立できるかが鍵⁉ ふぞろいで一番重要視している受験生目線で、意見を言ってくれる頼れる男くっきー！　分析統括の役割のなかでも多面的な視点でキーワードを探り、受験生の悩みを解決してくれる企画も担当してくれてます。
小林 正樹 こばっち 分析統括		皆さまと同じ受験生となります。受験生仲間や合格者と交流することで、ますます診断士熱が高まっております。今年こそは診断士の世界に飛び込みます。 受験生としての参加ですが、合格者顔負けのレベルで積極的に分析をしてくれるこばっち。分析統括チームでもこばっちの鋭い指摘に何度も救われました。令和4年度試験の合格をふぞろい15メンバー皆で応援しています！

あとがき

親愛なる『ふぞろいな合格答案　エピソード15』の読者の皆さま

　このたびは本書をご購入いただき、ありがとうございます。皆さまの受験勉強の参考になったでしょうか。本作でふぞろいシリーズも15作目となりました。われわれプロジェクトメンバーだけでなく、多く方々のご協力をいただき、世に出すことができました。この場をお借りして厚く御礼申し上げます。

　「誰から買うか」の時代、今はそのようにいわれています。モノを作れば売れた時代から、質のよい商品が選ばれる時代、新しいモノが売れる時代へと変遷してきて今に至ります。そしてスマホでの検索に代表されるような情報化が進んだ現在において、商品やサービスのコモディティ化は一層進んでおり、顧客に与える価値をいかに伝えるかが大切だといえます。

　またコロナ禍に代表されるような外部環境の変化によって、世の中の価値観や考え方が大きく変わり、これまで当たり前だったことがそうではなくなりました。そのようなときこそ、自分の大切にしたい考えを振り返り、自分自身の判断軸を構築していくことが欠かせません。時代に合わせた新たな「やり方」に加え、自分自身の「あり方」も重要になってくる、そのような時代と呼ぶことができるでしょう。

　さて皆さまは、なぜ中小企業診断士を目指しているのでしょうか。困っている中小企業の手助けをしたいという方もいれば、ビジネスマンとしてのスキルアップとして、という方もいらっしゃると思います。試験勉強の合間に少し考えていただきたいのは、中小企業の手助けをしたその先にどのような世の中を描きたいのか、キャリアアップをした結果、何をどう変化させたいのか、ということです。中小企業診断士としての皆さまが、自らの顧客や世の中にどのような価値を提供し、何を大切にして活動していくのか、ここをしっかり言葉にしていくことが大切です。もちろん想像や妄想でも構いません。変化の激しい今だからこそ、そういった心の「芯」の部分をしっかり持った支援者が求められていると感じています。それはきっと受験勉強を後押しする力にもなることでしょう。

　本書をお手に取った皆さまが、魅力的な診断士の世界に入ってきていただければと、この『ふぞろいな合格答案　エピソード15』は製作されました。皆さまご自身の夢を実現するためのパートナーとして、手元に置いてご活用いただけますと幸いです。まだまだ発展途上な部分もあるかと思います。皆さまの温かい叱咤激励や、ご意見・ご要望を頂戴できればと思います。

　最後になりましたが、診断士試験に臨む皆さまがいつもどおりの力を発揮し、見事合格されますことを当プロジェクトメンバー一同祈念しております。

ふぞろいな合格答案プロジェクトメンバーを代表して

仲光　和之

令和4年度中小企業診断士第2次試験（筆記試験）
再現答案ご提供のお願い

　平成20年より毎年発刊している『ふぞろいな合格答案』も本作で15冊目となります。これまでたくさんの受験生の方に再現答案をご提供いただいたおかげで、現在まで発刊を継続することができましたことを心から感謝申し上げます。

　ふぞろいな合格答案プロジェクトでは、令和4年度（2022年度）2次試験を受験される皆さまからも、再現答案を募集いたします。ご協力いただいた方にはささやかな特典をご用意しております。『ふぞろいな合格答案』は、皆さまからの生の情報によって支えられています。ご協力のほどよろしくお願いいたします。

◆◆◆◆◆◆◆　募集要綱　◆◆◆◆◆◆◆

■募集対象

　令和4年度第2次試験（筆記試験）受験者

　（合格者・未合格者、いずれの再現答案も歓迎しております）

■募集期間

　第2次試験翌々日～令和5年1月31日（予定）

■応募方法

　『ふぞろいな合格答案』公式HP（https://fuzoroina.com）上で、2次試験終了後、解答入力フォームをお知らせします。フォームに従って解答をご入力ください。

※独自フォーマットでのメール送信や、書類送付などは受け付けておりませんのでご了承ください。なお、合格発表後、ふぞろいプロジェクトより合否およびA～D評価についての確認メールを送らせていただきます。分析の性質上必要となりますので、お手数をおかけいたしますが評価のご返信にご協力をお願いいたします。

■ご提供いただいた方への特典

　特典1　【再現答案へのアドバイス】（令和5年夏予定）

　　残念ながら合格されなかった方には、次版執筆メンバーより、ご提供いただいた再現答案へのアドバイスをお送りいたします。再挑戦される際の参考にしてください。

　　（※A～D評価の返信をいただいた方に限ります）

　特典2　【書籍内へのお名前掲載】

　　次版の『ふぞろいな合格答案』の「ご協力いただいた皆さま」のページに書籍へのご協力者として、お名前（ニックネーム可）を掲載いたします。

ふぞろいな合格答案　公式ブログ

受験生の皆さまのお役に立てる情報を発信しています。

https://fuzoroina.com

■支援スタッフ（順不同）

赤坂優太（ゆうた）、猪師康弘（イノシ）、大久保裕之（ひろくる）、加茂智（かもとも）、菊池一男（きくっち）、木村直樹（のき）、黒澤優（くろ）、塩谷大樹（だいき）、志田遼太郎（しーだ）、鈴広雅紀（ひろまてぃ）、竹居三貴子（みっこ）、田附将太（しょーた）、玉川信（たまちゃん）、露崎幸（さち）、中村文香（アヤカ）、平川奈々（Nana）、福田浩之（くろひょう）、湊祥（ミナト）、矢野康平（こーへい）、吉冨久美子（どみー）、good_job

---

2022 年 7 月 20 日　第 1 刷発行
2022 年 8 月 26 日　第 2 刷発行

2022年版 中小企業診断士 2 次試験
ふぞろいな合格答案　エピソード15

ⓒ編著者　ふぞろいな合格答案プロジェクトチーム

発行者　脇　坂　康　弘

発行所　株式会社同友館

〒113-0033　東京都文京区本郷 3-38-1
TEL. 03 (3813) 3966
FAX. 03 (3818) 2774
URL　https://www.doyukan.co.jp

乱丁・落丁はお取替えいたします。　　　　　　三美印刷
ISBN 978-4-496-05607-9　　　　　　Printed in Japan

読者プレゼント

『ふぞろいな合格答案　エピソード15』をご購入いただいた皆さまに、執筆メンバーから2次試験対策に役立つプレゼントをご用意しました！

1．生問題用紙

第3章に登場した、あっきー、みほ、けんけん、さと、みっちー、もっちゃんの6名が、試験当日にアンダーラインやメモの書き込みなどをした問題用紙をPDFファイルでご提供します。80分間という時間のなかで合格者が試験会場で取った行動を疑似体験することができます。

2．ふぞろい15メンバーの再現答案と得点開示請求の結果

本書では2次試験受験生からお預かりした再現答案を分析し、ふぞろい流の採点結果をご提供しています。その背景は、模範解答や採点方法が公表されない2次試験の特徴からきています。

そこで今回も、ふぞろい15メンバーの再現答案と得点開示請求の結果をセットでご提供します！　再現答案と得点開示請求の結果を複数得る機会は、受験生にとって非常に貴重だと思います。『ふぞろいな合格答案』の理念に則り、ふぞろい15メンバー総力を挙げて受験勉強に活用できる情報を提供したい、その思いを読者プレゼントに込めました。ぜひともご活用ください！

◆◆◆◆◆◆◆◆◆　ダウンロード方法　◆◆◆◆◆◆◆◆◆

以下のサイトの『ふぞろいな合格答案　エピソード15』のバナーからアクセスしてください。簡単な読者アンケート（パスワードが必要）にご協力いただいた後、プレゼントのダウンロードができます（『ふぞろい16』の発行まで実施）。

□同友館ホームページ（https://www.doyukan.co.jp）
　【パスワード：fuzoroi2022】